ANDRÉ GIDE
LE MESSAGER

Du même auteur

Diderot
Flammarion, 1991

Voltaire le conquérant
Naissance des intellectuels au siècle des Lumières
Seuil, coll. « Fiction & Cie », 1994
et « Points » n° P324

Romanciers du XXe siècle
En collaboration avec Michèle Gazier
Marabout, 1989

Romanciers du XIXe siècle
Marabout, 1990

PIERRE LEPAPE

ANDRÉ GIDE LE MESSAGER

BIOGRAPHIE

ÉDITIONS DU SEUIL
27, rue Jacob, Paris, VIe

ISBN 2-02-025247-3

A Michèle, toujours
A nos enfants, aux leurs

Je reviendrais volontiers de l'autre monde pour démentir celuy qui me formerait autre que je n'étais, fût-ce pour m'honorer.

MONTAIGNE, *Essais* III, IX.

Préface

Curieux labeur que d'entreprendre le portrait d'un écrivain dont l'œuvre entière est un autoportrait, sans cesse remanié, retouché, replacé sous des lumières nouvelles. « *Un des essais les plus complets qu'ait tenté un homme pour se comprendre et pour s'expliquer*[1] », écrit Jean Delay. Delay pourtant se lança dans l'aventure ; mais il avait des excuses : il avait connu Gide, il avait été son ami, et son médecin. Neuropsychiatre de grand talent, il pouvait espérer porter sur l'homme Gide, son caractère, sa personnalité, un regard de savant et mettre au jour des mécanismes psychologiques qui demeuraient opaques à son illustre patient. Reconstituant avec minutie la jeunesse d'André Gide, Jean Delay qualifiait son ouvrage de « *psychobiographie* » ou d'« *essai de psychologie génétique* ». La science médicale le légitimait ; l'écrivain était un « cas ». On sait que l'opinion aime à faire rimer la création artistique avec la pathologie. Plus qu'une longue patience, le génie serait une longue maladie. Sans dire que tous les artistes sont des malades, le Pr Delay écrivait que pour certains, dont Gide, « *l'art leur a permis de trouver des solutions à des difficultés intérieures qui eussent mené un autre à l'échec* ». C'est une thèse.

Peindre un portrait, raconter une vie, la sienne, celle d'un autre, c'est entreprendre un procès. Au double sens du terme : détailler, expliquer un processus et instruire à charge et à décharge la vie d'un homme, contenue dans un dossier. Le dossier accumulé par Gide sur lui-même est d'une incroyable richesse. Pendant plus de soixante ans, jour après jour, dans ses innombrables carnets, son journal, ses livres, ses articles, ses milliers de lettres, il l'a gonflé de pièces nouvelles. Qu'il ait placé ce témoignage sous le signe de l'absolue sincérité – allant souvent jusqu'à l'indiscrétion et la provocation – ne suffit pas aux juges que nous sommes. Notre littérature pullule d'écrivains qui parlant d'eux trompent et se trompent. Il convient donc d'appeler à la barre d'autres témoins ; tous les témoins qui ont vu, entendu, lu quelque chose sur le sujet, ou qui ont cru le faire. Mais André Gide est mort depuis près d'un demi-siècle. Les témoins directs de son existence ont disparu, ont déjà parlé ou ne parleront jamais. L'essentiel de son immense correspondance est publiée et il est improbable que les quelques centaines de lettres et de billets encore inédits puissent apporter autre chose que d'anecdotiques retouches au tableau d'ensemble. Aussi active que fervente, l'Association des amis d'André Gide fondée en 1968 – au printemps – a accompli, hors de tout esprit de chapelle, un travail de publication imposant. Dans le monde entier, des universitaires appartenant aux courants critiques les plus divers ont analysé l'œuvre et ses entours avec des instruments affûtés. Les derniers coins d'ombre que Gide lui-même avait ménagés dans son *Journal* par courtoisie pour certains de ses contemporains – ou par tactique de l'indiscrétion calculée – ont été rendus à la lumière. Témoin capital enfin, unique dans un procès littéraire, Maria Van Rysselberghe, la *Petite Dame*, a livré entre 1973 et 1977 les quatre volumes de ses Cahiers : l'enregistrement quotidien, de 1918 à la mort de Gide, des mots, des gestes, des images de l'écrivain, transcrits, à l'insu de l'artiste, par son amie la plus proche, mais aussi par un observateur d'une acuité, d'une lucidité et d'une absence de complaisance telles qu'en rêvent, outre les biographes, tous les pratiquants de l'amitié.

Cette forêt de documentation, de la sorte la plus précise, devrait inciter l'essayiste au doute et au découragement. A quoi bon enquêter s'il n'y a plus d'énigme ? Il en demeure une aux yeux des amoureux des livres qui mérite qu'on revisite périodiquement les écrivains et leur histoire : celle de l'écho qu'ils rencontrent, de l'intérêt qu'ils suscitent, l'énigme de la vie d'une œuvre, ce défi à la mort qu'on nomme postérité.

Mais, il y a plus. Pendant un demi-siècle, les ouvrages de Gide ont vécu dans une relation intense avec leurs lecteurs et avec leur époque. Un dialogue passionné, complexe, aux acteurs multiples s'est noué, par l'intermédiaire de l'écriture imprimée, entre un homme singulier, un artiste, et une foule aux intérêts et aux situations hétérogènes, au-delà même des frontières nationales et de celles de la langue française. Gide qui n'a jamais appartenu à la moindre institution a exercé une fonction ; il a détenu un pouvoir de par la seule élection silencieuse de ceux qui le lisaient. Cet homme de lettres et de méditation est devenu un acteur concret de l'histoire de son temps. Il a été un maître, un guide, un directeur de conscience. Il a combattu, on l'a combattu. Il y a là une magie dont nous ne désespérons jamais de dénouer l'énigme : comment une œuvre, une création artistique parvient-elle à exercer un pouvoir d'exaltation et de libération sur des générations successives de jeunes gens et de jeunes filles ? Dans quelles conditions, par quels chemins – et peut-être à quel prix – une page d'écriture devient-elle un acte et l'écrivain un acteur social ?

Cette question en amène une autre : que reste-t-il de Gide aujourd'hui ? Non pas de l'œuvre en elle-même que sa perfection formelle et sa densité spirituelle ont fait entrer depuis longtemps au paradis glorieux et redoutable des « classiques », mais de ce qu'elle éveille ou réveille en nous. Ce n'est pas poser l'oiseuse question de l'« actualité » de Gide que de s'interroger sur la valeur présente de son témoignage. On ne peut pas pour cela faire l'économie de sa biographie. Il y a des écrivains qu'il suffit de lire pour aller jusqu'au bout de ce qu'ils nous disent : Racine est dans Racine et nulle part ailleurs. Chez Gide, la vie et les livres ne se séparent pas. Il existe pour écrire, mais il veut faire de sa vie la plus parfaite de ses œuvres. L'une et les autres témoignent également, se complètent, se nuancent, se répondent, au point qu'on ne sait jamais si l'artiste est l'accomplissement de l'homme, ou l'homme le sommet, toujours à venir, de l'art.

Pierre Herbart qu'une longue amitié lia à Gide le dit justement dans un livre, par ailleurs marqué du sceau de l'ingratitude : « *L'œuvre qu'il nourrissait de sa substance l'obligeait à s'enrichir lui-même. Mais alors qu'en elle les richesses s'ordonnaient selon sa volonté créatrice, en lui elles ne pouvaient que cohabiter. Du moins les retenait-il prisonnières après les avoir conquises*[2]. » A ne lire de Gide que des textes, on risque de fausser son témoignage et de manquer non pas son « actualité » mais, ce qui est plus grave, sa présence.

L'auteur des *Nourritures terrestres* aimait trop la vie, toutes les formes de la vie, pour ne pas haïr la nostalgie. Qu'on ne le lise plus aujourd'hui avec la même passion, avec la même ferveur qu'on le faisait hier ne lui aurait pas arraché un mot de regret, ni un reproche contre la lourdeur et la pauvreté de l'époque où nous sommes. Il était patient. Il avait traversé une époque effroyable avec la certitude qu'au-delà des idéologies, des systèmes intellectuels, des constructions et des opinions politiques, des croyances religieuses, toutes choses périlleuses ou périssables, la littérature demeurait la manifestation vivante des efforts des hommes pour devenir enfin l'Homme – qu'il confondait volontiers avec Dieu. C'est cela, bien davantage qu'un engagement pour une cause politique ou une autre, qui fait de lui un « contemporain exemplaire », un intellectuel pour notre temps.

Notes

1. Jean Delay, *La Jeunesse d'André Gide*, Paris, Gallimard, 1956, tome I, p. 11.
2. Pierre Herbart, *A la recherche d'André Gide*, Paris, Gallimard, 1952, p. 78.

I

Un intellectuel des Cévennes

1869

« Je naquis le 22 novembre 1869. Mes parents occupaient alors, rue de Médicis, un appartement au quatrième ou cinquième étage, qu'ils quittèrent quelques années plus tard, et dont je n'ai pas gardé le souvenir. Je revois pourtant le balcon ; ou plutôt ce qu'on voyait du balcon : la place à vol d'oiseau et le jet d'eau de son bassin – ou, plus précisément encore, je revois les dragons de papier découpés par mon père, que nous lancions du haut de ce balcon, et qu'emportait le vent, par-dessus le bassin de la place, jusqu'au jardin du Luxembourg où les hautes branches des marronniers les accrochaient[1]. »

Né à la veille de la guerre de 1870, André Gide n'a que sept ans de moins que Barrès, un an de moins que Claudel. Il est l'aîné, de deux ans, de Valéry et de Proust, de trois ans de Martin du Gard. Mais il a déjà seize ans à la naissance de Mauriac, vingt-trois ans à celle d'Aragon, vingt-sept à celle de Breton. Lorsque s'achève le XIXe siècle, il a publié ou écrit une part importante de son œuvre dont *Paludes* (1895) et *Les Nourritures terrestres* (1897). L'écrivain qui exercera une influence si vaste et si profonde sur la jeunesse dès la fin de la Première Guerre mondiale sera déjà quinquagénaire.

Il est parisien. Il le demeurera toute sa vie. Jamais il ne s'installera ailleurs, mais il y aura une infinité d'ailleurs. Paris est son camp de base, le piquet autour duquel il ne cesse de tourner. Ajoutons : le Paris des beaux quartiers. Lorsqu'il s'évade de la capitale, il peut camper dans des chalets perdus, dormir à la belle étoile dans la brousse, hanter les ruelles louches et les hôtels crasseux ; mais sa géographie parisienne se limite aux arrondissements bourgeois. Rue de Médicis, rue de Tournon, rue de Commaille, voilà pour les appartements familiaux de l'enfance et de la jeunesse. L'École alsacienne de la rue d'Assas, la pension Bauer de Passy, la pension Keller, la rue de Chevreuse, le lycée Henri-IV, voilà pour le temps des études. Le jeune marié s'installe boulevard Raspail en 1897 ; l'auteur de *L'Immoraliste* se fait construire une grande maison à Passy, villa Montmorency, en 1907. En 1928 enfin, Gide emménage au 1 *bis*, rue Vaneau, dans le vaste appartement qu'il habitera jusqu'à sa mort.

A d'autres la citoyenneté du pays de Bohème. De ce royaume installé aux marges de la société bourgeoise, Gide ignorera à peu près tout. Le mélange de l'activité artistique, de la jeunesse et des bas-fonds, le culte du moi reversé dans le compagnonnage de l'alcool, de la drogue, de la liberté sexuelle et de l'exaltation esthétique, il en méprisera toujours le manque de *tenue*, comme une faute contre l'esprit. C'est qu'au fond sa situation d'artiste le situera toujours aux antipodes des « bohémiens ». Ceux-là ont installé leur bivouac sous les murailles de la forteresse bourgeoise. Ils se veulent les gitans, les hors-la-loi d'un monde nouveau dominé par le marché. Mais ils espèrent en même temps que leur talent et leur imagination parviendront à fissurer l'édifice et à donner droit de cité à leur génie, à leur goût de l'indépendance et à leur liberté. L'art est leur propriété, comme l'argent celle des autres. Cette répartition facilite les négociations et les échanges. Gide est né à l'intérieur des murs de la forteresse. Son problème n'est pas de pouvoir y entrer mais de savoir en sortir.

Car enfin c'est un enfant de bonne bourgeoisie, harmonieusement équilibrée : de robe du côté paternel, d'industrie du côté maternel.

La lignée des Gide est probablement d'origine italienne. Selon certaines sources, des Guido auraient quitté Florence à la fin du XVe siècle. Ils auraient opté pour la Réforme, et la révocation de l'édit de Nantes les aurait dispersés dans les refuges traditionnels du protestantisme : Genève, Berlin, l'Alsace, la région nîmoise enfin, autour d'Uzès et du joli village fortifié de Lussan où naquit en 1800 Théophile Tancrède Gide, le grand-père de l'écrivain. Comme bon nombre de ses ancêtres, Tancrède était juriste : juge de paix, juge puis président du tribunal d'Uzès de 1839 à sa mort en 1867. En 1831, il épouse à Nîmes Clémence Granier, issue elle aussi d'une vieille famille de protestants cévenols, et dont il aura cinq enfants. Tancrède Gide croyait alors davantage à la prière qu'à la médecine et deux seulement de ses cinq fils vivront plus d'un an : Paul, le père d'André, né en 1832, et Charles, le célèbre professeur de droit, né quinze ans plus tard.

Rigueur, piété, élévation morale, frugalité : on connaît le caractère de ces petites communautés calvinistes des Cévennes, marquées davantage encore par les persécutions et par la résistance qu'elles lui opposèrent que par l'austérité propre au protestantisme. « *Oui, j'ai pu voir encore les derniers représentants de cette génération des tutoyeurs de Dieu assister au culte avec leur grand chapeau de feutre sur la tête, qu'ils gardaient durant toute la pieuse cérémonie, qu'ils soulevaient au nom de Dieu, lorsque l'invoquait le pasteur, et ne l'enlevaient qu'à la récitation de "Notre Père*[2]*"*. » Gide a été élevé, par sa mère, dans le culte de ce grand-père : « *Elle m'en parlait comme d'un huguenot austère, entier, très grand, très fort, anguleux, scrupuleux à l'excès, inflexible, et poussant la confiance en Dieu jusqu'au sublime*[3]. » Avec tout cela, Tancrède attachait plus d'importance à la justesse des idées et aux fruits de la méditation qu'aux nécessités de l'action et aux détails de la réalité quotidienne. Sa carrière en souffrit quelque peu. C'est un rêveur, notaient ses supérieurs. Un rêveur rigide, le contraire d'un politique.

Tancrède, retiré dans son bel hôtel d'Uzès, s'occupait de l'instruction morale et religieuse des enfants de l'école du dimanche ; et, bien sûr, de celle de ses propres fils. Paul, qui vécut quinze ans en fils unique, est resté fortement marqué par cet enseignement quasi janséniste. Il fait de bonnes études, surtout littéraires, au collège d'Uzès, acquiert une excellente culture classique. Et lorsqu'il décide, tout naturellement, de faire du droit, son père prend lui-même en main ses études, Paul ne s'inscrivant à la faculté d'Aix que pour y passer ses examens. L'enseignement paternel est sans doute efficace et l'étudiant bien doué puisque Paul Gide obtient en 1853 le prix de droit romain au concours de licence et, deux ans plus tard, à vingt-trois ans, la médaille d'or pour sa thèse de doctorat. En 1859, toujours après avoir docilement et exclusivement suivi les strictes méthodes d'entraînement de son père, Paul Gide est reçu à Paris premier au concours d'agrégation. Trois ans plus tard, il est appelé dans la capitale comme suppléant de la chaire de droit romain dont il devient rapidement, à moins de trente ans, le titulaire. Un défi aux lois de la réussite universitaire.

Paul Gide n'est pas seulement un juriste surdoué, c'est aussi un remarquable pédagogue. Sa voix est faible, sa diction parfois fatiguée, sa santé fragile, son apparence timide, mais ses cours qu'il travaille et retravaille comme des œuvres d'art parviennent à donner un air nouveau et élégant à une discipline qui ne se prête ni à la finesse littéraire ni aux séductions de la nouveauté. Il aime enseigner, il aime écrire. Son livre sur *L'Histoire de la condition privée de la femme dans le droit ancien et moderne* publié en 1867 est beaucoup plus qu'un exposé savant d'histoire juridique : l'œuvre d'un pur produit de l'humanisme classique, mais aussi d'un esprit original, curieux et hardi qui sait se libérer, la plume à la main, du conformisme de sa vie ordinaire.

Car on devine que ce garçon élevé dans l'étude et pour l'étude, enfermé dans un tête-à-tête familial qui ne laisse de place ni au plaisir ni à la fantaisie, n'a guère été préparé aux combats du quotidien. Paul est un intellectuel plus soucieux de l'élaboration des idées que de leur application. Ses livres et ses étudiants suffiraient sans doute à son bonheur, pour peu qu'il ait une idée du bonheur, ce qui est improbable. Mais le milieu auquel il appartient ne l'entend pas ainsi. Dès 1859, dès sa brillante performance à l'agrégation, Paul Gide, issu d'une vieille et réputée lignée protestante, promis aux plus hautes fonctions de l'Université, est un jeune homme dont l'avenir intéresse la bonne société huguenote tout entière. C'est elle, notamment, qui va se charger de le marier.

Commence le temps des correspondances. On s'écrit de notables à pasteurs, de Nîmes à Paris et de Rouen à Strasbourg. En juin 1859, un nom apparaît, lancé par un jeune et actif pasteur rouennais, Roberty. Celui-ci a été frappé par la piété exemplaire et par l'exigence morale manifestées par la dernière-née d'une bonne famille de Rouen, Juliette Rondeaux.

Notes

1. Gide, *Si le grain ne meurt*, dans *Journal 1939-1949. Souvenirs*, Paris, Gallimard, « Bibliothèque de la Pléiade », 1954, p. 349.
2. *Ibid.*, p. 375.
3. *Ibid.*, p. 372.

2

Des châteaux en Normandie

1870

« *Rien de plus différent que ces deux familles ; rien de plus différent que ces deux provinces de France qui conjuguent en moi leurs contradictoires influences. Souvent je me suis persuadé que j'avais été contraint à l'œuvre d'art, parce que je ne pouvais réaliser que par elle l'accord de ces éléments trop divers, qui sinon fussent restés à se combattre, ou tout au moins à dialoguer en moi. Sans doute ceux-là seuls sont-ils capables d'affirmations puissantes, que pousse en un seul sens l'élan de leur hérédité*[1]. »

Épris d'histoire naturelle, observateur fasciné de la vie animale et végétale, André Gide a parfois recours aux lois de la nature pour tenter d'expliquer certains aspects de son tempérament. Même si ces « lois » qu'il utilise n'ont de scientifique que l'apparence. Ainsi celle des hérédités régionales contradictoires qu'il place ici à la source de son caractère labile et fluctuant. Maurice Barrès les avait, il est vrai, mises à la mode avec ses *Déracinés* et son nationalisme de la race et de la terre. Mais Gide, précisément, s'est opposé à Barrès : à la fois normand et cévenol, « *où voulez-vous, monsieur Barrès, que je m'enracine ?* ». N'empêche que la vieille explication a la vie dure, peut-être parce qu'elle a la séduction de la simplicité. A d'autres moments, Gide invoquera une autre opposition : celle des protestants du Midi sec et celle des catholiques de l'humide Normandie. Sans davantage convaincre.

En fait, ses deux lignées ne sont pas aussi différentes qu'il le prétend. L'eussent-elles été que jamais Paul Gide n'aurait épousé Juliette Rondeaux. Les premières manœuvres matrimoniales sont lancées en janvier 1859 ; les deux jeunes gens se rencontrent pour la première fois trois ans plus tard, peu de temps avant leur mariage.

Catholiques, les Rondeaux ? Avant la Révolution française, certainement. La famille était, depuis longtemps déjà, à l'aise et respectée. Charles Rondeaux, dit de Montbray, conseiller à la Cour des comptes, avait été élu maire de Rouen en 1792. C'était le descendant d'une vieille famille d'armateurs et de négociants en épices et en denrées coloniales. Et, comme beaucoup de bourgeois instruits de l'époque des Lumières, un « esprit avancé » : franc-maçon, membre de la loge des « Cœurs sans fard », il croyait davantage aux sciences et aux belles-lettres qu'à la religion. Cette indifférence lui permit d'épouser en secondes noces, en octobre 1781, Anne-Marie Dufou, une jeune fille issue du refuge protestant de Bolbec, près du Havre.

La même figure se répète à la génération suivante. Édouard Rondeaux, le grand-père maternel de Gide, est agnostique. Mais il épouse, au temple, une jeune protestante, Julie-Judith Pouchet – originaire, elle aussi, de Bolbec –, et il acceptera que ses cinq enfants soient élevés dans le culte réformé. Il est vrai que ce mariage avec l'héritière d'un fabricant d'indienne, en 1839, donne de l'essor à ses affaires et favorise ses ambitions politiques : François Guizot, le premier ministre protestant à siéger dans un gouvernement français depuis Sully, est en passe de devenir le vrai maître de la France. A la différence de son demi-frère Jean Rondeaux, guizotiste militant, député de Rouen de 1834 à 1848, Édouard ne pratique pas la politique par passion doctrinale, mais comme une manière de veiller à ses affaires. Il est vice-président de la chambre de commerce et conseiller général de Seine-Inférieure.

C'est lui qui va acheter les demeures normandes que connaîtra Gide. Le bel et sombre hôtel rouennais de la rue de Crosne ; le manoir de Cuverville, près d'Étretat, dans le pays de Caux ; le château d'Amfreville-la-Mivoie, près de la Seine, en amont de Rouen ; enfin, le château et les terres de La Roque-Baignard dans le pays d'Auge où il a pour voisin le châtelain de Val-Richer, François Guizot. Édouard Rondeaux est un homme très fortuné et qui aime à le paraître. C'est aussi un bon vivant, jovial, accueillant, amateur de cuisine généreuse – au grand dam de son médecin, Achille Flaubert.

Quel contraste avec son épouse ! De dix ans plus jeune que son mari, Julie Pouchet est une femme pieuse, austère, timide, passionnément attachée à la religion de ses ancêtres. Sortie de son petit réduit huguenot de Bolbec, elle débarque à Rouen la catholique, mais c'est pour y affirmer sa foi. Elle multiplie les œuvres de bienfaisance, elle hante régulièrement le temple Saint-Éloi, elle reçoit à sa table rue de Crosne non seulement les pasteurs de la ville, M. Paumier, puis M. Roberty, mais les personnalités importantes du clergé huguenot de passage dans la ville. Pas toutes cependant : Julie Rondeaux est une tenante intransigeante de la tendance évangéliste et orthodoxe de l'Église réformée, opposée à toutes les avancées et les propositions du protestantisme libéral.

On se dispute en effet beaucoup chez les protestants. C'est une tradition, issue de l'idée même de libre examen. La persécution a longtemps fait taire les divergences ; la Révolution française et la liberté civile les ont ranimées ; Bonaparte et la loi de 1804 régissant le culte protestant en France les ont multipliées à l'infini. L'organisation imposée par le premier consul est en effet en opposition avec la tradition synodale des Églises réformées. Les pasteurs qui sont fonctionnaires ne sont plus recrutés par les paroisses mais par des regroupements artificiels de six mille fidèles, nommés consistoires. Seul le gouvernement peut décider de la réunion de synodes régionaux ; il ne le fera qu'une seule fois, en 1848. Il n'existe donc plus aucune instance représentative capable de trancher en matière de dogme ou de doctrine. En 1852, Napoléon III instituera un Conseil central des Églises réformées, mais ses membres seront nommés par le gouvernement, ce qui lui enlève toute autorité doctrinale.

Cette absence calculée d'organisme de régulation, jointe à l'expansion d'une religion, librement établie dans ses droits, a favorisé la multiplication des courants, les exclusions, les scissions, l'émergence d'Églises locales et l'expression des recherches théologiques les plus diverses. Ici, à Colmar, on parle de fusion entre luthériens et calvinistes ; là, on prêche dans la rue le « Réveil » et on condamne la corporation des pasteurs soupçonnés – souvent justement – de penchants coupables vers le déisme voltairien. On est méthodiste, ou baptiste, ou darbyste ; on se déchire surtout entre évangélistes et libéraux. Entre ceux qui veulent imposer une confession de foi minimale et ceux qui veulent pouvoir poursuivre leur examen critique en toute liberté. En 1864, Martin-Paschoud, grande figure du protestantisme libéral, et Athanase Coquerel, son brillant adjoint, sont révoqués de leurs fonctions pastorales. Les évangélistes triomphent ; et les dissidences se multiplient.

Veuve en 1860, Julie Pouchet-Rondeaux n'est pas loin de considérer les protestants libéraux comme des démons corrupteurs. Maurice Desmarets, l'un de ses petits-enfants, affirmait ne l'avoir vue qu'une seule fois sortir de son caractère réservé et timide. C'était à propos de Coquerel : « *Elle l'aurait fait monter sur un bûcher et y aurait mis le feu*[2]. » Julie entraînera ses cinq enfants sur la voie d'un libre examen soigneusement balisée.

On comprend la stupeur de cette malheureuse femme lorsqu'elle découvre, en 1849, que son troisième enfant, Henri, vingt-quatre ans, s'est converti au catholicisme. Gide raconte cela en souriant : « *Ma grand-mère, en ouvrant une armoire dans la chambre de son fils, tombait à la renverse évanouie : c'était un autel à la Vierge*[3]. » Cette conversion religieuse était aussi, à l'heure où elle venait, une prise de position politique. On n'était pas, chez les protestants, foncièrement hostile à la république. En s'affirmant catholique au lendemain de la révolution de 48, Henri proclame ses convictions royalistes : « *Les Henri Rondeaux recevaient* Le Triboulet, *journal humoristique ultra, créé pour déboulonner Jules Ferry ; cette feuille était pleine d'immondes dessins dont tout l'esprit consistait à instrumenter en trompe le nez du "Tonkinois"*. » Ils recevaient aussi *La Croix* qui brillait, si l'on peut dire, par la virulence de son antisémitisme. A part cela, un brave garçon, Henri, « *la crème des hommes*[4] », écrit Gide.

Henri est l'exception. Les quatre autres enfants demeurent dans le giron réformé : l'aîné, Charles, né en 1820 ; Claire, née en 1822, mariée à Guillaume Desmarets dont elle aura un fils, Maurice, le premier ami de Gide ; Émile, né en 1831, le mal-marié avec la trop voluptueuse Mathilde Pochet, la mère de Madeleine, la future Mme Gide ; enfin, Juliette, née en 1835.

Une jeune fille, Juliette, comme on en rêve dans toutes les familles de la pieuse bourgeoisie. Intelligente, mais réservée, passionnément dévote et la tête sur les épaules, de mœurs puritaines et d'un caractère trempé. Ses exigences morales et religieuses lui ont fait à plusieurs reprises écarter des prétendants. Cette fois, séduite non par le fiancé qu'elle ne connaît pas, mais par la réputation des huguenots gardois, elle consent. A Uzès et à Nîmes, on demande encore l'avis favorable de Guizot qui l'octroie sans hésitation : « *La fille n'est pas jolie. Pas laide non plus, l'air un peu gauche. Elle a été très bien élevée par une personne de beaucoup de mérite. [...] Mes filles disent qu'elle a de l'instruction, le goût des bonnes lectures ; elles ont très bonne impression de la mère, bonne aussi de la fille. A tout prendre, je n'ai sur la famille et sur la personne que de bonnes impressions à vous transmettre. Je crois la santé fort bonne. Du moins elle en a l'air, ni grande, ni grasse.* » Et l'ancien président du Conseil précise, mais cela allait de soi : « *Ils sont certainement fort riches, et avec des affaires bien conduites.* »

Paul Gide, lui, n'a pas de fortune, mais son avenir s'annonce brillant. Le contrat de mariage est signé à Rouen le 23 février 1863 ; la cérémonie nuptiale a lieu quatre jours plus tard au temple Saint-Éloi.

Notes

1. Gide, *Si le grain ne meurt*, *op. cit.*, p. 358.
2. Cité par Jean Delay, *La Jeunesse d'André Gide*, *op. cit.*, p. 43.
3. Gide, *Si le grain ne meurt*, *op. cit.*, p. 413.
4. *Ibid.*

3

L'épaule mordue de la cousine

1871

« *Je revois aussi une assez grande table, celle de la salle à manger sans doute, recouverte d'un tapis bas tombant ; au-dessous de quoi je me glissais avec le fils de la concierge, un bambin de mon âge qui venait parfois me retrouver.*

– Qu'est-ce que vous fabriquez là-dessous ? criait ma bonne.

– Rien. Nous jouons.

Et l'on agitait bruyamment quelques jouets qu'on avait emportés pour la frime. En vérité nous nous amusions autrement : l'un près de l'autre, mais non l'un avec l'autre pourtant, nous avions ce que j'ai su plus tard qu'on appelait de "mauvaises habitudes" [1]. »

C'est une provocation : dès le deuxième paragraphe de ses « confessions », écrites lorsqu'il atteint la cinquantaine, Gide braque l'attention du lecteur sur l'anormalité proclamée de son comportement sexuel : « *Pour moi je ne puis dire si quelqu'un m'enseigna ou comment je découvris le plaisir ; mais aussi loin que ma mémoire remonte en arrière, il est là.* » Mais s'il est question de plaisir, c'est du genre, si l'on ose dire, peu plaisant ; en un mot : de péché. « *Je sais de reste le tort que je me fais en racontant ceci et ce qui va suivre ; je pressens le parti qu'on pourra en tirer contre moi. Mais mon récit n'a raison d'être que véridique. Mettons que c'est par pénitence que je l'écris. A cet âge innocent où l'on voudrait que toute l'âme ne soit que transparence, tendresse et pureté, je ne revois en moi qu'ombre, laideur, sournoiserie.* »

Mais comme le Gide qui rédige ces pages n'a rien d'un pénitent – rien non plus d'un cynique –, il faut bien admettre qu'il règle un compte non avec l'enfant qu'il fut mais avec l'enfance qu'on lui a faite. Une enfance marquée au fer par une pédagogie de la culpabilité.

Gide a d'ailleurs soin d'opposer, dans cette triste pédagogie, la part du père et celle de la mère.

Paul Gide est d'un tempérament plutôt libéral, mais, « *accaparé par la préparation de son cours à la faculté de droit* », il « *ne s'occupait guère de moi* ». Enfermé dans son vaste cabinet de travail, préférant le tête-à-tête avec les livres et les idées aux besognes pratiques, Paul Gide, le doux, le rêveur, l'intellectuel, a eu tôt fait d'abdiquer entre les mains de son épouse l'exercice du pouvoir quotidien. La différence des fortunes n'a pas été étrangère à ce transfert. Juliette Gide gère au jour le jour la fortune léguée par le clan Rondeaux et les valeurs culturelles et morales qui vont avec. Certes, elle a pour son mari la plus respectueuse des vénérations ; elle appuie sa carrière, elle défend sa tranquillité, elle assure son confort, mais elle règne sans partage dans la maison. Elle renvoie les domestiques dont la moralité ne lui paraît pas impeccable ; elle dirige les travaux, organise les séjours chez les différents membres de la tribu. Surtout, elle a la haute main sur l'éducation d'André : « *Souvent je les entendais tous deux discuter sur la nourriture qu'il convient de donner au cerveau d'un petit enfant. De semblables discussions étaient soulevées parfois au sujet de l'obéissance, ma mère restant d'avis que l'enfant doit se soumettre sans chercher à comprendre, mon père gardant toujours une tendance à tout m'expliquer. Je me souviens fort bien qu'alors ma mère comparait l'enfant que j'étais au peuple hébreu et protestait qu'avant de vivre dans la grâce il était bon d'avoir vécu sous la loi.* » Et Gide ajoute : « *Je pense aujourd'hui que ma mère était dans le vrai ; n'empêche qu'en ce temps je restais vis-à-vis d'elle dans un état d'insubordination fréquente et de continuelle discussion, tandis que sur un mot, mon père eût obtenu de moi tout ce qu'il eût voulu* [2]. »

Vivre sous la loi de Juliette Gide, c'est connaître toute la pesanteur du conformisme bourgeois, notamment dans son refus paniqué des réalités sexuelles. On l'a répété : Mme Gide est une femme intelligente – et plutôt moins entichée de préjugés bourgeois que ses frères et sœur. Elle est cultivée pour une fille de son milieu, grâce notamment à la bienfaisante influence de sa gouvernante Anna Shackleton, de quelques années son aînée. Elle a du cœur, et même, parfois, des mouvements spontanés de révolte ou de compassion. Mais elle a appris à enfermer sa personnalité sous la seule loi du devoir, et elle ne conçoit pas d'éducation qui ne soit l'apprentissage de la soumission. Elle cédera, certes, aux révoltes de son fils, mais dans le sentiment grandissant de la défaite.

Dans ce système parfaitement cohérent et clos, fait de grands principes aussi bien que d'un réseau serré et étouffant de petites obligations vétilleuses et quotidiennes, le tabou du sexe est obsessionnel. Ces bourgeoises puritaines ne pensent, semble-t-il, qu'à ça ; plus encore qu'à l'argent et à la respectabilité. Le sexe, c'est le péché, c'est le diable ; et la tentation diabolique est à chaque instant présente. Dans les mots que l'on emploie et qu'il convient donc de laver soigneusement de toute occurrence impure ; dans les gestes qu'on imagine les plus innocents mais à travers lesquels le corps, cette saleté, parle ; dans les pensées, dans les rêves, dans les œuvres d'art, dans les livres. Dans les livres, surtout. Tard, très tard encore, bien après la mort de Paul Gide, sa veuve continuera à interdire à son grand fils la lecture des ouvrages du cabinet paternel, de ces recueils de poésie où, sous le charme trompeur des mots, se révèlent parfois des passions physiques inavouables.

Éduquer son enfant selon les stricts préceptes de sa morale puritaine et bourgeoise, c'est pour Juliette Gide à la fois la plus haute forme du devoir et l'expression la plus achevée de l'amour maternel. Les deux sont chez elle inséparables. Et sa conviction est si forte, si profondément mêlée à sa tendresse même qu'André Gide ne peut se nourrir de l'un sans absorber les poisons de l'autre. Le bambin apprend en même temps, dans un même souffle, qu'il est aimé et que le corps est un sac d'immondices. Le voilà avec un corps qu'il ne peut que haïr s'il veut mériter l'amour qu'il reçoit. Ou bien trahir la mère, mentir, dissimuler, connaître la honte sous la table. Dans un cas comme dans l'autre, l'enfant se retrouve coupable.

Coupable, donc méchant. Absorbé avec la tendresse maternelle, faisant corps avec elle, l'effroi de la chair peut se manifester en agression pure : « *Cela se passait à Uzès où nous allions une fois par an revoir la mère de mon père et quelques autres parents : les cousins de Flaux entre autres, qui possédaient, au cœur de la ville, une vieille maison avec jardin. Cela se passait dans cette maison des De Flaux. Ma cousine était très belle et le savait. Ses cheveux très noirs, qu'elle portait en bandeaux, faisaient valoir un profil de camée (j'ai revu sa photographie) et une peau éblouissante. De l'éclat de cette peau, je me souviens très bien ; je m'en souviens d'autant mieux que, ce jour où je lui fus présenté, elle portait une robe largement échancrée. – Va vite embrasser ta cousine, me dit ma mère lorsque j'entrai dans le salon. (Je ne devais avoir guère plus de quatre ans ; cinq peut-être.) Je m'avançai. La cousine de Flaux m'attira contre elle en se baissant, ce qui découvrit son épaule. Devant l'éclat de cette chair, je ne sais quel vertige me prit : au lieu de poser mes lèvres sur la joue qu'elle me tendait, fasciné par l'épaule éblouissante, j'y allai d'un coup de dents. La cousine fit un cri de douleur ; j'en fis un d'horreur ; puis je crachai, plein de dégoût. On m'emmena bien vite, et je crois qu'on était si stupéfait qu'on oublia de me punir. Une photographie de ce temps, que je retrouve, me représente, blotti dans les jupes de ma mère, affublé d'une ridicule petite robe à carreaux, l'air maladif et méchant, le regard biais*[3]. »

Honteux, méchant, « *rechigné* », hypocrite, mais aussi bête, vide, stupide, Gide ne se revoit jamais enfant sans s'affubler des qualificatifs les plus dépréciateurs. Comme s'il ne se souvenait de rien d'autre que de la honte d'être lui-même sous le regard de sa mère. S'ajoute à ce douloureux mépris de soi, la solitude. Dans l'appartement de la rue de Médicis, dans celui de la rue de Tournon à partir de 1875, André Gide est le plus souvent seul. Le père ne le voit guère qu'aux repas ; la mère, lorsqu'elle ne le surveille pas, dirige la domesticité. Les petits camarades sont rares : le fils du concierge, quelques gamins rencontrés dans les allées du Luxembourg, des gosses d'un milieu social inférieur et qui ne peuvent donc qu'être de passage et de circonstance. Le petit Gide apprend à être son propre théâtre. Entre une mère attentive au moindre faux pas et un père de rêve.

Dans la mémoire de Gide, sa mère ne riait jamais.

Notes

1. Gide, *Si le grain ne meurt*, *op. cit.*, p. 349.
2. *Ibid.*, p. 354.
3. *Ibid.*, p. 350.

4
Les millionnaires

1872

« Tout ce qui était naturel chez ma mère, je l'aimais. Mais il arrivait que ses élans fussent arrêtés par des conventions et le pli que laisse trop souvent l'éducation bourgeoise. (Pas toujours ; ainsi je me souviens qu'elle osa braver le déconseil de tous les siens lorsqu'elle alla soigner les fermiers de La Roque atteints lors d'une épidémie de typhus.) Excellente sans doute lorsqu'il s'agit de réfréner de mauvais instincts, cette éducation s'en prend également, mais très fâcheusement alors, aux mouvements généreux du cœur ; une sorte de calcul alors les retient ou les détourne[1]. »

C'est une question à laquelle Gide s'affrontera toute sa vie, l'un des angles vifs de son analyse de lui-même : comment faire le partage, dans un individu, entre ce qui lui est « naturel » et les plis et les déformations que son éducation lui imprime ? L'ascèse gidienne est d'abord ceci : la tentative pour mettre entre parenthèses, hors circuit, tout l'artifice des habitudes imposées afin de ne laisser subsister que « la vraie nature », celle qu'il convient de cultiver pour aller jusqu'au bout de soi-même. Si Gide poursuit cette entreprise tout au long de son existence, s'il se cherche dans les directions les plus opposées avec une farouche énergie, c'est que le partage est peut-être impossible à effectuer : la marque bourgeoise imprime sa sécheresse et son austère bêtise dans la fibre des nerfs, dans la matière de la pensée. Et si la bourgeoisie vous empoisonnait dès l'enfance et sans remède ?

La bourgeoisie n'est pas, pour Gide, comme elle l'était pour les bohèmes de 1850, un concept polémique, une caricature à abattre, un système de valeurs à moquer et à détruire. C'est l'air de son enfance, le regard de sa mère, l'absence de son père. L'ennui confortable et comme le contraire de la vie : la permanence d'un regard d'autrui qui vous décrète coupable, indigne, menteur et hypocrite. La bourgeoisie est une totalité concrète.

On se souvient de la définition du bourgeois que proposait l'historien Marc Bloch : « *J'appelle donc bourgeois de chez nous un Français qui ne doit pas ses ressources au travail de ses mains ; dont les revenus, quelles qu'en soient l'origine comme la très variable ampleur, lui permettent une aisance de moyens et lui procurent une sécurité, dans ce niveau, très supérieures aux hasardeuses possibilités du salaire ouvrier ; dont l'instruction, tantôt reçue dès l'enfance, si la famille est d'établissement ancien, tantôt acquise au cours d'une ascension sociale exceptionnelle, dépasse par sa richesse, sa tonalité ou ses prétentions, la norme de culture tout à fait commune ; qui enfin se sent ou se croit appartenir à une classe vouée à tenir dans la nation un rôle directeur et par mille détails, du costume, de la langue, de la bienséance, marque plus ou moins instinctivement son attachement à cette originalité du groupe et à ce prestige collectif*[2]. »

Pour être bourgeois et pour le demeurer, il faut avoir de l'argent. La famille Rondeaux en a beaucoup. En 1860, la succession d'Édouard Rondeaux, le grand-père de Gide, est estimée à un million et demi de francs. Le Million, c'est le chiffre magique de la fortune, c'est le rêve de cette société obnubilée par l'argent. Comme l'explique dans *Bel Ami* Maupassant qui en était obsédé, posséder un million, c'est disposer de 50 000 francs de rentes annuelles, c'est-à-dire appartenir à un monde à part, celui de l'indépendance et de la richesse absolues. Les millionnaires sont 2 500 vers 1850, moins de 5 000 à la fin du règne de Napoléon III. Les Rondeaux font partie de cette caste réduite.

Y penser toujours et n'en parler jamais : l'argent, comme le sexe, est tenu sous le boisseau du secret. Il est exclu des conversations familiales, même s'il est l'implicite de tous les discours, le ferment de toutes les discordes, l'objet de toutes les alliances et, lors des successions, l'enjeu des plus sordides règlements de compte. C'est encore au nom du secret de l'argent que les bourgeois français, en 1870, continuent à repousser comme une atteinte insupportable aux libertés l'idée de l'impôt sur le revenu, synonyme d'inquisition de l'État dans le domaine, entièrement privé, de la fortune.

L'argent des Rondeaux est de bonne moralité. Il est le fruit d'une accumulation familiale progressive et sanctifiée par l'héritage. Des usines de tissage, des établissements commerciaux, des bateaux, des entrepôts, de solides investissements boursiers, des terres, des châteaux, des fermes : rien qui sente l'argent sale gagné dans des spéculations louches et des opérations financières scabreuses – le triomphe de la raison, de l'honnêteté et de la respectabilité fondé sur le mérite personnel et une éthique de la rigueur. Sur la bourgeoisie des Rondeaux ne plane pas l'ombre la plus légère d'une mauvaise conscience : on est un modèle d'humanité. Rue de Crosne, rue de Médicis ou au château de La Roque-Baignard, on considère comme des rêveries d'un autre temps les diatribes de Balzac contre l'argent-roi ; et l'on approuve les bons citoyens qui ont écrit au procureur et obligé Zola à interrompre, en 1871, la publication en feuilleton de *La Curée* : un appel aux plus bas instincts, à l'envie et à la guerre sociale. L'inégalité n'est pas une nécessité à laquelle il faut se résigner : elle est la justice même.

« *Ma mère m'annonça son intention de faire cadeau d'un Littré à Anna Shackleton, notre amie pauvre, que j'aimais comme filialement. Je laissais éclater ma joie, lorsqu'elle ajouta :*

– Celui que j'ai donné à ton père est relié en maroquin. J'ai pensé que, pour Anna, une reliure en chagrin suffirait.

Je compris aussitôt, ce que je ne savais pas encore, que le chagrin coûtait beaucoup moins cher. La joie s'en alla soudain de mon cœur. Et sans doute ma mère s'en aperçut-elle, car elle reprit bien vite :

– Elle ne verra pas la différence[3]. »

La saine gestion de la fortune implique en effet une solide avarice qui se pare du joli nom de « sens de l'épargne ». La noblesse se faisait un honneur de dépenser ; la bourgeoisie fait de ladrerie vertu. On roule sur l'or, mais on fait économie de tout. Le livre de raison de la bonne ménagère bourgeoise est un livre de comptes où elle tient scrupuleusement et jour après jour la rubrique de ses moindres dépenses. Tout est sous clé, tout est soumis à inventaire, le sucre et l'huile, le vin et la chandelle, les mouchoirs et les draps. Les domestiques sont considérés comme des voleurs en puissance – des libertins aussi – qu'il convient pour leur salut moral de surveiller de près.

Car la supériorité bourgeoise, acquise de longue lutte, est sans cesse menacée. De l'extérieur, bien sûr : par l'envie sociale, l'immoralité, la paresse. Mais surtout de l'intérieur. La bourgeoisie répète que la place d'élite qu'elle occupe ne vient pas de privilèges mais du sens continu du devoir qu'elle sait imposer à ses membres. Son pouvoir est une charge, une obligation ; le contraire d'un plaisir. Ce sens du devoir n'est pas inné : il est le résultat d'un dressage. Le dressage, c'est ce qui fait d'un enfant spontanément paresseux, menteur et jouisseur, un bourgeois adulte. C'est ce que Juliette Gide appelle le joug nécessaire de la loi. L'éducation est une suite d'obligations destinées à intérioriser les valeurs indépassables de la manière bourgeoise d'exister. Grâce à quoi, on peut être optimiste et croire au progrès, c'est-à-dire à la lente progression de l'univers vers l'idéal bourgeois.

Dans la famille bourgeoise traditionnelle, la femme est l'enseigne de l'homme. A lui, l'austérité affichée du costume sombre ; à elle, le luxe des tissus, l'abondance des couleurs, l'éclat des bijoux. Ostentation mesurée, raisonnable, en accord avec le niveau de fortune qu'elle se doit de manifester sans excès mais sans fausse modestie. Rien de tel chez les Rondeaux-Gide : l'idéologie protestante vient gommer les futiles velléités du paraître. Et plus encore chez Juliette Gide – peut-être parce qu'elle se sent laide, sans doute parce que sa tristesse de vivre confine à la volonté de disparaître, de ne pas avoir de corps montrable : « *Ma mère allait bientôt atteindre l'âge d'être mariée ; il parut à plus d'un qu'Anna Shackleton encore jeune elle-même et, de plus, extrêmement jolie, pourrait faire du tort à son élève. La jeune Juliette Rondeaux était du reste, il faut le reconnaître, un sujet quelque peu décourageant. Non seulement elle se retirait sans cesse et s'effaçait chaque fois qu'il aurait fallu briller ; mais encore ne perdait-elle pas une occasion de pousser en avant Mlle Anna. [...] Juliette ne supportait pas d'être la mieux mise ; tout la choquait de ce qui marquait sa situation, sa fortune, et les questions de préséance entretenaient une lutte continuelle avec sa mère et avec Claire, sa sœur aînée. Ma grand-mère n'était point dure, assurément ; mais sans être précisément entichée, elle gardait un vif sentiment des hiérarchies. On retrouvait ce sentiment chez sa fille Claire, mais qui n'avait pas sa bonté ; qui même n'avait pas beaucoup d'autres sentiments que celui-là, et s'irritait à ne pas le retrouver chez sa sœur. […] Claire pardonnait mal à Anna cette amitié que lui avait vouée sa sœur ; elle estimait que l'amitié comporte des degrés, des nuances, et qu'il ne convenait pas que Mlle Shackleton cessât de se sentir institutrice.* »

« *Ni la beauté, ni la grâce, ni la bonté, ni l'esprit, ni la vertu ne faisant oublier qu'on est pauvre, Anna ne devait connaître qu'un lointain reflet de l'amour, ne devait avoir d'autre famille que celle que lui prêtaient les parents.* » Mais elle souriait : « *[…] un sourire qui pour un rien devenait du rire vraiment, si frais, si pur qu'il semblait que ni les chagrins, ni les déboires n'eussent pu diminuer en elle l'amusement extrême que l'âme prend naturellement à la vie. Mon père avait, lui aussi, ce même rire, et parfois Mlle Shackleton et lui entraient dans des accès d'enfantine gaîté, auxquels je ne me souviens pas que s'associât jamais ma mère*[4]. »

Auprès d'Anna, la vieille fille pauvre, la vivante, la radieuse, le petit Gide entrevoit « *l'amusement extrême que l'âme prend naturellement à la vie* ». Anna est une lueur, trop brève, trop lointaine, « *bien insuffisante à percer l'épaisse nuit où ma puérilité s'attardait* »[5].

Notes

1. Gide, *Ma mère. Feuillets d'automne*, dans *Journal 1939-1949*, *op. cit.*, p. 1099.
2. Marc Bloch, *L'Étrange Défaite*, 1946, Paris, Gallimard, « Folio », 1990.
3. Gide, *Feuillets d'automne*, dans *Journal 1939-1949*, *op. cit.*, p. 1011.
4. Gide, *Si le grain ne meurt*, *op. cit.*, p. 364-365.
5. *Ibid.*, p. 369.

5
Le doux étouffement

1873

« *La maison faisait l'angle entre la rue de Crosne et la rue de Fontenelle. Elle ouvrait sa porte cochère sur celle-là ; sur celle-ci le plus grand nombre de ses fenêtres. Elle me paraissait énorme ; elle l'était. Il y avait en bas, en plus du logement des concierges, de la cuisine, de l'écurie, de la remise, un magasin pour les "rouenneries" que fabriquait mon oncle à son usine du Houlme, à quelques kilomètres de Rouen. Et à côté du magasin, ou plus proprement de la salle de dépôt, il y avait un petit bureau, dont l'accès était également interdit aux enfants, et qui du reste se défendait bien tout seul par son odeur de vieux cigare, son aspect sombre et rébarbatif. Mais combien la maison, par contre, était aimable*[1]. »

La grand-mère Rondeaux meurt, en 1873. L'immense hôtel de la rue de Crosne à Rouen passe alors aux Henri-Rondeaux, comme on dit, c'est-à-dire au converti au catholicisme, à son épouse, catholique elle aussi, Lucile Keittinger, fille de tisseurs industriels de la région, et à leurs enfants Fernand et Marguerite, beaucoup plus âgés qu'André Gide – ils sont nés en 1854 et 1857 – et avec lesquels il n'eut jamais d'intimité. Par tradition, le clan Rondeaux se retrouve à Rouen pour les fêtes de fin d'année. L'aîné, Charles, né en 1820 et dont on ne parle jamais – pas même une allusion dans le *Journal* de Gide lorsque Charles mourra, en 1890. La seconde, Claire, qui a épousé Guillaume Desmarets dont elle a deux fils – Maurice, né en 1844, Albert, né en 1848 – et une fille, Isabelle, qui a épousé Édouard Widmer. (Selon la terminologie bourgeoise provinciale, la femme qui se marie ne perd pas seulement son nom mais aussi son prénom qu'elle emprunte désormais à son mari. Isabelle devient Mme Édouard, comme la mère de Gide est Mme Paul). Passent également rue de Crosne les Émile, autrement dit Émile Rondeaux (né en 1831), son épouse Mathilde Pochet et leurs six enfants, un par année de mariage : Madeleine (1867), Jeanne (1868), Valentine (1870), Édouard (1871), Georges (1872) et Lucienne dont on se sait rien puisque Mathilde l'emmena avec elle lors du divorce du couple. Ceux-là habitent rue de Lecat, à quelques centaines de mètres de la demeure patriarcale, dans une grande maison triste.

Tout est triste chez les Émile-Rondeaux ; à commencer par le chef de famille. Émile est un brave homme, sans le moindre caractère. A la mort de son père, il a hérité une fortune, mais il a abandonné à Henri le soin de la gérer, lui-même se réservant l'administration du domaine de Cuverville. Il vit de ses rentes, en dilettante distingué. Il voyage, s'occupe d'œuvres sociales, partage ses activités spirituelles entre le protestantisme et la franc-maçonnerie, et milite à la Ligue de l'enseignement que vient de fonder Jean Macé en 1866. Il est éclairé, mais mollement. En 1866, à trente-cinq ans, alors que chacun lui promettait un avenir de célibataire, il a rencontré Mathilde Pochet qui n'en avait que vingt et un. Le vieux garçon velléitaire est immédiatement séduit par cette jolie jeune femme brune, née à l'île Maurice et qui appartient à une vieille et bonne famille de négociants havrais, liée à la grande bourgeoisie protestante des Delaroche, des Raoul-Duval et des Oberkampf. Elle est belle, elle est ardente, elle aime le luxe et la fête. Elle tombe dans la tribu Rondeaux comme une flamme dans l'eau froide.

On a bientôt fait de dresser un cordon sanitaire autour de l'oiseau des îles. L'élégante, la sensuelle, la voyante Mme Émile jure avec la discrète austérité du reste de la famille. On chuchote, on lance des pointes, on s'apitoie sur le sort du pauvre Émile dont l'exotique épouse est en train de faire le malheur. Lequel pauvre Émile voyage et rêvasse un peu plus, laissant s'ennuyer au foyer une jeune beauté dont ce n'est pas l'affaire. La tension monte, au fil des ans, entre la rue de Crosne et la rue de Lecat. C'est qu'à défaut de sauver le couple, on a entrepris, du côté pieux de la famille, de sauver au moins l'âme des enfants et de les soustraire autant que faire se peut à l'influence morale néfaste de la mère. Madeleine, l'aînée, la plus apte à comprendre, la plus apte à souffrir, est notamment l'objet des attentions réformatrices des Rondeaux. Elle ne s'en remettra jamais complètement, même et surtout lorsqu'elle aura décidé d'ignorer sa mère et de faire siennes, jusqu'à l'extrême, les valeurs de sa famille paternelle.

Cette énumération de l'arbre généalogique de Gide, côté normand, a pour seul objet de rendre la densité clanique du tissu familial dans lequel se trouve absorbé le petit André. Les visites à Uzès, dans le fief de la grand-mère Gide, ne sont que des incursions, légères, lumineuses. On y va à Pâques, il fait beau, on mange bien, on fait des balades enchantées dans la garrigue. L'oncle Charles, qui n'est pas encore le grand professeur d'économie politique qu'il deviendra, se montre certes sous un jour sévère – « *coriace et renfrogné* », écrit son neveu –, mais ce rappel de l'austérité cévenole est tempéré par trop de gentillesse et d'indulgence pour que la visite à Uzès ne soit jamais pesante.

A Rouen, c'est autre chose. Gide aime la grande maison, sa salle d'études, ses greniers, ses recoins, ses escaliers, ses grands salons recouverts de tapis où l'on peut jouer pendant des heures. Et puis, en Normandie, Gide ne souffre plus de sa solitude d'enfant de riches Parisiens. Il a ses cousines, ses trois amies, ses contemporaines, Madeleine, Jeanne et Valentine. Mais comment ne pas sentir dans cette demeure patriarcale tout le poids de l'esprit Rondeaux, avec ses obligations, ses préjugés, ses luttes sourdes, son conformisme militant – en deux mots : sa culture de classe ? Le petit Gide reçoit tout cela d'un bloc : l'étouffement et le confort ; la prison protectrice du cocon. Il y vit entouré presque exclusivement de femmes. Les hommes sont dans les parties interdites de la maison, ou sont absents, ou exercent une autorité lointaine et bienveillante, plutôt abstraite.

Les hommes règnent, les femmes gouvernent et exercent sur leurs sujets une affectueuse tyrannie. C'est elles qui sont chargées d'inculquer les automatismes de la reproduction culturelle. La mère, les tantes, les bonnes. Les messages que produisent ces dernières ne sont certes pas de la même teneur que ceux de leurs patronnes. Ainsi Constance, la couturière : « *C'était un petit avorton au teint allumé, à l'œil fripon, à la démarche claudicante, très adroite de ses mains, de langage réservé devant ma mère, mais fort libre dès que ma mère avait le dos tourné. Par commodité, c'est dans ma chambre qu'on l'installait où Constance trouvait la plus abondante lumière ; elle restait là des demi-journées, et je restais des heures près d'elle. Comment ma mère, si scrupuleuse, si attentive, et dont l'inquiète sollicitude me devait même bientôt excéder, comment sa vigilance s'endormait-elle*[2] *?* » Constance, quand Mme Gide a le dos tourné, tient des propos « peu décents » ; plus exactement : elle les chante. Et Gide, lorsqu'il écrit ses Mémoires d'enfance, bien des années plus tard, reconnaît que ces chansons n'avaient rien d'immoral. Ce qui fait l'« *indécence* » de ces « *rengaines misérables* », ce qui « *souille le cerveau* » de l'enfant, c'est leur bêtise. Et Gide se reproche comme une faute de n'avoir pas su fermer ses oreilles au chant de cette sirène populaire : « – *Voici bien du bruit pour un inoffensif fredon ! – Parbleu ! ce n'est pas à la chanson que j'en ai ; c'est à l'amusement que j'y pris ; où je vois déjà s'éveiller un goût honteux pour l'indécence, la bêtise et la pire vulgarité.* »

Preuve que le système éducatif des dames Rondeaux fonctionne à merveille : tout élément extérieur, toute incursion étrangère à ses normes de classe, une simple chanson sentimentale, y sont reçus comme des agressions de la bassesse, de l'inculture et de l'abandon moral dont il convient de protéger les jeunes âmes. Gide en est à reprocher à sa mère d'avoir manqué de vigilance ; et à lui-même de s'être laissé infecter par la niaiserie du peuple : « *Autour de moi, en moi, rien que des ténèbres.* » L'enfant protégé est néanmoins un enfant pollué.

Le seul recours, le seul secours résident dans l'échappée hors de ces couveuses que sont les appartements Rondeaux. Au climat délétère des demeures urbaines du clan qui entretient son « *état larvaire* », Gide oppose l'espace ouvert et libre des séjours campagnards : La Roque-Baignard et Varengeville. Les vastes domaines maternels du pays d'Auge ou le manoir douillet du pays de Caux, propriété de l'oncle Émile où il retrouve aux grandes vacances ses cousines. Ici le ciel s'ouvre et la lumière entre ; le petit garçon renfrogné et triste de la ville découvre le bonheur de s'ensauvager, c'est-à-dire de s'échapper à la fois de la sollicitude abusive et de l'abandon à la vulgarité. A La Roque ou à Cuverville, il découvre une réalité non brouillée par le flux des discours et des commentaires, une nature, fût-elle celle longuement cultivée des champs et des jardins. Ailleurs, dans les maisons de la famille, le réel ne parvient jamais que soigneusement filtré, manipulé, transformé, idéologisé. Les bourgeois ont coupé le monde en deux. D'un côté, l'absolu réalisme de la vie publique, des affaires, de la possession des choses par le pouvoir, l'argent ou la science. De l'autre, la vie privée, régie par un code aussi vétilleux qu'abstrait et qui ignore le monde tel qu'il est pour ne se préoccuper que du monde tel qu'il devrait être. Gide enfant, « *un petit garçon qui s'amuse doublé d'un pasteur protestant qui s'ennuie* », ignore évidemment cette coupure, mais il en vit le dédoublement : « *La croyance indistincte, indéfinissable, à je ne sais quoi d'autre, à côté du réel, du quotidien, de l'avoué, m'habita durant nombre d'années ; et je ne suis pas sûr de n'en pas retrouver en moi, encore aujourd'hui, quelques restes... Il y a la réalité, il y a le rêve ; et puis il y a* une seconde réalité [3]. »

Notes

1. Gide, *Si le grain ne meurt*, *op. cit.*, p. 359.
2. *Ibid.*, p. 388.
3. *Ibid.*, p. 362.

6

La réalité, la sincérité, la mort

1874

« *Quoi que je dise ou que je fasse, toujours une partie de moi reste en arrière qui regarde l'autre se compromettre, qui l'observe, qui se fiche d'elle et la siffle, ou qui l'applaudit. Quand on est ainsi divisé, comment veux-tu qu'on soit sincère ? J'en viens à ne même plus pouvoir comprendre ce que peut vouloir dire ce mot*[1]. »

Le thème du dédoublement du moi est une constante de l'auto-analyse de Gide. Quand il n'en fait pas tout simplement un trait de sa « nature », il lui donne – nous y reviendrons – des racines physico-psychologiques elles-mêmes doubles : hypersensibilité et repli sur soi. Comme dans l'épisode du petit Mouton qu'il place dès le premier chapitre de *Si le grain ne meurt*, et qu'il lie à sa solitude : « *Je n'avais aucun camarade... Si pourtant ; j'en revois bien un ; mais hélas ce n'était pas un camarade de jeu. Lorsque Marie me menait au Luxembourg, j'y retrouvais un enfant de mon âge, délicat, doux, tranquille, et dont le blême visage était à demi caché par de grosses lunettes aux verres si sombres que, derrière eux, l'on ne pouvait rien distinguer. Je ne me souviens plus de son nom, et peut-être que je ne l'ai jamais su.*

Nous l'appelions Mouton, à cause de sa petite pelisse en toison blanche.

– Mouton, pourquoi portez-vous des lunettes ? (Je crois me souvenir que je ne le tutoyais pas.)

– J'ai mal aux yeux.

– Montrez-les-moi.

Alors il avait soulevé les affreux verres, et son pauvre regard clignotant, incertain, m'était entré douloureusement dans le cœur.

Ensemble nous ne jouions pas ; je ne me souviens pas que nous fissions autre chose que de nous promener, la main dans la main, sans rien dire[2]. »

Et puis Mouton ne vient plus à la promenade. « *Ah, que le Luxembourg alors me parut vide !* » Gide apprend que son petit camarade est en train de devenir aveugle. « *Je m'en allai pleurer dans ma chambre, et durant plusieurs jours m'exerçai à demeurer longtemps les yeux fermés, à circuler sans les ouvrir, à m'efforcer de ressentir ce que Mouton devait éprouver.* »

Bel exemple et émouvant de sympathie qui consiste à jouer à être l'autre dans sa souffrance. Mais il n'échappe pas, dans cette anecdote, que le petit André est attiré, fasciné par un gamin qui a, si l'on ose dire, une double séduction : il est déshérité et la particularité de sa maladie est qu'elle le coupe de la réalité visible. Et c'est bien cette réalité-là qui fait défaut à Gide, au point d'espérer la trouver expérimentalement en supprimant les apparences, en se privant de la vue. Gide constate que la réalité qu'il vit est irréelle. Elle est fausse, elle lui donne du malaise. L'explication spontanée qu'il donne à ce décalage est que le mal vient de lui : il est dans ses nerfs, il est dans sa tête ou dans son tempérament, bref il s'agit d'une maladie psychologique. Et s'il ne croyait pas à sa tare, les médecins, les parents, l'entourage auraient vite fait de l'en convaincre, de vouloir l'en guérir ou l'en corriger. La cause est dans son corps ou dans son esprit. C'est affaire de médecine, d'éducateur et de pasteur. De thérapeutes.

Mais le petit André n'est pas entièrement et intimement convaincu de son vice de forme. Il subsiste, vague, informulable, inavouable, l'idée que c'est la réalité elle-même qui est un jeu, une illusion, un tableau en trompe l'œil peint à leur usage par les adultes et dont les enfants sont exclus. A commencer par ce corps qui lui semble bien exister mais qu'on nie, qu'on gomme, au point qu'il croit devoir s'en excuser. Il se déclare affreusement laid, il s'imagine aveugle, il dépeint son enfance comme celle d'un être qui n'est pas encore, d'une chenille qui ne laisse en rien présager le papillon. L'adulte rationnel qu'il est devenu ne remet pas en cause la réalité ; l'enfant n'a pas cette certitude : il se sent si peu exister comme sujet, et tellement comme objet.

Certes, tous les enfants de la bourgeoisie victorienne, élevés dans des mûrissoirs semblables, dans cette même croyance inculquée au naturel des artifices, n'en ont pas éprouvé le même malaise. A chacun sa constitution et la manière de se raconter son histoire qui n'est d'ailleurs jamais tout à fait la même. Mais on est frappé par la multiplicité des témoignages, venus d'écrivains issus de ces bonnes familles d'avant la guerre de 14, qui tous avouent leur duplicité – « *une partie de moi qui reste en arrière et qui regarde l'autre se compromettre* » – et la rapportent à la duplicité de l'univers bourgeois.

Gustave Flaubert par exemple, *L'Idiot de la famille*. Il a vingt et un ans en 1842 lorsqu'il achève d'écrire *Novembre*. C'est un jeune homme robuste – la fameuse nuit de Pont-l'Évêque, la première des grandes crises nerveuses, se place quinze mois plus tard –, plein de santé et de vigueur. Il écrit d'entrée : « *Ma vie entière s'est placée devant moi comme un fantôme... J'ai savouré longuement ma vie perdue ; je me suis dit avec joie que ma jeunesse était passée, car c'est une joie de sentir le froid vous venir au cœur... A compter les années cependant, il n'y a pas longtemps que je suis né, mais j'ai à moi des souvenirs nombreux dont je me sens accablé, comme le sont les vieillards de tous les jours qu'ils ont vécus ; il me semble que j'ai duré plusieurs siècles et que mon être renferme les débris de mille existences passées. [...] Je suis né avec le désir de mourir. Rien ne me paraissait plus sot que la vie et plus honteux que d'y tenir*[3]. »

Un jeune homme se regarde comme un étranger à lui-même, si étranger qu'au seuil de sa vie il se voit comme l'ayant déjà tout entière vécue ; vieillard sénile et désabusé à l'aube même de sa jeunesse. Maladie, là encore ? Si l'on veut, mais attrapée dans quel mauvais lieu ? Gide enfant se voit laid et abruti ; le petit Gustave Flaubert est idiot, retardé, mutique, incapable de dire son nom à l'âge où tout un chacun babille. L'un et l'autre à dire vrai existent à peine – en tout cas en sont-ils convaincus au plus profond d'eux-mêmes. Ils ne sont que des signes sans autre signification que celle-ci : ils appartiennent à une Maison, à une Famille. A la fois tribu, havre confortable, raison sociale, loi suprême. Il y a la Maison Rondeaux comme il y a eu la Maison Flaubert, voilà la seule réalité. Dans ce cadre, André comme

Gustave ne sont que des déterminations internes, des dispositifs particuliers ; des moyens, jamais des fins. La fin, chez les Flaubert, c'est l'ambition, l'ascension sociale, la réussite professionnelle, l'excellence à laquelle chacun doit se soumettre. Chez les Rondeaux, fortunes déjà anciennes, réputations déjà établies, l'ascension peut se donner un but plus noble encore, plus éthéré – étant entendu qu'on garde l'œil sur le patrimoine : la perfection morale, la beauté de l'âme.

Sartre n'a guère eu besoin – des cuistres le lui ont bêtement reproché – de beaucoup d'études pour comprendre et pour reconstituer la jeunesse de Gustave Flaubert. Il lui a parfois suffi de se souvenir de la sienne. Au point qu'on ne sait pas toujours si *L'Idiot de la famille* est un roman autobiographique et si *Les Mots* ne sont pas une préface à la monumentale exploration de la vie de Flaubert.

Écho de *Novembre* dans *Les Mots* : « *La mort était mon vertige parce que je n'aimais pas vivre : c'est ce qui explique la terreur qu'elle m'inspirait. En l'identifiant à la gloire, j'en fis ma destination. Je voulus mourir ; parfois l'horreur glaçait mon impatience : jamais longtemps ; ma joie sainte renaissait, j'attendais l'instant de foudre où je flamberais jusqu'à l'os [...] Si je remonte aux origines, j'y vois une fuite en avant, un suicide à la Gribouille ; oui, plus que l'épopée, plus que le martyre, c'était la mort que je cherchais* [4]. »

La famille Schweitzer dans laquelle mijote le petit Jean-Paul n'est pas celle de l'entreprenant professeur Flaubert, ni l'opulente et pieuse tribu des Rondeaux. On est frappé pourtant de constater comment, génération après génération, entre les belles demeures rouennaises et le jardin du Luxembourg où Gide et Sartre remâchent la même solitude d'enfants chétifs et protégés, les mêmes cellules familiales closes, austères, enfermées sur leurs principes et leurs ambitions sécrètent des gamins qui regardent la vie comme un spectacle dont ils sont les acteurs, plus ou moins fantomatiques, plutôt morts que vivants. Sartre, évidemment, va plus loin que les autres pour décrire son malaise : imposteur, singe savant, il se regarde donner la comédie à son grand-père Schweitzer, persuadé qu'il n'est rien d'autre que ce reflet de satisfaction qu'il contemple dans les yeux du vieil homme lorsqu'il lui présente le masque du petit-fils modèle : « *Je restais abstrait. Au propriétaire, les biens de ce monde reflètent ce qu'il est ; ils m'enseignaient ce que je n'étais pas : je n'étais pas consistant ni permanent ; je n'étais pas le continuateur futur de l'œuvre paternelle, je n'étais pas nécessaire à la production de l'acier : en un mot je n'avais pas d'âme.* »

Gide, lui, à une âme qu'il lui est quotidiennement enjoint de lustrer, de polir et d'élever. Mais il n'a pas de corps : du moins de corps avouable, partageable. Lui aussi n'est propriétaire de rien puisqu'il est entendu que son âme appartient à Dieu, son nom à la famille. Pour se faire reconnaître, pour exister un peu, fût-ce en tant que reflet, il lui reste à essayer des rôles. Mais ce n'est pas Gide, c'est Sartre qui écrit : « *Après avoir lu ce qui précède, un ami me considéra d'un air inquiet : "Vous étiez, me dit-il, encore plus atteint que je n'imaginais." Atteint ? Je ne sais trop. Mon délire était manifestement travaillé. A mes yeux, la question principale serait plutôt celle de la sincérité.* »

Gide, comme en écho : « *Comédien, peut-être, mais c'est moi-même que je joue.* »

Notes

1. Le personnage d'Armand Vedel dans *Les Faux-Monnayeurs.*
2. Gide, *Si le grain ne meurt*, *op. cit.*, p. 352-353.
3. Gustave Flaubert, *Novembre*, dans *Œuvres II*, Paris, Gallimard, « Bibliothèque de la Pléiade », 1952, p. 485-486.
4. Jean-Paul Sartre, *Les Mots*, Paris, Gallimard, 1964, p. 160.

7
La bibliothèque et le salon sacré

1875

« *La littérature enfantine française ne présentait alors guère que des inepties, et je pense qu'il eût souffert s'il m'avait vu entre les mains tel livre qu'on y mit plus tard, Mme de Ségur par exemple – où je pris, je l'avoue, et comme à peu près tous les enfants de ma génération, un plaisir assez vif, mais stupide – un plaisir non plus vif heureusement que celui que j'avais pris d'abord à écouter mon père me lire des scènes de Molière, des passages de l'*Odyssée, La Farce de Pathelin, *les aventures de Sindbad. […] Le succès de ces lectures était tel, et mon père poussait si loin sa confiance, qu'il entreprit un jour le début du Livre de Job. C'était une expérience à laquelle ma mère voulut assister ; aussi n'eut-elle pas lieu dans la bibliothèque ainsi que les autres, mais dans un petit salon où l'on se sentait chez elle plus spécialement. Je ne jurerais pas, naturellement, que j'aie compris d'abord la pleine beauté du texte sacré ! Mais cette lecture, il est certain, fit sur moi l'impression la plus vive, aussi bien par la solennité du récit que par la gravité de la voix de mon père et l'expression du visage de ma mère, qui tour à tour gardait les yeux fermés pour marquer ou protéger son pieux recueillement, et ne les rouvrait que pour porter sur moi un regard chargé d'amour, d'interrogation et d'espoir*[1]. »

Tableau familial édifiant, ô combien ! A droite, Paul Gide, le pédagogue, l'éminent professeur de droit romain, dans son rôle d'éducateur intime ou, pour être plus exact, de reproducteur du patrimoine intellectuel et sensible de la Maison Gide. Car il semble bien s'être établie entre les époux, par accord tacite, une division du travail éducatif. Au père, dont c'est par ailleurs la profession, l'exclusivité de la formation au savoir : savoir du monde, savoir des livres, savoir de la beauté. A la mère, dont c'est également le pré carré, la fonction sociale par vocation intime et par conviction, la formation spirituelle et le dressage moral. La séparation est si nette qu'elle s'inscrit dans la géographie de l'appartement de la rue de Tournon. Les lectures profanes dans le bureau-bibliothèque du père ; les livres sacrés dans un petit salon maternel qu'on devine façonné pour la prière et pour la méditation. Rien ne pourrait marquer plus fortement que cette topographie intime la séparation radicale du temporel et du spirituel. Rien non plus ne pourrait mieux convaincre un petit garçon de la distance incommensurable, infranchissable qui sépare ce qui est de ce qui doit être.

D'autant que si les méthodes d'inculcation diffèrent entre la bibliothèque et le petit salon, on s'accorde au moins sur une chose : le petit André est une matière molle qu'il s'agit de modeler, au plus près possible de sa propre image, et tel qu'on a soi-même été modelé. Il n'y a pas, par exemple, pour Paul Gide de littérature enfantine qui vaille ; il y a sa bibliothèque qu'il s'agit de transvaser, avec mesure, en tâtonnant, en faisant des *expériences*, dans le cerveau de cet enfant qui ne sait pas encore lire. L'*Odyssée*, Ali Baba, les aventures de Sindbad ou « *quelques bouffonneries de la Comédie-Italienne* » mais certainement pas les *inepties* de la comtesse de Ségur. Paul Gide veut pour son fils un plaisir intelligent, c'est-à-dire qu'il puisse mesurer à l'aune de sa propre intelligence de lettré diplômé : « *Il ne proposait à mon amusement et à mon admiration rien qu'il ne pût aimer ou admirer lui-même* », écrit André Gide, avec reconnaissance.

Paul Gide demeure étranger au grand courant social et intellectuel qui, depuis Rousseau, depuis la fin du XVIIIe siècle, considère l'enfant comme une personne et dont la littérature enfantine est la manifestation éditoriale. La création de la « Bibliothèque rose » en 1855, à l'occasion d'un contrat passé entre Hachette et la comtesse de Ségur, représente, de ce point de vue, une date décisive. Les romans de la comtesse connaissent immédiatement un énorme succès auquel leur idéologie éminemment conservatrice n'est pas étrangère. Sous un habillage comique – c'est sa grande invention –, la fille du comte Rostopchine déverse la morale la plus conventionnelle, aux couleurs du réalisme psychologique. Il est clair que Paul Gide, nourri à la littérature classique, enfant d'Uzès féru de Racine, méprise ce qu'il considère comme de la sous-littérature. En aucun cas, il ne saurait faire dépendre sa hiérarchie des auteurs de l'âge ou de l'instruction du public auquel ils s'adressent. Il n'y a qu'une seule culture pensable dont l'ordre reproduit le sien. S'y ajoute peut-être, s'agissant de littérature enfantine, une ombre de misogynie : ces livres sont tous écrits par des femmes : Mme de Ségur, Laure Surville – la sœur de Balzac –, Zulma Carraud, Zénaïde Fleuriot dont *Le Petit Chef de famille* vient de paraître en 1874, Mlle Gouraud, Victorine Monniot, Mme Chéron de la Bruyère. Paul Gide ne se soumet pas à cet abandon total des enfants aux femmes dont on devine qu'il est une source latente de conflits dans son propre foyer.

Mais ce littéraire de stricte obédience, fût-il devenu juriste par atavisme consenti, refuse également de faire entrer dans les lectures faites à son fils l'autre grand succès du temps, le symbole de l'ouverture du siècle à l'ère scientifique : les romans de Jules Verne. C'est en 1843 que Hetzel a créé « Le Nouveau Magasin des enfants » « *pour amuser les enfants en exerçant leur imagination au profit de leur cœur* ». C'est en 1864 que le même éditeur, passant des livres pour enfants à des ouvrages pour adolescents, a inventé « Le Magasin d'éducation et de récréation » à l'intérieur duquel Jules Verne entame sa carrière d'auteur à succès. En 1875, Verne a déjà publié la plupart de ses grands livres d'aventures et d'anticipation – *Michel Strogoff* paraîtra l'année suivante.

Mais Verne, il est vrai, sent un peu le soufre. D'abord, parce qu'à la suite de Renan et de Taine, ces grandes figures de la modernité scientiste, il proclame que la littérature doit céder un peu de place au savoir positif. Comme le dit Hetzel : « *Les romans de M. Verne sont arrivés à leur point. L'art pour l'art ne suffit plus à notre époque et l'heure est venue où la science a sa place dans le domaine de la littérature. [...] Son but est de résumer toutes les connaissances géographiques, géologiques, physiques, astronomiques, amassées par la science moderne, et de refaire sous la forme attrayante et pittoresque qui lui est propre, l'histoire de l'univers* [2]. » Nous voilà bien loin de la littérature, de l'apprentissage de la beauté et de l'émotion esthétique, pense Paul Gide ; loin aussi de l'exercice qui consiste à transfuser de la belle prose française dans le droit romain.

Mais il y a plus : M. Verne est un personnage louche. Il peut bien vivre en bourgeois cossu, assis sur le gros sac de ses droits d'auteur, il n'en est pas moins une sorte de traître à sa classe. Né dans l'excellente bourgeoisie des armateurs nantais enrichie par la traite des Noirs, richement marié, « monté » à Paris, comme Paul Gide, pour y parfaire ses études juridiques, il s'est lié à des personnages peu recommandables : Élisée Reclus, le grand géographe anarchiste ; Paschal Grousset, un ancien communard ; Hetzel, un républicain militant, secrétaire général du pouvoir exécutif après la révolution de 1848 et proscrit lors du coup d'État de Louis-Napoléon Bonaparte en 1851. Ajoutons à cela deux socialistes de l'utopie, deux saint-simoniens qui vont peu à peu tirer le notable Jules Verne vers la gauche (au point qu'il sera candidat, en 1889, sur une liste de « progrès » aux élections municipales d'Amiens) : le photographe Nadar et l'idéologue Adolphe Guéroult. Certes, le professeur Gide n'appartient pas à l'aile réactionnaire – et à ce moment, majoritaire – de la bourgeoisie, celle qui attend avec impatience la restauration de la monarchie. L'alliance du trône et de l'autel évoque trop de mauvais souvenirs à ce fils de famille calviniste. L'empire de Napoléon III, phase libérale, ne lui a pas déplu ; une république modérée aurait ses faveurs.

Mais il est impossible, rue de Tournon comme dans tous les quartiers chics de Paris, d'oublier si vite la grande peur de la Commune, le spectre des « partageux ». Paul Gide est un humaniste, mais les communards ne sont pas des hommes, comme le rappelle Théophile Gautier, le poète préféré des esthètes convenables : « *Il y a sous toutes les grandes villes des fosses aux lions, des cavernes fermées d'épais barreaux où l'on parque les bêtes fauves, les bêtes puantes, les bêtes venimeuses, toutes les perversités réfractaires que la civilisation n'a pu apprivoiser [...] tous les monstres du cœur, tous les difformes de l'âme ; population immonde, inconnue au jour et qui grouille sinistrement dans les profondeurs des ténèbres souterraines. Un jour il advient ceci que le belluaire distrait oublie ses clefs aux portes de la ménage-*

rie et ces animaux féroces se répandent dans la ville épouvantée avec des hurlements sauvages. Des cages ouvertes s'élancent les hyènes de 93 et les gorilles de la Commune[3]. » Ali Baba est décidément une meilleure fréquentation que les héros de M. Verne et de ses amis.

A gauche du tableau de famille, Mme Gide, les yeux fermés comme il convient à la méditation des textes sacrés ; sauf lorsqu'ils s'ouvrent à une autre contemplation, à peine moins intérieure : celle du bambin de six ans sur la tête duquel tombent les sublimes versets. Contemplation d'amour, c'est certain, mais d'amour par procuration et par idéalisation. C'est moins le petit André Gide qui est aimé que les effets espérés du Livre de Job sur son âme. Mme Gide assiste à la semaille d'un grain dans la terre qui lui est la plus chère, sur la friche élue de toutes ses promesses de conquête spirituelle.

Au milieu du tableau, André. Il ne comprend rien, sauf que l'instant est solennel et qu'il est un enjeu.

Notes

1. Gide, *Si le grain ne meurt*, *op. cit.*, p. 354-355.
2. Pierre-Jules Hetzel, avertissement à l'édition du *Capitaine Hatteras*, de Jules Verne, Paris, 1867.
3. Théophile Gautier, *Tableaux du siège*, dans *Œuvres complètes de Théophile Gautier*, Genève, Slatkine reprint, 1979, tome VI.

8
Les métamorphoses de la larve

1876

« Avant de quitter Uzès [...], je veux parler de la porte de la resserre, au fond de la salle à manger. Il y avait, dans cette porte très épaisse, ce qu'on appelle un nœud de bois, ou plus exactement, je crois, l'amorce d'une petite branche qui s'était trouvée prise dans l'aubier. Le bout de la branche était parti et cela faisait, dans l'épaisseur de la porte, un trou rond de la largeur du petit doigt, qui s'enfonçait obliquement de haut en bas. Au fond du trou, on distinguait quelque chose de rond, de gris, de lisse, qui m'intriguait fort :

– Vous voulez savoir ce que c'est ? me dit Rose, tandis qu'elle mettait le couvert, car j'étais tout occupé à entrer mon petit doigt dans le trou, pour prendre contact avec l'objet. – C'est une bille que votre papa a glissée là quand il avait votre âge, et que, depuis, on n'a jamais pu retirer.

Cette explication satisfit ma curiosité, mais tout en m'excitant davantage. Sans cesse je revenais à la bille ; en enfonçant mon petit doigt, je l'atteignais tout juste, mais tout effort pour l'attirer au-dehors la faisait rouler sur elle-même, et mon ongle glissait sur la surface lisse avec un petit grincement exaspérant...

L'année suivante, aussitôt de retour à Uzès, j'y revins, malgré les moqueries de maman et de Marie, j'avais tout exprès laissé croître démesurément l'ongle de mon petit doigt, que d'emblée je pus insinuer sous la bille ; une brusque secousse, et la bille jaillit dans ma main[1]*. »*

Un bien long développement pour une anecdote bien mince. Mais l'écrivain André Gide veut qu'on le sache : la curiosité et l'obstination se sont manifestées chez lui dès l'enfance : elles font partie de sa nature, de son fonds, de sa « *pente* » – c'est un mot clé de la philosophie gidienne. C'est un gamin laid, sournois, mais animé par un intense désir de savoir et capable pour le satisfaire d'une conduite longuement et secrètement calculée.

Stratégie de solitaire qui ne participe pas à l'échange et à la négociation des désirs tels qu'ils se pratiquent dans toutes les communautés enfantines. Réduit à lui-même, c'est-à-dire à presque rien dès qu'il abandonne son statut d'héritier de la Maison Rondeaux-Gide, André n'a d'autre ressource pour se sentir exister que de s'inventer des passions. Mais avec quoi, avec quel but concret, avec quel objet, réel ou imaginaire ? Peu importe : l'essentiel est pour lui qu'il existe un projet, que ce projet lui appartienne et qu'il lui permette enfin de se mobiliser, de se donner une orientation ; pour peu, on dirait : une raison de vivre. La curiosité ne le rassure pas sur l'existence d'une réalité extérieure, elle n'est pas une expérience du monde, mais une simple vérification de soi. Le petit garçon de la bille d'Uzès s'assure qu'il n'est pas seulement une pâte molle que façonne M. et Mme Gide, mais aussi, modestement, un être doté sinon d'autonomie du moins d'une certaine permanence dans le temps.

L'objet de la quête, dès lors, peut être insignifiant. Comptent seuls l'énergie accumulée, la volonté rassemblée, et le prix à payer qui est comme le garant de la réalité de cette dépense. Jouer avec des soldats de plomb ne présente, de ce point de vue, aucun intérêt : « *Moi aussi j'avais des soldats de plomb, moi aussi je jouais avec eux ; mais c'était à les faire fondre. On les posait tout droit sur une pelle qu'on faisait chauffer ; alors on les voyait chanceler soudain sur leur base, piquer du nez, et bientôt s'échappait de leur uniforme terni une petite âme brillante, ardente et dépouillée.* » Il avoue un peu plus loin : « *L'idée de saccage, sous forme d'un jouet aimé que je détériorais* » devint un « *thème d'excitation sexuelle* » [2].

Il faut payer pour exister. Saccager ce que l'on aime ou bien surmonter des obstacles, moraux, physiques ou psychologiques. Alors, et alors seulement, peut naître de ce tribut quelque chose qui ressemble à du plaisir. Même si, plus tard, André Gide adulte fera montre d'une véritable passion intellectuelle pour l'histoire naturelle et pour l'observation de la vie des plantes et des animaux, le naturaliste enfant semble beaucoup moins intéressé par « *les jeux de la matière vivante* » que par la manière de transformer la répulsion en excitation. Anna Shackleton, botaniste émérite, l'emmène fréquemment herboriser ; mais il n'a cure de ce paisible hobby de « *vieilles demoiselles et d'aimables maniaques* ». De la même manière, il accueille avec un intérêt très modéré le cadeau que lui fait l'oncle Georges Pouchet, professeur au Muséum, de la très belle collection de coléoptères constituée par son père : vingt-quatre boîtes à fond de liège où les insectes sont classés, rangés et étiquetés : « *Combien m'était plus précieux chacun de ces insectes que j'y avais épinglés moi-même, après les avoir capturés. Ce que j'aimais, ce n'était pas la collection, c'était la chasse* [3]. »

Et par-dessus tout, la chasse un peu répugnante, celle qui exige de soi que l'on surmonte un peu d'effroi, de trouble ou de dégoût. Que l'on retourne des bouses et des charognes pour y découvrir des « *nécrophores, géotrupes et staphylins* », en compagnie de la cousine Suzanne ; ou encore, comme en miroir, qu'on se fascine pour le larvaire : « *En creusant dans la sciure on découvrait aussi [...] d'énormes vers blancs semblables aux* turcs *ou larves des hannetons. On découvrait encore d'étranges chapelets ou paquets d'œufs blanchâtres et mous, gros comme des mirabelles, collés les uns aux autres, qui m'intriguaient d'abord étrangement. On ne pouvait briser ces œufs, qui n'avaient à proprement parler pas de coquille, et même avait-on quelque mal à déchirer l'enveloppe souple et parcheminée – d'où s'échappait alors, ô stupeur ! une délicate couleuvre. Je rapportai à La Roque quantité de larves d'orcytes que j'élevai dans une caisse pleine de sciure, mais qui moururent toujours avant de parvenir à la nymphose, pour cette raison, je crois, qu'il leur faut s'enfoncer dans la terre pour se métamorphoser* [4]. »

S'enfoncer dans la terre pour se métamorphoser ; mourir à sa forme première, molle et rebutante, pour renaître enfin dans sa beauté et dans sa liberté : la métaphore est omniprésente dans l'œuvre de Gide, dans sa pensée et dans l'appréhension qu'il a du monde. Il ne se voit pas comme un être qui croît et évolue, mais comme une manière d'insecte qui subit d'imprévisibles mutations

– programmées on ne sait où – et qui abandonne derrière lui les oripeaux fanés de ses états antérieurs. Gide n'aura de cesse de se quitter, sans ruminer sur son identité : « *La chenille qui chercherait à bien se "connaître" ne deviendrait jamais papillon* [5]. »

Entre ces périodes de bouleversements, de sauts à l'autre extrémité de lui-même, de défroques jetées au bord du chemin, des périodes plus ou moins longues d'immobilité, de temps suspendu et comme arrêté, de vacance, comme pour accumuler de l'énergie avant le bond suivant. C'est le temps du rêve et le temps du jeu, celui de la réalité escamotée ou manipulée. Le petit Gide joue beaucoup, en solitaire : décalcomanies, constructions, kaléidoscopes, toupies, cerfs-volants, patiences, ces jeux si bien nommés. Il s'y jette avec autant de sérieux que de concentration. Jouer n'est pas – n'est pas tout à fait – un divertissement, certainement pas une manière de passer le temps. Le plaisir que Gide y prend, l'excitation qu'il en ressent répondent à une double exigence : éluder le réel et s'éprouver soi-même, exister dans un monde qui n'existe presque plus, expérimenter son corps, son intelligence, ses facultés, ses émotions sur des objets futiles, dans des combats sans enjeu.

La passion du jeu anodin et des jouets ne quittera jamais Gide. C'est un garçon de vingt-quatre ans qui écrit à sa mère, de Biskra, le dimanche de Noël 1893 : « *Il faut que tu trouves à acheter à Paris, soit aux petites boutiques, soit aux grandes tout un lot de JOUETS qui ne soient pas des amusettes, mais dont on puisse se servir en plein air de préférence, comme ils se servent ici (les gamins) de la toupie et des billes : donc ni billes, ni toupies, à moins que ce ne soient des toupies un peu chiques* [sic]. *Je songe surtout à des cerfs-volants : il y en a qui ont la forme d'oiseaux japonais, ce serait parfait ; parfait aussi (si tu en trouves), ce qui m'amusait tant jadis, ces sortes d'hélices en fer-blanc qu'on faisait voler très haut en leur communiquant une rotation au bout d'un bâton à l'aide d'une ficelle* [6]. » Plus tard encore et jusqu'à sa mort, vieil écrivain glorieux, il continuera à fréquenter assidûment les grands magasins de jouets – et pas seulement pour y trouver des entrées en matière auprès des jeunes garçons. Il en a toujours dans ses poches qu'il sort à n'importe quel moment et dans la manipulation desquels il s'absorbe. Sans parler des interminables parties de crapette auquel il s'adonnera soir après soir rue Vaneau, soit avec la Petite Dame, Maria Van Rysselberghe, soit – dans une passion partagée – avec la fille de celle-ci, Élisabeth.

Sans compter aussi, avant l'écriture, un autre jeu, une autre approche de l'art, une autre manière de fuir le monde sans se fuir soi-même : le piano que Mme Gide commence à faire étudier à son fils quand il a sept ans. L'apprentissage de l'harmonie.

Notes

1. Gide, *Si le grain ne meurt*, *op. cit.*, p. 383-384.
2. *Ibid.*, p. 387.
3. *Ibid.*, p. 416.
4. *Ibid.*
5. Gide, *Les Nouvelles Nourritures*, dans *Romans*, Paris, Gallimard, « Bibliothèque de la Pléiade », 1958, p. 285.
6. Gide, *Correspondance avec sa mère, 1880-1895*, Paris, Gallimard, 1988, p. 283.

9

Le dépravé

1877

« Mes parents avaient donné la veille un dîner ; j'avais bourré mes poches des friandises du dessert ; et, ce matin-là, sur mon banc, tandis que s'évertuait M. Vedel, je faisais alterner le plaisir avec les pralines.

Tout à coup, je m'entendis interpeller :

– Gide ! Il me semble que vous êtes bien rouge ? Venez donc me dire deux mots.

Le sang me monta au visage plus encore, tandis que je gravissais les quatre marches de la chaire, et que mes camarades ricanaient.

Je ne cherchai pas à nier. A la première question que M. Vedel me posa, à voix basse, penché vers moi, je fis de la tête un signe d'acquiescement. Pourtant il ne me venait pas à l'idée que cet interrogatoire pourrait avoir des suites ; M. Vedel, avant de poser sa question, ne m'avait-il pas promis de ne rien dire ?

N'empêche que, le soir même, mon père recevait une lettre du sous-directeur, l'invitant à ne m'envoyer plus à l'école avant trois mois[1]. »

Lorsque les Gide décident qu'il est temps de faire entrer André dans le circuit scolaire, c'est tout naturellement à l'École alsacienne qu'ils l'inscrivent. Fondée en 1871 après la séparation de l'Alsace de la France pour accueillir enseignants et enfants des familles qui ont refusé le rattachement à l'Allemagne, l'école est très rapidement devenue un haut lieu de l'éducation bourgeoise libérale. Dans un système scolaire encore largement dominé par l'Église catholique, l'école de la rue d'Assas, sous l'influence de l'importante communauté protestante venue d'Alsace, combine en effet, pour l'élite éclairée de la fortune qui lui confie ses enfants, le double avantage d'un recrutement de classe assuré par le statut privé de l'établissement et d'un enseignement non catholique – c'est-à-dire aussi, à une époque où le catholicisme a tendance à se confondre encore avec le monarchisme, un enseignement républicain. L'un des fondateurs de l'École alsacienne, Gabriel Monod, historien protestant ami de Michelet, sera d'ailleurs l'un des grands réformateurs de l'Université française et de l'École normale, de 1880 à la fin du siècle – et l'un des premiers et des plus efficaces défenseurs de Dreyfus.

Ce libéralisme politique s'accompagne tout naturellement d'un grand rigorisme moral et d'un esprit élevé de compétition, inculqué dès le plus jeune âge : appartenant de par leur naissance au meilleur de la société, les élèves de l'École alsacienne entrent de surcroît – qu'ils le désirent ou non – en concurrence avec l'élite majoritaire des écoles catholiques. Ils doivent être l'élite de l'élite, sur le plan moral comme sur celui du savoir.

Le petit André, l'enfant solitaire et renfermé, « *l'enfant obtus* » à « *l'état larvaire* », comme il se décrira, n'a pas plus tôt pénétré dans cette belle machine à former les chefs qu'il s'y noie. Plus on lui demande de paraître, de briller, de communiquer, d'adhérer à la réalité de la communauté scolaire, plus il s'enfonce dans le silence, se replie sur lui-même, se convainc de sa stupidité. Les mauvaises notes ne sanctionnent pas seulement la médiocre qualité de son travail, mais aussi sa conduite, sa tenue, son désordre, sa malpropreté. C'est un cancre, de la plus malheureuse espèce : un cancre triste. Il n'a pas même la ressource pour sortir de sa torpeur, de faire comme son camarade des dernières places, son futur grand ami le peintre Paul Laurens. Celui-ci profite de l'abri du fond de la classe pour couvrir ses cahiers de dessins qui, écrira Gide, « *me paraissaient les plus prodigieux du monde. Il se servait, comme d'un pinceau du gros bout de son porte-plume mâchuré, qu'il trempait dans l'encre ; ce travail l'absorbait et lui donnait l'air studieux ; mais si le professeur s'avisait de l'interroger, Paul, hagard et le regard perdu, semblait revenir de si loin que toute la classe éclatait de rire* [2] ».

Hagard lui aussi et le regard également perdu, le petit Gide s'adonne à lui-même, à ses « mauvaises habitudes ». Il prend à peine le soin de s'en cacher, « *n'ayant pas bien compris qu'elles fussent à ce point répréhensibles ; car je vivais toujours (si l'on peut appeler cela : vivre) dans l'état de semi-sommeil et d'imbécillité que j'ai peint*[3] ».

De son propre aveu, Gide ne vit pas, ou si peu : « *J'étais pareil à ce qui n'est pas encore né.* » Exactement : il se meut dans un univers dont les valeurs inversent celles du milieu familial. On lui répète – et sans doute il le croit – que l'esprit est la source de la félicité et le corps le lieu de la chute ; or son esprit sommeille, mais son corps s'émeut. Non seulement il n'est pas encore né, mais il est déjà mort : coupable avant de vivre. Ou pour le moins gravement malade. C'est d'ailleurs « *au médecin* » que les parents Gide décident de mener le délinquant, après de « *graves délibérations* » lorsqu'ils reçoivent la lettre de renvoi. Sans doute Mme Gide eût-elle préféré le pasteur, le médecin des âmes, mais Paul Gide est un homme de son temps qui ne méprise pas les secours de la science.

Il est vrai que le médecin consulté, un célèbre spécialiste de médecine légale – un praticien de la pathologie criminelle –, ne se préoccupe guère du corps de son patient que sous la forme la plus élémentaire de la répression : « – *Je sais ce dont il s'agit, dit-il en grossissant la voix, et n'ai besoin, mon petit, ni de t'examiner ni de t'interroger aujourd'hui. Mais si ta mère, d'ici quelque temps, voyait qu'il est nécessaire de te ramener, c'est-à-dire si tu ne t'étais pas corrigé, eh bien (et ici sa voix se faisait terrible) voici les instruments auxquels il nous faudrait recourir, ceux avec lesquels on opère les petits garçons dans ton cas ! – et sans me quitter des yeux, qu'il roulait sous ses sourcils froncés, il indiquait, à bout de bras, derrière son fauteuil, une panoplie de fers de lance touaregs*[4]. »

Gide peut bien affirmer, en 1920, que le gamin de huit ans qu'il était ne prit pas la menace du docteur Brouardel au sérieux, elle n'en soulignait pas moins solennellement la gravité du crime qu'il venait de commettre et l'absolu de la censure qui lui était imposée et que confirmait la sanction de l'École alsacienne. L'enfant qui se persuadait mal « *de la gravité d'un méfait qui ne désobligeait personne* » apprend brutalement qu'il vient de plonger dans la Faute.

Rue de Tournon, on fait pis que le punir. On s'afflige, on se lamente, on pleure. Les manquements d'un enfant sont sanctionnés par des réprimandes et des sanctions ; la faute d'André se situe au-delà de cette relation éducative : elle est si grave qu'elle punit les parents eux-mêmes dans l'amour qu'ils lui portent. Leur chagrin est une peine inexpiable puisqu'on en est à la fois coupable et exclu de toute réparation. La mort de Paul Gide, deux ans après cet épisode, ne fera qu'enfoncer davantage André dans sa culpabilité. Il ne l'avouera que sous le masque de la fiction, dans *Les Faux-Monnayeurs*. L'un des personnage du roman, Boris Lapérouse, est lui aussi affligé de « mauvaises habitudes ». Lui aussi a perdu son père quand il était enfant ; lui aussi est étouffé par le puritanisme maternel : « *Sa mère l'a grondé, supplié, sermonné, j'imagine. La mort du père est survenue. Boris s'est persuadé que ses pratiques secrètes qu'on lui peignait comme si coupables, avaient reçu leur châtiment ; il s'est tenu pour responsable de la mort de son père ; il s'est cru criminel, damné*[5]. »

Trois mois après son exclusion, André réintègre l'École alsacienne. « *J'étais guéri ; du moins à peu près autant qu'on peut l'être.* » Sous la pression qu'il vient de subir, il identifie enfin le paradis honteux du plaisir au Mal, et il se l'interdit. Ou il s'acharne à le faire. Il navigue désormais, et pour longtemps, entre les tentations de cette volupté *magique* qu'il sait pouvoir se donner et le poids de la faute dont on lui a fait mesurer la réalité. Il livre un combat contre lui-même, se maudissant à chacune de ses rechutes, se méprisant, entretenant la haine de son corps à la mesure même du plaisir où il le plonge. Il était nerveux, sensible, il se rend malade. Le retour rue d'Assas, sur les lieux de son forfait, n'arrange rien. Quelques semaines plus tard, il est fauché par une forte rougeole. Il se traîne ; il est si affaibli que ses parents décident de l'envoyer immédiatement en vacances à La Roque. De toute façon, il devra redoubler sa neuvième. La maladie permet d'écarter le réel et de le fuir ; il saura s'en souvenir.

Dans *Les Faux-Monnayeurs* encore, il explique, à propos de Boris : « *La maladie nerveuse n'a commencé qu'ensuite. Elle est née sans aucun doute de la contrainte que Boris a dû exercer sur lui-même pour se libérer [...] Comme un animal traqué, son organisme débile a inventé ces quantités de petits subterfuges où se purge sa peine intime, et qui sont comme autant d'aveux [...] On n'obtient rien de bon par l'épouvante.* »

L'enfant Gide est épouvanté par lui-même. Il n'est pas loin de se considérer comme un monstre. Monstre d'impureté, monstre d'insensibilité faisant payer de larmes l'amour dont on l'entoure. Boris ne survivra pas à sa culpabilité et à son indignité ; Gide va, à tâtons, trouver des solutions, toujours provisoires et menacées. Mais en 1893, dans les premières pages de son *Journal*, il écrira encore : « *J'ai vécu jusqu'à vingt-trois ans complètement vierge et dépravé ; affolé tellement qu'enfin je cherchais partout quelque morceau de chair où pouvoir appliquer mes lèvres*[6]. »

Notes

1. Gide, *Si le grain ne meurt*, *op. cit.*, p. 389-390.
2. *Ibid.*, p. 513.
3. *Ibid.*, p. 390.
4. *Ibid.*, p. 391.
5. Gide, *Les Faux-Monnayeurs*, dans *Romans*, *op. cit.*, p. 1098-1099.
6. Gide, *Journal 1887-1925*, Paris, Gallimard, « Bibliothèque de la Pléiade », 1996, mars 1893.

10
Les extases licites

1878

« *Rien n'était plus bourgeois que le milieu de ma famille, et M. Guéroult pour n'être rien moins qu'un bohème, était tout de même un artiste ; c'est-à-dire qu'il n'était pas "de notre monde" du tout – un musicien, un compositeur, un ami d'autres musiciens plus célèbres, de Gounod par exemple, ou de Stéphane Heller, qu'il allait voir à Paris. [...] Très clérical, et protégé par le clergé, il comptait ses élèves dans les familles les meilleures et les mieux pensantes, la mienne en particulier, où il jouissait d'un grand prestige, sinon d'une parfaite considération. Il avait le profil dur et énergique, d'assez beaux traits, d'abondants cheveux noirs très bouclés, une barbe carrée, le regard rêveur ou soudain fougueux, la voix harmonieuse, onctueuse mais sans vraie douceur, le geste caressant mais dominateur. Dans toutes ses paroles, dans toutes ses manières respirait je ne sais quoi d'égoïste et de magistral*[1]. »

La découverte et l'apprentissage de la musique jouent un rôle important dans la formation de Gide ; entendons : dans sa fébrile et épuisante recherche d'un univers intérieur et extérieur habitables. Le jeu, les jouets, les collections d'insectes appartiennent au domaine des plaisirs autorisés ; sur d'autres jeux pèse l'interdit. La musique fait également partie des activités licites, mais à la manière de la lecture : non sans ambiguïté ni censure.

Aller au concert est une obligation mondaine moins prestigieuse que de se montrer au théâtre ou à l'Opéra, mais d'un caractère plus raffiné, plus choisi. Elle témoigne d'une sensibilité esthétique certes estimable mais qu'il convient de maintenir dans les strictes limites du bon sens. Il y a toujours, à écouter de la musique, un risque d'exaltation suspect que favorise le cérémonial quasi religieux dont s'entoure son exécution – même si le complet silence et l'immobilité absolue ne seront exigés qu'à la fin du siècle. Pour distraire son garnement de ses déplorables penchants, Mme Gide l'accompagne certains après-midi aux concerts que l'on donne aux Tuileries ou au conservatoire de Pasdeloup. Mais elle laisse la plupart du temps ce soin à Anna Shackleton, la gouvernante plus cultivée que la maîtresse. Juliette Gide déteste se montrer dans le monde, et la musique lorsqu'elle n'est pas d'inspiration religieuse lui apparaît comme un divertissement frivole.

Mais elle n'échappe pas pour autant à la passion bourgeoise du piano. Dans sa fringale de possession privée, la classe aisée a entrepris de s'approprier aussi la musique et d'en faire l'un des signes visibles de sa réussite. Elle va l'installer dans son salon, à l'imitation des grands seigneurs de l'Ancien Régime, mais à l'économie. Écartant du salon la harpe, trop antique, et la guitare, trop modeste, le piano à queue devient l'hôte obligé de toute demeure qui se respecte, le meuble d'ostentation. Et le calvaire des enfants. Une manière aussi pour les musiciens, privés des sources traditionnelles du mécénat, de survivre au prix de longues heures de souffrance esthétique et d'abrutissement usées à un enseignement sans espoir.

Voilà du même coup l'artiste installé dans les foyers de la bonne société. Certes, Juliette Gide a choisi le sien avec soin : conformiste, recommandé par le clergé, inoffensif (pas tout à fait néanmoins puisque Albert Desmarets surprendra un jour Guéroult en train d'embrasser Anna dans le salon de la rue de Crosne). Il n'en reste pas moins un artiste aux yeux de Mme Gide, c'est-à-dire un membre d'une classe sociale assez indéfinissable – à la fois proche des domestiques et participant aux mystères sacrés de l'art – et donc inquiétante. Guéroult sait à merveille jouer à la fois de ses privilèges de musicien et de ses obligations ancillaires. Il fait l'artiste ; au nom des exigences supérieures de l'art, il se comporte en despote, et transforme Anna en secrétaire, « *dressée à écrire sous la dictée musicale* ». « *Parfois, au repas, son regard, à demi voilé déjà derrière ses lunettes, se perdait ; ses puissantes mains, posées, comme sur un clavier, sur la table, s'agitaient ; et quand on lui parlait, revenant à vous soudain, il répondait : – Pardon ! j'étais en* mi *bémol.* » Mais lorsque Juliette Gide, afin de « *lui faire payer ce prestige auquel elle ne pouvait elle-même se dérober* », le larde d'épigrammes et s'emploie à le remettre à sa place d'employé à gages, l'artiste escamote son plumage et rentre dans le rang.

« *Elle le trouvait obséquieux, entrant, retors, intéressé, féroce ; il était un peu tout cela, mais il était musicien.* » Voilà une balance curieusement équilibrée. Dans une famille où l'exaltation des qualités morales et l'observation des convenances sont les critères inflexibles du jugement, il paraît qu'une seule race d'individus puisse se soustraire à l'appréciation commune, à l'impérieuse étiquette morale : les artistes. Dès lors qu'ils ne se vautrent pas dans les bas-fonds, qu'ils ne se complaisent pas dans la haine du bourgeois, qu'ils ne hantent pas les territoires de la bohème, bref qu'ils respectent l'ordre des classes, les artistes bénéficient d'un allégement des contraintes, d'une manière d'indulgence et d'impunité. Pas besoin de révolte : leur richesse intérieure sert de garant à la médiocrité de leur apparence extérieure, qu'elle illumine. M. Guéroult est sans doute un triste sire, mais dès qu'il se met au piano pour interpréter la *fantaisie en* ut *mineur* de Mozart, c'est une sorte de dieu dont tous les ridicules et les tares s'évaporent pour laisser place à la noblesse, la chaleur, la poésie, la puissance et la gravité.

Plus que la joie de la musique qu'il avouera n'avoir connue que plus tard, « *deux ou trois ans après la mort de mon père* », c'est cette manière singulière d'exister dans deux espaces contradictoires qui séduit Gide, à travers la figure vaniteuse et papelarde de Guéroult. Il y voit une chance, enfin, de s'échapper sans devoir briser pour autant le cocon familial où il est enfermé – et protégé. S'éprouver, se sentir, s'aimer, sans chagrin pour ses parents, sans remords ; dissiper à son profit les contraintes de sa classe sans en ruiner les privilèges ; se métamorphoser en restant identique. Se surimposant à la dangereuse « magie » de l'autoérotisme, en voici une autre qu'inspire le statut de Guéroult, « *le grand maître, le prophète, le magicien* » : être artiste.

Le piano accompagnera Gide toute sa vie. Hormis l'expédition au Congo, pas un grand voyage, pas un long séjour loin de Paris ou de Cuverville où il demeure sans instrument ni partitions. Dans les vallées les plus reculées des Alpes, aux confins du désert algérien, l'éternel nomade, l'ennemi du confort, trouvera toujours le moyen de faire venir ou de louer un piano. Souvent, au faîte même de sa gloire littéraire, il se surprendra à regretter de n'avoir pas embrassé l'autre carrière : « *Ah, si seulement j'avais été mieux conseillé, guidé, soutenu, forcé dans ma jeunesse ! Le plaisir que je prends à cette étude, s'il pouvait être moins égoïste ! Les* Préludes *(en* fa *dièse mineur et en* mi *bémol majeur particulièrement) j'ai pu me les jouer parfois de manière à me satisfaire, à surprendre et ravir celui qui m'aurait entendu*[2]. »

Mais le ravissement de Gide, fruit d'un long travail sur lui-même, ne peut être destiné qu'à lui-même. L'exercice du piano est une pratique sensuelle qui n'admet pas de public. Il est une « *prise de possession* », un « *laisse-toi conduire* » qui s'apparente à la séduction érotique : « *Je voudrais [...] parler en particulier de cette fausse grâce, de cette afféterie (retard de la note supérieure inopinément bémolisée – pour tromper une attente il faut bien d'abord ménager celle-ci, faire attendre) – qui immanquablement montre le bout de son oreille fardée, là où la vraie sensualité, riche, inquiétante, indécente – fait défaut.* » Gide aimerait qu'on l'entende jouer, mais ce plaisir du partage lui est refusé : « *S'il était là et si j'eusse su qu'il pût m'entendre, mon jeu tout aussitôt se fût glacé*[3]. »

Gide éprouvera un sentiment identique de gêne lorsque, dans les années trente, il prendra le pli de publier dans la *NRF* quantité de pages issues de son travail intime, de son *Journal*. Cette publicité « *fâcheuse* », explique-t-il, « *m'a lentement détaché de lui comme d'un ami discret à qui l'on ne peut rien cacher qu'aussitôt il ne le redise. Combien plus importante ma confidence, si elle eût su rester posthume. [...] Ah ! l'heureux temps où je n'étais pas écouté*[4] *!* ».

Mais pour l'heure ce n'est pas le travail de l'artiste qui éblouit le petit Gide, c'est le statut qui lui est offert, la latitude qui lui est donnée d'échapper aux lois communes et de tout devoir à soi. L'enfant solitaire et réprouvé se rêve en artiste unique. On en retrouvera un peu plus tard l'écho : « *Chaque artiste n'est-il pas forcément une exception à toutes les règles ? Un cas unique et qui ne se retrouvera plus ? ou une non-valeur, si quelqu'un était déjà comme lui. [...] Les autres professions, quelles qu'elles soient, offrent un sujet permanent au travailleur ; là point, on opère sur soi-même. De là l'importance si étrangement particulière de la vie de l'artiste*[5]. »

Maudit et élu : l'artiste est celui qui peut occuper simultanément les positions les plus extrêmes de l'adhésion et de l'exclusion. Pour cet enfant déchiré, divisé, c'est la promesse d'une possible harmonie.

Notes

1. Gide, *Si le grain ne meurt*, *op. cit.*, p. 397.
2. Gide, *Journal 1926-1950*, Paris, Gallimard, « Bibliothèque de la Pléiade », 1997, 18 novembre 1929.
3. *Ibid.*
4. *Ibid.*, 16 mai 1936.
5. Gide, *Correspondance avec sa mère, 1880-1895*, *op. cit.*, 18 octobre 1894, p. 504.

11
Un ami de trente ans

1879

« Je ne cherche plus à comprendre pour quelles raisons ma mère, quand je commençai ma huitième, me mit pensionnaire. L'École Alsacienne, qui s'élevait contre l'internat des lycées, n'avait pas de dortoirs ; mais elle encourageait ses professeurs à prendre en charge un petit nombre de pensionnaires. C'est chez M. Vedel que j'entrai, bien que je ne fusse plus dans sa classe. M. Vedel habitait la maison de Sainte-Beuve, de qui le buste, au fond d'un petit couloir-vestibule, m'intriguait. Il présentait à mon étonnement cette curieuse sainte sous l'aspect d'un vieux monsieur, l'air paterne et le chef couvert d'une toque à gland. M. Vedel nous avait bien dit que Sainte-Beuve était "un grand critique" ; mais il y a des bornes à la crédulité d'un enfant[1]. »

Si l'auteur de *Si le grain ne meurt* « *ne cherche plus à comprendre* » les raisons qui ont conduit ses parents (et non sa seule mère) à l'éloigner du foyer, il ne nous est pas difficile de les deviner. On imagine sans peine les graves conciliabules qui ont, rue de Tournon, préparé cette décision. André a redoublé sa neuvième en 1878 et s'est appliqué à obtenir des notes acceptables. Mais il étouffe visiblement dans le carcan familial, comme dans les chemises empesées qui font partie de l'uniforme des enfants riches : « *Qu'on imagine un malheureux enfant qui, tous les jours de l'année, pour le jeu comme pour l'étude, porte, à l'insu du monde et cachée sous sa veste, une espèce de cuirasse blanche et qui s'achevait en carcan ; car la blanchisseuse empesait également, et pour le même prix sans doute, le tour du cou contre quoi venait s'ajuster le faux col ; pour peu que celui-ci, un rien plus large ou plus étroit, n'appliquât pas exactement sur la chemise (ce qui neuf fois sur dix était le cas), il se formait des plis cruels ; et pour peu que l'on suât, le plastron devenait atroce* [2]. »

Car ce petit garçon malingre aime à se dépenser dans des efforts physiques. A la course, il est, après Adrien Monod, le champion de la classe. En gymnastique, il excelle au grimper de corde, aux anneaux, à la barre fixe et aux barres parallèles. Et dans les jardins du Luxembourg, à la sortie de l'école, il organise avec quelques camarades de furieuses parties de ballon – « *Ce n'était pas encore, hélas ! le football* ».

Dès qu'il rentre à la maison, il retourne dans son cocon. Paul Gide, de plus en plus lointain, embarqué dans ses rêveries et dans la préparation de ses cours, ne sort guère de son bureau que pour la cérémonie du dîner. Juliette Gide surveille et dirige la domesticité, sans autoriser le moindre manquement ni l'ombre d'une fantaisie. Et comme elle s'est persuadée que son fils unique a une nature maladive, elle le couve, l'accable de recommandations, le noie de son anxiété. Sauver cette âme et ce corps si fragiles, et pour cela multiplier les remontrances morales et superposer les gilets : chez Juliette Gide, l'amour maternel prend spontanément la forme de l'envahissement et le langage du devoir. Relatant la mort de son père, un an plus tard, et la réaction de sa mère, Gide écrira cette phrase tendre et terrible : « *Et je me sentis soudain tout enveloppé par cet amour qui désormais se refermait sur moi* [3]. »

A cet enfermement aimant et inquiet, André réagit comme il peut, c'est-à-dire en se divisant. D'un côté, il s'abandonne à être l'enfant que sa mère rêve qu'il soit : sage, un peu trop sage ; silencieux, infantile, soumis aux conseils et à la discipline, attentif à la bienséance. Mais soudain la tension est trop forte et la défroque du fils parfait trop étriquée ; les nerfs cèdent : caprices, crises de larmes, effondrements, insomnies, angoisses. Une violence qui ne se montre pas comme telle et qu'il retourne contre lui-même : la meilleure façon de désarmer sa mère et de l'atteindre. La meilleure façon aussi de la confirmer dans son diagnostic sur la fragilité de son enfant.

L'exil d'André à la pension Vedel rompt ce cercle vicieux – et l'aurait peut-être durablement rompu si la mort du père n'avait pas changé les données. Gide passe une année calme chez ce brave Vedel à qui il n'a pas gardé rancune de l'avoir dénoncé. Si calme qu'elle n'a pas laissé de trace dans sa mémoire, hormis deux pugilats qui l'opposèrent l'un à des garnements de l'école communale – « *pour qui les élèves de l'École alsacienne représentaient de haïssables aristos* » –, l'autre à un élève de la pension, « *un grand sacré rouquin au front bas, dont le nom m'est heureusement sorti de la mémoire, qui abusait un peu trop de mon pacifisme* ». Si Gide se sortit fort mal du premier combat – la supériorité de la rue –, il remporta haut la main le second. « *Du coup je me persuadai qu'il est bien des choses qui ne paraissent impossibles que tant qu'on ne les a pas tentées.* »

Le véritable événement de cette année et non le moins étrange fut le commencement d'une amitié entre un gamin de dix ans et son cousin Albert Desmarets qui en avait trente.

Albert est le fils de Claire Rondeaux-Desmarets, la sœur aînée de Juliette Gide et la plus entichée de bourgeoisie du clan. Comme par réaction, son fils cadet, sans rompre de front avec les conventions de son milieu, a su prendre ses distances avec elles. Il n'est pas marié (en fait, il a une famille clandestine qu'il sortira au grand jour à la mort de sa mère), il mène ses affaires avec trop d'humanité pour qu'elles réussissent, il fréquente des peintres et des musiciens. Et comme il est généreux, indiscipliné et d'une franchise entière, on le regarde chez les Rondeaux comme un raté. Pas étonnant donc s'il attire Gide ; plus étonnant qu'il se sente attiré par lui.

« *Que pouvait-il bien discerner en moi qui attirât sa sympathie ? Je ne sais ; mais sans doute lui fus-je reconnaissant de cette attention, d'autant plus que, précisément, je sentais que je la méritais moins.* » Albert Desmarets fait la morale à son jeune cousin, mais dans un langage que celui-ci, cette fois, comprend et accepte : « *Il commença de me dire à voix basse qu'il ne voyait pas bien à quoi d'autre je m'intéressais dans la vie qu'à moi-même ; que c'était là le propre des égoïstes, et que je lui faisais tout l'effet d'en être un.* »

« *Jamais encore on m'avait parlé ainsi* », insiste Gide. Il échappe au discours-prison de l'amour pour découvrir celui de l'amitié. Voici qu'un adulte s'intéresse à lui pour ce qu'il est et non plus comme projection de ses devoirs, de ses ambitions ou de son salut. Pour la première fois, il n'est plus l'enfant de la famille Gide, il a une identité propre. Il n'est pas un fils adoré et indigne, il est un être qui se trompe – et qu'on a trompé : « *Albert n'avait rien d'un censeur. C'était un être d'apparence très libre, fantasque, plein d'humour et de gaieté ; sa réprobation n'avait rien d'hostile ; au contraire, je sentais qu'elle n'était vive qu'en raison de sa sympathie ; ce qui me la rendait pressante. [...] Les paroles d'Albert pénétraient en moi à une profondeur dont il ne se doutait certes pas, et que moi-même je ne pus sonder que plus tard*[4]. »

Non seulement le discours d'Albert Desmarets frappe au cœur de la cible – ce repliement forcené sur soi où le petit André s'enkyste –, mais le grand cousin sait aussi ne pas lui donner la forme d'une admonestation, d'une incitation fébrile et angoissée. Gide découvre les vertus pédagogiques de la détente : « *La sympathie peut faire éclore bien des qualités somnolentes ; je me suis souvent persuadé que les pires gredins sont ceux auxquels les sourires affectueux ont manqué. Sans doute est-il étrange que ceux de mes parents n'eussent pas suffi ; mais il est de fait que je devins aussitôt beaucoup plus sensible à l'approbation ou à la désapprobation d'Albert qu'à la leur.* »

On voit se mettre en place les premiers linéaments d'une posture affective qui, en devenant plus complexe lorsque Gide passera à l'adolescence, puis à l'âge adulte, conservera la forme générale dessinée dès l'enfance. D'abord le refus d'une trop grande proximité sentimentale. Les effusions de l'amour, les transports de la passion emportent toujours avec eux un risque insupportable d'étouffement, de possession ; les êtres qui vous aiment trop aiment ce qu'ils veulent de vous et non ce que vous êtes capable de leur donner. Ils vous mangent, vous déforment ou, pire encore, vous empêchent de vous développer dans toutes vos dimensions. « *Cet amour, qui désormais se refermait sur moi.* » En opposition à la passion-prison, l'amitié. Elle seule peut prétendre à la forme d'un échange, libre, entre des entités autonomes. A la condition toutefois qu'elle s'établisse sur la base d'une franchise entière, sans laquelle elle n'est plus que mondanité, bavardage, abandon, ruse, mensonge. L'ami, c'est celui qui vous aime pour le meilleur de ce que vous pouvez être : « *Ce que j'aime le moins dans l'ami, d'ordinaire, c'est l'indulgence ; Albert n'était pas indulgent. On pouvait même au besoin, près de lui, trouver des armes contre soi-même. Et, sans trop le savoir, j'en cherchais.* »

L'amitié est, pour Gide, une épreuve, en ce double sens qu'elle s'éprouve et qu'elle donne à lire une image de soi-même. Plus tard, c'est l'écriture de ses ouvrages que Gide soumettra à l'épreuve de ses amis. En ressentant le même mépris, la même déception lorsqu'il rencontre l'indulgence.

Notes

1. Gide, *Si le grain ne meurt*, *op. cit.*, p. 407.
2. *Ibid.*, p. 405.
3. *Ibid.*, p. 410.
4. *Ibid.*, p. 400.

12

Une mort volée

1880

« Nous avions passé une partie du mois de septembre aux environs de Nîmes, dans la propriété du beau-père de mon oncle Charles Gide qui venait de se marier. Mon père avait rapporté de là une indisposition qu'on affectait d'attribuer aux figues. De vrai, le désordre était dû à de la tuberculose intestinale ; et ma mère, je crois, le savait ; mais la tuberculose est une maladie qu'en ce temps on espérait guérir en ne la reconnaissant pas. Au reste mon père était sans doute déjà trop atteint pour qu'on pût espérer triompher du mal. Il s'éteignit assez doucement le 2 octobre de cette année (1880)[1]. »

En 1880, la révolution sanitaire qui va bouleverser la démographie des pays occidentaux n'en est encore qu'à ses balbutiements. La « découverte des microbes » par Pasteur est toute récente et l'application des thèses pastoriennes n'avance que lentement, et très inégalement selon les régions et les classes sociales. L'espérance de vie d'un homme à la naissance ne dépasse pas quarante ans. Si les grandes épidémies de choléra semblent jugulées depuis les ravages des années 1850, deux fléaux endémiques marquent l'imaginaire collectif : la tuberculose et la syphilis [2].

Tuberculose et syphilis sont des maladies socialement honteuses. La seconde pour des raisons évidentes puisqu'elle se transmet généralement par relations sexuelles ; la première parce qu'elle est associée au sceau infamant de la pauvreté : de la malnutrition, de l'alcoolisme, de la surpopulation urbaine. C'est une maladie qu'on cache ou qu'on maquille lorsqu'elle atteint une famille honorable. Pas question, bien sûr, d'hospitaliser Paul

Gide ; à peine question de le soigner : on ne sait pas. Le professeur se sait condamné ; il s'alite, il attend la mort en lisant Platon.

Jusqu'au bout, on cache à André la gravité du mal dont est atteint son père : indigestion de figues, dysenterie. On s'ingénie à séparer la cause et la conséquence, la maladie et la mort ; on déréalise ; on transforme un processus en accident. La veille, André sait que son père est malade ; le lendemain, on envoie Anna Shackleton à la pension Vedel pour lui annoncer qu'il est mort. Il ne comprend pas, la mort de son père lui échappe ; il ne lui en reste que le chagrin de sa mère : « *Elle ne pleurait pas ; elle se contenait devant moi ; mais je sentais qu'elle avait beaucoup pleuré. Je sanglotai dans ses bras. Elle craignait pour moi un ébranlement nerveux trop fort et voulut me faire prendre un peu de thé.* »

Ce qui se passe les jours suivants ne peut qu'enfoncer un peu plus le petit Gide dans son sentiment d'étrangeté. Sa mère, pour le protéger, toujours, a décidé qu'il n'assisterait pas à la cérémonie funèbre. Il reste rue de Tournon, il joue avec ses chères cousines accourues de Rouen à l'annonce du décès. Un après-midi de rire et de bonheur. Il est le héros d'une sorte de fête : il reçoit des lettres de ses professeurs et de ses camarades de septième, « *tout comme avait fait chacun des collègues de mon père lorsqu'il avait été décoré* ». Des lettres souvent touchantes mais qui n'évoquent jamais la perte du père que pour mieux insister sur les devoirs envers la mère. Telle celle de son instituteur, M. Brüning : « *J'espère, mon cher André, que vous aimerez doublement votre chère maman. Que vous serez d'autant plus désireux de lui faire plaisir qu'elle n'a plus que vous pour la rendre heureuse. Certainement vous-même vous ne serez heureux que si votre maman est satisfaite de vous et contente* [3]. »

A la mort irréelle du père s'associe la double possession bien réelle par la mère – il doit être « *doublement docile, obéissant et travailleur* », lui a écrit encore Brüning. La situation nouvelle efface l'ancienne, la périme. Elle interdit à André de « *réaliser* » la mort de Paul. En même temps, elle l'enfonce dans le remords d'être demeuré insensible, en apparence, à la disparition de son père. Moins que de la lucidité face à sa surprenante sécheresse, c'est la douleur de ce remords, tourné en autoaccusation, qui s'exprime dans les souvenirs de Gide : « *Je parlerais de mes regrets, mais hélas ! j'étais surtout sensible à l'espèce de prestige dont ce deuil me revêtait aux yeux de mes camarades. [...] Puis j'appris que mes cousines allaient venir ! [...] Le bonheur de les revoir l'emportait presque, ou tout à fait, sur mon chagrin.* » L'absence de chagrin, assimilée à une forme de trahison, enfonce Gide dans la culpabilité. Comme pour s'en souvenir, il conservera toute sa vie les lettres de condoléances, les articles nécrologiques parus dans les journaux et le compte rendu des obsèques publié par *Le Parlement*. La nostalgie n'est pas, chez Gide, un sentiment assez fort pour expliquer la conservation de ces reliques.

Paul enterré, Juliette part immédiatement à Rouen dans le giron du clan Rondeaux. André est retiré de l'école ; un professeur, M. Huard, viendra lui donner, rue de Crosne, de vagues leçons. Le dernier cadre stable – hormis la mère – auquel André pouvait se raccrocher disparaît. L'enfant est livré à sa rêverie, à son mal-être et à l'anxiété maternelle. « *C'est ainsi que commença pour moi cette vie irrégulière et désencadrée, cette éducation rompue à laquelle je ne devais que trop prendre goût.* »

Il s'en faut de peu alors qu'il ne s'effondre ; qui s'en étonnerait ? Son instabilité devient maladive. Il passe d'un instant à l'autre du rire aux larmes et de l'hyperactivité à l'apathie. Il ne cesse de mentir, pour tout et pour rien, pour le plaisir, pour éprouver un réel sans consistance. De la même façon qu'il change sans cesse d'avis, quitte à s'entêter à l'occasion dans une attitude intenable. Quelle importance ? Placé désormais dans un tête-à-tête permanent avec sa mère, il entame avec elle un duel exclusif dans lequel il se cherche – et en même temps se perd. Car s'il s'oppose à elle, c'est en se conformant totalement à l'image qu'elle se fait de lui : un gamin maladif, nerveux, velléitaire et porté au vice qu'il conviendrait de tenir, plus qu'un autre, sous le joug de la loi – ce qu'interdisent par ailleurs sa constitution chétive et la fragilité de son caractère. André enferme sa mère dans ses devoirs aussi sûrement qu'elle l'enferme dans son amour. Un jeu cruel et destructeur commence qui ne s'achèvera qu'avec la mort de Juliette Gide quatorze ans plus tard. Quatorze ans de réciproque et affectueuse asphyxie.

« *Suffocation profonde* », c'est d'ailleurs ainsi que Gide décrit les crises d'angoisse qui le secouent, « *accompagnée de larmes, de sanglots* ». Il tient à situer la première de ces crises à une époque où son père vivait encore. A l'annonce de la mort d'un de ses petits cousins, un enfant de quatre ans qu'il connaissait peu, « *un océan de chagrin déferla soudain dans mon cœur* ». Gide rattache cette première crise – ce premier *Schaudern* comme il dira lorsqu'il aura lu Schopenhauer, pour souligner l'étrangeté de la chose par l'étrangeté d'un mot – aux suivantes ; mais il est loisible de penser que la mort d'un enfant, chez un jeune garçon imaginatif, puisse provoquer un ébranlement qui lui semble, à lui-même, inexplicable.

Le second *Schaudern* se situe en revanche peu après la mort de Paul Gide et rien d'extérieur ne le provoque : « *La scène de nouveau se passa à table, pendant un repas du matin ; mais cette fois, ma mère et moi étions seuls. [...] Que s'était-il passé ? Rien, peut-être... Alors pourquoi tout d'un coup me décomposai-je et, tombant dans les bras de maman, sanglotant, convulsé, sentis-je à nouveau cette angoisse inexprimable ? On eût dit que brusquement s'ouvrait l'écluse particulière de je ne sais quelle commune mer intérieure inconnue dont le flot s'engouffrait démesurément dans mon cœur ; j'étais moins triste qu'épouvanté ; mais comment expliquer cela à ma mère qui ne distinguait à travers mes sanglots, que ces confuses paroles que je répétais avec désespoir :*
– Je ne suis pas pareil aux autres ! Je ne suis pas pareil aux autres[4] *!* »

Angoisse ambiguë puisque à la fois elle témoigne d'un désespoir inexprimable et qu'elle exprime un sursaut de l'être, un éclair de vérité qui vient percer la couche épaisse de la torpeur. Lorsqu'il parle de ces crises, Gide prend d'ailleurs soin de leur donner un contenu positif et de les opposer aux « *ténèbres où patientait mon enfance* ». Expérience douloureuse, convulsive, comme un accouchement. Révélation d'une *mer intérieure* tumultueuse dans ce cœur qui se croyait sec. Et, ce qui ne gâte rien, émergence d'une part de soi qui échappe au contrôle maternel et aux lois du raisonnement. N'y aurait-il vraiment que de la détresse et de l'épouvante à répéter : « *Je ne suis pas pareil aux autres ?* »

« *Depuis, les accès de cette étrange aura, loin de devenir moins fréquents, s'acclimatèrent, mais tempérés, maîtrisés, apprivoisés pour ainsi dire, de sorte que j'appris à n'en être effrayé, non plus que Socrate de son démon familier. Je compris vite que l'ivresse sans vin n'est autre que l'état lyrique*[5]. »

Cette même année, pendant l'hiver rouennais, Gide, sur un appareil à copier, compose un journal et écrit ses premiers vers.

Notes

1. Gide, *Si le grain ne meurt*, *op. cit.*, p. 409.
2. Jacques Dupâquier (sous la direction de), *Histoire de la population française*, tome III, Paris, PUF, 1988.
3. Cité par Jean Delay, *La Jeunesse d'André Gide*, *op. cit.*, p. 367.
4. Gide, *Si le grain ne meurt*, *op. cit.*, p. 439.
5. *Ibid.*, p. 485.

13
La victoire de Montpellier

1881

« *Je fus moqué, rossé, traqué. Le supplice commençait au sortir du lycée. [...] Avec quelle appréhension j'attendais la fin de la classe ! Et sitôt dehors, je me glissais, je courais. Heureusement nous n'habitions pas loin ; mais eux s'embusquaient sur ma route ; alors, par peur des guets-apens, j'inventais d'énormes détours ; ce que les autres ayant compris, ce ne fut plus de l'affût, ce devint de la chasse à courre ; pour un peu ç'aurait pu devenir amusant ; mais je sentais chez eux moins l'amour du jeu que la haine du misérable gibier que j'étais. Il y avait surtout le fils d'un entrepreneur forain, d'un directeur de cirque, un nommé Lopez, ou Tropez, ou Gomez, un butor de formes athlétiques, sensiblement plus âgé qu'aucun de nous, qui mettait son orgueil à rester dernier de la classe ; [...] il dirigeait la bande et celui-là vraiment voulait ma mort. Certains jours je rentrais dans un état pitoyable, les vêtements déchirés, pleins de boue, saignant du nez, claquant des dents, hagard. Ma pauvre mère se désolait. Puis enfin je tombai sérieusement malade, ce qui mit fin à cet enfer. On appela le docteur : j'avais la petite vérole. Sauvé*[1] *!* »

Au début de l'hiver 1881, Juliette Gide décide de quitter la Normandie pour Montpellier. Le souci de la santé mentale et morale d'André est la cause de cette décision qui a dû lui coûter. Abandonner le clan Rondeaux, la forteresse de la rue de Lecat, le château de La Roque-Baignard, le manoir de Varengeville pour les terres étrangères du Languedoc, c'est un sacrifice qui ressemble à un dernier recours. « *Chaque action de maman était toujours très raisonnée* », écrit Gide. Juliette a besoin de soutien pour affronter l'éducation de son fils ; et les Gide pourront peut-être l'aider à réussir là où les Rondeaux ont échoué. André, depuis la mort de son père, vit dans un univers entièrement féminin : sa mère, sa tante, Anna, les cousines, les domestiques. La présence et l'autorité d'un homme suffiraient peut-être à stopper cette dérive où est entraîné le jeune garçon.

Juliette Gide a beaucoup de respect pour son beau-frère Charles. Du respect intellectuel, sans doute : Charles, sur les traces de son frère aîné, a passé en 1874 l'agrégation de droit et il est devenu l'un des pionniers d'une science débutante et qu'il va marquer de son sceau : l'économie politique. Son enseignement à l'université de Bordeaux l'a fait reconnaître comme un conférencier de première grandeur ; ce succès l'a suivi à l'université de Montpellier où il a sollicité un poste en 1880 afin de se rapprocher d'Uzès et de ses chères Cévennes. Mais Juliette aime surtout chez son jeune beau-frère une rigidité morale que n'encombrent guère d'autres considérations. Ce que Gide apprécie d'une autre manière : « *On eût dit que père avait accaparé toute l'aménité dont pouvait disposer la famille, de sorte que rien plus ne tempérait, des autres membres, l'air coriace et renfrogné.* » Et Gide se moque encore de « *sa taciturnité contemplative, ce déni de l'individuel et de toute psychologie qui fit bientôt de lui l'être le plus ignorant de soi-même et d'autrui que je connaisse* [2] ». Portrait qui mérite quelques retouches : Gide avait, nous le verrons, de bonnes raisons de craindre le sang-froid de son oncle ; et les nombreux témoignages dont nous disposons sur Charles Gide, sans contredire à sa raideur éthique, insistent néanmoins sur son humour et son libéralisme. Mais l'ironie glacée de l'oncle Charles avait tout pour blesser un garçon sensible et versatile.

En 1878, Charles a épousé Anna im Thurn, la fille de solides bourgeois alsaciens – protestants, bien sûr – qui se sont installés à Bellegarde, près de Nîmes. Anna est une femme autoritaire, avec des idées arrêtées sur chaque chose, y compris sur l'éducation que l'on doit donner à André. Cela suffirait sans doute à expliquer pourquoi, arrivant à Montpellier, Juliette préfère trouver un appartement incommode et triste plutôt que de s'installer dans la famille de son beau-frère. « *L'appartement était petit, laid, misérable ; son mobilier était sordide.* » Habitués des demeures cossues, des parcs, des pelouses entretenues, des repas préparés par une domesticité compétente, Gide et sa mère (qu'accompagne pourtant la bonne, « Marie ») font la découverte éprouvante d'une certaine pauvreté : « *La hideur de notre installation me donnait à penser que la mort de mon père avait entraîné notre ruine ; mais je n'osais questionner maman là-dessus.* »

Pas l'ombre d'une catastrophe financière chez les Rondeaux ; simplement, sans doute, chez Juliette Gide, la manifestation d'une ladrerie qu'elle identifie à la bonne gestion domestique, accompagnée d'une obscure autopunition, d'une manière d'ajouter un sacrifice à un autre pour mieux mériter le pardon. Comme si l'exil et l'inconfort étaient le prix dont il fallait payer la guérison du fils.

Mais c'est André qui paie le prix fort. « *Si lugubre que fût l'appartement, c'était un paradis pour qui revenait du lycée.* » Il n'y a pas d'école protestante à Montpellier. Seule l'aristocratie catholique envoie ses enfants dans les collèges privés. « *Il ne restait guère au lycée, en regard des protestants qui presque tous cousinaient entre eux, qu'une plèbe assez souvent déplaisante et qu'animaient contre nous des sentiments nettement haineux.* » Passons sur la « *plèbe* » : le recrutement des lycées en 1881 n'a encore rien de populaire, et pour longtemps encore. Mais comparé à celui de l'École alsacienne…

Reste le petit groupe des « cousins » parpaillots. Les premiers jours, André apprend à faire corps avec ses coreligionnaires, les Westphal, les Leenhardt, les Castelnau, les Bazille, « *parents les uns des autres et des plus accueillants* ». Mais, très vite, ils l'ennuient ; ils sont bruyants, expansifs, bagarreurs ; ils rient et chahutent, font des farces. « *Je devenais triste, maussade et ne fréquentais mes camarades que parce que je ne pouvais pas faire autrement.* » Gide se rencogne et cultive sa timidité. Et bientôt, c'est la rupture : à cause de la poésie.

Le petit Parisien distingué récite les vers comme on le lui a appris : en y mettant, comme on disait, du ton et du sentiment, « *ce à quoi m'invitait un goût naturel* ». Et sans qu'on sache de quels vers il s'agissait, on peut être sûr que Gide y mit tout ce qu'il fallait pour marquer sa distinction d'avec ces paysans languedociens qui ânonnaient tant et si bien leur récitation qu'« *on doutait si l'on entendait le français* ». Le succès de cette démonstration est immédiat : hilarité générale d'un bout à l'autre des gradins, du haut en bas de la salle ; note maximale accordée par le professeur. « *J'étais perdu. Ce compliment, en m'opposant à mes camarades, eut pour résultat le plus clair de me les mettre tous à dos. On ne pardonne pas, entre condisciples, les faveurs subites, et M. Nadaud, s'il avait voulu m'accabler, ne s'y serait pas pris autrement.* »

Cela aurait pu n'être qu'un simple incident, un épisode des heurs et des malheurs scolaires comme il y en a tant. On est frappé, à la lecture des souvenirs de Gide, de constater que la blessure, trente ans après, est toujours ouverte. Sans une trace d'humour, Gide – dont le mot juste est la hantise – parle de « *désespoir affreux* », d'un garçon qui voulait sa mort, de « *supplice* ». Il ne fait aucun doute qu'il a vécu ces quelques mois comme un enfer. Il était en marge, « différent », inadapté ; le voilà persécuté, objet de haine, abandonné même par le petit groupe des protestants qui ne lui pardonnent pas d'être « *un poseur* ». Jamais sans doute sa détresse ne fut plus grande, ni l'idée de mourir plus proche.

Il ne voit pas d'issue, pas de salut. Cette exclusion brutale, sans le révolter, le renvoie au contraire un peu plus au creux de lui-même, au silence, à la peur de vivre, à sa faiblesse, à sa solitude. La maladie le délivre ; mais il sait qu'avec la guérison reviendra le cauchemar. Il choisit de fuir cette réalité par la seule voie qui lui reste ouverte : la crise nerveuse.

« *Dans la maladie nerveuse qui succéda à ma variole, je laisse aux neurologues à décider la part qu'y prit la complaisance.* » Sans complaisance en tout cas, Gide raconte comment au premier jour qu'on lui permit de se lever, il eut un léger vertige qui lui fit « *imaginer* » ce qui se passerait si ce déséquilibre s'aggravait. « *Oh ! me disais-je, imiter ce qu'on imagine ! Et tandis que j'imaginais, déjà je pressentais quelle détente, quel répit je goûterais à céder à l'invitation de mes nerfs. Un regard en arrière, pour m'assurer de l'endroit où ne pas me faire trop de mal en tombant…* »

La « comédie » réussit à un point tel qu'il en rajoute : « *Je hasardai d'autres mouvements, que tantôt j'inventais saccadés et brusques, que tantôt je prolongeais au contraire, répétais et ryth-*

mais en danses. J'y devins fort expert et possédai bientôt un répertoire fort varié. » La manière presque enjouée dont Gide raconte ses crises pousse le tableau dans le sens de la simulation. Il a heureusement le soin d'ajouter : « *Ces mouvements que je faisais, s'ils étaient conscients, n'étaient qu'à peu près volontaires.* » Il constate que ces entrechats et ses convulsions le soulagent. Et de fait, ils le délivrent. Peu importe, si l'on pouvait jamais la déterminer, la part de la crise subie et celle de la crise jouée. Elles parlent le même langage, celui d'une réalité insupportable qu'une violente bouffée d'irréalité évacue. Si André simule, il n'invente jamais que ce qu'il est et ce qu'il souffre.

Seul l'oncle Charles ne se laisse pas prendre aux manifestations nerveuses de son neveu. Lorsque André pour capter son attention lui entama l'une de ses petites danses, « *mon oncle remit le lorgnon sur son nez, son nez dans son journal, rentra dans sa bibliothèque dont il referma la porte de l'air le plus quiet* ». Décidément piètre psychologue, Charles Gide n'a rien compris à l'hystérie de son neveu.

« *Que me restait-il à faire, que me relever, secouer la poussière de mes vêtements, et détester mon oncle ; à quoi je m'appliquai de tout mon cœur.* »

André est envoyé en cure à Lamalou-les-Bains ; il ne retournera pas au lycée de Montpellier. Son imagination vient de remporter sa première victoire.

Notes

1. Gide, *Si le grain ne meurt*, *op. cit.*, p. 423-424.
2. *Ibid.*, p. 371-372.

14
L'ange Madeleine

1882

« *Si loin que je remonte en arrière, je la revois ; ou, sinon, ce ne sont, dans ma première enfance, que ténèbres où je m'avance en tâtonnant. Pourtant ce n'est qu'à la faveur du tragique événement que j'ai relaté dans ma* Porte étroite *et dans* Si le grain ne meurt, *qu'elle commença de jouer son rôle bienfaisant dans ma vie. [...] Mais, avant cela, je retrouve déjà son sourire, et même il me semble que ce n'est qu'éveillé par mon amour pour elle que je pris conscience d'être et commençai vraiment d'exister*[1]. »

Le *Schaudern* de la rue de Lecat, Gide l'a plusieurs fois raconté en effet, de manière directe ou par le biais presque transparent de la fiction. Au point que les récits se superposent, sans qu'on puisse décider de la part de la réalité vécue et de la part de la réalité revécue, rêvée, réinterprétée, inventée. Mais c'est précisément la vérité de cet épisode que d'être tout cela à la fois. C'est le récit que fait un homme de sa propre naissance.

Après sa cure à Lamalou et un séjour à Gérardmer pour y prendre des douches, André rentre à Paris. Le retour à l'École alsacienne ne lui vaut rien – troubles nerveux et maux de tête – et sans insister davantage ni chercher l'avis de médecins compétents, Juliette Gide lui fait abandonner la classe et rentre à Rouen ; mais l'état de santé de son fils ne s'améliore pas pour autant. Il sombre : « *Je ne comprends pas encore comment j'en ai pu revenir.* »

Plutôt que de l'empressement affolé des femmes qui s'agitent autour de lui et qui l'enferment un peu plus encore dans sa déréliction, il rêve d'un événement énorme, inouï, d'une révolution qui l'arracherait enfin à cette vase dans laquelle il s'engloutit. « *Décidément, le diable me guettait ; j'étais tout cuisiné par l'ombre, et rien ne laissait pressentir par où pût me toucher un rayon. C'est alors que survint l'angélique intervention que je vais dire, pour me disputer au malin.* »

L'angélique intervention est un drame banal, plutôt sordide. Le ménage des Émile-Rondeaux bat de l'aile. La belle Mathilde Pochet, l'oiseau des îles, s'ennuie dans sa triste maison de la rue de Lecat. Malgré ses cinq enfants – les trois chères cousines d'André, Madeleine, Jeanne et Valentine, et les deux garçons « *à peine sortis du berceau* », Édouard et Georges. La rigide tribu des Rondeaux ne lui pardonne ni son goût pour les couleurs vives ni la sensualité qui émane de sa personne. On la tient à l'écart, elle sent le péché. On trouve que le pauvre Émile, déjà bien gris, s'étiole et maigrit. Il s'enferme de plus en plus longtemps dans son bureau ; il voyage. Et quand il n'est pas là, les souris dansent rue de Lecat.

Un soir, le dernier soir peut-être de 1883, André s'y rend sans s'être annoncé. « *Dès le seuil, je flairai l'insolite.* » La porte n'est pas fermée ; le jeune Gide veut grimper jusqu'au troisième étage de la maison où sont les chambres des filles, mais au deuxième, la chambre de Mathilde, la porte est ouverte et la pièce éclairée. Dans la version *Si le grain ne meurt*, il entrevoit sa tante, « *étendue languissamment sur un sofa ; auprès d'elle Suzanne et Louise* [c'est-à-dire Jeanne et Valentine], *penchées, l'éventaient et lui faisaient, je crois, respirer des sels* ». La version *Porte étroite* est plus explicite : « *Au milieu de la chambre aux rideaux clos, mais où bougies et candélabres répandent une clarté joyeuse, ma tante est couchée sur une chaise longue ; à ses pieds Robert et Juliette ; derrière elle, un inconnu jeune homme en uniforme de lieutenant. La présence des deux enfants m'apparaît aujourd'hui monstrueuse ; dans mon innocence d'alors, elle me rassura plutôt*[2]. »

L'incertitude et l'innocence ne sont plus permises à l'étage supérieur où André retrouve Madeleine – Emmanuelle dans les écrits intimes de Gide, Alissa dans *La Porte étroite*. Elle est agenouillée dans l'obscurité de la chambre. « *J'allais me retirer croyant la chambre vide, mais elle m'appela : – Pourquoi viens-tu ? Tu n'aurais pas dû revenir... Elle ne s'était pas relevée. Je ne compris pas aussitôt qu'elle était triste. C'est en sentant ses larmes sur ma joue que tout à coup mes yeux s'ouvrirent. [...] Je sentais que dans ce petit être que déjà je chérissais, habitait une grande, une intolérable détresse, un chagrin tel que je n'aurais pas trop de tout mon amour, toute ma vie, pour l'en guérir. Que dirais-je de plus ?... J'avais erré jusqu'à ce jour à l'aventure ; je découvrais soudain un nouvel orient à ma vie*[3]. »

« *Je ne savais rien exprimer du transport nouveau de mon cœur ; mais je pressais sa tête contre mon cœur et sur son front mes lèvres par où mon âme s'écoulait. Ivre d'amour, de pitié, d'un indistinct mélange d'enthousiasme, d'abnégation, de vertu, j'en appelais à Dieu de toutes mes forces et m'offrais, ne concevant plus d'autre but à ma vie que d'abriter cet enfant contre la peur, contre le mal, contre la vie*[4]. »

Reprenons simplement les deux dernières phrases ; l'une empruntée aux souvenirs, l'autre au roman : Gide découvre un orient à sa vie, contre la vie. Avec l'amour pour Madeleine, il s'ancre délibérément dans l'irréalité. Il écarte tout ce qui (lui) pèse et l'étouffe, le corps, la terre, la vie quotidienne : il choisit l'ange. Et il attend de cette élection, lui l'impur, de devenir un ange, une âme pure débarrassée de toutes les souillures du péché. Il a désormais un but, une raison de vivre : se vouer à Madeleine, c'est-à-dire à l'image idéalisée qu'il vient d'inventer et qu'il confond avec sa cousine.

Il est vrai que Madeleine a quelques dispositions à devenir une image pieuse. L'aînée des sœurs Rondeaux, qui a deux ans de plus qu'André, est une adolescente comme on n'ose en rêver dans les bonnes familles. Un modèle de vertu, de piété et de modestie. La vérité est que la vie et son mouvement lui inspirent de la crainte. Elle est sérieuse, avec un soupçon de mélancolie, silencieuse, toujours en retrait d'un pas. Aux jeux, aux rires de ses sœurs pleines de santé et d'énergie, elle préfère la retraite, la lecture, la prière. Sans doute l'inconduite de sa mère et l'accablement de son père qu'elle adore l'incitent-ils à adopter un modèle de comportement aux antipodes de l'exubérante féminité maternelle. Mais cela même, elle le fait avec douceur et discrétion. Elle est davantage encore que l'aînée : la figure de substitution de la mère qui a failli. Dans ce ménage qui sombre

– Mathilde ne va pas tarder à planter là les Rondeaux et la rue de Lecat –, elle est un recours qui se tient déjà prêt, l'angélique et douloureuse rivale de sa mère, une femme davantage qu'une enfant : « *Je grandissais aussi ; mais ce n'était pas la même chose ; j'avais beau, près d'elle, me faire grave, je sentais que je restais enfant ; je sentais qu'elle avait cessé de l'être.* »

A défaut d'un corps, l'ange a-t-il un visage ? A peine, juste de quoi voir s'y refléter l'âme : « *Les traits m'échappent, et jusqu'à la couleur des yeux ; je ne revois que l'expression presque triste de son sourire et que la ligne de ses sourcils, si extraordinairement relevés au-dessus des yeux, écartés de l'œil en grand cercle. [...] Ils donnaient au regard, à tout l'être, une expression d'interrogation à la fois anxieuse et confiante – oui, d'interrogation passionnée. Tout en elle n'était que question et qu'attente* [5]. » Nous voilà loin des amours adolescentes, entre ce garnement maladif de treize ans et cette jeune fille de quinze, si mûre déjà, si maternelle. L'élan qui les rapproche se place d'emblée sous le signe de la souffrance. Celle d'André dans laquelle il recuit ; celle de Madeleine qui voudrait prendre en charge le malheur de son père. Chacun offre à l'autre son épaule – et n'a aucune protection à donner sinon l'image de sa propre crainte de la vie.

Pour se délivrer de lui-même et naître enfin, Gide compte moins sur Madeleine que sur l'amour qu'il a choisi de lui porter. Et moins encore que l'amour, l'idée de l'amour et l'exaltation qui s'y attachent. La révolution attendue a bien lieu qui sort l'enfant de son marasme, mais moins qu'amoureuse, elle est d'ordre religieux et mystique. « *Tout l'effort de mon amour n'était point tant de me rapprocher d'elle, que de la rapprocher de cette image idéale que j'inventais. [...] Mon amour enfantin se confondait avec mes premières ferveurs religieuses ; ou du moins il entrait dans celles-ci, à cause d'elle, une sorte d'émulation. Il me semblait également, en m'approchant de Dieu, m'approcher d'elle et j'aimais, dans cette lente ascension, sentir le sol, autour d'elle et de moi, se rétrécir* [6]. »

L'apparition de l'ange vient de tirer Gide des ténèbres dans lesquelles il croupissait pour l'élever vers le monde de la grâce. André peut désormais regarder le ciel et tenter ne plus voir que lui. Mais la terre, qu'il le veuille ou non, demeure. André peut bien cacher au profond de son cœur le secret de sa destinée, la vie continue, comme avant, ou presque : « *En apparence, il n'y eut rien de changé.* »

Notes

1. Gide, *Et nunc manet in te*, dans *Journal 1939-1949. Souvenirs*, *op. cit.*, p. 1126.
2. Gide, *La Porte étroite*, dans *Romans*, *op. cit.*, p. 503.
3. Gide, *Si le grain ne meurt*, *op. cit.*, p. 434.
4. Gide, *La Porte étroite*, *op. cit.*, p. 404.
5. *Ibid.*, p. 501.
6. Gide, *Et nunc manet in te*, *op. cit.*, p. 1126.

15

Les tourterelles de la pension Bauer

1883

« *M. Richard était un bon professeur ; plus que le besoin de s'instruire, il avait le goût d'enseigner ; il s'y prenait avec douceur et avec une sorte d'enjouement qui faisait que ses leçons n'étaient pas ennuyeuses. Comme il me restait tout à apprendre, nous avions dressé un emploi du temps compliqué, mais que brouillaient sans cesse mes maux de tête persistants. Il faut dire aussi que mon esprit prenait facilement la tangente ; M. Richard s'y prêtait, tant par crainte de me fatiguer que par goût naturel, et la leçon dégénérait en causerie. C'est l'inconvénient ordinaire des professeurs particuliers*[1]. »

André Gide poursuit son apprentissage de l'émiettement. Émiettement des lieux, pour commencer. Après les fêtes de fin d'année passées à Rouen et la révélation secrète de la rue de Lecat, André file sur la côte d'Azur, accompagné de sa mère et d'Anna Shackleton. Séjour à Hyères, puis à Cannes. Il porte une ceinture orthopédique qui le gêne dans ses mouvements, un médecin ayant persuadé sa mère que les malaises nerveux du gamin étaient dus à des flatuosités… Ainsi harnaché, Gide est de retour à Paris au printemps. C'est alors que Juliette, dans son malaise de changement, décide que l'appartement de la rue de Tournon est désormais trop grand pour deux et qu'il convient de déménager.

Se souvenant de Montpellier, André s'attend au pire. C'est ne pas compter avec la pression des préjugés Rondeaux. La tante

Desmarets, l'aînée, a tôt fait de persuader sa sœur qu'elle ne saurait sans déchoir habiter ailleurs que dans les beaux quartiers et, surtout, louer un logis qui n'eût pas de porte cochère. « *Il pouvait paraître à l'esprit d'un enfant que, ne recevant guère et ne roulant point carrosse nous-mêmes, la porte cochère fût chose dont on aurait pu se passer. Mais l'enfant que j'étais n'avait pas voix au chapitre ; et du reste, que pouvait-on trouver à répliquer, après que ma tante avait déclaré : – Ce n'est pas une question de commodité, mais de décence. Puis, voyant que ma mère se taisait, elle reprenait plus doucement, mais d'une manière plus pressante : – Tu te le dois ; tu le dois à ton fils.* » Argument irréfutable puisque d'ordre moral : Juliette Gide et son fils s'installent donc rue de Commaille, au milieu des jardins du VIIe arrondissement, dans un appartement « *sensiblement plus grand, plus beau, plus agréable et plus luxueux que l'ancien* ».

Mais André ne profite pas immédiatement de ces fastes immobiliers. Il est mis en pension à Auteuil chez un nouveau professeur, M. Bauer, dont sa mère « *espérait plus de profit pour moi, plus de tranquillité pour elle* ». M. Bauer est le précepteur particulier d'André ; ou presque, puisqu'il accueille aussi dans ce quartier chic « *deux demoiselles anglaises qui, je crois, payaient surtout pour le bon air et la belle vue* ». M. Bauer est sans doute un brave homme, mais il n'est ni savant – il prépare mollement une agrégation d'allemand – ni doté d'une forte personnalité. Il a failli devenir pasteur ; il habite la très chic rue Raynouard, cela suffit à expliquer le choix de Juliette. Sous cette férule timide et inconsistante, André va pouvoir se laisser glisser sur sa pente de velléitaire.

Sans doute apprend-il des choses, en suivant ses passions du moment. Un peu plus, en tout cas, qu'en compagnie de sa mère : « *Durant tout cet hiver, je n'ai pas souvenir d'avoir ouvert un livre, écrit une lettre, appris une leçon. Mon esprit restait en vacances aussi complètement que mon corps*[2]. » Cependant, dans le plus complet désordre, au hasard de la dérive des leçons et des caprices de son attention. « *M. Richard* [c'est ainsi que Gide appelle Bauer dans ses souvenirs] *avait du goût pour les lettres, mais n'était pas assez lettré pour que ce goût soit excellent. Il ne se cachait pas de moi pour bâiller devant les clas-*

siques ; force était de se soumettre au programme, mais il se reposait d'une analyse de Cinna *en me lisant* Le Roi s'amuse. *[...] Ces vers dont aujourd'hui la soufflure m'est intolérable, à treize ans me paraissaient les plus beaux du monde.* »

Tout heureux d'avoir trouvé chez son élève une âme sensible qui s'émeut à l'écoute de la poésie ronflante et ampoulée qui est au goût du jour, Bauer décide d'initier André à des poètes qui, l'eût-elle su, eussent provoqué un haut-le-cœur chez Mme Gide : le Richepin des *Blasphèmes* – « *Hourra ! Pour l'hallali des dernières Idoles/Fanfares des aïeux, sonnez !* » – et l'immortel Maurice Rollinat, auteur d'un recueil sulfureux de pièces macabres, *Les Névroses*, dont Barbey d'Aurevilly vantait le « diabolisme ». « *Bizarre enseignement* », commente Gide, et qui contribue à le découdre un peu plus.

Quand il ne fond pas en larmes en déclamant les tirades du Triboulet de Victor Hugo, Gide a tout le loisir de s'abandonner à sa passion de l'observation et à sa soif d'expériences. Il ne travaille pas, mais le travail de la nature, ce qui a trait aux mécanismes de la vie, le fascine. De son séjour sur la côte d'Azur, il ne retient que sa « rencontre » avec l'eucalyptus, la découverte dans les haies d'un petit arum à capuchon, et l'effet hypnotique de l'observation de la faune marine : « *Je restais ainsi, durant des heures, sans souci du soleil, contemplant inlassablement le lent travail rotatoire d'un oursin pour se creuser un alvéole, les changements de couleur d'une pieuvre, les tâtonnements ambulatoires d'une actinie, et des chasses, des poursuites, des embuscades, un tas de drames mystérieux, qui me faisaient battre le cœur.* » A la pension Bauer, c'est la culture d'un glaïeul, l'observation des souris, un couple de tourterelles et les deux œufs qu'ils pondent. Manière de fuir, sans doute, de se distraire des obligations ennuyeuses, mais manière aussi de s'absorber.

La nature, c'est une réalité enfin acceptable. D'abord parce que Gide lui-même n'y est pas impliqué. Il est celui qui observe, qui mesure, qui nomme, qui répertorie ; elle est son spectacle. Elle est aussi, de la vie, ce qu'il lui est licite d'appréhender et d'expérimenter. Tous les mystères de la vie lui sont interdits, comme des choses sales, immorales ou incompréhensibles à son âge, sauf s'ils gisent dans la ramure des arbres ou les roucoulements d'une volière. Tout ce qui bouge autour de lui, dans le galetas des bonnes, dans le fourmillement de la rue, dans les passions des familles, dans les profondeurs de la société ; tout ce qu'il sent bouger et fermenter en lui, tout est recouvert du voile du silence. Ce qui change, se transforme, se secoue est perçu comme néfaste, dangereux, porteur de laideur et de malheur, sauf qu'on l'admet des plantes et des bêtes. La nature est le lieu où la vie est innocente ; celui où l'on peut, en toute candeur, la sentir, la voir, la toucher.

André demande plus encore : savoir et faire. A force de trépignements et de cajoleries, il a obtenu ce qu'il voulait pour ses étrennes : le gros livre de chimie de Troost. Il aménage – c'est encore rue de Tournon –, à côté de sa chambre où il élève des cochons de Barbarie, un petit laboratoire où il installe ses cornues, ses éprouvettes et quelques flacons d'acide que par distraction on lui vend. « *Il arriva nécessairement qu'un beau matin le récipient dans lequel je fabriquais de l'hydrogène m'éclata au nez. C'était, il m'en souvient, l'expérience dite de "l'harmonica chimique" [...] Je compris en tremblant que, pour peu que le récipient eût été plus solidement bouché, il m'eût éclaté au visage, et ceci me rendit plus réservé dans mes rapports avec les gaz* [3]. » Gide apprend ; le monde lui parle. Il existe certes des fréquentations agréables et d'autres qui sont à proscrire, mais ce ne sont pas celles que lui autorise ou que lui proscrit sa mère. A côté de l'univers balisé dans lequel il évolue sans y croire vraiment, sans y adhérer, il en existe un autre qui obéit à des règles tout aussi mystérieuses et profondes mais qu'il se sent susceptible d'apprivoiser et faire siennes : « *A partir de ce jour, je lus ma chimie d'un autre œil. Je désignai d'un crayon bleu les corps tranquilles, ceux avec lesquels il y avait plaisir à commercer, d'un crayon rouge tous ceux qui se comportent d'une façon douteuse ou terrible.* »

Nature contre culture : André découvre aussi dans ses activités de voyeur naturaliste et d'expérimentateur qu'en face de l'univers maternel gouverné par des règles il existe un immense univers ordonné par des lois. Il n'est certes pas en mesure de choisir entre les deux, mais il constate le conflit qui le divise. Dix ans plus tard, il commentera de façon lapidaire la phrase de Bossuet dans son panégyrique de sainte Thérèse – « *Il n'est rien de plus opposé que de vivre selon la nature et de vivre selon la grâce* » – : « *Tant pis*[4]. » A treize ans, il ne jette rien par-dessus bord ; il compartimente, il accumule, il compare, il passe de l'un à l'autre, il se trouble. Il se sentait dénué de tout ; le voilà trop riche.

Car il n'oublie pas Madeleine, l'autre pôle, la figure de l'idéal, « *le bloc d'une fortune immense, un lingot qui ne se laissait pas monnayer* ». Mais il la tient en réserve, au secret.

Notes

1. Gide, *Si le grain ne meurt*, *op. cit.*, p. 449.
2. *Ibid.*, p. 437.
3. *Ibid.*, p. 441.
4. Gide, *Journal 1887-1925*, *op. cit.*

16

Sous la housse

1884

« Je n'entrais guère dans le salon qu'à cause du piano qui s'y trouvait. La pièce restait à demi fermée d'ordinaire, les meubles soigneusement protégés par des housses de percale blanche, striée de minces raies rouge vif. Ces housses habillaient si exactement la forme des chaises et des fauteuils que c'était un plaisir de les remettre chaque jeudi matin après la parade du mercredi, jour de réception de ma mère. Je ne suis pas bien sûr que je n'aimasse pas mieux le salon, ainsi revêtu de son uniforme de housses, décent, modeste et, l'été, délicieusement frais derrière les volets clos, que lorsque éclatait aux regards son luxe morne et inharmonieux[1]. »

La housse est un mode de vie, une esthétique et une morale. Elle est à la fois la marque de l'apparat, de l'aisance ostentatoire – on est logé assez au large pour disposer d'une pièce dont on ne se sert que dans des occasions particulières – et celle de l'économie domestique parcimonieuse, de la protection attentive du patrimoine mobilier. Comme ces diamants que l'on exhibe dans les grandes soirées mondaines et que l'on court, la fête à peine achevée, enfermer dans un coffre. Otée, remise, dans un perpétuel jeu de dévoilement et d'escamotage, la housse est le symbole tranquille et confortable d'un malaise à faces multiples.

Malaise dans les relations entre la sphère privée et la sphère publique. L'appartement bourgeois parisien est conçu à la manière d'un nid destiné à préserver l'intimité du noyau familial contre les atteintes et les indiscrétions du monde extérieur. Débauche de persiennes, de rideaux, de doubles rideaux, de tapisseries, de velours, de tentures, de coussins brodés : les pièces à vivre sont autant de mondes soigneusement clos qui manifestent dans chaque détail – bibelots, fanfreluches, broderies savantes issues des mains de la maîtresse de maison – l'idée d'un temple dédié à la vie privée, avec ses rites et ses rythmes propres, ignorant les remous, les agitations et les indiscrétions de l'extérieur. Mais l'extérieur existe, comme une menace et comme une nécessité ; et la culture de l'intimité est une valeur exemplaire qui, comme telle, doit se manifester, apparaître, s'assurer de son excellence dans le regard des autres. Comme sentiment, le culte du privé se ferme sur lui-même ; comme valeur, il doit être rendu public. Le « jour » de Madame, le salon de réception et l'usage des housses sont les marques du compromis passé entre ces deux exigences contradictoires. Un laps de temps détaché du quotidien familial, une pièce de l'habitation placée en extra-territorialité et des meubles qui n'apparaissent aux regards qu'entre deux longues périodes d'ensevelissement.

Malaise aussi dans l'affirmation des valeurs de classe. Au fond, ces notables français qui sont au faîte de leur pouvoir, qui se sentent voués à diriger la nation dans tous les domaines – de la morale aux manières de table et de la langue au costume – et à imposer universellement leurs valeurs comme étant celles de la nature humaine ne sont assurés de rien, pas même de ce dont ils sont le plus fiers. Ni de l'argent, chéri, honoré, base de toutes les hiérarchies, mais qu'on dissimule dans le secret des familles et dans le confessionnal du notaire, comme s'il s'y attachait une forme de honte. Ni de l'optimisme de la raison, de la croyance dans le progrès que proclament ces élites et dont elles revendiquent la direction et le contrôle, mais dans la peur : peur du peuple, peur du désordre, peur de la nouveauté ; ils chantent le progrès et rêvent d'une immobilité indéfiniment conservée. Ni de leur art de vivre, de leur goût, de leurs mœurs, de leur civilisation qu'ils imposent comme norme, comme étalon, comme mesure de toute chose et dont ils soupçonnent, à chaque instant, qu'ils ne sont que des imitations : les caricatures épaisses, figées et mornes d'un fantasme d'Ancien Régime. Toutes ces dorures, ces tarabiscots, ces lustres en girandoles de cristal, ces pompons, ces nacres dont on conjure la fragilité par des meubles immenses que leur poids semble planter dans le sol, il convient qu'on les recouvre, comme quelque chose d'à la fois très précieux et vaguement honteux : « *La table du salon était couverte d'un épais tapis de velours, marginé d'une très large bande de tapisserie laine et soie, qui, je crois, avait été l'œuvre patiente d'Anna et de ma mère, au temps qu'elles vivaient rue de M... Elle débordait la table et retombait sur les côtés, verticale, de sorte qu'on ne pouvait l'admirer que de loin. Elle représentait, cette bordure, une torsade de pivoines et de rubans, ou du moins de quelque chose de jaune et de contourné qui pouvait passer pour tel.* »

A quinze ans, Gide vit sous la housse. De temps à autre, le tissu se lève et un peu de lumière du monde extérieur vient frapper ses yeux ; puis le voile retombe ; c'est un objet adoré et fragile. Le monde bat à sa porte en cette année 1884. Beaucoup de choses bougent autour de lui. La république s'installe, non sans résistances ; les syndicats sont autorisés ; des grèves violentes éclatent à Anzin et à Decazeville ; le divorce est permis par la loi, ce qui durcit encore l'hostilité de l'Église et des notables catholiques au nouveau régime. Mais rien de tout cela ne pénètre rue de Commaille, ni dans la pension de M. Bauer où André poursuit mollement son apprentissage scolaire.

L'histoire est absente de l'univers du jeune Gide, sinon sous la forme des guerres puniques et des *Commentaires* de César. Que sait-il du temps et du lieu où il vit ? Rien ou presque. Il a découvert, « *parfaitement interloqué* », lors de son entrée à l'École alsacienne qu'il était protestant et que d'autres élèves pouvaient être catholiques – « *car mes parents s'étaient gardés de me laisser connaître que la foi de tous les Français pouvait ne pas être la même* ». A la question de savoir s'il était « *catholique ou protescul ?* », il n'a rien trouvé à répondre. Un camarade a dû lui expliquer que les catholiques étaient ceux qui « *croient à la sainte Vierge* ». « *Sur quoi je m'écriai qu'alors j'étais sûrement protestant. Il n'y avait pas de juifs parmi nous, par miracle ; mais un petit gringalet qui n'avait pas encore parlé, s'écria soudain : – Mon père, lui, est athée. Ceci dit sur un ton supérieur, qui laissa les autres perplexes. Je retins ce mot pour demander l'explication à ma mère : – Qu'est-ce que cela veut dire : athée ? – Cela veut dire : un vilain sot. Peu satisfait, j'interrogeai dere-*

chef, je pressai ; enfin maman, lassée, coupa court à mon insistance, comme elle faisait souvent par un : – Tu n'as pas besoin de comprendre cela maintenant ou – Tu comprendras cela plus tard. (Elle avait un grand choix de réponses de ce genre, qui m'enrageaient[2]*.)* » Rappelons que l'oncle Henri Rondeaux, le propriétaire de la rue de Crosne, pratique activement la religion catholique – ce qui en dit long sur l'épaisseur du silence observé sur ces questions.

Un peu plus tard – à La Roque-Baignard –, André découvre une autre déchirure dans le tissu d'unanimité qui l'enveloppe. Il se promène avec son cousin Octave Join-Lambert et François de Witt – « Lionel » dans *Si le grain ne meurt* –, le petit-fils de Guizot, le cousin de Jean Schlumberger, futur grand ami de Gide. Octave et François demandent à André s'il est royaliste ou républicain : « *– Républicain parbleu ! ne comprenant pas encore, puisque nous étions en république, qu'on pût être autre que républicain. Lionel et Octave m'étaient tombés dessus à bras raccourcis.* »

Questions de Gide à sa mère. Sa réponse, spontanée, naïve, n'était-elle pas la bonne ? Était-il sot, ou inconvenant d'être républicain ? « *– Mon enfant, m'avait répondu ma mère après un petit temps de réflexion, lorsqu'on te demandera ce que tu es, dis que tu es pour une bonne représentation constitutionnelle. Tu te souviendras ? Elle m'avait fait répéter ces mots surprenants ; – Mais... qu'est-ce que ça veut dire ? – Eh bien ! précisément, mon petit : les autres ne comprendront pas plus que toi, et alors ils te laisseront tranquille.* »

La housse, toujours ; la housse des mots qui ne sont pas faits pour expliquer et éclairer la réalité mais s'organisent au contraire pour mieux la rejeter dans l'ombre, en reporter le dévoilement à plus tard, le plus tard possible. Pour l'heure, l'enfant, l'adolescent se doivent de vivre dans l'ignorance de ce qui divise, de ce qui se discute. Les préceptes de la morale suffisent à régler les comportements des personnes entre elles ; et les lois, celles de la république, qui sont susceptibles de changer chaque jour, au hasard des majorités et des combinaisons parlementaires, sont sans importance comparées aux lois de Dieu qui sont éternelles. Se fondre dans l'opinion commune – celle des « gens de bien », évidemment –, y fondre son fils avec elle, c'est, pour Juliette Gide, bien davantage qu'un gage de sécurité : l'assurance d'une soumission.

La rumeur du monde extérieur, l'histoire, la politique, les opinions, tout cela est sujet à discussions, à polémiques, à trouble, à hésitation. Juliette aime, comme l'écrit son fils, ce qui la surplombe, ce qui la domine : la religion, la morale, les conventions, l'art. Des évidences, des territoires incontestables à l'intérieur desquels la piété, la rigueur, l'attention, la culture permettent d'avancer sans se perdre. Des domaines hors du temps et de l'espace où règne la seule soumission, au vrai, au bien, au juste, au beau. « *Si nous allions voir une exposition de tableaux – et nous ne manquions aucune de celles que* Le Temps *voulait bien nous signaler – ce n'était jamais sans emporter le numéro du journal qui en parlait, ni sans relire sur place les appréciations du critique, par grand-peur d'admirer de travers, ou de n'admirer pas du tout. Pour les concerts, le resserrement et la timide monotonie des programmes d'alors laissaient peu de champ à l'erreur ; il n'y avait qu'à écouter, qu'à approuver, qu'à applaudir*[3]. »

Amour de l'art par peur de l'histoire et peur des histoires ; apprentissage de la soumission : par-delà les révoltes, les insoumissions, les scandales, Gide conservera cette marque. *Journal*, 1922 : « *J'ai toujours eu horreur (ou peur) de la liberté ; et les dieux me l'ayant accordée presque aussi complète que peut le souhaiter être qui vivre, j'ai toujours cherché à la limiter, à la compromettre et à la réduire*[4]. » *Ainsi soit-il*, 1951 : « *Les rapports de l'homme avec Dieu m'ont de tout temps paru beaucoup plus importants et intéressants que les rapports des hommes entre eux*[5]. »

Notes

1. Gide, *Si le grain ne meurt*, *op. cit.*, p. 460-461.
2. *Ibid.*, p. 420.
3. *Ibid.*, p. 464.
4. Gide, *Journal 1887-1925*, *op. cit.*, 5 août 1922.
5. Gide, *Ainsi soit-il ou Les jeux sont faits*, dans *Journal 1939-1949*, *op. cit.*, p. 1175.

17

Amitié mystique et exotisme de la pauvreté

1885

« *Si passionnée que fût notre liaison, il ne s'y glissait de sensualité pas la moindre. Lionel, d'abord, était richement laid ; puis sans doute éprouvais-je déjà cette inhabileté foncière à mêler l'esprit et les sens, qui, je crois, m'est assez particulière, et qui devait bientôt devenir une des répugnances cardinales de ma vie. De son côté, Lionel, en digne petit-fils de Guizot, affichait des sentiments à la Corneille. Certain jour de départ, comme je m'approchais pour une accolade fraternelle, il me repoussa à bras tendus et, solennel : – Non ; entre eux, les hommes ne s'embrassent pas*[1] *!* »

Pendant longtemps, André Gide, lors de ses longues vacances à La Roque-Baignard, a ignoré son voisin du Val-Richer, François de Witt. Les deux garçons ont le même âge, à quelques mois près, mais les jeux de François ont toujours paru trop violents et turbulents au frêle enfant de Juliette Gide. C'est à partir de l'été 1884 que se noue leur amitié. Anna Shackleton est morte quelques mois auparavant ; la seule porte, bien étroite, qui demeurait encore ouverte entre André et le mouvement de la vie s'est refermée. Gide se jette dans l'amitié comme il s'est jeté dans l'amour de Madeleine, avec la même ferveur, le même emportement, la même aspiration mystique : « *Nous nous donnions de vrais rendez-vous d'amoureux, auxquels nous courions furtivement, le cœur battant et la pensée frémissante.* » Ils échangent avec solennité les gages d'une union quasi religieuse : « *Il rompit en deux un fleuron de clématite, m'en remit une moitié, garda l'autre, qu'il jura de porter sur lui comme un talisman. J'enfermai mon demi-fleuron dans un petit sachet brodé que je suspendis à mon cou à la façon d'un scapulaire et que je gardai ainsi contre ma poitrine jusqu'à ma première communion.* »

Une religion d'attente, en quelque sorte, avant le sacrement qui doit le faire entrer dans la communauté chrétienne. Incapable d'affronter le monde tel qu'il est et privé même du désir de le faire, André se tourne, une fois encore, vers le sublime, celui de la foi. Comme Madeleine, « Lionel » est la projection idéale à partir de laquelle il doit modeler ses désirs et sa pensée, s'arracher aux pesanteurs du péché et à l'angoisse de la culpabilité : « *Déjà l'idée de m'éduquer, de devenir autre, meilleur, m'occupait presque incessamment. J'avais à cette époque même peu de faiblesses ; mon esprit était constamment tendu vers un mieux. Nous nous étions avoué nos faiblesses, je lui dis que nous devrions employer notre amitié à nous en corriger l'un l'autre. Nous devions nous confesser l'un l'autre et dans une émulation de vertu trouver un remède à l'entraînement de nos vices* [2]. »

Se débarrasser du « vice », c'est toujours la terrible obsession. Convaincu qu'il est souillé, mais incapable aussi de résister longtemps aux tiraillements de sa chair et à la honte de la chute, André cherche dans une amitié pure et sublime l'idéal qui l'emportera sur la triste réalité. Et pour faire bonne mesure, dans cette bataille capitale, il met Dieu et la religion de son côté : « *Le dimanche matin, dans le salon, Mme de R...* [Mme Conrad de Witt, la tante de Lionel] *faisait le culte, auquel assistaient parents, enfants et serviteurs. Lionel, d'autorité, me faisait asseoir près de lui ; et, durant la prière, alors que nous étions agenouillés, il me prenait la main, qu'il gardait serrée contre la sienne, comme pour offrir à Dieu notre amitié.* »

Cette sainte amitié se nourrit aussi de lectures édifiantes : Bossuet, Fénelon, Pascal, les sermons de Massillon, les *Confessions* de saint Augustin. Le garçon dont l'instruction laïque a été plutôt bâclée se plonge dans les austères délices de l'instruction religieuse. On continue à Paris les discussions et les lectures commencées en Normandie ; on disserte, on expose, on commente, non sans prétention ni maladresse. Parmi les passages philosophiques, nous « *choisissions de préférence les plus abstrus. Les* Traités de la concupiscence, De la connaissance de Dieu et de soi-même, *etc., furent mis en coupe réglée ; férus de grandiloquence, tout nous paraissait terre à terre, tant que nous n'avions pas perdu pied.* » Perdre pied : c'est bien le but ; ne plus toucher terre, enfin ; s'évader au plus loin dans le ciel des concepts, des gloses et des paraphrases. Gide note, comme incidemment : « *La correspondance que j'avais commencé d'entretenir avec ma cousine m'inclinait également l'esprit.* »

« Lionel » ou Madeleine, c'est la même chose en effet. Jusqu'au moment où Gide se rend compte que son ami n'est pas le pur miroir dont il a besoin. François de Witt est certes un garçon pieux, comme on l'est dans la tribu Guizot, avec quelques élans exaltés et mystiques qui siéent à ses seize ans. Mais le péché n'est pas son obsession ; du moins pas celui qui taraude Gide : « *Ce qui me faisait horreur, il ne le considérait pas, je crois, comme un vice. Lorsque, triomphant, le dimanche suivant, je vins lui dire que je n'avais point péché, lorsque j'attendis de lui la même phrase, je le vis rougir un peu – il dit un peu rudement "Tant mieux" – puis nous parlâmes d'autre chose.* » « Lionel » a les curiosités sexuelles de son âge. Il cherche dans l'*Encyclopédie* et dans les dictionnaires les informations que son éducation lui cache. Ces explorations livresques affolent Gide : « *Je l'écoutais, mais plus ahuri qu'excité ; je l'écoutais, mais je ne l'interrogeais point. Je ne comprenais rien à demi-mot, et l'an suivant encore, comme Lionel me racontait, avec cet air supérieur et renseigné qu'il savait prendre, qu'il avait trouvé dans la chambre abandonnée de son frère un livre au titre suggestif :* Les Souvenirs d'un chien de chasse, *je crus qu'il s'agissait de vénerie.* »

Gide s'accroche encore à l'image de « Lionel », mais il éprouve des difficultés de plus en plus grandes à la faire coïncider avec un François de Witt décidément bien réel. Alors que Gide ne rêve que d'idées sublimes, de sentiments éthérés et d'écrits magnifiques, François, suivant en cela la tradition familiale des Guizot, ose déjà préférer la politique à la littérature et « *dans sa chambre, me faisait me découvrir devant une photographie du duc d'Orléans (je ne savais, alors, absolument pas qui c'était)* ». Chez les de Witt, la lecture du journal est une véritable cérémonie que le jeune Gide n'est pas loin de considérer comme un rite barbare : une chute du spirituel dans le temporel.

A ces divergences s'ajoute un malaise que Gide a du mal à définir, le sentiment diffus d'une inégalité. « *Même au plus chaud de notre passion, il* [François] *me faisait sentir que je n'étais pas né comme lui.* » Fils d'une grande famille de notables, auréolé du prestige intellectuel et politique de son grand-père, François de Witt appartient à l'aristocratie protestante et traite avec un brin de condescendance son roturier d'ami. C'est une situation que Gide supporte mal. Non qu'elle l'humilie, elle le désarçonne. Il n'a, du monde social et de ses hiérarchies, pas la moindre expérience. Depuis l'enfance, il se meut dans un univers égalitaire de privilégiés, sans la moindre conscience de ses privilèges. Dans cette bulle où il évolue, les seules hiérarchies, hors du cercle de famille, sont celles que dessinent l'excellence morale et la supériorité intellectuelle.

La supériorité dont se targue François de Witt lui est incompréhensible, comme lui est douloureuse l'infériorité que manifeste un autre de ses camarades, désigné dans ses Mémoires comme « Armand Bavretel ». Armand a été amené à La Roque-Baignard afin de tirer André de sa solitude. C'est un fils de pasteur, nécessairement, mais d'un pasteur pauvre. Gide s'entend bien avec Armand et lui rend visite au retour des vacances, dans la maison que sa famille habite dans le quartier des Halles. « *Ici la pauvreté cessait d'être seulement privative, comme la croient trop souvent les riches ; on la sentait réelle, agressive, attentionnée ; elle régnait affreusement sur les esprits et les cœurs, s'insinuait partout, touchait aux endroits les plus secrets et les plus tendres, et faussait les ressorts délicats de la vie*[3]. »

André ressent cette pauvreté comme une gêne et une étrangeté. Il ne la comprend ni ne la « réalise » ; il débarque d'une autre planète et se déplaît d'être désorienté. La pauvreté est une « *bizarrerie* » : « *Il s'y joignait je ne sais quoi de grimaçant et de contraint, de courtois et de saugrenu qui portait à la tête et, au bout de peu de temps, me faisait perdre complètement la notion de la réalité ; tout commençait à flotter autour de moi, à se déconsister, à verser dans le fantastique, non seulement le lieu, les gens, les propos, mais moi-même, ma propre voix que j'entendais comme à distance et dont les sonorités m'étonnaient.* » Gide fuit dans un quasi-évanouissement cette réalité insupportable. Il n'est plus là : il a réintégré l'univers connu et vivable, celui du « *cercle enchanté* » de ses privilèges : « *J'étais privilégié sans le savoir, comme j'étais Français et protestant sans le savoir ; sorti de quoi, tout me paraissait exotique.* »

Le réel est exotique et rien ne peut venir rompre le cercle où l'éducation de Gide l'a enfermé. Ni la supériorité protectrice qu'affiche François de Witt, ni la misère honteuse qui affecte Armand et le rend de plus en plus sombre et désespéré. André constate simplement, et sans chercher d'autre explication, que l'échange spirituel, la seule chose importante, connaît des heurts et des pannes, que le miroir de l'amitié ne lui reflète plus sa propre image. Alors il s'éloigne, doucement. « Lionel » disparaît peu à peu de l'horizon. « *Nous continuâmes à nous voir encore quelques années, mais avec de moins en moins de joie. Mes goûts, mes opinions et mes écrits lui déplaisaient ; il tenta de m'amender d'abord, puis cessa de me fréquenter.* »

La fin de l'amitié avec Armand est plus dramatique. L'esprit du jeune homme supporte de plus en plus mal la vie sordide et étriquée que la pauvreté impose aux siens. Il s'enferme dans le sarcasme et le dégoût de soi, cesse de lire, de se laver, de s'alimenter. « *A quelques années de là (je l'avais, entre-temps, perdu de vue) je reçus le faire-part de la mort d'Armand. J'étais en voyage et ne pus aller à l'enterrement. Quand je revis un peu plus tard sa malheureuse mère, je n'osai l'interroger. C'est indirectement que j'appris qu'Armand s'était jeté dans la Seine.* »

Gide se souvient de sa dernière conversation avec Armand et de la manière dont son ami lui demanda brusquement ce qu'il pensait du suicide. Mais cette conversation n'affecta pas alors vraiment le jeune écrivain. L'atmosphère étrange que la pauvreté faisait régner chez les « Bavretel » occupait seule son imagination et le livre que, peut-être, il pourrait en tirer.

Notes

1. Gide, *Si le grain ne meurt*, *op. cit.*, p. 469.
2. *Cahier d'Alençon « écrit dans la salle du Café d'Alençon en nov. 97 »*, cité par Jean Delay, *La Jeunesse d'André Gide*, *op. cit.*, p. 338.
3. Gide, *Si le grain ne meurt*, *op. cit.*, p. 473.

18

La poésie contre le sexe

1886

« En ce temps j'avais pour les vers une prédilection passionnée ; je tenais la poésie pour la fleur et l'aboutissement de la vie. J'ai mis beaucoup de temps à reconnaître – et je crois qu'il n'est pas bon de reconnaître trop vite – la précellence de la belle prose et sa plus grande rareté. Je confondais alors, comme il est naturel à cet âge, l'art et la poésie ; je confiais mon âme à l'alternance des rimes et à leur retour obligé ; complaisamment je les sentais élargir en moi comme le battement rythmé de deux ailes et favoriser leur essor[1]. »

Gide lit beaucoup, avidement. Toute sa vie, il demeurera un lecteur boulimique. Pas un instant où il n'aura un livre à portée de sa main ; il en enfournera dans toutes ses poches et les sortira à chaque minute de liberté. Dans les taxis, dans les soirées, aux entractes des cinémas, pendant ses promenades. Beaucoup de ces livres, ses préférés, il les apprendra par cœur et se les récitera, comme il rejouera sans cesse au piano les mêmes partitions de Chopin ou de Bach pour en pénétrer les beautés les plus subtiles.

C'est à la pension Bauer – où il n'est plus que demi-pensionnaire – que cette passion lui est venue. Il ne dit pas quand exactement ; mais il a soin, dans ses Mémoires, d'encadrer l'évocation de ses lectures de deux scènes qui en disent long sur la nature de son activité de lecteur. La première serait anodine sans la couleur que lui donne Gide. M. Bauer cherche un nouveau logement ; et comme il est de tempérament musardeur et que les leçons l'ennuient, il préfère qu'André l'accompagne dans sa quête immobilière aux alentours de Saint-Lazare et du quartier de l'Europe.

« *Nous chassions de préférence le matin. Il arrivait souvent que le gîte n'était pas vide et que nous surprenions à leur petit lever les habitants. Ces voyages de découverte m'instruisaient plus que la lecture de maints romans. [...] je laisse à penser le gibier que parfois nous levions.* » M. Bauer et son élève assistent ainsi en toute indiscrétion à des scènes de genre assez scabreuses dont Gide affirme qu'il en sortait « *éberlué* ». Mais il a soin d'ajouter aussitôt : « *Avec une autre nature que la mienne, cette indirecte initiation eût présenté bien des dangers ; mais l'amusement que j'y prenais ne me troublait guère et ne m'échauffait que l'esprit ; bien mieux : j'y cultivais plutôt une sorte de réprobation pour ce que j'entrevoyais de la débauche, contre quoi mon instinct secrètement m'insurgeait.* » Son instinct ?

La seconde scène éclaire la première. L'un des deux autres pensionnaires de la maison Bauer est un gros garçon sympathique nommé Bernard Tissaudier. Il est élève à Condorcet – toujours le quartier Saint-Lazare. C'est Mme Gide qui alerte son fils : « *– J'espère au moins que ton ami Tissaudier, en sortant du lycée, ne passe pas par le passage du Havre ?* » Juliette a lu dans le journal que ce passage était « *extrêmement mal fréquenté* ». L'imagination d'André s'enflamme au seul énoncé de l'avertissement maternel. « *Malgré mes explorations à travers les appartements des cocottes, j'étais demeuré à quinze ans, incroyablement ignorant des alentours de la débauche ; tout ce que j'en imaginais n'avait aucun fondement dans le réel. [...] Je voyais, par exemple, mon pauvre Tissaudier orgiastiquement lacéré par les hétaïres.* »

Gide entre alors dans une de ses fameuses crises d'angoisse mystique : « *Soudain quelque chose d'énorme, de religieux, de panique, envahit mon cœur.* » En sanglots, suffocant, il se précipite aux pieds de son camarade en l'adjurant de ne plus emprunter le passage du Havre. Tissaudier le calme ; mais la crise – c'est sa fonction – éclaire Gide sur les étranges sentiments qui se cachent en lui. Sans doute n'ignorait-il pas, en fait, l'existence de l'amour vénal ; il avait lu des livres. Mais son imagination, avant que sa mère ne soit intervenue, ne lui avait jamais représenté l'horreur panique qu'il en éprouvait. Une crise répond à une autre : l'épouvante du passage du Havre est le pendant de l'exaltation amoureuse et religieuse de la rue de Lecat. La prostituée ogresse est le fantasme opposé à celui de Madeleine l'éthérée ; l'agression du corps contre la douceur de l'âme.

La réalité ne pèse pas lourd face à cette toute-puissance de l'idéalisation. Abordé quelque temps plus tard par une prostituée bien réelle, Gide ne peut cacher sa peur : « *Un flot de sang me monta au visage. J'étais ému comme si je l'avais échappé belle.* » Jean Delay, avec beaucoup de finesse, et maints psychanalystes ont glosé à perte de vue sur la sexualité de Gide et sur ses origines. Lui-même n'a cessé de fouiller son propre mystère et de chercher, derrière les gauchissements apportés par l'éducation, le visage d'une problématique « nature ». Retenons seulement ici qu'à dix-sept ans l'adolescent André Gide entretient avec la réalité sexuelle un rapport de rejet. Rejet douloureux de l'autoérotisme assimilé au vice et à la chute ; rejet terrifié du sexe féminin qui se manifeste, au mieux, par « *l'incuriosité* » vis-à-vis des femmes en général – au nom de la vertu –, au pire par la répugnance dès que la sexualité féminine s'affiche, comme une menace de passage à l'acte. Gide est conforme au vœu de sa mère ; il est une parfaite réussite de l'éducation puritaine menée jusqu'à l'excès, celle de la haine du corps. Quand il ne combat pas son sexe, il le nie.

Plus tard, il verra dans cette répression farouche la main même du diable : « *Certains jours qu'il m'arrive de croire au diable, quand je pense à mes saintes révoltes, à mes nobles hérissements, il me semble entendre* l'autre *rire et se frotter les mains dans l'ombre.* » Pour l'heure, il se voit comme un chevalier de l'idéal et de la parfaite beauté partant en guerre contre les turpitudes et les laideurs de ce bas monde.

La littérature est une arme dans ce combat. Elle va être pour André le moyen privilégié de s'arracher aux pesanteurs insupportables de la réalité. Que la première lecture « sérieuse » qu'il signale – entre les dames de Saint-Lazare et celles du passage du Havre – soit celle du *Journal intime* d'Amiel n'a rien de fortuit. On n'imagine pas paysage plus fermé que la complaisante et interminable introspection de ce protestant genevois. Dix-sept mille pages à ne parler de rien que de soi. Va-t-il découvrir enfin d'autres livres qui l'ouvriront au monde ? C'est compter sans la vigilance de sa mère.

Juliette a commencé par interdire à son fils la bibliothèque paternelle, trop dangereuse. Il a fallu, quand Gide eut atteint seize ans, l'intervention habile d'Albert Desmarets : « *Ne craignez-vous pas de prêter* [aux livres] *du cabinet un attrait de fruit défendu ?* » Mme Gide se débat quelque temps, puis finit par céder ; non sans condition : « *Il fut admis que j'entrerais dans la pièce, mais avec elle, que je choisirais tel ou tel livre qui me plairait et qu'elle m'autoriserait à le lire, mais avec elle, à haute voix.* » La plupart des garçons se rebelleraient contre cette liberté si étroitement surveillée ; d'autres ruseraient et liraient en cachette. Gide s'est fait une vertu de sa soumission à sa mère : « *Il m'a toujours plu d'obéir, de me plier aux règles, de céder.* » La liberté, si proche de la licence, lui fait peur.

On devine que Juliette Gide n'oriente pas les lectures de son fils vers la distraction – « *C'étaient les plates et fastidieuses études de Paul Albert ; c'était le* Cours de littérature dramatique *de Saint-Marc-Girardin dont, à raison d'un chapitre par jour, nous venions d'absorber l'un après l'autre les cinq volumes* ». Gide se soumet à ce gavage avec une sorte d'appétit masochiste : « *J'allais de préférence au plus scolaire, au plus compact, au plus ardu.* » C'est qu'il n'est pas question de plaisir.

La lecture des poètes est une entreprise à haut risque, tant que Juliette exerce sa censure. Même celle de Théophile Gautier dont toute la France honorable de 1886 chante la gloire. André lit à haute voix un texte intitulé *Poème théologique* mais qui se révèle un tantinet gaillard. « *J'avais atteint la strophe CI : La dame était si belle / Qu'un saint du paradis se fût damné pour elle ./ Oh ! le tableau charmant ! Toute honteuse et rouge... – Passe-moi le livre un instant, dit ma mère, m'interrompant soudain, à mon immense soulagement.* » Mme Gide examine longuement la suite du poème, « *avec ce regard froncé du juge qui, durant un huis clos, écoute une déposition scabreuse* ». Enfin elle indique à son fils l'endroit où il est autorisé à reprendre sa lecture. Juliette Gide ne permettra plus que des descriptions légères risquent d'offusquer ses oreilles. Les poètes seront bannis – jusqu'à ce qu'il soit permis à André de pénétrer seul dans la bibliothèque.

Alors il se repaît de poésie, Hugo, bien sûr et Heine qu'il se persuade de pouvoir imiter. Ce n'est pas le monde qui s'ouvre à lui, c'est lui qui ouvre « *l'abondant printemps de mon cœur* » aux mots enchantés des poètes. « *Voici que je nais à la vie* », écrit-il : les mots de la poésie n'expriment pas la vie ; ils sont la vie elle-même, enfin pure : l'idée de la vie. La bibliothèque est le jardin d'Éden avant la chute. Luxe, Ordre et Beauté : « *Un grand nombre de ces livres, vêtus de vélin blanc, tranchaient sans dureté sur le sombre et chatoyant émail de l'ensemble ; [...] et rien n'était exquis comme de voir entre un Horace et un Thucydide, la collection des lyriques grecs, dans l'exquise petite édition de Lefèvre, abaisser leur maroquin bleu devant l'ivoire des Ovide.* »

Un monde clos, parfait, où l'on n'entend que son cœur battre. Gide vient de décider qu'il sera poète.

Note

1. Gide, *Si le grain ne meurt*, *op. cit.*, p. 489.

19

L'extrême bonheur de la macération

1887

« *Levé dès l'aube, je me plongeais dans l'eau glacée dont, la veille au soir, j'avais pris soin d'emplir ma baignoire ; puis, avant de me mettre au travail, je lisais quelques versets de l'Écriture, ou plus exactement relisais ceux que j'avais marqués la veille comme propres à alimenter ma méditation de ce jour ; puis je priais. Ma prière était comme un mouvement perceptible de l'âme pour entrer plus avant en Dieu ; et ce mouvement, je le renouvelais d'heure en heure ; ainsi je rompais mon étude et dont je ne changeais point l'objet sans à nouveau l'apporter en offrande. Par macération je dormais sur une planche ; au milieu de la nuit je me relevais, m'agenouillais encore, mais non point tant par macération que par impatience de joie. Il me semblait alors atteindre à l'extrême sommet du bonheur*[1]. »

Avant de retrouver l'École alsacienne à la rentrée de 1887, Gide a fréquenté quelques mois la pension Keller, rue de Chevreuse. L'atmosphère y est plus studieuse que chez M. Bauer, mais André ne se préoccupe guère de ses obligations scolaires. Il a en tête des choses plus graves et plus exaltantes. Son amour pour Madeleine, la préparation de sa communion, la poésie et l'écriture. Tout cela d'ailleurs ne fait qu'un.

Il se précipite farouchement dans la religion. Les cours de préparation du pasteur Couve – « *Fastidieuses leçons, suivies de devoirs plus fastidieux encore* » – n'y sont pas pour grand-chose. André n'a que faire de mornes exposés de doctrine : il brûle. C'est la sainteté qu'il recherche, pas l'orthodoxie calviniste. Être un saint : se débarrasser de son corps terrestre, et avec lui de la culpabilité qui l'accable ; tout offrir à Dieu pour se libérer de tout. L'acharnement de Gide à se faire souffrir dans les macérations et le bonheur extrême qu'il en retire en disent long sur ses motivations. Avec quelle joie il torture ce corps coupable !

Il lui faut mériter Madeleine, c'est-à-dire communier avec son âme. Gide lie explicitement sa passion de l'Évangile et son amour pour sa cousine : « *Le sentiment que j'éprouvais ici m'expliquait en le renforçant le sentiment que j'éprouvais pour Emmanuelle ; il n'en différait point.* » L'amour divin est le seul modèle acceptable pour l'amour humain, le seul où n'entre pas la mortelle pulsion du désir. Dès lors, André s'affiche avec l'Évangile comme d'autres s'afficheraient avec une maîtresse : « *Je ne buvais à pleine Bible que le soir, mais au matin reprenais plus intimement l'Évangile ; le reprenais encore au cours du jour. Je portais le Nouveau Testament dans ma poche ; il ne me quittait point ; je l'en sortais à tout instant, et non point seulement quand je me trouvais seul, mais aussi bien en présence de gens précisément qui m'eussent pu tourner en ridicule et dont j'eusse à redouter la moquerie ; en tramway, par exemple, comme un prêtre, et pendant les récréations, à la pension Keller, ou, plus tard, à l'École Alsacienne, offrant à Dieu ma confusion et mes rougeurs sous les quolibets de mes camarades.* » La religion est une occasion de sacrifice ; Gide expérimente le martyre ; il sacrifie son amour-propre au dieu de l'amour infini. Et, déjà, il a du mal à séparer la manifestation de la provocation.

La poésie et l'écriture sont, de la même façon, liées à l'amour pour Madeleine. La poésie circule comme un message entre les deux âmes. « *Je ne découvrais rien que je ne l'en voulusse aussitôt instruire, et ma joie n'était parfaite que si elle la partageait. Dans les livres que je lisais, j'inscrivais son initiale en marge de chaque phrase qui me semblait mériter notre admiration, notre étonnement, notre amour.* » On se parle par l'intermédiaire de Théocrite, d'Homère, d'Hésiode, d'Horace et d'Euripide que vient de traduire le parnassien Leconte de Lisle. L'écriture est le prolongement naturel de cette tentative de communion. Les deux cousins échangent leurs rêves de perfection spirituelle. Leur correspondance ne nous est pas parvenue, mais nous en savons assez pour en deviner la teneur. Madeleine discrète, timide, toujours sage et modérée, même dans la ferveur ; André lyrique, exalté, tranchant, fébrile, comptant sur l'amour qu'il porte à sa cousine pour s'élever au-dessus des contingences, au-dessus du péché.

Lettres à Madeleine, journal, poésie se confondent : c'est le moi le plus intime, le plus désincarné qu'il s'agit de surprendre et d'exprimer. Le journal que commence à rédiger Gide – et dont de nombreuses pages seront retranscrites telles quelles dans son premier livre, *Les Cahiers d'André Walter* – est un exercice fiévreux d'introspection où les sentiments et les émotions tiennent lieu de pensée. « *La préoccupation où je vivais avait ce grave inconvénient d'absorber introspectivement toutes mes facultés attentives ; je n'écrivais et ne souhaitais rien écrire que d'intime ; je dédaignais l'histoire, et les événements m'apparaissaient comme d'impertinents dérangeurs.* » La vocation littéraire du jeune Gide se confond avec ce refus de l'histoire ; comme son enthousiasme religieux, comme son amour. La littérature est ce qui ferme le plus hermétiquement la porte à la vie ; elle est mort et résurrection dans un monde *autre*, celui du pur sentiment, du pur *ego*, de la pure beauté. La littérature est une religion ; Gide y entre comme on se cloître, sans trop savoir ce qui l'emporte de l'appel de Dieu et de la peur de vivre.

La rencontre avec Pierre Louis, sur les bancs de la classe de rhétorique de l'École alsacienne, va le confirmer dans cette vocation. Louis a tout pour épater Gide. Une beauté délicate et exquisément alanguie, une parole nerveuse et passionnée – jusqu'au bégaiement –, un grand sens de la mise en scène de soi-même et une confiance inébranlable en sa supériorité intellectuelle et en son génie littéraire. Gide fasciné et timide, Louis ignorant la plèbe de ses condisciples : les deux lycéens demeurent plusieurs mois sans se parler. Jusqu'à ce que Gide, un jour, obtienne en composition française la première place que personne ne disputait à Louis. Ce dernier consent alors à s'intéresser à ce rival inattendu. Il découvre que son obscur camarade aime les vers.

Des vers, Louis en écrit, des milliers et avec une facilité déconcertante ; des vers de toute facture, du lyrique au burlesque, qu'il fait circuler nonchalamment dans la classe. Gide pourrait être, pour le grand poète que Louis ne doute pas de devenir, un auditeur privilégié. C'est ainsi, l'un admiratif, l'autre protecteur, que les deux jeunes gens deviennent amis ; un jeune maître et son disciple : Gide entre en littérature par le chemin de l'humilité. Mais le bonheur que lui fait découvrir son camarade vaut bien qu'il y sacrifie son orgueil : Louis initie Gide à Goethe, au *Second Faust*, et cette rencontre est l'un des moments importants de sa vie d'écrivain – « *Chaque fois que je l'ai relu plus tard, j'entendais la voix de Louÿs, mouillée de larmes d'admiration et de tendresse, se mêler à celle de Faust* ». Gide ne se contente pas de juger admirables les vers de Goethe. *Faust*, dans sa splendeur, ébranle jusqu'aux fondements la certitude gidienne d'une poésie croissant à l'écart du monde, et contre lui : « *Je ne lus pas, à cette première époque de ma vie, tout le* Second Faust, *mais bien encore le monologue de Faust à son réveil parmi la nature exultante, ces vers où la participation du monde extérieur paraît si active, que je compris aussitôt pour en prendre honte, que jusqu'alors (j'avais dix-huit ans), je n'avais ouvert à Dieu que mon âme ; je compris qu'à travers mes sens il pouvait aussi me parler, si ne s'interposait pas, entre la nature et moi, l'écran des livres, si je laissais un direct et permanent contact, une communion physique de mon être avec tout l'environ, s'établir*[2]. » Goethe fait sentir à Gide l'étroitesse du narcissisme et d'un univers limité à la fréquentation des livres. Mais c'est encore d'un livre que lui vient cette révélation ; et pendant quelque temps encore, les vers de Goethe, la musique de Goethe viendront s'interposer entre Gide et le monde. Écran d'autant plus opaque que le message goethéen est celui d'une libération. Le voile ne se déchirera qu'après le choc de l'Algérie.

Pour l'heure, André Gide et Pierre Louis – qui n'a pas encore enguirlandé son patronyme d'un « y » distingué – se contentent d'édifier des autels au culte de l'Art. Sans arrière-pensée chez Gide ; avec moins de fanatisme chez Louis. Pour le futur auteur des *Chansons de Bilitis*, la littérature est un des plus doux agréments de la vie. Il y excelle, il y fera carrière. Il en escompte une existence plus facile, l'argent, la gloire, le plaisir, la considération des femmes. Déjà, il fait de ses dons un instrument de pouvoir et de séduction. Il aime écrire parce qu'il le fait bien ; comme il aime danser ou parader dans les manifestations politiques par excitation plus que par conviction.

Il suffit à Gide d'avoir un ami avec qui explorer le territoire sacré des livres. Même si, d'évidence, leurs âmes ne battent pas toujours à l'unisson, Gide demeure éberlué par l'abattage de son condisciple, par son brillant et sa faconde. Louis préfère certes *Salammbô* et son clinquant antique à *L'Éducation sentimentale* que Gide vénère ; et, pour des raisons esthétiques semblables, *La Légende des siècles* aux *Voix intérieures*. Mais Gide, contre son propre sentiment, est enclin à lui donner raison. Il n'approuve pas Louis, il le comprend, il se met à sa place – comme autrefois, au Luxembourg, il cherchait à se mettre à la place du petit aveugle. Pierre Louis, amoureux de littérature et de musique, adorateur de la beauté, est un Gide possible, une identité vraisemblable pour un jeune homme en quête d'identité. Gide expérimente avec Louis cette extraordinaire faculté de sympathie qu'il possède et qui est l'envers du doute de lui-même. Jusqu'à ce que l'écart soit trop grand entre l'image et la réalité pour que le jeu de la confusion soit possible. Avec Pierre Louis, le malentendu durera plusieurs années.

Notes

1. Gide, *Si le grain ne meurt*, *op. cit.*, p. 500.
2. Gide, « Goethe », *NRF*, n° 222, mars 1932, p. 53.

20
Devenir aimable

1888

« Je m'occupais beaucoup de mon personnage ; le souci de paraître précisément ce que je sentais que j'étais, ce que je voulais être : un artiste, allait jusqu'à m'empêcher d'être, et faisait de moi ce que l'on appelle : un poseur. Dans le miroir d'un petit bureau-secrétaire hérité d'Anna, que ma mère avait mis dans ma chambre et sur lequel je travaillais, je contemplais mes traits, inlassablement, les étudiais, les éduquais comme un acteur, et cherchais sur mes lèvres, dans mes regards l'expression de toutes les passions que je souhaitais d'éprouver. Surtout j'aurais voulu me faire aimer ; je donnais mon âme en échange. En ce temps, je ne pouvais écrire, et j'allais presque dire : penser, me semblait-il, qu'en face de ce petit miroir ; pour prendre connaissance de mon émoi, de ma pensée, il me semblait que, dans mes yeux, il me fallait d'abord les lire[1]. »

L'autoportrait de Gide en Narcisse est un peu trop conforme pour être tout à fait vrai. Ce n'est pas tant sur son image que se penche André que sur celle d'une représentation idéale de l'artiste romantique. Comme beaucoup de jeunes gens de son âge, il quête son identité et son originalité à travers la construction d'une ressemblance avec un modèle. Parmi ceux que son environnement lui propose, celui du poète-penseur, porteur et dispensateur des plus hautes valeurs spirituelles, tel que l'a façonné la révolution romantique, est spontanément celui qui lui convient[2]. Il n'a pas beaucoup de retouches à apporter à l'image que lui renvoie son miroir. Il s'est laissé pousser les cheveux ; il porte une lavallière noire et s'enveloppe dans une cape ; il ressemble à l'idée que son milieu se fait d'un artiste, lequel ne se manifeste pas sans quelque extravagance dans la mise. Voulant « épater le bourgeois », le jeune bourgeois adopte les signes reconnus et apprivoisés de l'artiste selon le code bourgeois, lequel récupère, avec quelques dizaines d'années de retard, les marques extérieures de sa contestation. On ne s'étonnera donc pas trop si Mme Gide, après quelques protestations d'usage, ne s'oppose pas à la transformation d'allure de son fils, et si le clan Rondeaux, dans son ensemble, applaudit à la métamorphose. André qui espérait tant causer « *l'horrification des masses* » en est pour ses illusions.

Gide prend la pose ; il s'objective sous le regard des autres ; il joue l'artiste comme il jouait hier le malade : sans que la question de sa sincérité ait un sens ; il joue ce qu'il sent qu'il est. Seul fait nouveau, c'est le sentiment esthétique qui s'attache à cette représentation. Pour n'avoir pas de corps, Gide n'en désire pas moins que son apparence reflète quelque chose de la beauté des sentiments qui l'agitent. C'est ce reflet qu'il recherche dans ses yeux, selon le stéréotype qui en fait « le miroir de l'âme ». De la même façon que son époque, passionnée par les théories morphologiques de Lombroso – *L'Homme criminel* a paru en 1876 –, croit pouvoir déterminer les caractéristiques physiques des délinquants ou des hommes de génie, Gide recherche dans les mouvements de ses lèvres ou dans l'expression de son regard les preuves de sa prédestination poétique.

Cet être-là, cet écrivain romantique en puissance, guettant dans la glace les marques les plus ténues de sa métamorphose, il a besoin qu'on l'aime. Gide a entrepris de se changer radicalement, en tuant en lui tout ce qui pouvait rappeler la pesanteur du corps, la pente du péché, le sentiment aigu et étouffant de la culpabilité. Mais le diable guette toujours, et le jeune homme réclame de l'aide. Sa « conversion », il voudrait en lire les preuves dans le regard des autres ; il voudrait être certain qu'il est devenu « aimable », quitte à forcer un peu le trait : enfin digne d'amour.

Gide n'a pas besoin d'un large public ; quelques personnes élues lui suffisent, à condition qu'il voie en elles des juges affectueux et intransigeants : Madeleine, bien sûr, Albert Desmarets, Pierre Louis : trois personnes avec lesquelles, à des titres divers, il peut se situer dans les sphères de l'art, du sentiment pur et de la spiritualité. Faudrait-il ajouter Juliette Gide à cette liste ? Il est sûr que Gide désire infiniment lui plaire ; que la voie sur laquelle il s'est engagé, celle de la religion et de la chasteté, c'est aussi pour mériter l'immense amour qu'elle lui porte qu'il l'a choisie. Pour le mériter et pour s'en délivrer : Gide obéit à sa mère, mais il cherche à faire de cette obéissance même le tremplin de sa liberté. Avec Madeleine, Albert ou Pierre Louis, Gide trouve une certaine unité de soi-même : l'homme et l'artiste ne sont qu'un. Avec Juliette, il est de nouveau divisé ; le garçon recherche son approbation, l'artiste la récuse. Lorsque Albert Desmarets introduit son cousin dans la famille de Jean-Paul Laurens, son maître en peinture, André a la révélation du mauvais goût bourgeois de sa mère : « *Tout à coup, mes yeux s'ouvrirent, et je compris combien l'ameublement de ma mère était laid ; il me semblait que j'en apportais avec moi quelque chose, et le sentiment de mon indignité fut si vif que je crois que je me serais évanoui de honte et de timidité, sans la présence, dans l'atelier, de mon ancien camarade de classe, le fils aîné de Jean-Paul Laurens.* » Paul Laurens, rencontré en neuvième à l'École alsacienne va devenir l'ami de Gide. Il est peintre, passionné de musique et de littérature. Les Laurens n'appartiennent certes pas à la Bohème, mais André va découvrir dans cette famille une liberté de ton et d'allure qui lui fera détester un peu plus ses stigmates de bourgeois cossu.

Le cercle des amis s'agrandit encore. Au lycée Henri-IV où il est entré, pour quelques semaines, en classe de philosophie, il fait la connaissance de Léon Blum, déjà partagé entre son amour de la littérature et un goût pour les questions politiques que Gide n'est pas loin de trouver inconvenant. On est en pleine fièvre boulangiste et nationaliste, la fragile IIIe République tremble sur ses bases ; Gide vit dans une volontaire ignorance de ces péripéties. Pierre Louis, qui est élève à Janson-de-Sailly, fait connaître à Gide d'autres camarades : Maurice Quillot et Maurice Legrand – le futur Franc-Nohain –, deux Nivernais qui ont créé dans leur ville natale une revue de littérature, *Potache-Revue*, à laquelle Gide et Louis vont collaborer. Participe également à l'aventure un brillant élève de Janson-de-Sailly, Marcel Drouin, dont la rigueur intellectuelle et la solidité de la pensée impressionnent Gide. « *Marcel Drouin*, écrira-t-il bientôt, *est la personne que j'estime et peut-être que j'aime le plus au monde. Nous nous exaltons superbement sitôt ensemble ; nous nous faisons du bien*[3]. » Drouin, toujours premier partout, « *passé par le laminoir du professorat* », restera très longtemps l'interlocuteur philosophique préféré de Gide, celui auquel il s'opposera avec le plus de plaisir. Il épousera Jeanne Rondeaux, la sœur de Madeleine, en 1897.

Entre *Potache-Revue*, la rédaction de son journal, sa correspondance avec Madeleine et ses longues discussions littéraires avec ses amis, Gide n'a guère de temps à consacrer aux études. Il quitte d'ailleurs Henri-IV à la fin du premier trimestre : « *L'étude de la philosophie me paraissait alors exiger un recueillement peu compatible avec l'atmosphère des classes et la promiscuité des camarades.* » Il travaille donc seul, sous la direction d'un professeur d'Henri-IV, M. Lyon, dont il vient suivre les cours au lycée. Cette fois, il n'a plus à prétexter son état de santé ; c'est l'importance de la philosophie qui nécessite son peu socratique isolement. Ainsi livré à lui-même, il peut faire de la philosophie comme il l'entend : comme un élargissement de la poésie. Il s'ennuie aux cours de M. Lyon comme il s'ennuyait à ceux du pasteur Couve, et pour les mêmes raisons. Il attend de la philosophie ce qu'il attendait de la religion : une exaltation en même temps qu'un éclaircissement de sa vie. Il rêve de transcendance, de révélation, de pensées frémissantes ; on lui parle d'abstractions, de concepts, de logique, de systèmes. Gide est affreusement déçu. Fort heureusement, il va trouver dans un livre cette nourriture ineffable dont l'enseignement de M. Lyon le prive. « *Mon initiation philosophique, c'est à Schopenhauer et à lui seul que je la dois.* » La lecture du *Monde comme volonté et comme représentation* agit sur Gide à la manière d'un révélateur.

La pensée de Schopenhauer donne une forme à celle de Gide. Le jeune homme se reconnaît dans le philosophe, comme il se reconnaîtra plus tard dans Nietzsche, Dostoïevski ou Bergson. Il ne découvre pas Schopenhauer, il se découvre dans le texte du philosophe allemand. *Le Monde comme volonté et comme représentation* dit tout haut et clairement ce que Gide ressent en lui-même et de manière encore confuse : la clé de l'explication du monde ne peut être recherchée qu'au plus intime de notre être ; le monde sensible est une réalité fictive ; le mal naît de la lutte entre les idées et les choses ; l'histoire est une succession d'apparences trompeuses dont seul l'Art peut parvenir à nous libérer, pure connaissance d'idées pures dont la musique est la forme la plus élevée. Tant bien que mal, dans la douleur et dans l'angoisse, André s'est construit un univers intellectuel et sensible habitable, loin de la réalité, loin de l'histoire. Il découvre qu'il peut s'agir d'une philosophie, d'une explication globale de l'univers. Schopenhauer écrit ce que Gide est. André y plonge avec délices.

Il se sent l'âme allemande. Ce faisant, il est beaucoup moins original qu'il ne croit. La France de la fin des années 1880 vit selon le double régime de la revanche contre l'Allemagne et de l'admiration éperdue pour son modèle intellectuel. L'imitation de l'Allemagne, dans tous les domaines – l'enseignement, les sciences, l'industrie, la philosophie, pour ne rien dire de l'organisation militaire – est considérée comme la condition nécessaire à la victoire sur l'Allemagne [4]. Les créateurs de l'École alsacienne, les réformateurs de l'Université française, les Monod, les Lavisse, sont des germanistes militants. Gide est, semble-t-il, tout à fait étranger à leurs préoccupations idéologiques et scientifiques. Mais Schopenhauer après Goethe, les romantiques allemands après Fichte, il choisit outre-Rhin ses premiers maîtres. Leur lecture accompagnera jusqu'au bout la rédaction des *Cahiers d'André Walter* : Walter n'est pas loin de Werther.

Notes

1. Gide, *Si le grain ne meurt*, *op. cit.*, p. 514.
2. Voir Paul Bénichou, *Le Sacre de l'écrivain, 1750-1830*, Paris, Corti, 1973, rééd. Gallimard.
3. Gide, *Journal 1887-1925*, *op. cit.*, 23 juin 1891.
4. Voir Claude Digeon, *La Crise allemande de la pensée française, 1870-1914*, Paris, PUF, 1959.

21
Flaubert, le maître à écrire

1889

« Avec Pierre. Nous montons au sixième d'une maison de la rue Monsieur-le-Prince, en quête d'un local où se puisse tenir le cénacle. C'est, là-haut, une grande chambre, agrandie encore par l'absence de meubles. A gauche de la porte, le plafond tombe obliquement comme dans les mansardes. Tout en bas, une trappe donne dans un grenier qui longe la maison sous les tuiles. [...] Et nous rêvons tous deux la vie d'étudiant pauvre dans une telle chambre, avec la seule fortune qui assure le travail libre. Et à ses pieds, devant sa table, Paris. Et s'enfermer là, avec le rêve de son œuvre, et n'en sortir qu'avec elle achevée.

Ce cri de Rastignac qui domine la Ville, des hauteurs du Père Lachaise : "Et maintenant..., à nous deux[1] *!"* »

Ainsi commence, avec pour seul repère chronologique « 1889, automne », la première version du *Journal* d'André Gide telle qu'il la livrera lui-même à la publication. Il a commencé à l'écrire plusieurs années auparavant. Il a même conservé huit de ces cahiers dont trois, rédigés entre 1887 et 1890, concernent la préparation des *Cahiers d'André Walter*[2]. Mais 1889 marque pour lui les véritables débuts de son activité d'écrivain. Il va avoir vingt ans ; il rêve de se libérer enfin de ses obligations scolaires pour s'isoler du monde et écrire son livre, « le livre », comme il dit. En attendant, il se prépare à conquérir Paris en reproduisant le stéréotype romantique : l'étudiant pauvre – assez bien pourvu néanmoins pour être libre –, la mansarde, le dénuement purificateur, la solitude créatrice, la gloire au bout de la plume.

Se sent-il aussi Rastignac qu'il veut bien l'écrire ou bien ces rêveries de conquête ne lui sont-elles pas plutôt soufflées par Pierre Louis, bien décidé, lui, à réussir ? André ne se préoccupe guère de son « moi » social. S'il cherche à entrevoir l'image que les autres se font de lui, c'est davantage par anxiété et par orgueil que par souci de réussir : « *Je souffre ridiculement que déjà tous ne sachent pas ce que plus tard j'espère être, je serai ; qu'à mon regard on ne pressente pas l'œuvre à venir*[3]. » L'œuvre, pas l'auteur. Sa crainte est que son livre soit écrit par un autre : « *Il me semble qu'un tel livre s'impose tellement maintenant que j'ai toujours peur de le voir paraître tout à coup. Si on me coupait l'herbe sous le pied*[4] ! » Il craint également que son livre n'ait déjà été écrit, sans qu'il le sache. La lecture d'*A rebours* de Huysmans le rassure ; puis celle du *Sens de la vie* du romancier suisse Édouard Rod. « *Il faudra encore tâter Oberman, c'est de Senancour que je crains le plus.* » On l'imagine, plutôt qu'en conquérant, plus nerveux encore qu'à l'ordinaire, plus torturé, louvoyant, irrésolu. Qui est-il, et surtout que sera-t-il ? Il se traque, mais ayant pris le parti de tourner le dos au réel, il ne parvient pas à croire à sa propre existence. Quel miroir lui renverra enfin une image à laquelle il puisse adhérer ?

Les livres, peut-être ; ceux des autres en attendant le sien. Gide fait mieux que rattraper le temps perdu pendant ses études disparates. Il meuble moins son esprit qu'il ne brocante : la philosophie classique et M. Taine, Cicéron et Paul Bourget, Montaigne et Alphonse Daudet, Mme de Sévigné et Meilhac et Halévy. De gros ouvrages savants et des articles de revue, des romans et des comptes rendus du *Journal des débats*. Il engrange ; il renifle tout ce qui sent l'encre, à la seule condition qu'on ne lui parle pas d'histoire : il cherche l'éternel. Quand il ne le trouve pas – la plupart du temps –, il n'a pas pour autant l'impression de perdre son temps, au contraire : « *Lectures d'œuvres médiocres ou mauvaises : y sentir l'ennemi et s'exagérer le danger. Travail par haine de ceux-ci. (Moyen puissant ; mais plus dangereux que l'émulation.)* »

L'émulation, c'est d'abord Flaubert qu'il lit et relit, *L'Éducation sentimentale*, surtout. Flaubert qui rêvait de faire un livre *sur rien*, pour la seule beauté de la pure littérature, par haine et par peur de son époque et de l'humanité qui l'entourait. Comment

Gide pourrait-il ne pas sentir de profondes affinités avec le reclus de Croisset ? C'est dans Flaubert qu'il apprend la musique des mots, les règles de l'harmonie, les secrets de la cadence, tout ce qui fait qu'une phrase peut parler et émouvoir au-delà de sa signification. Il s'essaie même – un fragment en a été conservé – à la rédaction d'une *Nouvelle Éducation sentimentale* où l'on peut parier que le désir amoureux n'aurait guère tenu de place, sinon pour s'en débarrasser : « *Ce bonheur parfait des parfaits amants me dégoûte, où tout ce qu'on a de plus noble dans l'âme s'immobilise. Cette focalisation sur un individu de toutes les puissances adoratrices de l'âme, c'est impie. [...] Il y a vraiment autre chose à faire en ce monde, que l'amour ; George Sand n'a pas l'air de s'en douter*[5]. » Après quelques pages, Gide, se rendant compte sans doute qu'il ne fait que plagier Flaubert, abandonne ses gammes ; mais la leçon de musique a été bien apprise.

De la musique avant toute chose, demandait déjà l'*Art poétique* de Verlaine. Pour la génération d'écrivains qui éclôt à cette fin des années 1880, l'art est poésie et la poésie musique. Les mots valent moins par ce qu'ils signifient que par les valeurs sonores et colorées qu'on leur imagine – les fameuses *Voyelles* de Rimbaud –, lesquelles sont censées exprimer, représenter les nuances et les émotions d'un paysage intérieur. Pour des raisons différentes – parfois opposées –, les parnassiens, autour de Heredia, Leconte de Lisle ou Sully Prudhomme, les symbolistes autour de Mallarmé, Verlaine et ses disciples, Hugo lui-même du haut de son Olympe, tous ont engagé une bataille contre le réel et le naturel – au nom du spirituel – qui passe par la déqualification du sens prosaïque des mots. Dans sa *Méthode évolutive-instrumentiste d'une poésie rationnelle*, parue en 1889, René Ghil tentait même une audacieuse synthèse entre le rationalisme scientifique triomphant et les théories poétiques de son maître, Stéphane Mallarmé : « *Le langage scientifiquement est musique. Les voyelles doivent être assimilées aux timbres.* » *A* est le son grave de l'orgue ; *E*, celui des harpes, *I*, l'aigu des violons, etc. Les consonnes, les diphtongues elles-mêmes n'échappaient pas à cette classification « scientifique » du langage[6].

Science ou pas, Gide est spontanément attiré par ces recherches intellectuelles qui visent à délivrer la littérature du soin de décrire le monde. Il est difficile aujourd'hui de faire la part, dans les poèmes que publie *Potache-Revue*, entre les créations de Gide et celles de ses amis. Difficile aussi de distinguer ce qui relève du canular, du pastiche, de la plaisanterie de potache et ce qui appartient à l'application laborieuse des théories à la mode. Cité par Alain Goulet[7], ce *Sixain couleur de pluie* signé Zan-Bal-Dar est assurément de Gide :

> *Étant Allé fleurer Au fond d'un cAb en ville*
> *, forbAn vilAin, elle eut l'Ame du cyclAmen*
> *, et TAntale éternel, Armé d'un cAbAn vil, le*
> *fort bAnc, villAnelle Assoupie Ainsi clAme en*
> *étAng, Allègre et flAvescent plus qu'A BAnville*
> *fort, BAn vit l'Ane et l'Attelle Au bicycle*
> *– Amen.*

Cet exercice pourrait faire croire, à tort, que Gide ne prend pas la poésie au sérieux. Il est vrai que son amitié pour Pierre Louis l'entraîne vers des jeux verbaux pour lesquels son camarade éprouve un attrait de virtuose. André sent que, dans ce domaine, il ne sera jamais qu'un laborieux ; et il éprouve le besoin d'admirer, par comparaison, la facilité et l'agilité de Louis. Il faut bien qu'il paie son amitié de quelque souffrance d'orgueil. Mais Gide voit également dans ces pastiches et ces fantaisies l'occasion d'apprendre son métier de poète, son travail d'artiste. Il voudrait, certes, que la poésie exprime au plus près les mouvements et les aspirations de son âme ; il aimerait se fier à l'élan spontané de son inspiration, à la force de ses émotions, mais en même temps, il est soucieux de donner une forme à cette sincérité, une intelligence artistique à cette naïveté. La poésie doit l'exprimer et, en même temps, n'être pas naturelle.

Plus tard, dans ses Mémoires, il donnera de sa brève vocation poétique une explication de circonstance : « *Mes amis faisaient office de prospecteurs. Par sympathie, si je les accompagnais quelque temps, c'était avec un instinctif souci de ne point me spécialiser moi-même ; de sorte qu'il n'est pas un de mes amis que je ne reconnusse supérieur à moi dans cette région particulière*[8]. » Mais en 1890, il n'est pas du tout le « suiviste » qu'il décrira : « *J'avais toujours le sentiment que je communiquais ma ferveur aux autres, mais qu'en eux n'était pas le feu sacré. J'en excepte Pierre, sans doute. A force de les chauffer, je les croyais presque à mon niveau d'enthousiasme et de hardiesse*[9]. » C'est dans l'enthousiasme aussi qu'il commence avec Pierre Louis l'écriture d'un recueil intitulé amoureusement *Nous deux* et dans lequel alterneront les pièces poétiques des deux jeunes gens. En exergue à ce recueil qui ne verra jamais le jour une longue citation, de Flaubert bien sûr : « *Y a-t-il quelque part deux jeunes gens qui passent leur dimanche à lire ensemble les poètes, à se communiquer ce qu'ils ont fait [...] je leur donne ce conseil : "Allez côte à côte dans les bois, en déclamant des vers, mêlant votre âme à la sève des arbres et à l'éternité des chefs-d'œuvre, perdez-vous dans les rêveries de l'histoire, dans les stupéfactions du sublime !..."* »

Flaubert, dans *Par les champs et par les grèves*, avait évoqué son périple breton en compagnie de Maxime du Camp. En juillet 1889, à peine recalé au baccalauréat – qu'il obtiendra à la session de septembre –, Gide part en Bretagne, seul ; ou presque : il n'a obtenu l'autorisation d'accomplir ce pèlerinage qu'à la condition que sa mère le suive à distance et le rejoigne tous les deux jours. Cette liberté surveillée n'empêche pas Gide sinon de *voir* la Bretagne, à tout le moins de s'en imprégner. La Bretagne n'est pas une réalité, c'est un tableau, un jeu de couleurs à la Monet : « *J'aurais voulu pouvoir peindre, pour moi seul ; pas de dessin presque, des teintes, et surtout ces fugitives apparences que jamais, presque jamais, je n'ai vu reproduites, peut-être parce qu'elles ne se peuvent pas redire ; des miroitements d'eaux où se confondent, indistinctes, les berges reflétées et les algues du fond ; des transparences de vapeur, des mystères d'ombre ; de ces teintes qui, rapprochées, se font révélatrices*[10]. »

Cette Bretagne impressionniste et vaporeuse jusqu'à l'abstraction, la Bretagne dévote et repliée autour de ses églises, servira de décor mystique aux *Cahiers d'André Walter*. Son bac à peine obtenu, Gide décide en effet de se consacrer entièrement à la littérature.

Notes

1. Gide, *Journal 1887-1925*, *op. cit.*, automne 1889.

2. Ce *Journal inédit* – de son vivant – est conservé à la bibliothèque littéraire Jacques-Doucet. Des parties en ont été publiées : le *Subjectif*, cahiers des lectures de l'écrivain entre 1889 et 1893, a été présenté par Jacques Cotnam dans le n° 1 des *Cahiers André Gide* (Paris, Gallimard, 1969, p. 15-113). Le cahier n° 4, dans l'édition établie par Daniel Moutote, est reproduit dans *Les Cahiers et les Poésies d'André Walter*, édition de Claude Martin (Paris, Poésie/Gallimard, 1986, p. 183-218). L'ensemble est intégré dans la nouvelle édition en deux volumes du *Journal*.

3. Gide, *Journal 1887-1925*, *op. cit.*, janvier 1890.

4. Cahier n° 4, dans *Les Cahiers et les Poésies d'André Walter*, *op. cit.*, p. 187.

5. *Subjectif*, octobre 1891, dans les *Cahiers André Gide* n° 1, *op. cit.*, p. 93.

6. René Ghil, « Méthode évolutive-instrumentiste d'une poésie rationnelle », article-commentaire au *Traité du Verbe*, Paris, 1889. Le *Traité du Verbe* avait paru en 1886, précédé d'un *Avant-dire* de Mallarmé.

7. Alain Goulet, *Les Premiers Vers d'André Gide*, dans les *Cahiers André Gide* n° 1, *op. cit.*, p. 131.

8. Gide, *Si le grain ne meurt*, *op. cit.*, p. 530.

9. *Journal 1887-1925*, *op. cit.*, janvier 1890.

10. Gide, *Notes d'un voyage en Bretagne*, dans *Œuvres complètes I*, Paris, Gallimard, 1932, p. 7.

22

Ce que d'autres appellent la carrière littéraire…

1890

« Le jour où je voudrai recommencer d'écrire dans ce cahier des notes vraiment sincères, il me faudra d'abord un tel travail de débrouillamini dans ma cervelle encombrée, que j'attends, pour remuer toute cette poussière, de vastes heures vides, un long rhume, une convalescence où se reposent un peu mes curiosités sans cesse ressoulevées ; où mon unique souci serait de me redécouvrir.

Je n'ai pas eu, depuis deux mois, un seul instant de monologue. Je ne suis même plus égoïste. Je ne suis même plus. Perdu, du jour où j'ai commencé mon livre[1]*… »*

Les deux grands projets immédiats de Gide, écrire son livre et épouser Madeleine, si différents qu'ils paraissent, sont étroitement liés dans l'esprit du jeune homme. On pourrait dire qu'il s'agit, dans l'un et l'autre cas, de réaliser un rêve, s'il n'était plutôt question pour Gide de pouvoir enfin rêver sa vie.

Peu d'obstacles matériels s'opposent à sa vocation d'écrivain. Juliette Gide est certes soucieuse d'établir son fils unique, mais rien ne presse. L'année du bac a été fatigante, André est toujours nerveux et sujet à de brusques changements de caractère. Quelques mois, une année de loisirs consacrés à se cultiver et, pourquoi pas, à écrire, ne peuvent pas lui faire de mal. Mme Gide manipule son fils comme un artificier le fait d'une bombe sur le point d'exploser. Pour la forme, André prend ses inscriptions en philosophie à la Sorbonne, mais il est entendu qu'il n'assistera pas aux cours. La décision de Juliette de ne prendre aucune décision quant à l'avenir de son fils dut susciter quelques grimaces du côté des Gide de Montpellier et chez les Rondeaux de Paris et de Rouen. Il n'est pas dans l'éthique des familles bourgeoises de laisser leurs rejetons s'abandonner à la vie d'artiste. Un « raté » comme Albert Desmarets suffit à la tribu. Juliette dut plaider et faire valoir qu'ainsi ce garçon instable et fantasque et qu'aucune carrière n'attirait demeurerait sous sa coupe. Le temps qu'il devienne vraiment adulte.

Mme Gide fait la part des choses. Elle libère son fils des contraintes professionnelles afin de mieux résister à ses projets matrimoniaux. Le père de Madeleine, Émile Rondeaux, est mort des suites d'une attaque le 1er mars. « *Elle et moi nous l'avions veillé, penchés, rejoints sur ses derniers instants ; il me semblait que dans ce deuil s'étaient consacrées nos fiançailles.* » Madeleine, l'aînée des cinq enfants Rondeaux, est désormais le chef de la famille. En fait, elle se place sous la coupe de Juliette Gide qui va jouer auprès d'elle le rôle de mère. Manière aussi de dire que Madeleine et André sont désormais presque frère et sœur. Comment oser parler de mariage dans ces conditions ?

Une longue épreuve de force commence qui durera quatre ans. André y affrontera les résistances opiniâtres de sa mère, de sa famille, de Madeleine elle-même. Car la sage et douce jeune femme se range à l'avis de son entourage. Par obéissance, par raison, et plus sûrement par inclination. Elle aime son jeune cousin, de toute son âme ; elle se sent attirée par la ferveur de son esprit, par l'étendue de son intelligence ; elle est en même temps effrayée par le sentiment amoureux qu'elle suscite et dont elle perçoit avec trouble le caractère angélique et éthéré. La fusion des âmes a tout pour plaire à la fille meurtrie de la volage Mathilde Pochet, mais elle est assez raisonnable pour comprendre qu'un fiancé mystique ne fait pas un mari.

La rédaction des *Cahiers d'André Walter* a donc un double but : marquer l'entrée retentissante d'André dans le cercle magique de la littérature ; convaincre Madeleine de l'épouser : « *Mon livre ne m'apparaissait plus, par moments, que comme une longue déclaration, une profession d'amour ; je le rêvais si noble, si pathétique, si péremptoire, qu'à la suite de sa publication nos parents ne pussent plus s'opposer à notre mariage, ni*

Emmanuelle me refuser sa main[2]. » L'ambition artistique se mêle inextricablement à la stratégie intime. Le livre que Gide nomme longtemps *Allain* avant de lui donner son titre définitif est conçu à la fois comme une œuvre universelle – « *ce livre me paraissait un des plus importants du monde, et la crise que j'y peignais, de l'intérêt le plus général, le plus urgent* » – et comme une machinerie de chantage personnelle. L'intérêt général, l'universalité littéraire, les réponses urgentes aux questions de son temps, Gide ne cherche d'emblée à les atteindre que par le biais de son expérience la plus intime.

Incapable de bien travailler à Paris où l'accaparent ses amis et quelques mondanités, soucieux aussi de mettre de la distance entre Juliette Gide et lui – « *Loin de toi, petite mère, je deviendrais vite un enfant modèle*[3] » –, André se trouve un ermitage, très confortable, à Menthon sur les bords du lac d'Annecy. « *Dans la complète solitude où je vécus, je pus chauffer à blanc ma ferveur, et me maintenir dans cet état de transport lyrique hors duquel j'estimais malséant d'écrire*[4]. »

Auparavant, il a reçu de Madeleine une lettre qu'il faut citer, pour sa pénétration, mais aussi pour bien comprendre le rôle d'éducatrice morale qu'elle se choisit auprès de son cousin : « *Je te répète que tu as été paresseux et négligent à notre égard et surtout envers tante Juliette – ou si tu aimes mieux, que tu n'as pas changé et que tu aimes toujours les gens pour toi et non pas pour eux. Parce que tu l'aimes trop pour toi et pas assez pour elle – une fois qu'il n'y a plus la galerie pour applaudir (la galerie, c'est nous) – tu crois remplir avec largesse tous tes devoirs en lui envoyant par-ci, par-là une méchante bribe de lettre. [...] Il est certain que ceci doit lui faire – par intuition – beaucoup de bien et de plaisir – puisque cela t'en fait tant à toi ! ! Que tu aimes ta mère de tout ton cœur, plus et mieux que tu ne l'as jamais aimée, j'en suis persuadée. Mais, André, tu l'aimes encore trop en dilettante, tu jouis trop des pénétrantes et exquises émotions que te donne le sentiment de ton affection pour elle*[5]. » Parlant de l'amour d'André pour sa mère, Madeleine ne songe-t-elle pas aussi à un autre amour déclaré ?

Sa mère, sa cousine, lui-même, c'est bien la trilogie, plus ou moins transfigurée, que Gide met en scène dans son « roman ». Un jeune homme de vingt ans, André Walter, s'est retiré en Bretagne après que sa mère, sur son lit de mort, lui eut fait renoncer à se marier avec sa cousine Emmanuelle, laquelle a consenti à en épouser un autre. Il tient son journal d'avril à novembre 1889, jusqu'à ce que la folie et la mort ne l'emportent. En même temps, André W. élabore un roman dont le héros, Allain, est son double qui le précède sur le chemin de la folie. Fait de deux cahiers, l'ouvrage est donc présenté comme posthume et son message à usage interne est clair : je deviendrai fou si je ne peux pas épouser Madeleine, ce livre le démontre de manière quasi mathématique. On retiendra que, pour élaborer ce « théorème », Gide n'hésite pas à faire mourir, symboliquement, sa mère.

Le message à usage externe est également d'une grande clarté, même si la complexité de la construction – certains critiques disent, à tort : son désordre – le voile de quelques nuées. C'est un plaidoyer exalté pour la pureté, contre le « *monstre des revendications de la chair* ». *André Walter* est l'histoire d'un combat entre la possession physique et la possession spirituelle qui s'achève certes par la folie et par la mort, mais aussi par la victoire du rêve, de l'absolu et de la création, sur la réalité, le doute et la plate raison. « *Au lieu de séparer la poésie de la vie, de répandre l'idéal sur le papier, et de vivre la vie humaine, j'ai tellement mêlé les deux qu'elles ne se sont plus distinguées. J'ai voulu être mon idéal, j'ai voulu vivre mon rêve et c'était une folie, et je le savais, mais cette folie me gonflait d'enthousiasme, me soulevait de terre. Le reste m'écœurait misérablement*[6]. »

Gide « répand sur le papier » l'idéal d'un homme, d'un presque double, Walter, qui refuse de séparer la poésie de la vie. Et cela demeure, en effet, son idéal ; cela le demeurera : « *Ce que d'autres appellent une carrière littéraire et que j'appelle ma vie.* » Mais Walter meurt : il n'a pas de carrière sinon celle, posthume, que lui invente André. Gide, lui, peut vivre et écarter la folie parce qu'il peut *écrire* André Walter, ses combats, ses chutes, sa folie. Walter est une projection de lui-même et le seul fait de pouvoir se projeter dans la littérature permet à André d'échapper au sort de son modèle. Écrire n'a pourtant rien d'une quelconque thérapie ; André ne se guérit pas par la littérature de son terrible malaise d'être, il l'objective, il l'analyse : il voit dans les lignes qu'il écrit s'ordonner et prendre forme cet amas confus de pulsions, de sentiments, d'angoisses, de répulsions, d'ambitions qui l'encombre et le fait souffrir. Écrire est le seul miroir susceptible de lui renvoyer une image de lui-même à laquelle il puisse croire, quitte, ensuite, à s'efforcer de la modifier.

Gide regarde André Walter et Allain, son double. *Allain*, le roman de Walter, ne se fera pas parce que Allain n'est que Walter. *Les Cahiers d'André Walter* se feront parce que Gide est Walter, mais aussi ne l'est pas, ne l'est plus tout à fait puisqu'il est aussi l'auteur. L'exaltation mystique de son modèle, son puritanisme exacerbé, ses retombements dans le vice, son amour angélique pour sa cousine, c'est lui, bien sûr, mais c'est un lui qui est fou : un autre donc ; à tout le moins un lui incomplet : « *Par moments pourtant, bondissant hors de mon héros, et tandis qu'il sombrait dans la folie, mon âme enfin délivrée de lui, de ce poids moribond qu'elle traînait depuis trop longtemps après elle, entrevoyait des possibilités vertigineuses.* »

Quand Gide achève son livre à La Roque, à la fin d'octobre – après qu'Albert Desmarets lui aura fait supprimer les deux tiers des citations de l'Écriture qui truffent son texte même ainsi expurgé –, il ne sait plus vraiment qui il est. Sa peau d'André Walter, il l'a dévêtue pour en vêtir son livre. Plus que nu, il se sent vide : inconnu à lui-même, transformé en un autre dont il attend d'une nouvelle œuvre la découverte. Il abandonne son journal pour plusieurs mois ; non sans s'être fixé auparavant une « morale » : « *Se considérer soi-même comme un moyen ; donc ne jamais se préférer au but choisi, à l'œuvre.* » Gide opère un transfert d'égoïsme. Il est désormais voué à son œuvre, et tout devra se ramener à elle. Elle est davantage que sa vie : son existence.

Notes

1. Gide, *Journal, 1887-1925*, *op. cit.*, fin novembre 1890.
2. Gide, *Si le grain ne meurt*, *op. cit.*, p. 519.
3. Gide, *Correspondance avec sa mère*, *op. cit.*, 14 mars 1890, p. 49.
4. Gide, *Si le grain ne meurt*, *op. cit.*, p. 522.
5. Gide, *Correspondance avec sa mère*, *op. cit.*, 19 avril 1890, p. 59.
6. Gide, cahier n° 4, dans *Les Cahiers et les Poésies d'André Walter*, *op. cit.*, p. 196.

23

Le poulain de Maurice Barrès

1891

« La chose la plus difficile, quand on a commencé à écrire, c'est d'être sincère. Il faudra remuer cette idée et définir ce qu'est la sincérité artistique. Je trouve ceci, provisoirement : que jamais le mot ne précède l'idée. Ou bien : que le mot soit toujours nécessité par elle ; il faut qu'il soit irrésistible, insupprimable ; et de même pour la phrase, pour l'œuvre tout entière. Et pour la vie entière de l'artiste, il faut que sa vocation soit irrésistible ; qu'il ne puisse pas ne pas écrire (je voudrais qu'il se résiste à lui-même d'abord, qu'il en souffre).

La crainte de ne pas être sincère me tourmente depuis plusieurs mois et m'empêche d'écrire. Être parfaitement sincère[1]... »

Son manuscrit terminé, Gide ne se donne pas la peine de trouver un éditeur. Il porte *Les Cahiers d'André Walter* à la Librairie académique Perrin qui va l'imprimer au compte de l'auteur. Le choix de Perrin n'est pas dû au hasard, c'est là que Maurice Barrès vient de publier, en 1889, *Un homme libre* dont la lecture a fortement impressionné Gide : « *Je reste convaincu malgré les révoltes de Pierre* [Louis] *que c'est là une œuvre maîtresse, une œuvre type de la génération intermédiaire qui s'en va – un jalon de l'histoire littéraire*[2]. » Il est amusant de voir que l'écrivain débutant renvoie respectueusement au passé l'ouvrage de son aîné... de sept ans. Dans un espace littéraire encombré où la concurrence est sauvage, les jeunes pousses à peine écloses réclament au nom de leur jeunesse que les plus anciens, n'eussent-ils que vingt-huit ans, cèdent la placent et acceptent d'être rangés tout vifs sur les rayons de l'histoire. La littérature apprend à vivre au rythme de la mode suivant lequel la nouveauté périme la nouveauté précédente et la rend démodée, dépassée [3]. Gide se réclame donc d'une « génération » différente de celle de Barrès, né en 1862, mais c'est pour aller plus loin, plus fort, plus radicalement, dans le sens prôné par Barrès : la mise en cause esthétique et sentimentale de l'héritage positiviste et du naturalisme. *Un homme libre*, après *Sous l'œil des barbares* (1888) et avant *Le Jardin de Bérénice* (1891), marque une réaction néo-romantique qui vise à réintroduire le culte du moi et l'exaltation du sentiment pour les opposer aux valeurs d'une société aplatie par le rationalisme et d'une littérature dominée par les romanciers de la description sociale. Comment Gide-Narcisse, enfermé dans les délices et les souffrances de son *ego*, ne se sentirait-il pas attiré par l'ardent individualisme que prêche Barrès ? Plus tard, les deux écrivains divergeront, jusqu'à l'antagonisme ; pour l'heure, et sans en avoir pleinement conscience, Gide se range dans un camp de la bataille littéraire : celui de la renaissance spiritualiste.

L'accueil qui est fait aux *Cahiers d'André Walter* ne trompe pas. Le livre n'a, certes, aucun succès public. Son premier tirage – à soixante-treize exemplaires – n'a été distribué qu'à quelques journalistes, Gide ayant décidé de pilonner cette édition gâchée par les coquilles. Une seconde édition est mise en vente en avril 1891 à la Librairie de l'art indépendant – toujours à compte d'auteur et pour un tirage total de cent-quatre-vingt-dix exemplaires. Il n'y en aura pas d'autre avant 1925. Il s'agit donc d'un livre qui, hors des familiers, s'adresse exclusivement à l'élite et n'a, en fait, été reçue que par le milieu littéraire restreint : quelques auteurs, une poignée de critiques. Gide entre dans le monde des lettres par la porte étroite de la consécration ésotérique. Il est un écrivain pour écrivains. En cela, il est proche des poètes qui doivent le meilleur de leur renommée à la reconnaissance de leurs pairs, à défaut de celle du public.

Quantitativement maigre, l'accueil fait aux débuts de ce garçon de vingt ans est qualitativement riche. Toute la mouvance des symbolistes, des décadents et des spiritualistes accueille avec faveur la nouvelle recrue : Camille Mauclair – « *Un livre d'où toute littérature est heureusement absente* » ; Henri de Régnier – « *Ce livre me semble résumer avec une compétence parfaite et beaucoup de clairvoyance une manière de concevoir l'amour propre à une catégorie de jeunesse pensive et sérieuse* » ; Firmin Roz dans la revue *L'Ermitage* à laquelle Gide collaborera quelques années plus tard – « *Dans l'histoire des âmes contemporaines, cette résurrection de l'héroïsme moral est un fait essentiel* » ; Charles Maurras, qui fait quelques réserves sur le style mais déclare aimer « *cette âme très pure* ». Remy de Gourmont mange, si l'on ose dire, le morceau. Son éloge d'André Walter est le prétexte d'une attaque contre le réalisme de Maupassant : « *Le monde pour lui est un billard, il note les rencontres des billes, quand les billes s'arrêtent, il s'arrête aussi, car s'il n'a plus aucun mouvement matériel à percevoir, il n'a plus rien à dire.* » Quant à Émile Verhaeren, il est enthousiaste : la nouvelle génération en a enfin fini avec les « études de milieu » chères aux naturalistes ; le vrai « milieu » qui vaille, c'est le dedans. Les nouveaux écrivains – Barrès, Huysmans, Rosny, Gide – « *se font leur milieu, quelquefois étrange et complexe, curieux et soudain ; ils vivent barricadés contre l'envahissement du milieu de la rue, du milieu de leur ville et de l'heure – et ainsi l'intellectualité de leur art, plus haute parce que plus solitaire, apparaît presque contradictoire des ambiances, alors qu'il y a dix ans, sous le règne réaliste, elle y plongeait et souvent y sombrait* ». L'autonomie de l'art passe par sa rupture avec la rue [4].

Plus encore que par les éloges de quelques revues, Gide a été ému par la lecture de quelques lettres de remerciement qu'il a précieusement gardées [5]. Celle de Mallarmé, empreinte de préciosité, et qui donne à Gide du « *Mon cher poète* » : « *[...] le plus suave voile jeté sur une phase de jeunesse morte, que votre livre presque laisse à deviner : et enveloppant de silence un visage pourtant reconnu de rare intellectuel.* » Celle de J. K. Huysmans qui lui décerne un brevet d'antiréalisme : « *Vous avez écrit les chimères plutôt que les réalités ! [...] Cela sort de l'ordinaire et des abominables vulgarités qui nous assaillent chez tous les libraires.* » Celle de Maurice Maeterlinck enfin, la nouvelle étoile symboliste du théâtre parisien, qui salue « *le triste et merveilleux bréviaire des vierges* » : « *Il me semble que ce livre a l'odeur singulière des chefs-d'œuvre.* »

La bataille esthétique dans laquelle Gide se trouve ainsi engagé est, pour la première fois, médiatisée par la grande presse. Le récit des luttes internes au champ littéraire sort de la confidentialité des revues spécialisées pour constituer un « événement » digne de l'intérêt du public des feuilles politiques. C'est dans *L'Écho de Paris*, à partir de mars 1891, que le journaliste Jules Huret présente son « Enquête sur l'évolution littéraire » : soixante-quatre interviews d'hommes de lettres – la seule femme est une certaine Juliette Adam, directrice de *La Nouvelle Revue* parnassienne –, les plus célèbres, à quelques exceptions près, de l'époque, de Barrès à Zola et de Coppée à Verlaine [6]. Huret y développe, sans qu'aucun des auteurs interrogés ne proteste, une conception darwiniste de l'histoire littéraire, réduisant le champ culturel à un affrontement d'écoles et de générations où les mieux adaptées, les plus fortes triompheront des autres. Huret impose en fait la seule question qui l'intéresse : le réalisme et le naturalisme sont-ils condamnés par l'évolution ?

Manifestation spectaculaire de la volonté d'autonomie du champ littéraire : aucun des écrivains interrogés ne rapporte ses positions esthétiques à l'histoire de son époque ; aucune allusion, même légère, n'est faite à la « question sociale » alors que les grèves et les émeutes ouvrières, réprimées dans le sang, se multiplient. Les artistes n'ont d'autre vocation que la pure recherche de la Beauté et de la Vérité ; et ils entendent bien que leurs affrontements se déroulent dans le vase clos de la seule conception artistique. Lorsqu'on parle de « révolution » chez Huret, c'est toujours de révolution esthétique. Il est pourtant difficile de ne pas établir de corrélation entre la réaction spiritualiste telle qu'elle se manifeste chez les écrivains – mais aussi chez les peintres (les préraphaélites, Redon, Moreau) et les musiciens (le triomphe du wagnérisme) – et le mouvement qui rapproche d'une Église gardienne de l'ordre une part importante des classes privilégiées. Le ralliement tactique du catholicisme à la République – accepter la Constitution pour mieux combattre la législation – après l'échec du boulangisme permet aux républicains « modérés » de faire front commun avec l'ancienne droite monarchiste contre l'idéologie des Lumières et l'héritage de la Révolution : le rationalisme en premier lieu, mais aussi l'égalitarisme et la foi dans un progrès social lié au progrès des connaissances.

Leur mot d'ordre est à la reconquête spirituelle, étape préalable à la revanche contre l'Allemagne. Maurice Barrès, par ailleurs fermement antisémite, a été élu député boulangiste en 1889.

Guidé par Pierre Louis qui n'a ni la timidité de Gide ni son mépris puritain des mondanités, l'auteur d'*André Walter* – cité dans le Huret, par Barrès et par Maeterlinck, comme un espoir de la « jeune littérature » – est donc aussi bien salué par ses pairs qu'il est inconnu du public. Les salons et les cénacles l'accueillent. Il fréquente les samedis de Heredia, mais aussi les mardis soir de Mallarmé ; Barrès l'emmène au banquet organisé en l'honneur du poète Jean Moréas à la table duquel se retrouvent toutes les étoiles de la constellation symboliste, de Mallarmé à Maurras. Il fréquente beaucoup Henri de Régnier et son ami Vielé-Griffin qui vient de lancer avec Bernard Lazare et Paul Adam *Les Entretiens politiques et littéraires*. Albert Mockel lui propose de collaborer à l'importante revue franco-belge qu'il dirige, *La Wallonie*. Chez Mallarmé, autour du grog que sert Geneviève, la maîtresse de maison, il fait la connaissance de Gauguin et celle de Whistler ; chez Heredia, de quelques comtesses. Un salon en amène un autre, celui de Mme Beulé, celui de Mme Beignères, celui de la princesse Ouroussof dont on murmure qu'elle est folle et chez qui il rencontrera Oscar Wilde pour la première fois. Il fait un pèlerinage en Belgique où Maeterlinck le reçoit avec chaleur.

Il parle, peu et mal, affirme-t-il ; il écoute surtout se fredonner la chanson de l'élite. Il apprend ses codes et ses références ; il observe ses petitesses et ses ridicules ; il essaie de saisir les mille manières au moyen desquelles un homme de lettres s'assure le pouvoir de la parole. Il se sent aussi jaugé, jugé, comme un champion à la veille d'une compétition. Choisira-t-il Heredia et les parnassiens plutôt que Mallarmé et les symbolistes ? Heredia ne ressemble guère à l'idée qu'il se fait d'un poète : « *Aucun silence en lui, aucun mystère ; nulle nuance dans le bégayant claironnement de sa voix.* » Le petit salon-salle à manger de Mallarmé l'attire davantage, et sa « *quasi religieuse atmosphère* [7] ». Mais Gide accomplit son initiation à la sociabilité littéraire dans le malaise. Il aime les conversations à deux ou trois personnes, pas le primesaut des discours où il faut briller. Comment plaire, réussir et conserver le meilleur de soi-même, sa sincérité ? Gide a peur que la vie littéraire ne l'éloigne de lui-même : « *Il n'y a plus en moi de drame ; il n'y a plus que des idées remuées. Je n'ai plus besoin de m'écrire* [8]. » « *J'ai perdu de vrais biens ; la poursuite des vanités, que j'ai cru sérieuses parce que je voyais les autres y croire. Il faut ressaisir les vrais biens.* » Le monde extérieur, fût-il celui ardemment souhaité de l'existence artistique, est une menace contre ce qui importe : la vie intérieure.

Notes

1. Gide, *Journal 1887-1925*, *op. cit.*, 31 décembre 1891.
2. *Subjectif*, dans les *Cahiers André Gide* n° 1, *op. cit.*, p. 58.
3. Voir Pierre Bourdieu, *Les Règles de l'art*, Paris, Seuil, 1992, « L'émergence d'une structure dualiste », p. 181.
4. Le dossier de presse des *Cahiers et les Poésies d'André Walter* est publié en appendice de l'édition des *Cahiers*, *op. cit.*, p. 285-301.
5. Elles appartiennent aujourd'hui au Fonds Gide de la bibliothèque littéraire Jacques-Doucet.
6. Jules Huret, *Enquête sur l'évolution littéraire*, Paris, Charpentier, 1892 ; rééd., Paris, Thot, 1982.
7. Gide, *Si le grain ne meurt*, *op. cit.*, p. 534.
8. Gide, *Journal 1887-1925*, *op. cit.*, 30 décembre 1891.

24
Valéry, l'âme frère

1892

« Je ne t'ai jamais dit je crois que mes idées sont nébuleuses et chaotiques lorsque je veux écrire ; ce n'est (heureusement !) absolument pas ça ; elles sont au contraire, et mes sensations d'une vivacité et d'une netteté très grandes sitôt que je médite un peu : je te disais qu'elles étaient enchevêtrées, comprends-tu ? Je n'ai jamais, ou presque jamais, une idée simple (ce qui serait bien malheureux) mais une succession d'idées, un registre si tu veux, et cette série d'idées me semble ne pouvoir se dénombrer, tant chaque idée tient fort aux autres. [...] Les idées ne naissent pas simples (à moins qu'elles ne naissent pauvres et alors elles feraient aussi bien de ne pas naître du tout) ; de même que les phrases ne naissent pas courtes. Souviens-toi de la Quatrième Provinciale *de Pascal "qu'il n'a pas eu le temps de faire courte". D'exprimer des idées simples n'est rien : ce qu'il faut, le terrible, c'est d'exprimer simplement des rapports compliqués. Plus les idées sont profondes, plus elles sont lourdes et difficiles à manier, et je t'assure qu'il est bien difficile de reconnaître, quand on voit quelqu'un se trémousser furieusement dans les phrases, si c'est sa faiblesse ou le poids des pensées qui veulent ces contorsions. [...] Je t'assure que Voltaire n'avait pas tant à faire pour être clair qu'un type comme Mallarmé pour faire tenir la quintessence de la lumière dans un sonnet*[1]. »

Dans la construction d'une carrière littéraire, la fréquentation de chefs d'école reconnus – Heredia pour les parnassiens, Mallarmé pour les symbolistes – et l'obtention de leur parrainage sont importantes. Gide, après la parution des *Cahiers*, se rapproche davantage du cénacle symboliste. Par tempérament, sans doute, par admiration pour la personne de Mallarmé aussi dont la manière de vivre et le comportement sont proches de l'image que se fait Gide du Poète. Par l'intuition aussi qu'il y a là une place à prendre. « *Toi dans les vers, moi dans la prose. Nous comprendrons peu à peu que nous sommes les deux seuls* », écrivait Gide à Pierre Louÿs. Mais à peine avait-il donné forme à ce duo de jeunes ambitions qu'il dessinait une autre figure, symboliste cette fois : Mallarmé pour les vers, Maeterlinck pour la poésie dramatique… et Gide pour la prose. Il lui semble pouvoir être celui qui assurera le triomphe complet de l'esthétique symboliste en l'étendant au récit et au roman.

Mais comme rien chez Gide n'est jamais simple, comme l'hésitation et l'atermoiement sont ses modes d'existence, c'est à la revue parnassienne *La Conque* – que dirige en fait Louÿs – que Gide donne la plupart de ses poèmes. *La Conque* a un tirage confidentiel – une centaine d'exemplaires. Mais elle occupe une place stratégique due pour beaucoup à l'entregent de Louÿs et à son art de nouer d'utiles amitiés. C'est un lieu où la « jeune littérature » reçoit en quelque sorte son adoubement de par son voisinage, au sommaire, avec des « anciens » déjà glorieux : Heredia, Lecomte de Lisle, Maeterlinck, Henri de Régnier – qui n'a que vingt-six ans mais qui s'est déjà fait un nom – et même Verlaine sont ainsi requis pour bénir les débuts de Louÿs, Gide, Drouin, Quillot, Blum, bientôt de Valéry.

La revue est l'instrument essentiel de l'avant-garde dans les affrontements du champ littéraire. Écartés des grands tirages tout comme de la reconnaissance académique, les jeunes auteurs ne peuvent espérer « se faire un nom » et se tailler un territoire dans le domaine des lettres qu'en participant à des entreprises collectives qui se démarquent fortement des positions dominantes dont elles dénoncent l'archaïsme. Elles sont donc amenées à prendre des positions tranchées dans le domaine artistique – comme *La Conque* ou *La Wallonie* d'Albert Mockel à laquelle Gide collabore également – mais aussi parfois dans le domaine politique et social comme *Les Entretiens politiques et littéraires* dans lesquels Gide fait paraître son « Traité du Narcisse » en 1891.

Rien de plus contraire, semble-t-il, aux élans profonds de Gide et à la littérature « pure » que la revue animée par Bernard Lazare, Paul Adam, Ferdinand Hérold et Francis Vielé-Griffin. Certes, les uns et les autres professent des goûts esthétiques « novateurs », mais ils rattachent aussi cette novation à une révolte morale, sociale et politique bien étrangère au piétisme et à l'angélisme de Gide. On peut donc s'étonner qu'André donne à la revue de Lazare le premier texte qu'il signe de son nom si l'on n'y voit pas à l'œuvre la dialectique propre à Gide. Le « Traité du Narcisse » dit une chose que souligne son sous-titre : « Théorie du symbole ». Le lieu de sa publication en indique une autre : l'évolution morale de Gide qui ne parvient plus à se satisfaire des vertus d'obéissance à une morale transcendante. Il ne rejette pas encore l'austérité puritaine de son enfance et l'éthique du devoir qui la domine, mais elle ne lui suffit plus : « *Il commençait à m'apparaître que le devoir n'était peut-être pas pour chacun le même.* » « *Me tourmenterai-je toujours ainsi, et mon esprit, Seigneur, ne se reposera-t-il désormais dans plus aucune certitude ? Comme un malade dans son lit qui se retourne pour trouver le sommeil, du matin au soir je m'inquiète ; et la nuit encore l'inquiétude me réveille. Je m'inquiète de ne savoir qui je serai ; je ne sais même pas celui que je veux être ; mais je sais bien qu'il faut choisir. Je voudrais cheminer sur des routes sûres, qui mènent seulement où j'aurais résolu d'aller ; mais je ne sais pas ; je ne sais pas ce qu'il faut que je veuille. Je sens mille possibles en moi ; mais je ne puis me résigner à n'en vouloir être qu'un seul*[2]. » Gide tourne et se retourne, sans jamais se quitter des yeux, cherchant l'impossible : une image de lui-même qui soit nette et précise et qui rende compte, en même temps, de son incessant mouvement.

L'édition du *Narcisse* qui paraît – 30 pages, tirées à douze exemplaires – à la Librairie de l'art indépendant en 1892 témoigne aussi de cette inquiétude à choisir. La maquette du livre, très soignée, a été réalisée par Pierre Louÿs qui a dessiné un narcisse sur la couverture ; mais l'ouvrage est dédié à Paul Valéry. Gide en fait tirer cinq exemplaires sur chine : pour lui, pour Valéry, pour Louÿs, pour Mallarmé, pour Régnier ; mais ce rassemblement d'amitiés cache, en fait, un conflit.

Gide a rencontré Paul-Ambroise Valéry lors d'un séjour à Montpellier à la fin de 1890. C'est Louÿs qui lui a fait connaître ce Sétois, fils d'un fonctionnaire de l'administration des Douanes, épris de musique, de dessin, d'architecture et d'espaces maritimes, et qui se désennuie de ses études de droit en publiant des poèmes dans *La Revue maritime* de Marseille. Entre Gide et Valéry – qui a alors dix-neuf ans –, c'est le coup de foudre intellectuel. Les deux jeunes gens communient dans une même ferveur pour la littérature, même si Valéry a tendance à y rechercher l'esprit quand Gide y traque l'âme. Longues promenades romantiques, méditations dans les cimetières « *en mâchant des pétales de roses* »... André et Paul-Ambroise s'écrivent ; leur correspondance ne cessera qu'à la mort de Valéry en 1945. Ils parlent de littérature bien sûr, de Mallarmé que Valéry a découvert au fond de sa province et qu'il admire, d'Edgar Poe, de Huysmans ; mais aussi de l'amour – que Valéry envisage comme une expérience spirituelle –, de la religion – Valéry est catholique, par goût esthétique de la pompe romaine davantage que par foi. Paul-Ambroise est séduit par l'ardeur mélancolique et par l'exigence de beauté de son camarade ; Gide est ébloui par l'intelligence de Valéry, même s'il s'effraie de son pouvoir de destruction. Mais il est moins sensible au nihilisme de la lucidité que professe Valéry qu'à leur commun désir de pureté. Il a enfin trouvé son *alter ego*, l'âme égale à la sienne avec laquelle il souhaite se fondre. Les lettres qu'il adresse à Paul-Ambroise, l'âme frère, Madeleine, l'âme sœur, pourrait en être la destinatrice. Même tendresse, même peur du faux pas, même angoisse du silence, même souci anxieux de plaire : « *Toute affection m'inquiète, car je ne me repose pas en l'amitié, mais je la veux toujours plus vivace, plus profonde et plus confiante – vigilante enfin, et en moi, douloureusement jalouse, ce qui la mue souvent en passion ou (telle est n'est-ce pas la nôtre) en une communion suprasensible et comme mystique*[3]. »

« *Douloureusement jalouse* », l'amitié fusionnelle de Gide supporte mal le partage. Sa passion pour Valéry rend difficilement supportable la présence en tiers de Pierre Louÿs : à la fois la relation, plus ancienne, qui lie le parnassien et le Sétois et la vieille amitié complice qui unit depuis le lycée Gide et Louÿs. Mais André n'a aucun motif réel de rompre avec Pierre. Celui-ci est ce qu'il a toujours été et qui plaisait tant à l'auteur d'*André Walter* : un esprit brillant, facile, aussi amoureux de la littérature que de la gloire et des plaisirs qu'elle ne manquerait pas de lui apporter. Un formidable entrepreneur de carrière littéraire aussi et qui a ouvert à Gide des portes que sa timidité lui interdisait de pousser. Rien à lui reprocher qui n'ait déjà été reprochable quand Gide portait à Louÿs une affection presque amoureuse. Mais Gide ne supporte pas que Valéry puisse entretenir avec Louÿs une correspondance qu'il imagine rivale de la sienne.

Le ménage spirituel à trois perdure, dont l'édition du « Traité du Narcisse » témoigne. Mais cette persistance est due à la seule incapacité de Gide à choisir la brouille et la rupture. En lui, la séparation est déjà faite et Valéry a chassé Louÿs. La fameuse « nuit de Gênes » – 4-5 octobre 1892 – au cours de laquelle Paul-Ambroise, dans un accès extrême de délire de lucidité, décide de renoncer à la littérature incompatible avec « *la poursuite d'une certaine rigueur et d'une entière sincérité de la pensée*[4] » va accroître encore le contraste entre « l'arrivisme » de Louÿs et le mépris de l'ambition littéraire que revendique l'orgueil intellectuel de Valéry. C'est évidemment du côté du purisme que penche Gide, même si le radicalisme de Valéry lui fait peur, comme une tentation à repousser.

Dès lors, tout ce que pourra faire Louÿs – son appartenance au Parnasse, son goût pour les femmes, sa mondanité, son aisance à écrire et à imiter, et même sa jalousie – lui sera porté secrètement en débit. Les circonstances de la vie littéraire, de ses écoles, de ses cénacles et de ses rivalités feront le reste. Relisant en 1928 sa correspondance avec Louÿs, Gide, sincère et féroce comme en ses bons jours, note : « *Comment ai-je pu supporter cette amitié tant d'années ? C'est qu'à travers tout cela et malgré l'étoffe assez vulgaire, Louÿs laissait paraître une sorte de ferveur et d'enthousiasme charmants, et certains traits d'excellent poète. [...] Au moment d'*André Walter, *excédé déjà, j'avais fait un énorme effort de détachement sans rupture, et lorsque, après des mois de solitude, je l'avais revu, c'était avec la prétention de protéger mes opinions qu'il avait jusqu'alors malmenées, de maintenir mes positions, de m'abriter de lui, de me défendre, d'obtenir entre lui et moi un peu de distance. Hélas ! cela ne put* *pas durer ; je fus vaincu par sa gentillesse. Mais ces retours, ces reprises m'excédaient. Il ne consentait pas à me laisser tranquille ; je ne ressentais pour lui que cette affection sans estime, qui ne peut donner rien de durable, rien de bon*[5]. »

Il est vrai que Gide a du mal à dire « non », enclin qu'il est toujours à se mettre à la place de l'autre et à lui donner la préférence sur ses propres sentiments. Mais malheur à celui qui prendrait ce refus du refus pour une forme d'acquiescement.

Notes

1. Gide, *Correspondance avec sa mère*, *op. cit.*, Munich, le 26 mars 1892, p. 136.
2. Gide, *Journal 1887-1925*, *op. cit.*, 3 janvier 1892.
3. Gide-Valéry, *Correspondance*, *1890-1942*, Paris, Gallimard, 1955, 21 mars 1891, p. 69.
4. Paul Valéry, *Dernière Visite à Mallarmé* dans *Œuvres I*, Paris, Gallimard, 1957.
5. Gide, *Journal 1926-1950*, *op. cit.*, 9 juin 1928.

25

« Il en trancha d'un coup l'embrouillement »

1893

« *Sur le seuil de ce qu'on appelle : péché, hésitais-je encore ? Non ; j'eusse été trop déçu si l'aventure eût dû se terminer par le triomphe de ma vertu – que j'avais déjà prise en dédain, en horreur. Non ; c'est bien la curiosité qui me faisait attendre... Et je vis son rire lentement se faner, ses lèvres se refermer sur ses dents blanches ; une expression de déconvenue, de tristesse assombrit son visage charmant. Enfin il se leva :*

– Alors, adieu, dit-il.

Mais, saisissant la main qu'il me tendait, je le fis rouler à terre. Son rire aussitôt reparut. Il ne s'impatienta pas longtemps aux nœuds compliqués des lacets qui lui tenaient lieu de ceinture ; sortant de sa poche un petit poignard, il en trancha d'un coup l'embrouillement. Le vêtement tomba ; il rejeta au loin sa veste et se dressa nu comme un dieu. Un instant il tendit vers le ciel ses bras grêles, puis, en riant, se laissa tomber contre moi. Son corps était peut-être brûlant, mais il parut à mes mains aussi rafraîchissant que l'ombre. Que le sable était beau ! Dans la splendeur adorable du soir, de quels rayons se vêtait ma joie[1] *!...* »

Gide ne se libère pas, au cours de cette année 1893, il explose comme une marmite à vapeur dont on a trop longtemps vissé le couvercle. Le bonheur, la joie : ces mots reviennent à tout instant dans son *Journal* comme dans sa correspondance, mais on est frappé par le ton volontariste et presque douloureux qui teinte cette conquête : « *C'est un devoir que de se faire heureux. [...] Il me faut maintenant un effort aussi grand pour me laisser aller à moi-même, que jadis pour y résister. Cette morale de privations s'était si bien faite à ma morale naturelle, que l'autre maintenant m'est très pénible et difficile. Il me faut m'efforcer au plaisir. Ce m'est pénible d'être heureux*[2]. »

Mais Gide ne peut plus supporter cette nature qu'on lui a faite et à laquelle il a, mystiquement, acquiescé. Il a le sentiment affolé d'être – à vingt-trois ans ! – dans une impasse mortelle. Physique, morale, intellectuelle, littéraire. Ce jeune homme se sent vieux, à bout de souffle, tari. Physiquement, il se délabre ; les crises nerveuses se multiplient, les fièvres se font plus fortes, l'emphysème engorge ses poumons, les insomnies l'épuisent et l'embrument. Haï, le corps se venge. Gide ne tient pas en place ; il ne saura jamais. Au début, c'est peut-être pour fuir l'encombrante tendresse de sa mère qu'il voyage ; mais le mouvement lui devient vite une drogue indispensable, une manière de se décentrer sans cesse et d'échapper aux pesanteurs du confort bourgeois. La curiosité a moins de part dans cet incessant vagabondage que la fringale de se sentir ailleurs, étranger, de passage ; manière aussi d'exténuer par d'interminables marches ce corps qui n'en finit pas de désirer. En 1892, Gide a passé trois mois à Munich, puis il est rentré à Paris pour commencer à écrire, à l'hôtel, « *dévoré de punaises* », à quelques encablures de l'appartement familial, *Le Voyage d'Urien* qui paraîtra l'année suivante, orné de lithographies en couleurs de Maurice Denis. Puis il a filé pour Montigny, en Côte-d'Or, chez son ami Maurice Quillot d'où il est parti précipitamment pour La Roque, avant de rejoindre Henri de Régnier pour une promenade de deux semaines. Retour à La Roque, départ pour Nancy où l'armée le réforme pour faiblesse de constitution et prédisposition à la tuberculose. En mars 1893, après quelques jours passés chez les Charles Gide à Montpellier, il se retrouve à Barcelone, puis à Séville, puis à Grenade où le chant des gitans l'enchante et où l'invite d'une danseuse andalouse lui fait monter le rouge aux joues. (Il est vrai que Mme Gide accompagnait son petit André.) Le 18 octobre enfin, il quitte Marseille avec son ami Paul Laurens pour Tunis et un périple en Afrique du Nord qui durera six mois. Le corps suit, tant bien que mal ; plutôt mal que bien : à Sousse, un médecin militaire diagnostique une tuberculose pulmonaire. C'est quelques jours avant que le malade ne connaisse sa première expérience homosexuelle.

L'impasse morale est directement liée à ce combat contre son corps que Gide mène depuis si longtemps. La rencontre avec Oscar Wilde, fin 1891, a ébranlé le fondement puritain de ses certitudes. « *Wilde ne m'a fait, je crois, que du mal,* écrit, à chaud, Gide dans son *Journal* du 1er janvier 1892. *Avec lui, j'avais désappris à penser. J'avais des émotions plus diverses, mais je ne savais plus les ordonner.* » Reconnaissance inquiète des remous provoqués par l'écrivain anglais. Pour la première fois, Gide rencontre un homme dont il admire l'esprit, l'intelligence et la rigueur artistique, et qui a fait de l'immoralisme un système de vie, de pensée et d'écriture. Gide, fasciné, se défend comme il peut, mais le doute s'est introduit : et si sa lutte contre le péché, si sa recherche des contraintes, si sa culture des interdits n'étaient que leurres ? Si l'amour de Dieu était inséparable de l'amour de sa création et de sa beauté et du plaisir qu'elle donne ? Et si la morale étroite qu'on lui a inculquée et sous laquelle il a souffert avait fait de lui un monstre d'orgueil et de solitude, un *anormal* ? « *J'en arrive, par réaction, à souhaiter ne plus m'occuper du tout de moi-même ; à ne pas m'inquiéter, lorsque je veux faire quelque chose, de savoir si je fais bien ou mal ; mais tout simplement de la faire, et tant pis ! Je ne désire plus du tout des choses bizarres et compliquées, je ne les comprends même plus ; je voudrais être normal et fort, simplement pour n'y plus songer*[3]. »

La crise morale s'accompagne donc d'une crise intellectuelle, tout aussi aiguë. Wilde, les lectures de Goethe ensuite, faites à Munich, n'ont pas seulement incité Gide à se réconcilier enfin avec la vie ; ils l'ont également « *désappris de penser* ». Autrement dit : appris à penser autrement, en faisant moins confiance aux idées et en tenant compte du réel, dans son étourdissante diversité, dans sa constante altérité. Le jeune symboliste amoureux de l'Idée s'en trouve tout bouleversé. Il y a même des moments où il souhaiterait ne plus penser du tout : plus de philosophie, plus de métaphysique, le vide intellectuel qui permet d'accueillir dans toute leur violence les sensations et les émotions. Le bonheur, la plénitude, le repos enfin après tant d'années de guerre et de saccages. Comment comprendre autrement que par ce désir de paix et de tranquillité l'émerveillement qu'éprouve Gide en découvrant les poèmes d'un jeune écrivain béarnais, Francis Jammes, que lui fait connaître son ami Eugène Rouart ? Des vers simples, bucoliques, presque naïfs ; le contraire du grand œuvre mallarméen et de l'intellectualisme de Valéry.

La crise générale n'épargne donc pas la littérature ; l'impasse littéraire est même, probablement, celle qui commande toutes les autres. Gide étouffe dans le milieu confiné des cénacles et des salons où sa prose est accueillie avec bienveillance. « *Je veux ignorer Paris et la vie littéraire,* écrit-il à Albert Desmarets. *Je m'aperçois qu'il fallait* être bien plus fort *que je n'étais pour pouvoir se mêler à cette vie sans en être pénétré et ébranlé ; qu'il faut avoir des "certitudes autrement assurées" et qu'un vêtement de bronze et d'amiante est nécessaire pour qu'on ne frissonne pas de tout l'épiderme à tous les contacts. C'est une telle cotte de mailles que je me prépare en cette solitude.* » Sa timidité n'est pas seule en cause, mais davantage le jugement qu'il porte sur ses livres et le regard qu'il projette sur sa carrière littéraire. Il s'imagine avec horreur, dans dix ans, dans vingt ans, tournant en rond indéfiniment dans un petit cercle choisi d'amis et de relations qui lui font fête et auxquels il aura choisi de plaire. L'enthousiasme des débuts est retombé, et quoi qu'il proclame, le jeune écrivain est déçu du peu de succès de ses livres. Il se résigne mal à être l'auteur élu d'une maigre élite. S'il pouvait l'oublier, les lettres de sa mère lui rappelleraient ce que l'édition de ses livres doit à la fortune familiale. Non que Juliette reproche à son fils le coût des « *opuscules* » qu'il fait copier et imprimer, mais elle compte, scrupuleusement. Gide ne peut pas ignorer qu'il est un écrivain de luxe.

La publication, en avril 1892, des *Poésies d'André Walter* a été un échec, mérité. Même Madeleine n'a pas caché sa déception : « *Bien ennuyeux et bien mauvais. Je t'assure que tu n'as pas été long à descendre du piédestal – oh ! très petit piédestal – sur lequel t'avaient juché* Les Cahiers *et* Narcisse. *Pourquoi as-tu imprimé cela*[4] *?* » *Le Voyage d'Urien*, de son propre aveu, est le seul livre qu'il ait écrit « *sans avoir eu un besoin profond de l'écrire* ». Valéry, qui aime les chiffres, l'a ainsi jugé : « *100 pages.*

72 chaudes et 28 froides[5]. » Quant à *La Tentative amoureuse* – que Gide sous-titrera pour sa réédition en 1899 : *Traité du vain désir* – sur lequel l'auteur a beaucoup peiné – son *pensum*, dit-il de cette quinzaine de pages –, c'est une sorte d'hommage, somptueusement écrit, à un renoncement au désir auquel Gide ne croit plus vraiment : « *Notre but unique c'est Dieu ; nous ne le perdrons pas de vue, car on le voit à travers chaque chose. [...] Et vous êtes semblables, objets de nos désirs, à ces concrétions périssables qui, sitôt que les doigts les pressent, n'y laissent plus que de la cendre.* » Gide – ce ne sera pas la dernière fois – écrit un livre qui exprime ce qu'il n'est déjà plus.

Le jeune homme quitte la vieille Europe et met une mer entre sa mère et lui. Il est déjà prêt pour les extases qu'il va découvrir, prêt à essayer le bonheur, prêt à tenter de vivre. D'autres diraient qu'ils tournent la page, mais Gide n'est pas l'homme de ces ruptures, ni de ces reniements. Il n'abandonne rien de ce qu'il est, il cumule : « *Je suis moi-même ad libitum.* » Il ne se laisse pas aller à la spontanéité, il s'y exhorte ; il prie Dieu qu'il la lui accorde : « *Ô mon Dieu, qu'éclate cette morale trop étroite et que je vive, ah ! pleinement ; et donnez-moi la force de le faire, ah, sans crainte, et sans voir toujours que je m'en vais pécher*[6]. » Le vrai est qu'il ne sait plus où il en est, qu'il ne sait plus ce qu'il est, qu'il s'emberlificote dans les fils de ses désirs et de sa conscience. Il voudrait perdre enfin ce regard sur lui-même qui le paralyse, échapper à l'œil de sa conscience, se laisser aller « *au charme infini de vivre et de vivre n'importe comment* », mais écrivant cela, c'est encore et toujours lui-même qu'il scrute, Narcisse persuadé qu'il va se dissoudre s'il cesse de contempler son image.

Le choc de la découverte de l'Afrique, de l'« *exotisme ahurissant* » de l'Orient est à la fois vivement éprouvé et voulu. Cette exubérance, ce bonheur, il ne s'y livre qu'après les avoir construits, et en s'y efforçant. Et lorsque, en novembre, à Sousse, il cède aux invites d'« *un tout jeune Arabe à peau brune, que déjà les jours précédents j'avais remarqué parmi la bande de vauriens qui fainéantisait aux abords de l'hôtel* », il s'abandonne moins au désir qu'à la volonté de vaincre sa vertu. Lui-même n'est qu'« *embrouillement* ». Dans *Si le grain ne meurt*, racontant, non sans provocation, cet épisode capital, le perpétuel analyste de lui-même avoue un « blanc » : « *Était-ce bien la curiosité qui me retenait ? Je ne sais plus. Le motif secret de nos actes, et j'entends, des plus décisifs, nous échappe ; et non seulement dans le souvenir que nous en gardons, mais bien au moment même.* »

Notes

1. Gide, *Si le grain ne meurt*, *op. cit.*, p. 561.
2. Gide, *Journal 1887-1925*, *op. cit.*, p. 34 ; fin avril 1893.
3. *Ibid.*, août 1893.
4. Gide, *Correspondance avec sa mère*, *op. cit.*, p. 162.
5. Gide-Valéry, *Correspondance*, *op. cit.*, janvier 1893, p. 178.
6. Gide, *Journal 1887-1925*, *op. cit.*, fin avril 1893.

26
Lazare

1894

« “Un jeune homme plein de passion” – *comme disait René, brûlant et chaste – après un an de voyage, durant lequel, de parti pris, mais non sans luttes difficiles, il a pu, tant l'adoration émerveillée de la nature lui semblait préférable, tant l'occupaient sa joie volontaire de vivre et son souci de voir telle quelle chaque chose – bannir pour un long temps les livres, soulever les rideaux, ouvrir, briser les vitres dépolies, tout ce qui s'épaissit entre nous et l'Autre, tout ce qui ternit la nature, – harmonisait enfin sa vie et ses pensées, selon l'optimisme éperdu où l'avaient conduit son tempérament d'abord, puis son admiration pour Goethe et la lente méditation de Leibniz. Durant près d'un an, malade, aimant désolément, désespérément la lumière, il goûta ce faisant plus de joie, pense-t-il, qu'il n'en goûta jamais avant, fût-ce dans l'étude, à tout simplement adorer. [...] Il fallait, resongeant à là-bas à Paris, à cette agitation sur place, à cette localisation du bonheur, à cette myopie des fenêtres, à ces contrôles du plaisir, à cette interception du soleil, à cet étouffement des gens qui s'obstinent à ne respirer l'air plus qu'à travers des cigarettes – il fallait certes que lui-même en fût loin et depuis longtemps, pour songer même à en sourire, car il n'a pas l'esprit frondeur et ne rit que de ce qu'il a connu. N'importe ; il écrit un livre, et puisqu'il avait envie de rire, il trouva du même coup ridicule également, le contrôlé, le contrôleur, celui qui veut lever les contrôles, celui qui ne sait pas y échapper*[1]. »

A Sousse, Gide a découvert l'homosexualité : il n'y a pas adhéré, il n'y a pas découvert sa *nature*. Il y a certes quelque temps déjà – depuis *Les Cahiers d'André Walter*, pour le moins – que des images de jeunes garçons aux corps nus le hantent : « *Devant mes yeux se balançaient, d'abord indécises, les formes souples des enfants qui jouaient sur la plage et dont la beauté me poursuit ; j'aurais voulu me baigner aussi, près d'eux, et, de mes deux mains, sentir la douceur des peaux brunes. Mais j'étais tout seul ; alors un grand frisson m'a pris, et j'ai pleuré la fuite insaisissable du rêve...* » Mais il ne s'agit que d'un rêve, le rêve de la sensualité comme figure centrale de l'Interdit. Les jeunes garçons sont l'enfance dont Gide a été exclu, l'image inversée de sa solitude et de son étouffement.

Ils sont pauvres, ils sont libres, ils éclatent de santé, ils sont radieux, ils sont incultes et ne s'empoisonnent pas l'esprit de dilemmes moraux ou métaphysiques. Ils sont irrémédiablement l'Autre : celui qu'un jeune écrivain bourgeois à la peau bien pâle et soigneusement lavée, malade à en cracher le sang, torturé par les exigences contraires de sa conscience et de son corps ne sera jamais. Ils sont l'Autre réel comme Madeleine est le Même idéal. Le désir de Gide intériorise l'existence des barrières sociales qu'il prétend franchir. Il est, pourrait-on dire, un désir de classe. Les échanges de Gide avec ses partenaires ne peuvent s'effectuer que dans une relation d'inégalité renforcée. Il est à la fois celui qui demande sensuellement et celui qui domine socialement et culturellement. Pour un peu, on dirait que le sexe est la seule voie qu'ait trouvée Gide pour aller au peuple, tout en maintenant une infranchissable distance. Nostalgie jamais assouvie d'un membre de la classe élue pour cette face cachée du monde où règnent la pauvreté, l'animalité et l'innocence. En Afrique du Nord, la situation coloniale redouble la dualité sociale : les jeunes Arabes ne sont pas seulement des pauvres, ils sont de surcroît des dominés.

Alors même que Gide affirme lyriquement les droits de son corps et de son désir, qu'il revendique la joie de ses sens, il les condamne à la clandestinité, à l'inavouable. On le voit mieux encore avec l'épisode de Mériem. Gide a entrepris le voyage en Afrique du Nord dans le dessein affirmé de se « normaliser », de se débarrasser d'une enfance et d'une adolescence qu'il accuse sa mère d'avoir gauchies. L'expérience de Sousse n'a guère dû le rassurer sur les progrès de cette normalisation. Il n'a soufflé mot à personne de cette aventure ; pas même à Paul Laurens, son camarade de route. Les deux jeunes gens se sont confortablement installés à Biskra, à la Maison des Pères blancs, aux portes du désert où Gide a fait venir un piano. C'est dans un café de la ville que Paul et André font la connaissance d'une Ouled Naïl, Mériem. Comme toutes les jeunes filles de sa tribu, Mériem se prépare au mariage et à l'achat d'un époux en pratiquant la prostitution. Tout naturellement, après avoir comblé Paul Laurens de ses faveurs, elle rejoint Gide dans le lit naguère occupé par le cardinal de La Vigerie. Et les choses se passent bien, même si, plus tard, Gide se justifiera en affirmant que dans les bras de Mériem il avait songé au jeune frère de la prostituée.

Au vrai, Mériem a tout pour lui plaire. La peau sombre, presque noire ; « *des formes pleines mais presque enfantines encore, car elle avait à peine un peu plus de seize ans* », un air de « *sauvagerie* » et de « *vulgarité* » ; et comme elle se vend, qu'il la partage avec son camarade, il est assuré qu'aucun sentiment ne s'y mêle. Tout va donc pour le mieux : « *Je ressentis, après cette nuit, un calme, un bien-être extraordinaire ; et je ne parle pas seulement de ce repos qui peut suivre la volupté* [2]. » Gide qui était sérieusement malade, qui avait encore eu quelques jours auparavant une violente attaque pulmonaire, respire. Il est soulagé. Il envoie à Pierre Louÿs un communiqué de victoire : « *Elle s'appelle Mériem ; c'est un nom délicat que je ne sais pas encore bien écrire* [3]. » Le bonheur à trois s'organise. C'est alors que Juliette Gide débarque à Biskra.

Comme l'a remarqué Jean Delay, Gide est « *pleinement responsable* » de l'irruption de sa mère en Algérie. Dans une parfaite conduite de mauvaise foi, il incite Juliette à lui rendre visite, lui fait un tableau alarmant de sa santé, lui dépeint le sort malheureux de Paul Laurens réduit au rôle de garde-malade ; mais lorsque Mme Gide ainsi attirée se rend à Biskra, Gide l'accueille comme une catastrophe : « *Nous étions consternés : notre vie commune commençait à si bien s'arranger ; cette rééducation de nos instincts si bien entreprise, allait-il falloir l'interrompre ?* » Consciemment ou non, Gide souhaite que sa mère constate son nouvel état sexuel – afin de le lui interdire. C'est exactement ce qui se passe, non sans biais, comme il se doit. Mériem est surprise par Juliette alors qu'elle sort de chez Paul. Elle s'inquiète, légèrement. « *Parce que je ne voulais pas que son blâme retombât sur Paul seul* » – la belle âme ! – « *j'eus la cruauté de lui dire [...] : elle ne vient pas que pour lui. Elle doit revenir. Je me souviens de ses larmes*[4] ». Mériem, bien sûr, ne revient pas. Mieux, les larmes de Juliette, sa réprobation douloureuse des coucheries de son fils déploient toute leur puissance d'inhibition. Gide se rend en cachette dans la chambre d'En Barka, la sœur de Mériem. « *A l'inverse de Pygmalion, il me semblait que dans mes bras la femme devenait statue ; ou bien plutôt c'est moi qui me sentais de marbre. Caresses, provocations, rien n'y fit ; je restai muet, et la quittai n'ayant pu lui donner que de l'argent.* » Il est vrai qu'En Barka, expliquera Gide plus tard, « *était beaucoup trop belle* » et qu'elle était « *sensiblement plus âgée que Mériem* ». A Albert Desmarets, Gide n'expose pas cette argumentation d'esthète paradoxal : « *J'ai eu bien peur que le mal fait très involontairement par sa présence* [celle de Mme Gide] *ne soit irréparable. [...] Pour moi qui commençais à vivre, je veux dire à m'ouvrir à la joie, il m'a semblé que, sorti péniblement d'une cave, j'y retombais brusquement du sixième étage*[5]. »

Assommé, Gide ? Sans doute, mais « retombé » certainement pas ; reconstitué plutôt : après avoir goûté la joie, il a retrouvé la contrainte sans laquelle, pour lui, la joie n'est qu'abandon. Il a besoin de cette tension et de cette inquiétude. Il désire la férule maternelle tout autant qu'il désire s'en libérer. Il n'y a pas de libération sans le vif sentiment de ses chaînes ; pas de transgression sans la présence intime de la loi. Entre l'ordre maternel et son désordre intérieur, il ne peut pas choisir, tant l'ordre de Juliette s'est intégré à lui-même. Alors il décide que le choix est un leurre : « *Méfions-nous, Nathanaël, de tous les instruments du bonheur. Et surtout ne les choisissons pas ; d'abord on ne peut pas choisir ; mais il est dangereux même de croire que l'on choisit ; car pour choisir il faut juger*[6]. » Choisir, c'est s'abandonner, glisser sur sa pente, céder à la tentation la plus forte ; résister, renoncer c'est encore pencher, vers l'orgueil. Gide retrouve, sans le savoir, certains préceptes de philosophie orientale : « *Avoir donné droit de cité si égal à chacun de tous mes désirs, les avoir si semblablement accueillis, que tous à présent, à la même heure, prétendent à la première place.* »

« *Il y a certainement des choses que je n'aurai jamais* », avait souligné Gide dans son *Journal* en 1891. Il s'agissait alors seulement de regretter n'avoir pas l'audace et le savoir-faire mondain de Pierre Louÿs. Trois ans plus tard, ce désir de tout accueillir prend une autre ampleur. Il fait de la multiplicité et de l'absence de *pente* le fondement d'une manière de penser, d'une manière d'agir – et aussi d'une manière d'écrire : « *Les choses les plus belles sont celles que souffle la folie et qu'écrit la raison. Il faut demeurer entre les deux, tout près de la folie quand on rêve, tout près de la raison quand on écrit*[7]. »

Demeurer n'est pas un mot de Gide ; aller de l'un à l'autre, d'un extrême à un autre extrême, est plus proche de sa fièvre. Son nomadisme va bien au-delà de son goût agité pour les voyages. Il exprime cette peur de tout son être, corps et esprit, pour tout ce qui ressemble à la certitude, à l'installation, à la fermeture : « Assumer le plus possible d'humanité. *Voilà la bonne formule*[8]. »

Double et immédiate illustration. Il quitte Biskra et l'Algérie, et gagne l'Italie avec Paul Laurens ; mais c'est pour mieux goûter le regret de l'Afrique : « *Notre seule joie à présent, c'est [...] de "là-bas" – oh ! pas de Paris ! de l'Afrique : nous donnerions chacun vingt Romes pour vingt jours de recommencements. Cette nuit, je me suis réveillé en pleurant : j'en rêvais... je rêvais de Touzeur, que je n'ai pas vu*[9]. »

Rêvant de Biskra à Rome, il écrit un livre en pensant à un autre qui devrait en être, croit-il, « *le négatif* ». Il achève *Paludes* et accumule déjà les textes qui formeront *Les Nourritures terrestres*. Le livre « ancien » lui pèse, comme une peau morte dont il faut bien pourtant qu'il se débarrasse : « *Je ne souffre plus de ce qui me poussait à l'écrire ; c'est une sorte d'exhumation.* »

Dans un petit vade-mecum mi-sérieux mi-ironique adressé à Marcel Drouin et portant sur les « *Moyens d'entraînement et d'excitation au travail* », Gide indique celui-ci : « *Se bien porter. Avoir été malade.* » Variation plus explicite sur un thème voisin : « *Je rapportais, à mon retour en France, un secret de ressuscité, et connus d'abord cette sorte d'angoisse abominable que dut* *goûter Lazare échappé du tombeau. Plus rien de ce qui m'occupait d'abord ne me paraissait encore important. [...] Un tel état d'*estrangement *(dont je souffrais surtout auprès des miens) m'eût fort bien conduit au suicide, n'était l'échappement que je trouvais à le décrire ironiquement dans* Paludes [10]. »

Notes

1. Postface pour la deuxième édition de *Paludes* et pour annoncer *Les Nourritures terrestres*. Cette postface, écrite par Gide pour la réédition au Mercure de France de *Paludes* en 1897, n'a jamais été reprise par la suite. Elle figure en notes – p. 1476-1479 – dans l'édition des *Romans* de Gide dans la « Bibliothèque de la Pléiade » (*op. cit.*).
2. Gide, *Si le grain ne meurt*, *op. cit.*, p. 567.
3. Lettre de Gide à Louÿs, 1er février 1894, citée par Jean Delay, *La Jeunesse d'André Gide*, *op. cit.*, tome II, p. 301.
4. Gide, *Si le grain ne meurt*, *op. cit.*, p. 569.
5. Gide, *Correspondance avec sa mère*, *op. cit.*, mars 1894, p. 313.
6. Gide, *Journal 1887-1925*, *op. cit.*, *Feuillets*, 1894.
7. *Ibid.*, septembre 1894.
8. *Ibid.*, octobre 1894.
9. Gide, *Correspondance avec sa mère*, *op. cit.*, 25 avril 1894, p. 346.
10. Gide, *Si le grain ne meurt*, *op. cit.*, p. 575-576.

27
Trois actes pour un mariage blanc

1895

« *J'étais seul dans cette grande chambre, seul avec elle, assistant au solennel envahissement de la mort, et j'écoutais en moi l'écho des battements inquiets de ce cœur qui ne voulait pas renoncer. Comme il luttait encore ! J'avais été témoin déjà d'autres agonies, mais qui ne m'avaient point paru si pathétiques, soit qu'elles me semblassent plus conclusives et achever plus naturellement une vie, soit simplement que je les regardasse avec moins de fixité. Il était certain que maman ne reprendrait pas connaissance, de sorte que je ne me souciai pas d'appeler les tantes auprès d'elle ; j'étais jaloux de rester seul à la veiller. Marie et moi nous l'assistâmes dans ses derniers instants, et lorsqu'enfin son cœur cessa de battre, je sentis s'abîmer tout mon être dans un gouffre d'amour, de détresse et de liberté*[1]. »

1895, janvier, mai, octobre : un drame en trois actes serrés. Premier tableau : hiver en Algérie. Gide, après avoir achevé la rédaction de *Paludes* dans les neiges de La Brévine, est vite retourné en Afrique du Nord, *via* Paris et Montpellier. Il a rapidement et tristement revu Madeleine qu'il a quittée comme on fuit, la laissant désemparée : « *Ah ! je t'en prie, ne nous revoyons plus. [...] Je suis rentrée désespérée, te préparant une lettre d'adieu, où je* [*te disais que je*] *ne voulais plus t'écrire, parce que je sentais trop que notre correspondance n'était qu'un grand mirage, chacun de nous n'écrivant au fond qu'à soi-même, etc., etc.*[2]. » A sa mère, Gide écrit : « *J'ai le sentiment que je traverse une crise très importante, et je n'y comprends rien de rien, – une crise décisive, peut-être, et d'où je sortirai tout fait : rien, rien,*

rien, ne m'intéresse plus. Je peux, par refrain du passé, me jouer à moi-même telles passions passagères, – je n'y suis même plus pris[3]... » Mais le projet d'une installation définitive en Algérie l'enthousiasme. Il achète un terrain ; il dresse les plans de sa future résidence, de sa future existence.

Par hasard, dans un hôtel de Blida, il retrouve Oscar Wilde. Sa première tentation est de fuir. La première fois que Gide a rencontré Wilde, c'était un écrivain glorieux et sulfureux. Il est devenu un personnage scandaleux qui sera condamné, quelques semaines plus tard, en mai, à deux ans de travaux forcés pour indécence et sodomie. Mais loin de se cacher, Wilde qu'accompagne Lord Douglas, son jeune amant, en rajoute encore dans l'excentricité, l'arrogance et la provocation. Un tel mépris des convenances et du danger fascine Gide tout autant qu'il l'inquiète. Wilde, c'est le péché assumé, proclamé, offert à la vindicte ; c'est aussi, c'est surtout, pour Gide, celui qui a mis son génie dans sa vie, ne réservant à ses œuvres que son talent. « *Voilà pourquoi ceux qui l'auront connu de près auront eu près de lui ce frisson de terreur, que j'ai toujours avec lui – d'une chose très grande et belle – mais il est impossible qu'il se rende compte tout à fait de cela*[4]. » Wilde est celui qui se sacrifie intégralement à la vie, jusqu'à la tragédie. Il présente à Gide une sorte de miroir de ce que son existence pourrait être, s'il se laissait entraîner sans frein par sa liberté, s'il ne prenait en compte qu'une part de lui-même : sa folie.

Certes, sous l'influence de Wilde qui l'incite et s'entremet, Gide cède de nouveau à la séduction d'un jeune musicien arabe ; et il y trouve assez de plaisir pour écrire – mais c'est vingt ans plus tard : « *La tentative auprès de Mériem, cet effort de "normalisation" était resté sans lendemain, car il n'allait point dans mon sens ; à présent je trouvais enfin ma normale.* » Encore faut-il y regarder d'un peu plus près. Prendre en compte, par exemple, l'horreur qu'inspirent à Gide l'attitude et la personne de Lord Douglas, le « *terrible* » Bosie. Le jeune aristocrate britannique est l'exact négatif, physique, moral et social, des jeunes Arabes chers à Gide. Il est noble, il est riche, il est blond et blanc, il est dominateur, capricieux, coléreux et cruel. Il représente la face insoutenable, agressive, violente d'une homosexualité qui terrifie Gide. Dans une des pages les plus brutales de *Si le grain ne meurt*, l'écrivain raconte ainsi les débats d'un de ses amis, Daniel B., avec ce Mohammed que Gide avait connu à Alger. « *Daniel saisit Mohammed dans ses bras et le porta sur le lit qu'il occupait au fond de la pièce. Il le coucha sur le dos, tout au bord du lit, en travers ; et je ne vis bientôt plus que, de chaque côté de Daniel ahanant, deux fines jambes pendantes. Daniel n'avait même pas enlevé son manteau. Très grand, debout contre le lit, mal éclairé, vu de dos [...] Daniel paraissait gigantesque, et penché sur ce petit corps qu'il couvrait, on eût dit un immense vampire se repaître d'un cadavre. J'aurais crié d'horreur*[5]... » Et Gide commente : « *Pour moi, qui ne comprends le plaisir que face à face, réciproque et sans violence, et que souvent, pareil à Whitman, le plus furtif contact satisfait, j'étais horrifié tout à la fois par le jeu de Daniel, et de voir s'y prêter aussi complaisamment Mohammed.* »

« *Face à face, réciproque et sans violence* » : comme l'a bien montré Jean Delay, appuyé sur son savoir médical, la sexualité de Gide adulte demeure proche de l'onanisme de ses jeunes années, de ce « péché » auquel il n'a jamais pu longtemps résister et sur lequel il s'est fixé. Son plaisir est celui de la caresse et de l'auto-érotisme partagé. « *Je demeurai longtemps ensuite, après que Mohammed m'eut quitté, dans un état de jubilation frémissante, et bien qu'ayant déjà, près de lui, cinq fois atteint la volupté, je ravivai nombre de fois encore mon extase et, rentré dans ma chambre d'hôtel, en prolongeai jusqu'au matin les échos*[6]. »

Cette sexualité demeurée au stade infantile est liée, de manière explicite, à l'envahissante censure maternelle. Le 31 mai, c'est le deuxième acte du drame : Mme Paul Gide meurt. A la demande instante de sa mère, André l'a rejointe à Paris le 19 avril. Depuis plusieurs mois, les lettres qu'échangeaient la mère et le fils étaient un mélange de déclarations d'amour, de reproches amers et d'accusations violentes. L'un voudrait rompre une tutelle qui l'empêche de vivre ; l'autre s'angoisse de ce qu'elle devine être la destruction de toutes ses espérances. Les réquisitoires se croisent. Gide à sa mère : « *Tes conseils me sont insupportables, en ceci qu'ils ne cherchent pas tant à éclairer les sentiers qu'à modifier la conduite, et ceci me fait penser parfois que tu comprends LA VIE d'une façon si différente de la mienne qu'il est presque inutile que j'écoute ces conseils, autrement que par déférence. [...] Si je m'occupais à mener une vie telle que tu me la "conseilles", elle me serait en mensonge constant avec mes pensées.* » Dans sa colère, André lâche un demi-aveu : « *Prends ton parti d'avance, résigne-toi à ne pas supprimer de mon existence toutes les étrangetés qui pourront y pousser. [...] Des lettres comme les quatre dernières, qui malheureusement de toi ne m'étonnent plus beaucoup, me font prévoir, si je me marie, un véritable enfer conjugal, à cause du rôle de conseillère et de personne expérimentée que tu ne pourrais renoncer à jouer. Ô terreur ! ! [...] Beaucoup des choses les meilleures de ma vie, je ne les ai obtenues que par une obstinée résistance à l'invasion de ta volonté*[7]. »

Réponse de Juliette Gide : « *Mais tu es malade, pour sûr tu es malade ! tes nerfs sont certainement déséquilibrés, tu es à n'en pas douter dans un état nerveux aigu ; oh, pourvu que cela ne finisse pas par quelque maladie – fièvre cérébrale, fièvre typhoïde, fièvre nerveuse ! cela me hante. [...] Adieu cher André. Oh ! tu ne sauras jamais la tendresse et l'indulgence que j'ai pour toi, ni tout le souci, la préoccupation, l'angoisse même que tu m'as causés, et tout particulièrement en ce moment, et l'amertume avec laquelle tu me fais sentir que je suis seule et que tu n'as plus de père*[8]. »

On est évidemment frappé par cette symétrie : parlant de sa mère, à la mort de son père, Gide écrit, on s'en souvient : « *Et je me sentis soudain tout enveloppé par cet amour qui désormais se refermait sur moi.* » A la mort de sa mère : « *Je sentis s'abîmer tout mon être dans un gouffre d'amour, de détresse et de liberté.* » Ce gouffre de liberté, Gide s'emploie immédiatement à le combler. Troisième acte : le 17 juin, deux semaines après l'enterrement de Juliette Gide, il annonce ses fiançailles avec Madeleine ; les 7 et 8 octobre, à la mairie de Cuverville puis au temple d'Étretat, ils se marient. Comme le remarque Gide : « *Que de fois, Madeleine étant dans la chambre voisine, je l'ai confondue avec ma mère.* »

On ne couche pas avec sa mère ; le mariage d'André et de Madeleine restera blanc. L'étonnant est que l'un et l'autre s'y soient résignés et que, si l'on en croit Gide, ils n'aient jamais parlé de cet aspect étrange de leur relation, de leur amour. Car l'un et l'autre parlent d'amour, André jusqu'au bout de sa vie : « *L'ayant perdue, c'en était fait de ma raison d'être, et je ne savais plus pourquoi désormais je vivais*[9]. » Mais, pour Gide, Madeleine n'a pas de corps, *a fortiori* pas de désirs. Elle est l'Amour même, dans son éblouissante pureté qu'on ne saurait que salir et blesser en y mêlant les contacts physiques. Madeleine est un ange auquel André voue un culte d'ordre religieux. Et jamais il ne se demande – ni ne lui demande – si elle est satisfaite de cet amour désincarné. « *Que mes désirs charnels s'adressassent à d'autres objets, je ne m'en inquiétais donc guère. Et même j'en arrivais à me persuader confortablement, que mieux valait ainsi. Les désirs, pensais-je sont le propre de l'homme ; il m'était rassurant de ne pas admettre que la femme en pût éprouver de semblables ; ou seulement les femmes "de mauvaise vie*[10]*"*. » Monstrueux égoïsme ? pas même : acquiescement spontané à l'idéologie sexuelle de son temps et de sa classe que Madeleine aussi semble avoir partagée. La jeune femme a longtemps reculé devant la perspective du mariage avec son cousin. Elle l'aime certes, de toute son âme : « *Cher André, ne suis-je pas ton amie, ta sœur, ta fiancée ? Sœur paraîtrait peut-être bien ridicule à d'autres – à mes yeux il répond très bien aussi à ce que je suis, ce que je sens* », écrit Madeleine quelques semaines avant son mariage. Avant d'avouer : « *Je n'ai pas peur de la mort, mais j'ai peur du mariage*[11]. » La « grande sœur » est trop fine, trop intelligente pour ne pas deviner qu'elle sera la sacrifiée de ce mariage irréel. Elle n'est pas la seule. A Montpellier, l'oncle Charles Gide, avec cette froide lucidité qui fait tant peur à son neveu, avait déjà délivré son diagnostic : « *Le fait qu'André n'a pas pris une profession est un malheur pour lui, évidemment, mais je ne vois pas maintenant laquelle il pourrait prendre. S'il ne se marie pas, ce sera une autre cause de détraquement ajoutée à la première – mais en ce qui concerne ce mariage [...] j'hésiterais à presser Mlle R. ou à le presser lui-même. Il n'est pas dit que ce mariage soit heureux, et ce serait prendre une grande responsabilité que d'y pousser. Toutefois il est vrai de dire que s'il ne se fait pas, l'un et l'autre probablement en seront sûrement mal-*

heureux, en sorte qu'il n'y a guère que le choix entre un mal certain et un mal éventuel[12]. »

« *Entre nous, jamais une explication ne fut tentée. De sa part, jamais une plainte ; rien qu'une résignation muette et qu'un déboire inavoué.* » Gide pour se justifier avance la pente fatale de sa « *nature* », mais cela ne suffit pas à rendre compte de ce mariage-méprise. Madeleine, elle aussi, a épousé une ombre : l'âme frère, un ange guetté par l'enfer et qu'il s'agissait de sauver. Le malentendu a pu perdurer, dans le silence, parce qu'il s'appuyait sur le confort d'un double et volontaire aveuglement sur l'amour. Jusqu'au terrible orage de novembre 1918.

Notes

1. Gide, *Si le grain ne meurt*, *op. cit.*, p. 611-612.
2. Gide, *Correspondance avec sa mère*, *op. cit.*, 29 décembre 1894, p. 553. La majeure partie de cette lettre sera transcrite, telle quelle, dans *La Porte étroite* en 1909.
3. Gide, *Correspondance avec sa mère*, *op. cit.*, 23 ou 24 janvier 1895, p. 579.
4. *Ibid.*, 30 janvier 1895, p. 590.
5. Gide, *Si le grain ne meurt*, *op. cit.*, p. 595.
6. *Ibid.*, p. 594.
7. Gide, *Correspondance avec sa mère*, *op. cit.*, p. 627-628.
8. *Ibid.*, p. 637-638.
9. Gide, *Et nunc manet in te*, dans *Journal 1939-1949*, *op. cit.*, p 1123.
10. *Ibid.*, p. 1128.
11. Jean Schlumberger, *Madeleine et André Gide*, Paris, Gallimard, 1956, p. 117.
12. Charles Gide à Juliette Gide, 16 avril 1895, dans Gide, *Correspondance avec sa mère*, *op. cit.*, p. 659.

28

Athman et Nathanaël

1896

« *Nathanaël, à présent, jette mon livre. Émancipe-t'en. Quitte-moi. Quitte-moi ; maintenant tu m'importunes ; tu me retiens ; l'amour que je me suis surfait pour toi m'occupe trop. Je suis las de feindre d'éduquer quelqu'un. Quand ai-je dit que je te voulais pareil à moi ? C'est parce que tu diffères de moi que je t'aime ; je n'aime en toi que ce qui diffère de moi. Éduquer ! Qui donc éduquerais-je, que moi-même ? Nathanaël, te le dirai-je ? Je me suis interminablement éduqué. Je continue. Je ne m'estime jamais que dans ce que je pourrai faire.*

Nathanaël, jette mon livre ; ne t'y satisfais point. Ne crois pas que ta vérité puisse être trouvée par quelque autre ; plus que de tout, aie honte de cela. Si je te cherchais tes aliments, tu n'aurais pas faim pour les manger ; si je te préparais ton lit, tu n'aurais pas de sommeil pour y dormir[1]. »

Après la Suisse et l'Italie, André, poursuivant son étrange voyage de noces avec Madeleine, lui fait découvrir l'Afrique du Nord : la Tunisie puis l'Algérie. Il convient que celles et ceux qu'il aime partagent avec lui, ne fût-ce qu'un peu de son émotion. Il a fait venir sa mère à Biskra ; il y a expédié Pierre Louÿs qui n'y a rien compris et avec lequel il s'est fâché ; il y convie Madeleine ; bientôt, son nouvel ami, Francis Jammes, viendra les rejoindre. Gide vagabonde rarement seul. Il a besoin des autres pour s'éprouver pleinement ; il doit être avec quelqu'un pour sentir, un instant, le besoin de le quitter. De même qu'il a besoin d'adhérer à la norme pour mieux saisir l'étendue de sa différence.

André veut entraîner Madeleine dans ce qu'il nomme sa « *joie* », sans mesurer l'inquiétude et l'angoisse où les débordements de son enthousiasme jettent sa craintive épouse. Sans comprendre davantage que la jeune femme, déjà, a choisi le retrait. Elle sera, tant qu'elle le pourra, la conseillère, le contre-feu, le havre, la protection. « *Les vacances de Pâques avaient pris fin. Dans le train qui nous ramenait de Biskra, trois écoliers regagnaient leur lycée, occupaient le compartiment voisin du nôtre à peu près plein. Ils s'étaient à demi dévêtus, la chaleur étant provocante, et seuls dans ce compartiment menaient un train d'enfer. A chacun des fréquents mais brefs arrêts du train, penché à la petite fenêtre du côté que j'avais baissée, ma main pouvait atteindre le bras d'un des trois écoliers qui s'amusait à se pencher vers moi, de la fenêtre voisine, se prêtait au jeu en riant ; et je goûtais de suppliciantes délices à palper ce qu'il offrait à ma caresse de duveteuse chair ambrée. [...] Puis le train repartait. Je me rasseyais, haletant, pantelant, et feignais d'être absorbé par la lecture. Madeleine, assise en face de moi, ne disait rien, affectait de ne pas me voir, de ne pas me connaître... Arrivés à Alger, seuls dans l'omnibus qui nous emmenait à l'hôtel, elle me dit enfin, sur un ton où je sentais plus de tristesse que de blâme : "Tu avais l'air ou d'un criminel ou d'un fou*[2]." »

A Biskra, André a retrouvé Athman. Ce jeune Arabe avait été le guide et le serviteur à tout faire de Gide et de Laurens au cours du premier séjour. L'année précédente, Gide a voulu enlever le garçon à sa famille et l'installer dans l'appartement de la rue de Commaille où Athman aurait partagé son temps entre un apprentissage scolaire et quelques travaux domestiques. Les protestations de Juliette Gide ont attisé la querelle exaspérée entre la mère et le fils. Finalement, Gide a cédé – provisoirement : Athman viendra quelques années plus tard apporter, sans lendemain, sa note pittoresque et exotique au cénacle gidien.

Cette fois, c'est à peine s'il le reconnaît : l'enfant est devenu un homme de dix-sept ans. Auprès de lui, Gide éprouve une passion qui ne l'abandonnera jamais, celle d'éduquer. On a trop souvent, à propos de Gide, rapproché la pédagogie et la pédérastie et évoqué le modèle grec. Il s'agit de bien autre chose. D'abord d'une protestation de tout son être contre son éducation ; contre ce corset dans lequel il a failli mourir d'étouffement et dont il croit être ressorti tordu à vie. Éduquant les autres, il essaie de refaire à l'envers le chemin vers l'enfance en effaçant ses pas. Il retrouve les jeux, les rires, la spontanéité dont il a été privé. Il s'abandonne. Quand il éduque Athman, Athman l'éduque : « *Je connaissais des gardeurs de troupeaux nomades ; j'allais les retrouver ; je causais avec eux […] Mais Athman, à qui je racontais ces courses, me dit qu'elles n'étaient pas prudentes, et que des Arabes rôdeurs gardent les environs des oasis et dépouillent les étrangers qu'ils savent ne pouvoir se défendre ; c'eût été leur métier de m'attaquer. De ce jour, il voulut m'accompagner ; mais comme il n'aimait pas marcher, mes courses devinrent moins longues, puis cessèrent*[3]. »

Les années 1890 sont, en France, celles d'un grand débat pédagogique gauchi par des arrière-pensées politiques et religieuses et orienté par la « question sociale ». Qui est le plus qualifié, le plus efficace, de l'Église, de la famille ou de l'État pour inculquer aux jeunes générations le respect de l'ordre et des valeurs morales et patriotiques ? Gide fait profession de ne pas lire les journaux ; les problèmes de société ne l'intéressent guère : « *La question sociale ? – Certes. Mais la question morale est antécédente. L'homme est plus intéressant que les hommes ; c'est lui et non pas eux que Dieu a fait à son image. Chacun est plus précieux que tous.* » Cette approche individualiste le détourne de toute conception globalisante de l'éducation : c'est une affaire entre *un enfant* et *un* (à la rigueur plusieurs) éducateur. L'Église, l'État et surtout la famille sont vivement récusés pour crime de négation de l'individu : les institutions ne sont capables que de reproduire, par la contrainte, leur propre modèle.

Athman est donc l'Émile de Gide – le premier ; mais Gide est un Rousseau qui réfute Rousseau. Émile n'est pas un modèle ; Émile est unique ; l'éducation est ce qui doit lui permettre d'exprimer le plus pleinement sa singularité. Le pédagogue est semblable à un jardinier. Il taille, émonde, assouplit la terre, fournit l'engrais ; la plante poussera comme elle le veut, comme elle le peut, selon sa nature qu'il convient de respecter, avec scrupule. D'où l'intérêt des êtres un peu sauvages, incultes, comme Athman, que n'ont pas encore forcés des jardiniers dogmatiques et malhabiles. « *Athman lit comme Bouvard et écrit comme Pécu-*

chet. Il s'instruit de toutes ses forces et copie n'importe quoi. Il préfère La Joie de Maguelonne *de Hérold à* La Tentative amoureuse ; *il trouve ma* Tentative *mal écrite. "Vous employez trop souvent le mot* herbe" , *me disait-il. Je lui donne* Les Mille et Une Nuits. *Un soir il emporte le livre à Bordj Boulakras où il couche, pour le lire avec son ami Bachaga. Le lendemain il n'arrive qu'à dix heures, encore lourd de sommeil ; lui et son ami ont lu l'histoire d'* Aladin ou La lampe merveilleuse *jusqu'à deux heures du matin, raconte-t-il ; et il ajoute : "Ah ! nous avons passé une bien bonne soirée nocturne !" Nocturne, pour lui, c'est quand on veille*[4]. »

Il doit y avoir de l'amitié dans la relation pédagogique ; tout comme, pour Gide, il y a toujours un peu de pédagogie dans l'amitié. Amitié, c'est dire : échange, enrichissement réciproque. La relation pédagogique ne fonctionne qu'à double sens. Inégalitaire dans sa structure – il y a un maître et un élève –, elle tend à devenir égalitaire dans ses résultats : l'élève enseigne aussi le maître ; il l'aide à se révéler des parties de lui-même qui ont été occultées ou déformées par le forçage éducatif. L'enfant nouveau efface les ravages de la famille ancienne ; plus sûrement, il en console. Car rien vraiment ne s'efface : « *Tout ce qui a eu lieu en nous, ne fût-ce qu'une fois, peut reparaître, le temps y aidant, la volonté s'y taisant. (Il n'y a jamais, dans le monde moral, de définitive victoire*[5]*.)* »

Pas davantage de victoire définitive dans le domaine de l'éducation de soi. La métaphore du jardinier s'applique toujours : sans attention soutenue et continue, sans perpétuel effort de la volonté, les mauvaises herbes reparaissent et étouffent la plante ; elle ne redevient pas sauvage – le retour est impossible –, elle s'étiole. La grande tâche du pédagogue est de persuader son élève de l'immense vertu de l'inconfort. « *Inquiéter, tel est mon rôle.* » Convaincre sans dominer.

Quand il « éduque » Athman, quand il s'éduque à Athman, Gide continue à écrire et à accumuler les textes qui formeront, l'année suivante, *Les Nourritures terrestres*. On peut dire qu'il poursuit parallèlement les deux œuvres, tant, pour Gide, ce qu'il écrit entre toujours en configuration avec ce qu'il vit. Avec lui, le biographe n'a plus besoin de se justifier. Il est probable que

Proust avait raison lorsqu'il écrivait dans *Contre Sainte-Beuve* que les chefs-d'œuvre de l'art sont irréductibles à la vie de ceux qui les créent et qu'« *un livre est le produit d'un autre moi que celui que nous manifestons dans nos habitudes, dans la société, dans nos vices*[6] ». Mais Gide ne sépare pas sa vie de ses livres. D'un côté, il est tout entier homme de lettres, « *du matin au soir* », écrivait son ami Roger Martin du Gard : « *Même dans le plaisir, même dans l'amour... La plus fugitive impression est aussi captée, traduite en style gidien, condensée en une formule marquée de son sceau, prête à servir. Le seul but de sa vie : l'enrichissement de l'œuvre (ou de l'homme, mais de l'homme pour l'œuvre). Il ne butine jamais sans rapporter du miel à sa ruche*[7]. » De l'autre côté, il désire, à l'instar de Goethe, faire de sa vie une œuvre d'art où chaque détail compte. Il vit pour écrire ; c'est dire l'importance qu'a pour lui sa vie.

Une éducation réussie est celle où l'élève parvient à se défaire des leçons du maître. Gide le dira et le répétera dans *Les Nourritures terrestres*, ce paradoxal manuel d'éducation à la vie. Il l'écrit en ouverture, il l'écrit encore en conclusion : « *Quand tu m'auras lu, jette ce livre.* » Mais la leçon ne s'arrête pas à cette exhortation à la liberté. Auprès d'Athman, Gide découvre les immenses territoires de l'Autre : l'autre classe, l'autre culture, l'autre nature, une part de l'homme – et donc de lui-même – qu'il ignorait. Il observe son jeune guide ; il le fait parler ; il lui demande de traduire les chants des chameliers ; il se sert de lui pour pénétrer dans des lieux et des groupes qui lui seraient interdits. Martin du Gard dirait que Gide butine ; mais l'image donne une idée d'accumulation industrieuse, d'affairement d'épargnant qui renvoie Gide du côté d'un capitalisme de la curiosité qui lui est assez étranger. Il cherche moins à s'augmenter qu'à s'inquiéter. L'altérité le provoque, l'entraîne, l'incline au nomadisme. Elle le fait sortir de sa famille, de son enfance close, de sa religion.

Le plus important n'est pas de jeter le livre ; en soi, la liberté ne sert à rien. Pas plus que n'est utile, en lui-même, le « connais-toi toi-même » socratique : « *Que mon livre t'enseigne à t'intéresser plus à toi qu'à lui-même, – puis à tout le reste plus qu'à toi*[8]. »

Le « connais-toi toi-même », le jeune Gide l'a pratiqué jusqu'à s'en rendre malade. Il s'est scruté, analysé, autoconfessé et flagellé à presque s'en rendre fou. Il s'est refermé sur lui-même et sur ses péchés au point d'éprouver la haine de son corps, la haine de la réalité. Narcisse a failli se noyer dans l'image immobile que lui renvoyait son miroir. A cette fixité mortelle, il oppose désormais l'errance, le désir, la sensation : « *Quiconque s'observe arrête son développement. La chenille qui chercherait à bien "se connaître" ne deviendrait jamais papillon* [9]. » S'aimer, se haïr, s'accepter, se refuser ? Faux et pernicieux problèmes. L'impératif de Gide est tout autre : Quitte-toi !

Notes

1. Gide, *Les Nourritures terrestres*, dans *Romans*, *op. cit.*, p. 248.
2. Gide, *Et nunc manet in te*, *op. cit.*, p. 1134.
3. Gide, *Feuilles de route*, 1896, dans*Journal 1887-1925*, *op. cit.*, p. 225.
4. *Ibid.*
5. Gide, *Littérature et Morale*, dans *Journal 1887-1925*, *op. cit.*, p. 251.
6. Marcel Proust, *Contre Sainte-Beuve*, Paris, Gallimard, « Bibliothèque de la Pléiade », 1971, p. 221-222.
7. Roger Martin du Gard, *Notes sur André Gide 1913-1951*, Paris, Gallimard, 1951, p. 82.
8. Gide, *Les Nourritures terrestres*, *op. cit.*, p. 153.
9. Gide, *Les Nouvelles Nourritures*, dans *Romans*, *op. cit.*, p. 285.

29
Contre Barrès

1897

« *Né à Paris, d'un père uzétien et d'une mère normande, où voulez-vous, monsieur Barrès, que je m'enracine ?*

J'ai donc pris le parti de voyager.

En ayant éprouvé beaucoup d'agrément (pour employer une de vos exquises expressions de jadis) et surtout, j'ose le croire, beaucoup de profit, je me suis permis de conseiller aux autres le voyage ; j'ai même fait plus : j'ai poussé, j'ai contraint d'autres au voyage ; il en est qui n'avaient jamais navigué et qui m'ont rejoint sur des terres assez lointaines ; il en est un que j'ai mis en wagon ; il en est que j'ai accompagnés. J'ai fait plus encore ; j'ai écrit tout un livre, d'une folie très méditée, pour exalter la beauté du voyage, m'efforçant, peut-être par manie de prosélytisme, d'enseigner la joie qu'il y aurait à ne plus se sentir d'attaches, de racines *si vous préférez*[1]. »

Rentré à Paris, Gide déménage. Il quitte l'appartement maternel de la rue de Commaille pour s'installer, bourgeoisement, au 4 du boulevard Raspail. S'installer est inexact : André, ses meubles à peine posés, repart au printemps en Italie et en Suisse avec Madeleine, avant de passer l'été à La Roque-Baignard dont il a été élu maire l'année précédente. Élection sans campagne : les habitants du village ont désigné sans grand débat le jeune « *maître* », le propriétaire du château et des terres ; celui qui, en outre, a des relations que l'on suppose influentes dans la capitale. Gide le nomade est un notable.

Il faut s'arrêter un instant à cette brève magistrature – trois années : elle fut la seule position officielle que Gide accepta jamais. Sans doute a-t-il consenti à cette « *catastrophe* » parce qu'elle était advenue à son insu. Ne l'ayant pas désirée, il l'accueille comme une expérience, un adieu à sa jeunesse aussi, comme l'épreuve de la réalité : « *La nature entière devant moi se désenchantait. De compliquées relations d'ordre pratique s'opposeraient désormais au désintéressement de mes regards. Mes amours avec le pays cesseraient d'être platoniques. Je me sentais déjà tout investi par l'accablant souci de mes nouveaux devoirs.* [...] [Madeleine] *me connaissait assez pour savoir que, maire, je n'admettrais pas de ne l'être rien qu'à moitié, ne prenant rien à la légère. J'acceptai donc. Et ceux qui me prétendent insoucieux de la chose publique imaginent mal, assurément, le zèle civique que j'apportai dans l'exercice de mes très absorbantes fonctions*[2]. » Gide aime, un temps, se plier à des devoirs qui ne sont pas les siens. Quitte à s'en échapper ensuite, par glissade. Il vendra La Roque-Baignard en 1900 : « *La propriété est maintenant complètement enclose de barbelés. Devant quoi je me sens une âme communiste. Je n'ai jamais eu celle d'un possesseur, le seul mot de propriétaire me paraît ridicule et odieux*[3]. »

Les Nourritures terrestres sont publiées au Mercure de France dans un retentissant silence. Il faudra attendre vingt ans, une génération, pour que ce « *manuel d'évasion* » tombe sur un terrain propice et devienne le catéchisme sensuel des jeunes gens. Pour l'heure, Valéry mis à part, les amis de Gide eux-mêmes font grise mine. L'ancien militant du symbolisme passe pour un traître à la cause ; et il l'est en effet. Il n'est pas jusqu'à l'allure décousue du livre, dans lequel Gide a versé à profusion des matériaux amassés depuis deux ans, des morceaux de journal, des textes publiés ailleurs, qui ne heurte les chantres de l'œuvre d'art, aux formes épurées. « *Mon livre,* expliquera Gide plus tard, *était beaucoup trop naturel pour ne point paraître factice à ceux qui n'avaient plus de goût que pour l'artificiel ; et précisément parce qu'il s'échappait de la littérature, on n'y vit d'abord que de la quintessence de littérature.* » Le temps n'est pas à la ferveur, aux explosions du sensualisme ni au lyrisme de la joie. La France littéraire de ces dernières années du siècle, toute crispée de pessimisme, tentée par une retraite prudente vers les valeurs sûres du passé et par la dénonciation du naturalisme, pervertisseur de

« l'âme française », rejette d'un haussement d'épaules les injonctions sauvages et désordonnées de ce jeune écrivain gâtant un talent de plume que personne ne lui conteste. L'heure n'est pas à Nietzsche dont Gide retrouve les accents, sans l'avoir encore lu. Marcel Drouin, l'ami proche, le beau-frère – il vient d'épouser Jeanne Rondeaux – écrit à Gide sa consternation : « *J'ai lu le livre terrible... Si tu ne songeais qu'à toi-même, le besoin de parler, de crier, balançait-il la sécurité nécessaire au meilleur de ta vie ? Si tu pensais à ton œuvre, voyais-tu là un moyen d'expression indispensable ? [...] Après l'avoir entendu, Nathanaël ne doit plus oser sortir*[4]. »

Dans un tel climat d'opprobre, l'article d'Henri Ghéon dans *L'Ermitage* apporte à Gide un soulagement. Ghéon, de son vrai nom Henri Vangeon, a vingt-deux ans. Il poursuit sans assiduité des études de médecine tout en écrivant des poèmes et en soutenant la renommée de son maître, Francis Vielé-Griffin, le théoricien du vers libre. Ghéon a publié dans *Le Mercure de France* une fine analyse de *Paludes* où il a saisi le paradoxe central de l'art gidien : « *une âme multiple et tumultueuse, toute en exagération* » mais « *une harmonie dans la liberté, une mesure dans la spontanéité* ». Ghéon n'est pas désarçonné par le nouveau tournant de Gide. Il a senti ce que *Les Nourritures* devaient à l'exaltation, mais aussi à la douleur. « *Un livre*, écrit-il, *doublement admirable parce qu'il est pensé et senti. A l'heure actuelle, Monsieur André Gide, qui était déjà le premier penseur et le premier prosateur français, compte parmi les plus grands poètes*[5]. »

Une correspondance commence à s'échanger entre les deux hommes. On y voit d'emblée Gide, du haut de ses vingt-huit ans, placer dans une subtile et douce vassalité son « *cher jeune ami* ». Il l'exhorte, il le conseille, il l'encourage, il l'écoute, avec cette bienveillance attentive du frère aîné. Très vite, Ghéon va faire son entrée dans le « cercle » gidien, cette structure à géométrie variable, si importante qu'il faudra longuement y revenir. Il y occupera une place particulière – celle d'un complice secret des dragues homosexuelles. C'est à Ghéon, le « *franc camarade* », que sera dédié *L'Immoraliste*.

Un autre écrivain est venu s'adjoindre à la nébuleuse de Gide. On ne s'étonnera pas qu'il se présente comme l'antithèse du jovial et volubile Ghéon. André Ruyters a vingt et un ans en 1897. Admirateur de Gide dès *Le Voyage d'Urien*, « *véhémentement ébloui* » par *Paludes*, cet employé de banque belge brûle d'un violent sensualisme qu'il aimerait pousser jusqu'à la dissolution même de la pensée – mais pas jusqu'à celle de la grammaire qu'il observe et corrige avec un fanatisme vétilleux. Il dédie à Gide l'un de ses recueils et invite instamment son idole à se rendre en Belgique où, lui assure-t-il, l'attend un public peu nombreux mais de qualité. Ruyters possède aux yeux de Gide une autre grande qualité : il est pauvre ; il sait joliment faire jouer la corde du poète ardent brimé par les tâches serviles auxquelles il doit s'astreindre. Gide prendra plaisir à l'aider.

Ruyters offre à l'influence gidienne un (timide) débouché belge que l'auteur des *Nourritures* va savoir, peu à peu, étendre et consolider. Édouard Ducoté et *L'Ermitage* vont lui donner une tribune parisienne de qualité. Ducoté a repris en 1896 cette petite revue dont le tirage n'atteint pas quatre cents exemplaires. Pour le premier numéro, il a demandé un texte à Gide ; ce sera « Ménalque » qu'il insérera ensuite, malencontreusement, dans *Les Nourritures*. Gide ne choisit pas *L'Ermitage* – il donne, cette même année, d'autres textes au *Mercure de France*, à *Centaure* ; il en donnera bientôt à *La Revue blanche* –, mais *L'Ermitage* va choisir Gide comme sa meilleure chance d'accéder à la notoriété. Dans une « Lettre à André Gide » que publiera la revue en 1898, Vielé-Griffin livrera le fond de l'enjeu en proposant à Gide le rôle de « *directeur de nos consciences* » : « *A vous, Gide, on commence à soupçonner une pensée dirigeante.* » Comment expliquer qu'on propose ainsi le sceptre à un écrivain encore presque inconnu ? Dans un article écrit en décembre 1897 et que *L'Ermitage* publiera deux mois plus tard, Gide s'en est pris au « *prince de la jeunesse* », au plus fêté, au plus écouté des écrivains de la *jeune France*, à Maurice Barrès lui-même. La république des lettres flaire le coup d'État.

Même si *L'Ermitage* affirmera être « *la seule revue qui ne s'occupe ni de politique ni de sociologie* », même si Gide a pris grand soin de dater son texte d'avant le commencement de l'affaire Dreyfus – l'acquittement d'Esterhazy est prononcé en janvier 1898 –, le retentissement d'« A propos des *Déracinés* » doit beaucoup au contexte politique. Gide n'y parle certes que de littérature et de morale, mais c'est pour mieux reprocher à Barrès de ne plus savoir en faire autant : « *Pourquoi, ce dessin si bon, avoir cru devoir le boursoufler inartistiquement d'une thèse électorale, intéressante certes en elle-même (sans souci même qu'elle soit juste ou non), mais dont presque toutes les pages s'empèsent et qui en épaissit les moindres mouvements*[6] *?* » On ne fait pas de la bonne littérature avec de la bonne politique ; pas davantage avec de la mauvaise : avec une ironie mordante, infligeant au passage à Maurras une leçon de botanique, Gide démontre que l'enracinement ne vaut que pour les âmes faibles, craintives, médiocres qui s'y trouvent rassurées. Aux autres, aux âmes fortes, audacieuses et vigoureuses, le déracinement. Barrès, l'apôtre du nationalisme, chantre de la faiblesse ! On comprend qu'il ait blêmi sous l'insulte.

On comprend aussi le retournement qu'involontairement, peut-être, Gide accomplit à la jonction du champ littéraire et des idées politiques. Jusqu'à présent, à quelques rares exceptions, « l'avant-garde » littéraire, soit au nom du purisme, soit par l'exaltation du classicisme, campait, derrière Barrès, sur des positions que l'on dirait aujourd'hui « de droite » et qui n'effarouchaient pas le jeune Gide. A l'inverse, derrière Zola, la vieille garde naturaliste et positiviste popularisait avec la « question sociale » les idées de progrès, d'éducation et de fidélité aux valeurs des Lumières. Gide rompt ces liens. Plus et mieux que d'autres, il proclame l'autonomie de la littérature vis-à-vis de la politique ; mais c'est pour mieux célébrer l'alliance de la beauté et de la morale, de la littérature et de la recherche du bonheur. A ceux qui regardent en arrière, il déclare : « *Je hais toute tristesse et ne comprends pas que la confiance en la beauté de l'avenir ne prévale pas sur l'adoration du passé.* » Mais il ne sacrifie pas pour autant au progrès : « *Croire que l'humanité trouve un but en dehors d'elle-même et qui ne soit pas par elle-même projeté serait folie et course après une ombre. Le progrès de l'homme n'est qu'en lui-même et n'a pas la signification victorieuse que tu crois*[7]. »

Il n'ambitionne pas la succession de Barrès ; il vise plus loin.

Notes

1. Gide, « A propos des *Déracinés* », décembre 1897. Repris dans *Prétextes*, Paris, Mercure de France, 1903, p. 29.

2. Gide, *Feuillets d'automne*, dans *Journal 1931-1949*, *op. cit.*, p. 1088-1089.

3. *Ibid.*

4. Lettre de Marcel Drouin à André Gide, 13 mai 1897. Citée par Jean Delay, *La Jeunesse d'André Gide*, *op. cit.*, tome II, p. 608.

5. *L'Ermitage*, mai 1897, p. 348.

6. Gide, « A propos des *Déracinés* », dans *Prétextes*, *op. cit.*, p. 30.

7. Gide, *Littérature et Morale*, dans *Journal 1887-1925*, *op. cit.*, p. 255.

30

Dreyfusard, malgré tout

1898

« Ils croient trop volontiers que nous nous sommes laissé séduire. J'ai déjà vu cela au moment de l'affaire Dreyfus... Parmi les dreyfusards ne pouvaient figurer selon eux, en plus des coquins avérés, des antimilitaristes antifrançais, que des jobards. Sentant bien que la vérité n'était pas de leur côté, ils allèrent jusqu'à faire l'apologie du mensonge. Il y avait des vérités dangereuses, des mensonges utiles. L'amour du vrai n'allait pas sans quelque sottise : il fallait distinguer, tout était relatif ; la religion seule pouvait prétendre à l'absolu ; mais dès qu'on descendait dans le temps, dans l'histoire, l'événement, sans couleur propre, prenait celle de l'éclairage. On devait tenir pour vrai l'opportun. [...] Je me refuse à voir aucun esprit critique dans tout scepticisme qui ne s'exerce que dans un sens[1]. »

Le 13 janvier 1898 paraît dans *L'Aurore* le « J'accuse » de Zola. Gide n'est pas en France lorsque est publiée la proclamation. Il voyage avec Madeleine – Italie, Tyrol, puis retour à Rome où ils retrouvent le peintre Maurice Denis. Mais il s'associe à la « protestation » du 14 janvier : « *Les soussignés, protestant contre la violation des formes juridiques au procès de 1894 et contre les mystères qui ont entouré l'affaire Esterhazy, persistent à demander la révision.* » Son nom figure dans la neuvième liste de pétitionnaires, sans mention de qualité, entre un membre de l'Institut et un agrégé de l'Université. En tête des signataires, les deux plus célèbres d'entre eux, Zola et Anatole France. Viennent ensuite des hommes de lettres de moindre réputation parmi lesquels Marcel Proust, Robert de Flers, Charles Rist ou Daniel

Halévy. Puis des « agrégés de l'Université » – Lucien Herr, Célestin Bouglé, Jean Perrin, etc. – dont la liste est séparée de celle des « licenciés ès lettres » et des « licenciés ès sciences ». Malgré quelques présences illustres – Monet, Jules Renard, Mirbeau, Pissarro, Fénéon, le directeur de *La Revue blanche* –, la pétition dreyfusarde rassemble davantage d'universitaires et de journalistes que de créateurs. On retrouve, en revanche, beaucoup de célébrités parmi les antidreyfusards, signataires en octobre du manifeste de la Ligue de la Patrie française initiée par Barrès. Vingt-deux académiciens – dont Coppée, Bourget, De Mun, Heredia, Brunetière –, Maurras, Verne, Daudet, Degas, Renoir s'engagent à agir pour défendre « *les intérêts vitaux de la Patrie française, et notamment ceux dont le glorieux dépôt est aux mains de l'armée nationale*[2] ».

Gide et la plupart de ses amis, néanmoins, sympathisent vivement avec les idées maîtresses du dreyfusisme. Ghéon s'en expliquera – plus que Gide : « *Je me rendis compte soudain du prix que j'attachais au beau renom de ma patrie, à sa gloire dans le monde. C'est cela que je défendais avec tout l'excès de mon âge. [...] Il n'entrait dans mon dreyfusisme exalté ni haine de l'armée, ni haine des Jésuites dont, nous disait* L'Aurore *de Georges Clemenceau, on sentait la main là-dessous ; et non plus nul attrait spécial pour les Juifs qui ne semblaient pas à plaindre.* » Néanmoins, au soir de l'arrêt de Rennes (9 septembre 1899) qui confirme la culpabilité de Dreyfus « avec des circonstances atténuantes », Ghéon avoue qu'il a « *pleuré comme un enfant sur le déshonneur de la France*[3] ».

Les sentiments de Gide sont probablement moins patriotiques. Dans l'affaire Dreyfus, c'est la mauvaise foi des adversaires de la révision qui le choque, leur obstination à ne pas remettre en cause l'autorité de la chose jugée eût-elle été, d'évidence, mal jugée. Leur immobilisme, leur enracinement dans la conviction lui semblent davantage condamnables que leur opinion. Celle-ci, en fin de compte, lui importe peu. Il ne s'en faudrait pas de beaucoup pour qu'elle soit la sienne. Lorsqu'il écoute les arguments de son ami Paul Valéry, il est – presque – au bord d'y souscrire. Valéry, dans son nihilisme épris de perfection et d'harmonie, ne se range pas derrière Barrès, mais se montre un adversaire acharné des dreyfusards : « *Tu sais que les opinions de nos excellents camarades et amis révolutionnaires ont le don de m'agacer et de m'exaspérer. [...] Ces révolutionnaires qui ne font jamais la révolution peuvent-ils se moquer des militaires qui ne font jamais la guerre ? Et on proteste contre la justice violée, l'humanité méconnue et patati et patata. On voit des individualistes qui ne sont même pas des individus, et tous ces éternels cocos qui veulent faire des omelettes sans casser les véritables œufs ! Le moindre jésuite en sait mille fois plus qu'eux, le moindre courtier en vins y voit plus clair, tout cela n'étant pas plus compliqué au fond qu'une opération de comptabilité. Voir un pays ainsi livré au hasard me dégoûte*[4]. »

Valéry craint les troubles, la dissolution de l'État républicain, l'anarchie, le règne de l'hypothèse, de l'opinion. En bon comptable, il est prêt à sacrifier une victime, Dreyfus, pour en éviter des centaines.

Gide comprend ; il comprend tout. Il y a une part de lui-même qui, moitié spontanément, moitié par discipline, fait plus encore que comprendre l'autre ; elle se l'assimile, par sympathie, elle en fait un des possibles de son esprit. D'où l'importance de ses amis et le large clavier d'opinions, d'options morales et d'engagements métaphysiques qu'ils ne cesseront de présenter, et sur lequel il jouera en virtuose sa propre partition. Avec Valéry, le jeu est particulièrement subtil. Gide admet, d'emblée, la supériorité intellectuelle de son camarade. C'est une reconnaissance qui lui coûte assez peu, Gide accordant moins d'importance à ce qu'il pense qu'à ce qu'il sent, exprime, transmet, modifie. La formidable machinerie intellectuelle de Valéry le fascine d'autant plus qu'il en devine derrière l'impeccable surface les failles émotionnelles, les angoisses, les aspirations suicidaires. Mais Gide doit aussi se défendre des aspects les plus destructeurs de cette intelligence qui a pris tant de hauteur qu'elle en est devenue inhumaine, abstraite et glacée. Il craint Valéry et la puissance de sa raison : « *C'est heureux que je ne sois pas à Paris ; tu me prouverais probablement que je suis absurde de m'emballer pour la lettre de Zola, et cela me serait extrêmement désagréable ; d'ailleurs, l'exaspération que j'aurais de voir X ou Y de mon avis, m'empêcherait peut-être d'en être ; mon caractère ne me permet des opinions qu'en province, et c'est pourquoi je les crois erronées ; c'est même pour cela qu'elles intéressent, etc.* [5]. » Joli morceau de dialectique ironique gidienne qui se termine avec netteté : « *D'ailleurs, ne me plaît point du tout ce que tu me dis.* » Ce que Gide traduira un peu plus tard avec rosserie : « *J'ai pour lui l'affection la plus vive ; il faut tout ce qu'il dit pour la diminuer. C'est un de mes meilleurs amis ; s'il était sourd et muet, je n'en voudrais pas de meilleur* [6]. »

Gide apporte donc mille nuances privées à son engagement dans le camp dreyfusard, mais il choisit. Il n'y a pas pour lui d'autre possibilité. Cet écrivain qui ne voyait hier encore dans la discussion politique qu'un intérêt psychologique – « *Ne pas faire de politique et ne presque jamais lire les journaux ; mais ne pas perdre une occasion de causer politique avec n'importe qui ; cela n'apprend rien sur la chose publique, mais cela renseigne admirablement sur le caractère des gens* [7] » – estime ne pas pouvoir échapper à l'« engagement ». De la même façon qu'en 1918 il estimera devoir soutenir l'autre camp, l'Action française : « *Lucien Maury [...] s'inquiète beaucoup de cette vague de socialisme qu'il sent monter et qu'il pressent devoir submerger notre vieux monde après qu'on croira la guerre finie. [...] Quand je lui parle de l'organisation de résistance que travaille à former l'Action française, il s'indigne. Maurras l'exaspère et Léon Daudet l'indigne. Je comprends, lui dis-je, qu'ils ne vous satisfassent point. Mais vous serez forcé de vous mettre avec eux si vous avez souci de résister. Il n'y aura pas de troisième parti. Ce sera comme au moment de l'Affaire Dreyfus ; on devra être* pour *ou* contre, *malgré qu'on en ait. Le groupement de l'Action française ne vous plaît pas ? Ce n'est pas que moi-même je l'estime le meilleur* – mais c'est le seul [8]. »

Les innombrables ennemis de Gide n'ont eu qu'à puiser dans son *Journal* et dans ses livres pour y ramener à pleines mains les preuves supposées de sa versatilité et de son inconstance. Quoi de plus facile, puisque Gide lui-même dresse, page après page et de la plus implacable et précise manière son acte d'accusation. Les attaques, les reproches, il les désamorce par avance en montant les enchères de la critique bien plus loin qu'ils ne pourront le faire. Ce qu'ils ne comprennent évidemment pas, eux, les certains, les assis, c'est ce perpétuel mouvement de Gide pour aller voir ailleurs s'il y est. Gide ne cherche pas à résoudre ses contradictions, il les affûte, il les frotte l'une contre l'autre pour faire jaillir l'étincelle d'une idée neuve – ou constater l'échec : « *Se contredire ! Si seulement M. Barrès l'osait... quelle belle carrière. – Au lieu de cela il tâche de faire se contredire M. France et ne réussit à rien sinon à montrer que M. France a été sincère deux fois*[9]. »

A peine a-t-il adhéré à la cause de Dreyfus qu'il prend ses distances avec tous ceux, les plus nombreux, qui veulent se servir de la cause du prisonnier de l'île du Diable pour faire progresser leurs propres intérêts idéologiques. Se retrouver, à propos de Dreyfus, du côté de Zola, d'Anatole France et des gros bataillons de l'Université militante l'amène, par marche contraire, à apporter son eau au moulin de la pure littérature. La mort de Mallarmé à l'automne 1898 lui en offre l'occasion sinon le prétexte. Occasion de rejeter *L'Aurore*, le journal de Clemenceau, dans les ténèbres de l'actualité : « *Quant à* L'Aurore, *on ne peut lui demander de comprendre une figure aussi inactuelle ; elle eût mieux fait de n'en pas parler du tout. Rien ne paraît plus vain qu'une occupation dont on ne pénètre pas les motifs*[10]. » Occasion d'afficher son mépris des écrivains à succès, « *la vulgarité de leur public sans choix, puis l'immortel mépris ou l'immortel oubli qui va suivre* ». L'occasion surtout de célébrer un écrivain qui s'est battu pour maintenir la littérature hors du monde.

Mais au-delà de cet hommage souvent ému, il est permis de déceler une revendication. Gide qui vient de rejeter Barrès rejette aussi le culte de Mallarmé. Mallarmé est un accomplissement : « *En un âge où nous avions besoin d'admirer, Mallarmé seul motivait une admiration légitime.* » Le maître est mort ; Gide n'a plus personne à admirer ; son hommage est aussi une manière de tourner la page. « *Ceux qui viendront* » attendent une autre direction, un autre enseignement, une autre nourriture.

Notes

1. *Journal 1926-1950*, *op. cit.*, 23 avril 1932.
2. Voir Jean-Pierre Rioux, *Nationalisme et Conservatisme : la Ligue de la patrie française 1899-1904*, Paris, Beauchesne, 1977.
3. Henri Ghéon, *L'Homme né de la guerre*, Paris, NRF, 1919. Cité dans *Correspondance Henri Ghéon-André Gide*, *1897-1903*, Paris, Gallimard, 1976, p. 153.
4. Gide-Valéry, *Correspondance*, *op. cit.*, 15 janvier 1898, p. 308.
5. *Ibid.*, 18 janvier 1898, p. 310.
6. *Journal 1887-1925*, *op. cit.*, 24 janvier 1902.
7. *Ibid.*, *Feuillets*, 1894, p. 194.
8. *Ibid.*, 3 mars 1918, p. 1060.
9. Gide, « Lettre à Angèle », *L'Ermitage*, 15 novembre 1898. Repris dans *Prétextes*, *op. cit.*, p. 53.
10. Gide, « *In memoriam.* Stéphane Mallarmé », *L'Ermitage*, octobre 1898. Repris dans *Prétextes*, *op. cit.*, p. 118.

31
Crises

1899

« Car je sais maintenant qu'il y a des prophètes, cachant pendant le jour aux peuples qu'ils conduisent l'inquiétude, hélas ! et l'égarement de leur âme, simulant leur ferveur passée pour dissimuler qu'elle est morte – qui sanglotent quand vient la nuit, quand ils se retrouvent tout seuls – et ne sont éclairés plus qu'à peine par les étoiles innombrées et par la trop lointaine Idée, peut-être – à qui pourtant ils ont cessé de croire[1]. »

Gide est reparti en Afrique du Nord avec Madeleine, dans l'espoir, peut-être, d'y retrouver le secret d'une certaine plénitude. Il n'y récolte, au lieu de joie, que les douleurs et les doutes d'une « *extraordinaire crise* », « *comme si je n'avais pas lu mes* Nourritures, *ou comme si j'aimais la tristesse*[2] ». Il va avoir trente ans ; il est plus déchiré, plus instable, plus inquiet que jamais. Il ne faut pas se laisser prendre à la figure du jeune prophète nietzschéen qui s'esquisse, à moins de lui donner toutes ses dimensions, y compris celles de l'angoisse, du doute, de l'insatisfaction et de la douleur. Le moraliste enthousiaste des *Nourritures*, le poète de la vie, de l'énergie et de la joie n'a pas évincé le petit garçon torturé par le péché, ni l'adolescent en fuite devant le réel, ni le jeune homme épris de mysticisme ; il les a seulement un instant, le temps d'un livre, chassés de son horizon, ridiculisés par son ironie, sans jamais complètement oublier leur présence et leur menace – en les utilisant même pour donner plus de force, plus d'éloquence et plus de sincérité à son arrachement. La machine gidienne ignore le repos, la satisfaction, la tranquille exploitation de ses conquêtes. Gide se reconnaît dans la figure de ce *Prométhée mal enchaîné* qu'il fait paraître dans les livraisons de *L'Ermitage* au début de l'année 1899 : « *Je n'aime pas l'homme*, écrit-il, *j'aime ce qui le dévore.* » Mais il prend soin de donner à cette confession le ton de la farce et de la moquerie. Gide est le contraire d'un écrivain heureux.

Tout lui est problème et source d'anxiété. Il aime l'amitié ; il a besoin d'elle – plus sans doute que d'amour. L'automne précédent, il a réuni à La Roque ce qu'il a pu des membres de son petit clan. Il y avait là Ghéon, Ruyters, Francis Jammes, le musicien Raymond Bonheur, Eugène Rouart ; Valéry n'avait pas pu venir. Mais Drouin, bien sûr, était là. En tant qu'ami et beau-frère, Drouin fait le lien entre le cercle littéraire et le cercle de famille. Lien indispensable à Gide : jusqu'à la mort de Madeleine, aucun de ses proches ne pourra être considéré comme tel tant qu'il n'aura pas été reçu au sein de la famille. L'amitié passe par le couple. La famille idéale ne peut pas se passer de l'onction de la famille réelle. L'auteur du retentissant « Familles, je vous hais ! » respecte et amplifie les rites de civilités en vigueur dans le clan Rondeaux.

Cela ne va pas sans trouble et sans tension. Gide réclame de ses amis une franchise entière. Or son couple même est un mensonge – par omission, pour le moins – et, sauf avec Ghéon qui partage les mêmes inclinations, son homosexualité demeure clandestine. L'homme qui se livre à l'amitié avec une passion souvent jalouse est aussi celui qui ne se livre jamais qu'à demi et qui doit souvent développer toute une diplomatie du silence, de la réticence et de la prudence. Et comme Gide supporte mal cette gestion parcimonieuse des confidences et des secrets, comme il aimerait que ses amitiés soient transparentes, il n'arrive que rarement à goûter une amitié exempte de soupçons, de reculs, de caprices que suivent des phases de reconquêtes et de séduction.

Le couple qu'il forme avec Madeleine, ce couple qu'il a si passionnément, si obstinément souhaité, repose sur la permanence d'une crise d'autant plus destructrice qu'elle se renferme dans le silence. Gide a certes besoin de Madeleine, comme d'une ancre. Elle est le point fixe, « *un fil d'argent dans la tresse de mes pensées* » qui le relie aux élans de son enfance. Elle est aussi, dans le même mouvement, celle qui maintient Gide en état d'enfance

– comme le faisait avant elle Juliette. L'enfant Gide lui appartient. Il lui présente ses amis, lui fait la lecture, accepte ses réprimandes, la soigne, l'emmène en voyage – jusqu'à ce qu'elle s'en lasse et semble préférer la bourgeoise quiétude de Cuverville. Le jeune cousin est à elle, le mari lui échappe. Madeleine, qui est une femme remarquablement intelligente, n'a pas dû se leurrer longtemps sur les désirs charnels de son époux. Et Gide n'était pas assez aveugle pour ne pas savoir qu'elle savait. L'un et l'autre souffrent, chacun à sa manière. Madeleine, qui craint tout de la vie, se recroqueville sur ses tâches de maîtresse de maison et trouve tout naturellement refuge dans la pratique de la religion et la défense inflexible de l'ordre moral. Gide, qui aurait bien aimé entraîner « l'âme sœur » sur les chemins les plus aventureux de son nomadisme, renonce vite à cette ambition : « *Je devais assister, impuissant, à cette mutilation impie. Je m'étais interdit le droit d'intervenir, de protester ; elle me le faisait sentir en passant outre, devant tout ce que je trouvais à lui dire ; sans regimber jamais, sans se départir de son aménité souriante ; simplement en ne tenant aucun compte de mes admonestations. Il n'est point d'arme qui ne s'émousse contre une pareille douceur ; tout glissait. J'en arrivais à ne plus même comprendre ce que je voulais obtenir d'elle ; je me sentais absurde ; je devenais fou*[3]. » Pas de bruit, pas de heurt, pas d'espoir de retour, leurs chemins se séparent sans pour autant que cesse le malentendu : « *Elle croyait que j'avais cessé de l'aimer.* »

La religion a joué un rôle majeur dans leur éloignement intellectuel. Ayant vite renoncé – dès le voyage de noces sans doute – au corps de son mari, Madeleine a pu croire plus longtemps à la possibilité de sauver son âme, c'est-à-dire de le ramener dans la religion de son enfance. Sans plus de succès. Depuis 1896, Gide traverse une crise religieuse qui est bien sûr inséparable de sa volonté de vivre et de se défaire des chaînes de sa jeunesse. Mais il n'y a jamais chez lui de révolution qui ne s'accompagne d'une volonté de conserver ce avec quoi on a rompu. Toujours l'ancien revient hanter et contester le nouveau et lui reprocher son caractère trop simple, trop général, trop « stylisé ». Le premier mouvement a été de jeter par-dessus bord la morale chrétienne, telle du moins que l'ont faite les Églises : « *Je m'étonne que le protestan-*

tisme, en repoussant les hiérarchies de l'Église, n'ait pas repoussé du même coup les oppressantes institutions de saint Paul, le dogmatisme de ses épîtres, pour ne relever plus que des seuls Évangiles. [...] J'ai beau lire et relire l'Évangile, je ne vois pas une seule parole du Christ dont se puisse fortifier, et même autoriser, la famille, le mariage. J'en trouve au contraire qui le nient[4]. »

Gide ne s'en tient pas à ce christianisme libertaire – auquel il reviendra pourtant souvent. Le mouvement suivant le porte à identifier Dieu et la nature dans une vision spinoziste qu'il revendique explicitement : « *Ne souhaite pas, Nathanaël, trouver Dieu ailleurs que partout. Chaque créature indique Dieu, aucune ne le révèle. Dès que notre regard s'arrête à elle, chaque créature nous détourne de Dieu*[5]. » Mais par ce biais encore, Gide touche à un lyrisme mystique dont il a hâte de se défier. *Le Prométhée mal enchaîné* – dans lequel on peut lire les prémices des *Caves du Vatican* – est la manière qu'il trouve, moqueuse, sarcastique, farceuse, pour railler sa propre tendance à prophétiser et à moraliser : à la fin de ce court roman, Prométhée décide de tuer l'aigle qui lui rongeait le foie, et de le manger : « *Le repas fut plus gai qu'il n'est permis ici de le redire, et l'aigle fut trouvé délicieux. "Il n'aura donc servi à rien ? demanda-t-on. – Ne dites pas cela, Coclès ! – Sa chair nous a nourris. – Quand je l'interrogeais, il ne répondait rien... Mais je le mange sans rancune : s'il m'eût fait moins souffrir il eût été moins gras ; moins gras, il eût été moins délectable. – De sa beauté d'hier que reste-t-il ? – J'en ai gardé toutes les plumes*[6]." »

Prométhée mange son aigle, Gide construit son œuvre avec ses incertitudes ; il la nourrit de son incapacité à se poser. Mais cette vie d'écrivain qui est née de la difficulté de vivre n'est-elle pas elle-même un leurre ? A quoi sert de manifester si personne n'est là pour comprendre et recueillir ? L'échec public des *Nourritures terrestres*, après ceux de ses autres ouvrages, conduit Gide à douter, pour la première fois, de sa vocation à écrire. Le succès que vient de remporter Pierre Louÿs avec son *Aphrodite* a accru le découragement. Il y a dix ans maintenant qu'il a fait ses débuts dans les lettres, avec la certitude d'y apporter la nouveauté esthétique et morale tant attendue. S'est-il trompé ? Quelqu'un « *attend-*

il que ma voix le guide ? et recommencerai-je pour lui, avec un nouveau peuple, une nouvelle histoire, que je reconnaîtrai pas à pas... ou si, comme ces esprits pleins de deuils et nourris de cendres amères, je m'en irai tout seul – comme ceux cachant un secret, qui rôdent autour des cimetières, et qui cherchent sans le trouver leur repos dans les lieux déserts [7] ».

Abandonner le métier d'écrivain ? « *Je ne songe qu'à voyager* », répète-t-il souvent. Et peut-être alors – provisoirement ? – céderait-il à cette tentation du désert si deux choses ne l'arrêtaient. La première est l'attitude de Valéry. Il y a longtemps déjà que l'auteur de *La Soirée avec Monsieur Teste* a décidé de « guillotiner intérieurement la littérature » pour s'abandonner tout entier aux puissances de l'intelligence : « *Écrire est un prétexte pour ne rien trouver.* » La seule excuse que s'invente Valéry pour écrire est qu'il a besoin d'argent. La seule justification de la littérature, c'est la carrière qu'elle propose : « *Il faut donc être un écrivain public* [8]. » Valéry entreprend donc, avec succès, de se construire cette amère carrière d'homme de lettres que tout son esprit méprise : « *Tu connais mon destin. Tout ce qui m'amuse emmerde le public sans exception, et personne ne fait aussi mal que moi les choses qui ne l'amusent pas* [9]. »

Il suffit à Gide que son ami vive cette expérience pour s'éviter à lui-même de la tenter. Valéry épuise en quelque sorte une possibilité de Gide, tout comme le font, ailleurs, les personnages de ses livres. A la lettre où Valéry lui expose ses conceptions sur l'inanité de la littérature et les vertus d'une carrière cynique, Gide réagit comme un homme blessé, mais aussi comme un homme délivré d'une tentation : « *Précisément parce que je récolte l'hostilité des autres, je devrais récolter aussi ta louange. [...] Car enfin, il faut à trente ans, ou tirer à N. mille, ou avoir l'estime de Valéry (si le Valéry est authentique), ou enfin n'être qu'un imbécile (et alors Val. l'est aussi de m'écrire). [...] J'ai l'air irrité ; mais c'est parce que je le suis un peu moins que je peux oser le paraître* [10]. »

Le non-dit de cet affrontement, c'est l'argent. Valéry a besoin d'en gagner, Gide pas. Si le châtelain de La Roque-Baignard ne doit pas songer à abandonner la littérature, c'est aussi parce que sa fortune l'oblige moralement à se donner au travail littéraire, comme à une fin en soi : « *Contemplation du labeur des pauvres ; le travail forcené peut seul excuser à mes yeux la richesse. La fortune considérée uniquement comme permission d'un travail libre.* » La littérature est le travail qui permet au nomade de ne pas devenir un dilettante.

Notes

1. Gide, *El Hadj ou le Traité du faux prophète*, dans *Romans*, *op. cit.*, p. 345.
2. Gide-Ghéon, *Correspondance*, *op. cit.*, 19 mars 1899, p. 189.
3. Gide, *Et nunc manet in te*, *op. cit.*, p. 1136.
4. *Journal 1887-1925*, *op. cit.*, *Morale chrétienne*, 1896.
5. Gide, *Les Nourritures terrestres*, *op. cit.*, p. 154.
6. Gide, *Le Prométhée mal enchaîné*, dans *Romans*, *op. cit.*, p. 340-341.
7. *El Hadj*, *op. cit.*, p. 363.
8. Gide-Valéry, *Correspondance*, *op. cit.*, 7 février 1896, p. 259.
9. *Ibid.*, 12 juillet 1899, p. 350.
10. *Ibid.*, 28 octobre 1899, p. 362-363.

32
Le Russe épileptique et l'Allemand fou

1900

« *Je suis entré dans Nietzsche malgré moi, je l'attendais avant de le connaître – de le connaître fût-ce de nom. Une sorte de fatalité charmante me conduisit aux lieux qu'il avait traversés, en Suisse, en Italie, – me faisait choisir pour y vivre un hiver précisément ce Sils-Maria de la Haute Engadine, où j'appris ensuite qu'il avait agonisé plus doucement. Et pas à pas ensuite, le lisant, il me semblait qu'il excitait mes pensées.*

Nous devons tous à Nietzsche une reconnaissance mûrie : sans lui, des générations peut-être se seraient employées à insinuer timidement ce qu'il affirme avec hardiesse, avec maîtrise, avec folie. Nous-même, plus personnellement, nous risquions de laisser s'encombrer toute notre œuvre par d'informes mouvements de pensées – de pensées qui maintenant sont dites. C'est à partir de là qu'il faut créer, et que l'œuvre d'art est possible[1]. »

Le mépris de Valéry pour la littérature écarte de Gide la tentation de ne plus écrire. De la même manière, peut-être (Gide : « *Toujours ajouter : peut-être* »), la folie de Nietzsche sauve Gide de la tentation de la folie. Dans la chronique de *L'Ermitage* qu'il consacre au penseur allemand, il donne de la maladie de Nietzsche une description qu'on dirait, par anticipation, sartrienne : « *Lorsque des raisonnables viennent dire : c'est un malade ; des orthodoxes : sa folie finale condamne son système – je proteste et dis que ce sont les mêmes qui criaient au Christ sur la croix : "Si tu es le Christ, sauve-toi toi-même." Il y a là une grave incompréhension. Je ne veux plus savoir ici ce qui est cause et ce qui est effet ; et je préfère dire que Nietzsche s'est fait fou. Et pour écrire de telles pages, peut-être fallait-il consentir à être malade : c'est une forme de dévouement. [...] La raison de Nietzsche au début de la vie s'y propose une tragique partie dont sa raison même est l'enjeu. Il joue contre lui-même, perd la raison – mais gagne la partie ; il a gagné puisqu'il est fou.* » Semblable à celle du Christ, la mort de Nietzsche fou rachète la raison de Gide.

En compagnie de l'auteur du *Gai savoir*, un autre écrivain entre alors dans le panthéon gidien : Dostoïevski. Le compagnonnage n'a rien de fortuit. Nietzsche professait pour l'écrivain russe une immense admiration et affirmait qu'il était le seul à lui avoir appris quelque chose en psychologie. On voit bien, d'autre part, ce qui, dans le romanesque de Dostoïevski, fascine Gide : cette propension des individus à aller jusqu'au bout de leur humanité, au-delà des limites de leur raison et de leur vie, pour se trouver eux-mêmes et, peut-être, trouver Dieu. Plus tard, Gide prononcera sur Dostoïevski de nombreuses conférences qu'il réunira, en 1923, en un volume [2]. En 1900, Nietzsche et Dostoïevski sont, avec Goethe, bien davantage que des écrivains admirés : ils sont des écrivains-manifestes ; ils sont des éléments d'une économie politique de la pensée et de la littérature qui gère les relations de Gide avec lui-même et avec le public.

Il s'agit, en premier lieu, d'écrivains étrangers. Plus encore : d'écrivains viscéralement hostiles à « l'esprit français ». Nous sommes en pleine montée d'un nationalisme hystérique qui n'épargne pas, loin de là, la littérature. Barrès, Maurras et leurs innombrables jeunes disciples se sont lancés en campagne pour mobiliser la pensée française en prévision de la revanche. *L'Appel au soldat* de Barrès paraît en 1900 et ce roman du boulangisme rencontre un grand succès. Au-delà des thèmes déjà connus de l'auteur des *Déracinés* – culte de la terre et des traditions, exaltation de l'action, haine de la démocratie – y éclate la plus violente xénophobie. Toute pensée étrangère à la « pensée française » est décrite comme un poison destiné à corrompre et à paralyser l'esprit public. Certains – Jules Lemaitre, par exemple – poussent jusqu'à l'extrême cette logique d'exclusion en demandant qu'on cesse de traduire et de lire les étrangers.

Mais plus dangereux encore sont pour les nationalistes les

« étrangers de l'intérieur », ceux qui importent dans leurs œuvres écrites en langue française les ferments mortels de la pensée étrangère. Et Barrès promet un nettoyage intellectuel aussi radical que le nettoyage politique qui doit régénérer le pays [3].

Tout en protestant que cette « *querelle* » ne l'« *intéressait pas grandement* », Gide s'y engage, Barrès est pour lui plus qu'un rival, plus qu'un adversaire : « *l'ennemi* », d'autant plus redouté et combattu qu'il est paré de nombreuses séductions – « *Barrès a raté sa carrière. Il a beaucoup de charme, mais pas grande valeur. S'il avait su quelle était sa séduction, il ne se serait peut-être pas lancé dans des affirmations qui en comportent si peu* [4] ». En plaçant la modernité littéraire sous l'égide de Nietzsche, de Dostoïevski, de Goethe, mais aussi d'Ibsen, de Schopenhauer et de Tolstoï, Gide fait coup double : il affirme que la littérature française s'exténue dans son isolement – place au neuf et à l'air du large – et, passant habilement du général au particulier, il se présente, de profil, comme l'héritier de ces rénovateurs : « *Il y a des gens pour s'étonner sans cesse que l'art et la pensée soient du domaine public. Tous les protectionnismes du monde ne pourront empêcher les paroles, les formes et les sons, de voler par-dessus les frontières comme les oiseaux par-dessus le mur. Toutes les considérations les plus admirablement patriotiques ne me retiendront pas d'être à l'affût de tout ce qui peut paraître d'étrange. J'attends toujours je ne sais quoi d'inconnu, nouvelles formes d'art et nouvelles pensées et quand elles devraient venir de la planète Mars, nul Lemaitre ne me persuadera qu'elles doivent m'être nuisibles ou me demeurer inconnues. Nous sommes loin du temps où La Bruyère disait que tout est déjà dit : nos littératures modernes diffèrent extraordinairement des antiques. [...] Qu'est-ce qui va venir après ? – ô richesses insoupçonnées ! – Je vous propose, chère amie, une belle définition du génie : le génie, c'est le sentiment de la ressource. Celle de notre race est loin d'être épuisée* [5]. »

La revendication de Gide est d'autant plus spectaculaire que ni Dostoïevski ni Nietzsche ne sont alors reconnus comme des maîtres. Lorsque le vicomte Eugène de Vogüé, ancien secrétaire d'ambassade à Saint-Pétersbourg, publie en 1886 *Le Roman russe* qui révèle au public français un continent littéraire, il croit devoir s'excuser du génie plutôt grossier de Dostoïevski et avouer que « *le désespoir le prenait d'essayer de faire comprendre ce monde au nôtre* ». Quatorze ans après cette présentation gênée, des traductions, presque toujours incomplètes par crainte d'effaroucher le goût français, ont paru. Mais, reconnaîtra encore Gide en 1909, « *Dostoïevski ne recrute que lentement ses lecteurs et parmi une élite assez spéciale ; il rebute non seulement le gros public à demi cultivé, à demi sérieux, à demi bienveillant, que n'atteignent guère plus, il est vrai, les drames d'Ibsen, mais qui sait goûter* Anna Karénine *et même* La Guerre et la Paix, – *ou cet autre public moins aimable qui se pâme devant* Zarathustra[6] ». Même si l'on compte quelques pâmoisons tardives, la réception française de Nietzsche n'est guère plus enthousiaste. Si certains, comme Remy de Gourmont, apprécient son tumulte wagnérien, l'Université se tait et la critique, dans son ensemble, emboîte le pas au jugement d'André Suarès : « *Voilà Nietzsche et son surhomme, qui est une force orgueilleuse, dont le délire d'orgueil conclut à la servitude et à l'avilissement du genre humain. Au profit de qui ? Du surhomme qui est un misérablement fou qui vagit aux mains des infirmiers.* » On n'hésite évidemment pas à tracer des parallèles entre la volonté de puissance nietzschéenne et le militarisme allemand. Les deux référents que se choisit Gide sont scandaleux. Dans son économie, ils assument le scandale que lui-même se refuse de provoquer.

Ils lui permettent aussi – et toujours de biais – de prononcer l'éloge de sa « différence ». Gide est convaincu, à juste titre, qu'un lien existe entre la souffrance de son enfance, sa nervosité maladive, son « écart » sexuel et l'originalité de son œuvre. Mais comment revendiquer cette originalité sans avouer aussi le reste ? Le temps n'est pas encore venu pour Gide de sortir sa vie de l'ombre et de l'offrir comme œuvre. Ni sa personne privée ni sa réputation d'écrivain n'y sont prêtes. Les « malades » que sont Nietzsche et Dostoïevski permettent un commencement de plaidoirie. « *A l'origine de chaque grande réforme morale, si nous cherchons bien, nous trouverons toujours un petit mystère physiologique, une insatisfaction de la chair, une inquiétude, une anomalie. [...] Je ne sache pas qu'on puisse trouver un seul réformateur, de ceux qui proposèrent à l'humanité de nouvelles évaluations, en qui l'on puisse découvrir ce que M. Binet-Sanglé appellerait une tare. Mahomet était épileptique, épileptiques les prophètes d'Israël et Luther, et Dostoïevski. Socrate avait son démon, saint Paul la mystérieuse "écharde dans la chair", Pascal son gouffre, Nietzsche et Rousseau leur folie. [...] Que l'on ne vienne pas nous dire : "Quel dommage qu'il soit malade !" S'il n'était pas malade, il n'aurait pas cherché à résoudre ce problème que lui proposait son anomalie, à retrouver une harmonie qui n'exclue pas sa dissonance. Celui qui jouit d'un parfait équilibre intérieur peut bien apporter des réformes, mais ce sont des réformes extérieures à l'homme : il établit des codes. L'autre, l'anormal, tout au contraire échappe aux codes préalablement établis*[7]. »

Gide s'assimile Nietzsche et Dostoïevski. Il n'est en rien leur disciple – il a découvert en eux ce qu'il avait déjà découvert en lui – ; il est leur contemporain. Il est l'auteur français de 1900 par lequel l'énergie et l'humanité de l'Allemand et du Russe sont offertes à la culture et au génie français.

En 1900, Gide commence la rédaction de *L'Immoraliste*.

Notes

1. Gide, « Lettre à Angèle », *L'Ermitage*, janvier 1900. Repris dans *Prétextes*, *op. cit.*, p. 85.
2. Gide, *Dostoïevski*, Paris, Plon, 1923. Repris chez Gallimard, 1981.
3. Maurice Barrès, *L'Appel au soldat*, Paris, Fasquelle, 1900. Repris dans *Œuvres complètes III* et *IV*, Paris, Club de l'Honnête Homme, 1965.
4. Gide-Valéry, *Correspondance*, *op. cit.*, 11 juillet 1899, p. 348.
5. Gide, « Lettre à Angèle », *L'Ermitage*, juin 1899. Repris dans *Prétextes*, *op. cit.*, p. 60-61.
6. Gide, *Dostoïevski*, *op. cit.*, p. 18.
7. *Ibid.*, p. 174-175.

33

La première bataille

1901

« *Dans le succès d'une pièce, ou même d'un genre de pièce, bien des considérations peuvent entrer en jeu qui n'ont rien à voir avec la littérature. Je ne parle pas seulement de ces multiples éléments auxquels l'œuvre dramatique, pour être exécutée et avec succès, fait appel : richesse des décors, éclat des costumes, beauté des femmes, talent et célébrité des acteurs ; je parle surtout des préoccupations sociales, patriotiques, pornographiques, ou pseudo-artistiques de l'auteur. Les pièces à succès d'aujourd'hui sont souvent tissues de ces préoccupations-là ; à ce point qu'en les faisant choir une à une, on supprime à peu près la pièce. Mais la plupart du temps, c'est à ces préoccupations précisément que la pièce doit sa vogue ; l'auteur qui n'y obéit pas, que la seule préoccupation d'art fait écrire, risque fort de n'être pas même représenté*[1]. »

Le 9 mai 1901, *Le Roi Candaule*, drame en vers en trois actes d'André Gide, est représenté au Nouveau Théâtre dans une mise en scène de Lugné-Poe. La pièce est un échec ; elle n'aura qu'une seule représentation. *Le Roi Candaule* ne sera repris, sans guère plus de succès, qu'un demi-siècle plus tard. Gide déteste le théâtre ; Gide est passionné par le théâtre. *Le Roi Candaule* n'est pas la première pièce qu'il écrit. Dès 1889, il rêve de composer un drame « *d'une ironie froide, implacable* » à connotation morale : « *Un jeune homme utopiste ; il le faudrait peindre en même temps très ridicule et très sympathique, bien plus, il faudrait forcer à rire justement à cause de la noblesse et de la grandeur peut-être un peu chimérique de son caractère, par ce qu'il y aurait de sans cesse disproportionné avec sa vie réelle. [...] Quand tout le monde est corrompu le vertueux égaré a toujours tort*[2]. » La thématique morale de Gide est déjà en place. Rien ne s'écrira pourtant avant 1897 où Gide commence la rédaction du « *terrible drame du* Roi Saül ». Gide est le contraire d'un écrivain rapide. La plupart de ses œuvres mûrissent lentement dans son esprit et s'élaborent plus lentement encore, parfois pendant dix ou quinze ans. Pourtant *Saül*, entre La Roque et Nice, entre Orvietto et le Tyrol, est achevé au début mai 1898 : « *J'écris un grand drame. [...] Il est naturellement très beau et historique ; pour tâcher de le faire approuver par la presse, j'ai eu soin de n'y mettre que des juifs. Le seul personnage qui ne voit pas juste est considéré comme philistin ; il s'appelle Goliath et est tué tout de suite*[3]. » Le ton léger du correspondant ne doit pas tromper : Gide s'inquiète de l'avenir de sa pièce. Il la fait lire à ses amis ; il en publie des extraits dans *La Revue blanche* – pas trop pourtant afin de ne pas déflorer le sujet. Surtout, il entreprend une véritable campagne de séduction auprès d'André Antoine, le directeur avant-gardiste du théâtre qui, depuis 1897, porte son nom et auprès d'Edouard De Max, la gloire montante de la tragédie lyrique auquel il dédie *Saül*. Mais Antoine, tout intéressé qu'il est par le texte de la pièce, a quelques doutes sur son efficacité scénique. Il ne prendra *Saül* en répétition que si son prochain spectacle, *Résultat des courses* – une lourde pièce sociale à thèse d'Eugène Brieux –, obtient un succès suffisant pour assurer sa trésorerie. « *Le cœur battant, j'ai couru à la première. Au début, j'ai essayé de me persuader que c'était excellent, tant je souhaitais le succès. Mais dès le deuxième acte, il a bien fallu me rendre à l'évidence : une pièce exécrable, un four noir ! J'étais flambé, je suis parti avant le trois... Et voilà comment mon* Saül *a été victime de* Résultat des courses[4]... »

Gide ne se décourage pas pour autant. Il multiplie les lectures amicales – au cours de l'une d'elles, en juin 1899, il rencontre le peintre belge Théo Van Rysselberghe dont l'épouse, Maria, la Petite Dame, jouera désormais, et jusqu'à la fin de sa vie, un rôle important dans le cercle des intimes. Mais rien n'y fait : la pièce ne sera jouée qu'en 1922, au théâtre du Vieux-Colombier, dans une mise en scène de Copeau, avec une musique d'Arthur Honegger.

Gide espère beaucoup dans le théâtre. Il y voit – il y verra longtemps – la possibilité d'atteindre enfin un public plus large que les deux cents abonnés de *L'Ermitage* ou que les quelques dizaines de lecteurs de ses romans. Le théâtre l'attire comme le péché. Il est le lieu de la mondanité, de la reconnaissance sociale, du faux-semblant, de la gloire ou de l'échec immédiat. C'est un lieu littéraire où, à la différence du roman, il est impossible d'oublier complètement le réel : les acteurs, les costumes, les décors, le public, autant d'écrans matériels et de déformations potentielles interposés entre l'esprit de l'œuvre et sa représentation. Le théâtre est impur, mais d'une impureté qu'on pourrait dire naturelle, spontanée. Gide est tenté par cette ambiguïté. Il avouera plus tard : « *Si* Saül *avait été joué, s'il avait rencontré une certaine faveur auprès du public, toute ma carrière eût pu en être modifiée* [5]. »

Mais, en même temps, il ne fait rien pour se rapprocher de ce public qu'il espère. Littérateur jusqu'au bout des ongles, il ne fait rien – rien de sérieux, en tout cas – pour que son texte quitte les sommets de la pure littérature et s'abaisse à brûler les planches. Il désire le public et son écriture le tient à distance. *Saül* comme *Le Roi Candaule* ne peuvent passer pour des pièces de théâtre que pour qui les lit ou, à la rigueur, les écoute ; pas pour qui les imagine sur une scène. Sans doute y a-t-il dans le nomadisme de Gide, dans l'ondoiement infini de son style, un principe qui s'oppose à la célébration théâtrale. N'empêche qu'il s'acharne à résoudre cette contradiction, ou, plus désespérément, à faire de son irrésolution un moteur dramatique. *Candaule* est ébauché au cours de l'été 1898. Très vite, comme pour tout ce qu'il entreprend, vient le temps de l'usure et de l'ennui : « *Toute joie de nouveauté s'est usée, j'ai ruminé* Candaule *trop longtemps ; je n'y trouve plus de saveur. Il me tarde aussi d'écrire autre chose que du théâtre – n'importe quoi, mais où ne me dominera pas sans cesse la crainte de me laisser aller à dire ce qui m'amuse* [6]. » Puis le temps du doute – la pièce ne vaut rien –, puis le retour de l'enthousiasme : Aurélien Lugné-Poe, qui a repris le théâtre du Gymnase après la faillite de L'Œuvre, semble prêt à accueillir une pièce de ce jeune auteur prisé par les symbolistes. Il suffirait d'un peu d'entregent : « *A qui peux-tu parler de* Candaule *? Si Lugné peut en* *avoir connaissance indirectement, cela ne serait peut-être pas mauvais. Nous allons inventer des intrigues admirables*[7]. »

Il y faudra pas mal d'intrigues, du temps et de l'argent. D'autant que Gide continue à lorgner vers Antoine qui a sur Lugné l'avantage d'être plus « installé » et d'avoir une image moins avant-gardiste. D'autant aussi que Gide préfère *Saül* à *Candaule* et espère convaincre Lugné (ou Antoine) de monter sa première pièce plutôt que la seconde. Finalement, un contrat est signé qui s'assimile à du compte d'auteur. Lugné montera *Le Roi Candaule*, il jouera le rôle-titre, De Max, celui de Gygès. Gide participera aux frais à hauteur de 3 000 francs[8]. Le poète bourgeois continue à financer la publicité de son œuvre.

Publicité de courte durée puisque la représentation de *Candaule* fut unique. Gide a volontairement exagéré, dans la préface qu'il a donnée à la seconde édition de sa pièce en 1904, le mauvais accueil que lui fit la critique ; comme si, en l'outrant, il en faisait mieux ressortir la malveillance et la bêtise. En fait, les revues amies de Gide – *Le Cri de Paris, L'Ermitage, La Revue blanche* – ont apporté leur soutien sans réticence ; les conservateurs, comme à l'accoutumée, se sont cabrés devant la nouveauté à laquelle ils n'ont rien compris et ont fait payer à l'auteur le prix de leur sottise. La plupart des autres se sont simplement ennuyés, comme, semble-t-il, la majorité du public. Les intentions de Gide, si perceptibles à la lecture, n'ont pas passé la rampe. Les mieux intentionnés ont trouvé la pièce « curieuse », « intéressante », « difficile », « profonde », « subtile » : Gide se trouve repoussé dans le cercle d'admiration dont il désirait sortir, celui de ses pairs, celui des hommes de lettres, celui de la littérature d'élite. Il s'apprêtait à livrer une « *bataille* » théâtrale qu'il imaginait sur le modèle de celle d'*Hernani*[9]. Il espérait faire lever une tempête qui balaierait la vieille scène dramatique de « *la banalité écœurante de ces pièces qui ne diffèrent entre elles que par le groupement différent de matériaux tous connus*[10] ». Il n'a eu droit qu'à un souffle de brise, immédiatement retombé.

Sa réaction, on s'en douterait, est double. D'un côté, comme tout auteur déçu, il remâche son échec et il le théorise. Brillamment. L'époque, explique-t-il, n'est pas faite pour le grand théâtre : « *Les plus splendides époques de l'art dramatiques, celles où le masque triomphe sur la scène, sont celles où l'hypocrisie cesse de recouvrir la vie. Au contraire, celles où triomphe ce que Condorcet appelle "l'hypocrisie des mœurs" sont celles mêmes où l'on arrache le masque à l'acteur, où on lui demande non plus tant d'être beau que d'être naturel ; c'est-à-dire, si je comprends bien, de prendre exemple [...] sur une humanité monotone ou déjà masquée*[11]. » Un monde moins hypocrite, plus vivant, demain sans doute, redonnera au vrai théâtre sa vraie place. En attendant ce tour de roue de l'histoire, mieux vaut faire autre chose.

Mais l'attentisme n'exclut pas l'impatience. Blessé, Gide ne renonce pas. Il va continuer à essayer d'écrire des pièces, des livrets d'opéra, des comédies, des farces, des tragédies. Il va courir toute l'Europe pour tenter de se faire jouer, pour assister à des répétitions, pour soutenir des troupes de hasard. Chaque fois anxieux, chaque fois enthousiaste, chaque fois déçu. Lui qui affirme ne pas aimer le théâtre – rester assis pendant trois actes lui est un supplice insupportable – considère néanmoins l'art dramatique comme le vecteur privilégié, sinon indispensable, des relations entre l'écrivain et le public. Le fondateur de la *NRF* voudra associer sa revue à une aventure théâtrale : ce sera le Vieux-Colombier.

Notes

1. Gide, « L'évolution du théâtre », conférence prononcée à la « Libre Esthétique » de Bruxelles, le 25 mars 1904. Reprise dans *Prétextes et Nouveaux Prétextes*, *op. cit.*, p. 146.

2. *Journal 1887-1925*, *op. cit.*, 12 mars 1889.

3. Gide, *Correspondance avec Albert Mockel, 1891-1938*, Genève, Droz, 1975, p. 215.

4. Roger Martin du Gard, *Notes sur André Gide 1913-1951*, *op. cit.*, p. 18.

5. *Échanges*, décembre 1929. Cité par Jean Claude, *André Gide et le Théâtre*, tome I, Paris, Gallimard, « Cahiers de la NRF », 1992, p. 41.

6. Gide-Ghéon, *Correspondance*, *op. cit.*, 19 juillet 1899, p. 230.

7. *Ibid.*, 6 novembre 1899, p. 259.

8. Il versera même à Lugné-Poe 308 francs supplémentaires le 14 mai. Voir Jean Claude, *André Gide et le Théâtre*, *op. cit.*, p. 52. A titre de

comparaison, le salaire annuel moyen d'un fonctionnaire parisien en 1900 est estimé à 2 500 francs.

9. Il s'était même fait, en bon dandy, confectionner pour la première un « *sensationnel gilet d'astrakan* », allusion, peut-être, aux fameux gilets (rouges) de Gautier et de ses amis en 1830.

10. *Journal 1887-1925*, *op. cit.*, 8 mai 1889.

11. Gide, *L'Évolution du théâtre*, *op. cit.*, p. 151.

34
Le bourgeon embarrassant

1902

« Pourquoi je tire L'Immoraliste *à trois cents exemplaires ? Pour me dissimuler un tout petit peu ma mévente. Tirant à douze cents, elle me paraîtrait quatre fois pire ; j'en souffrirais quatre fois plus.*

Puis chacun se devrait de tenter une aventure nouvelle ; celle-là, je peux seul la tenter ; tout m'y dispose ; elle m'amuse ; ses résultats, inattendus, m'éduqueront donc davantage ; c'est cela surtout qu'il faut considérer[1]. »

Aux premiers jours de 1902, Gide recommence à tenir le *Journal* où il n'écrivait plus régulièrement depuis 1889 et qu'il avait pratiquement abandonné depuis deux ans. Comme le signale Éric Marty, cette tentative de retour à l'écriture quotidienne doit beaucoup à la lecture du *Journal* de Stendhal[2]. Stendhal passionne Gide, pour des raisons qui ne tiennent pas toutes à la littérature : le *Journal* de 1902 s'ouvre sur l'évocation d'une conversation animée entre Gide, Blum, Drouin et deux autres convives : « *Il s'agit de savoir jusqu'où Stendhal aimait les femmes ; ce qu'il voulait en faire et ce qu'il en faisait. [...] Pour moi, je pense que Stendhal prenait à la matière féminine plus d'intérêt que d'amour. Je le vois volontiers se prouvant au bordel, qu'il n'est pas aussi impuissant que sa subtilité le fait paraître aux yeux des dames et des actrices*[3]. »

Par un de ces glissements qui lui sont familiers, l'écrivain passe de ces considérations sur la mécanique sexuelle de Stendhal à des remarques sur sa mécanique d'écriture : « *Le besoin d'écrire de Stendhal... Le besoin qui me fait écrire ces notes n'a rien de spontané, d'irrésistible. Je n'ai jamais pris de plaisir à écrire vite. C'est pourquoi je veux m'y forcer*[4]. » L'écriture du *Journal* lui est pénible ; elle est du même ordre que l'ascèse religieuse de son adolescence qui le poussait à rudoyer son corps pour mieux se rendre disponible à la présence divine. Avec le *Journal*, Gide se retrouve seul et nu face à lui-même – face à Dieu aussi, parfois –, privé de la seule identité repérable qu'il soit parvenu à se construire, celle de l'Artiste. Un journal n'est pas une œuvre d'art, ni par la matière dont il est fait – le quotidien, l'insignifiant, la répétition –, ni par la manière dont il est écrit – Gide doit, *en principe*, y abandonner sa prétention à bien écrire au profit de la rapidité, de la saisie immédiate, de l'épaisseur de l'instantané ; ni enfin par la relation, absente, au public. Les journaux que rédigeait le jeune Gide avaient servi à nourrir ses premiers livres ; ceux-là désormais ne servent plus. Ils ne sont ni un portrait éclaté, ni une autobiographie, ni une chronique de l'époque à la manière des Goncourt, ni un exercice d'analyse narcissique – encore qu'il puisse arriver, bien sûr, que de tels éléments s'intègrent à l'écriture quotidienne ; mais c'est bien le quotidien lui-même qui est traqué, dans son essence, dans son dénuement, dans sa pauvreté et dans la massivité de son silence (le Roquentin de *La Nausée*, tout comme le Meursault de *L'Étranger* sont des enfants du *Journal* de Gide).

Dès lors, il est absurde de rechercher dans le *Journal* ce que Gide a pu écrire de tel événement de sa vie ou de l'histoire dans laquelle il se trouvait engagé. Aussi absurde que de traquer ce qu'il n'a pas dit afin d'y trouver les traces d'une autocensure ou d'un secret soigneusement enfoui. Le *Journal* est un exercice éthique, un exercice spirituel : il ne se *confie* pas ; il ne cherche pas à savoir ce qu'il est mais, au contraire peut-on dire, ce qu'il devient ici et maintenant. Quête éperdue et perdue d'avance à travers laquelle un homme tente d'approcher une parfaite et fugace coïncidence avec lui-même : « *Je commence chaque journée en me persuadant qu'elle est importante ; j'en suis, du reste, aisément persuadé.* »

Le *Journal* des frères Goncourt que Gide lit inlassablement au cours de cette année lui sert de repoussoir pour l'écriture de son propre journal : « *Quelles vulnérables natures !... J'ai beaucoup réfléchi sur et autour d'eux ; mais noter, si mal que ce soit, ce que je pense, me forcerait d'écrire de nouveau lentement, et c'est surtout ce qu'ici je veux éviter*[5]. » Écrire sur les Goncourt serait tomber dans leur piège, celui de la description mondaine et de l'écriture « artiste ». Or, tout l'effort de Gide est de s'arracher à cela, et toute son inquiétude de ne jamais complètement y parvenir, de « retomber », de perdre sa journée dans des visites, des lectures et des rencontres qui ne lui apportent rien sinon la fadeur de la banalité : « *Journée comme doivent être celles d'autrui ; passons à d'autres.* » De la même façon, il ne parvient jamais complètement à « écrire vite », c'est-à-dire à oublier l'artiste qu'il voudrait mettre entre parenthèses. Comme malgré lui, le style reprend ses droits. Dialoguant avec lui-même, Gide voit ressurgir sans cesse cette image de l'homme de lettres qu'il aimerait maintenir à distance, comme une tentation d'inauthenticité.

Pour preuve de ce combat, le *Journal* s'interrompt le 27 mars, il ne reprend de manière continue qu'en 1905. Le 20 mai paraît la première édition de *L'Immoraliste* auquel Gide n'a fait que deux très brèves allusions dans son journal : « *Mon* Immoraliste *est déjà si loin de moi, que je ne puis me décider à en corriger les épreuves*[6]. » Le destin de son livre le préoccupe désormais tout entier ; il s'absente du reste. « *Je pris l'habitude de penser si mal et si peu, que lorsque je voulus quelques semaines plus tard, me remettre au travail, j'en fus étrangement empêché. Non seulement je ne tenais plus en main mes idées, mais suivais même fort mal celles des autres*[7]. »

Ce malaise est à proportion de l'importance qu'attache Gide à son livre. *L'Immoraliste* est son premier véritable « roman ». Détaché de l'influence symboliste, l'écrivain y met en scène des personnages qui ont une réalité, dans un milieu historiquement et spatialement défini : l'Afrique du Nord, le bocage normand à l'époque contemporaine. Il y a une histoire, une trame psychologique. Par ces concessions au romanesque, Gide espère, sans jamais oser le formuler, s'ouvrir la voie à un public moins étroit.

Il y a longtemps que Gide pense à ce livre. Depuis « *à peine un peu moins* » de quinze ans ; depuis, semble-t-il, son premier séjour à Biskra et l'envie de vivre qu'il lui a offerte. Comme à l'accoutumée, lorsqu'il écrit *L'Immoraliste*, Gide a l'impression de faire revivre un moment dépassé de son paysage intérieur et de souffler sur des cendres : « *Voilà au moins deux ans que j'eusse dû l'écrire ; à présent le goût n'y est plus ; je n'aime plus que le "genre sec" ; mais on écrit toujours en retard ; l'embêtant c'est que ça arrête le développement ; il y a toujours en soi ou à côté quelque chose qui n'est pas au pair et qui tire*[8]. » Mais si les cendres rougeoient de nouveau et si vivement, c'est que le feu couvait encore. Gide invente ce personnage de Michel – un malade qui ne recouvre la santé et n'apprend la joie de vivre qu'en détruisant l'équilibre de son couple – pour essayer de conjurer par l'écriture une possibilité de lui-même qui l'épouvante. Et au moment même où il écrit *L'Immoraliste*, il échafaude déjà son autre versant, *La Porte étroite* : le drame du sacrifice de soi face à celui de l'abandon à soi. Gide n'est pas Michel, mais Michel est une potentialité monstrueuse de Gide, une pente : « *Qu'un bourgeon de Michel soit en moi, il va sans dire ; mais il en est ici comme de ces passions opposées dont parle habilement Pascal, qui se maintiennent en équilibre, parce qu'on ne peut céder à l'une qu'au détriment de l'autre. Que de bourgeons nous portons en nous, cher Scheffer, qui n'écloront jamais que dans nos livres. [...] Mais si, par volonté, on les supprime tous, sauf un, comme il croît aussitôt comme il grandit. Pour créer un héros, ma recette est simple : prendre un de ces bourgeons, le mettre en pot – tout seul – on arrive bientôt à un individu admirable. Conseil : choisir de préférence (s'il est vrai qu'on puisse choisir) le bourgeon qui vous gêne le plus. On s'en défait du même coup*[9]. »

Cette fois, le « bourgeon » est plus que gênant, presque scandaleux. Gide transpose, à peine, le secret de son drame conjugal. Sous un voile si transparent qu'on tend à l'oublier, il évoque les pulsions pédérastiques de Michel. Si une morale nouvelle cherche à se dégager de *L'Immoraliste*, si Gide tente de se « *purger l'âme* », le message est assez ambigu – et imprudent – pour que son auteur guette avec anxiété les effets de son audace. Sera-t-il lu ? Et si oui, sera-t-il compris, et en quel sens ? Gide rêve d'un succès dont il redoute les conséquences. Sa stratégie de publication épouse ces sentiments contradictoires. La première édition qu'il paie au Mercure de France est maigre :

300 exemplaires. Son service de presse est réduit à l'extrême. « *Ce silence autour de moi, c'est moi* qui l'ai fait[10] », plaidera-t-il plus tard. Mais il publie quelques mois après cette édition réduite un autre tirage sur papier ordinaire qu'il préface d'un court texte de mise en garde : il n'a voulu ni donner son héros en exemple ni le condamner, il a fait une œuvre d'art et « *en art il n'y a pas de problème – dont l'œuvre d'art ne soit la suffisante solution* ».

Se croyant peut-être habile, il cumule les désavantages. Le livre n'a pas de succès ; le scandale manque d'éclater. C'est Francis Jammes, l'ami dévot de Gide, le limpide poète d'Orthez, qui se déchaîne d'abord – en privé – contre le roman « *vénéneux, malsain, mais superbe* » de son vieux camarade. Il en rend responsables les mauvaises fréquentations de Gide, tous ces gens tristes et morbides qu'il a rencontrés à Paris et à La Roque et dont il ne sauve que « *madame Gide et Rondeaux, et ta tante Desmarets que j'aimais comme un pétunia*[11] ». Jammes, qui ne peut pas rompre avec un écrivain qui lui trouve du génie, se donne la mission de convertir Gide… avec l'aide de Madeleine.

L'alerte la plus chaude vient de Ghéon. Le compagnon des excursions sexuelles de Gide est d'une discrétion impatiente. La sortie de *L'Immoraliste*, les interrogations que ses ambiguïtés lèvent lui font croire le moment venu de quitter la complète clandestinité. Au cours d'une conversation avec le peintre Jacques Blanche, il se « *confesse* » et confesse du même coup les mœurs de Gide qui est catastrophé : « *Avant dix jours, Blanche en aura parlé à vingt personnes – qui avant un mois en auront parlé à*[12]… »

Gide dévoile alors ce qu'on ne soupçonnait guère : il a une véritable stratégie du combat moral dont la publicité de sa sexualité est un élément : « *Nous ne voulons de scandale que plus tard, quand, à force de… etc. Nous travaillerons longtemps, avec entêtement, à acquérir le droit d'être sincère. Et maintenant, vieux, je nous sens tout démantelés. C'est un coup forcé ; j'arrangerais la partie autrement*[13]. »

Gide va « s'arranger », employer toute sa séduction et son pouvoir de conviction à colmater les brèches, à s'assurer des silences, à démentir l'évidence, à discréditer Blanche tout en continuant à lui prodiguer des marques d'amitié. Mais ces manœuvres de retardement laissent des traces : « *Le regard du public m'est odieux jusqu'à m'ôter le goût de vivre. Il ôte toute valeur à l'acte, tout prix à la sincérité. Où l'on voudrait garder le bel air d'attaquer, on aura l'air de se défendre*[14]. »

L'offensive de *L'Immoraliste* a tourné à la retraite. Gide fait silence, jusqu'en 1907.

Notes

1. Gide, *Journal 1887-1925*, *op. cit.*, 8 janvier 1902.

2. Éric Marty, *L'Écriture du jour. Le* Journal *d'André Gide*, Paris, Seuil, 1985. Du même auteur, la présentation et la notice du *Journal* de Gide (1887-1925), Paris, Gallimard, « Bibliothèque de la Pléiade », 1996.

3. Gide, *Journal 1887-1925*, *op. cit.*, 5 janvier 1902.

4. *Ibid.*, 10 janvier 1902.

5. *Ibid.*, 18 janvier 1902.

6. *Ibid.*, 2 mars 1902.

7. *Ibid.*, 10 octobre 1902.

8. Gide-Valéry, *Correspondance*, *op. cit.*, 5 juillet 1901, p. 385.

9. Gide, *Lettre à Scheffer* dans *Œuvres complètes IV*, *op. cit.*, p. 616. Cité par Jean-Jacques Thierry, *Gide*, Paris, Gallimard, 1962. Du même auteur, la notice de *L'Immoraliste* dans *Romans*, *op. cit.*, p. 1515.

10. Gide, *Journal 1887-1925*, *op. cit.*, 10 janvier 1907.

11. Francis Jammes-André Gide, *Correspondance 1893-1938*, Paris, Gallimard, 1948, juin 1902, p. 195.

12. Gide-Ghéon, *Correspondance*, *op. cit.*, 12 juillet 1902, p. 445.

13. *Ibid.*, 15 juillet 1902, p. 449.

14. *Ibid.*, 30 juillet 1902, p. 454.

35

Les Meilleurs

1903

« Le public ne fait pas l'artiste, mais du moins peut-il exiger de lui et ne pas se montrer facile. Il peut enfin ne pas donner raison aux médiocres, exalter seulement les meilleurs ; sa culture lui donnera le droit de ne pas avoir d'indulgence. Ce public, dis-je, doit ne plus avoir faim ; doit être cultivé ; j'ajouterai qu'il doit être en petit nombre. [...] En si petit nombre que chacun d'eux pût se trouver directement flatté par l'œuvre d'art. Le danger de la foule, de ce public "complètement inculte" dont parlait Goethe, ne vient pas seulement de ce qu'il est inculte, de sorte que le flatter est trop facile ; mais aussi de ce qu'il est trop nombreux. [...] Il est bon pour l'artiste de savoir à qui il s'adresse. De ce jour ne le sachant plus, l'artiste, ou rompt avec son époque et s'enferme, ainsi que nous voyons faire aux meilleurs, compte sur l'avenir pour le dédommager du présent et flatte idéalement un public inconnu, indistinctement épars dans l'avenir, ou bien (mais mérite-t-il alors encore le nom d'artiste ?) flatte au hasard la foule... et les œuvres qui en résultent, je ne les nomme pas, mais vous les connaissez[1]. »

En août 1903, Gide, à l'invitation du comte Harry Kessler, directeur du centre culturel de la cour de Weimar, se rend dans la ville de Goethe afin d'y prononcer une conférence. Gide vient lui-même accompagné de sa petite cour. Maria Van Rysselberghe est du voyage, ainsi que sa fille Élisabeth et sa chère et riche amie luxembourgeoise Mme Mayrisch ; mais aussi Marcel Drouin, mais encore Rosenberg, un des compagnons de piscine de Gide et de Ghéon. Au lendemain de cette aristocratique cérémonie, toute la bande s'embarque dans une longue randonnée à travers l'Allemagne qui durera presque un mois. Gide et la Petite Dame finiront seuls le périple.

La conférence s'intitule « De l'importance du public » ; elle est un plaidoyer en faveur d'une conception élitaire de l'art. Il est difficile de ne pas la rapprocher des échecs successifs que vient de subir Gide, avec *L'Immoraliste* comme avec le théâtre. Elle marque la volonté de l'écrivain de se construire un public plutôt que de continuer à semer des œuvres en attendant du hasard ou de la postérité une problématique reconnaissance. Le premier mouvement est de rupture. Au nom de l'art, Gide récuse l'art pour l'art : « *Ce fut une dangereuse chose pour l'art de se séparer de la vie ; ce fut une chose dangereuse pour l'art et pour la vie. Du jour où l'artiste ne sentit plus, près de lui, son public ; du jour où l'art ne trouva plus sa raison d'être, sa signification, son emploi dans la société, dans les mœurs, il n'en dépérit pas comme l'on eût pu croire ; [...] non l'art ne mourut pas : il s'affola. L'histoire de l'art moderne est inexplicable autrement : l'artiste qui ne sent plus son public est appelé, non pas à ne plus produire, mais à produire des œuvres sans destination : peintre, il peint sans savoir quels murs décoreront ses toiles ; sculpteur, il ignore d'où tombera le jour où pourront baigner ses statues ; poète, il chante et s'écoute chanter*[2]. »

Livré à lui-même, réduit au face-à-face avec sa création, l'artiste devient fou. La tour d'ivoire est une cellule capitonnée. La disparition du regard des autres conduit au délire. Et si ce délire doit se nommer *sincérité*, Gide n'hésite pas à écrire que « *l'hypocrisie est une des conditions de l'art* ». La solitude est toujours liée chez Gide au vertige de l'onanisme. L'œuvre d'art solitaire est une masturbation, le péché par excellence ; la tentation à éloigner.

Pour expliquer la faveur que connaît l'art pour l'art, Gide se livre à une analyse sociologique des conditions de la production artistique de son époque : la société n'a plus de goût parce qu'elle a tous les goûts. Dès lors l'artiste, incapable de s'appuyer sur une exigence culturelle ferme, comme aux temps de l'Antiquité, de la Renaissance ou du classicisme, s'isole, s'infatue et méprise ce qui n'a pas su le priser. L'art comme la critique deviennent subjectifs. Comment être un artiste dans une société démocratique ?

Peut-il exister un art démocratique ? Le débat esthétique de ce début du siècle a pris une forte coloration politique. Gide y prend une position originale. Il constate que l'éclectisme est l'enfant naturel de la démocratie dans le domaine culturel, comme l'est l'individualisme dans le domaine moral. Il l'approuve et il le déplore : « *On ne réapprend pas à ignorer. Nous avons raison [...] dans une salle de concert, de savoir applaudir, après un quatuor de Mozart, une chevauchée des Walkures... Mais il faut s'avouer que cet intelligent éclectisme, et dont nous nous félicitons, est preuve, hélas ! que l'art n'est plus une production naturelle, qu'il ne répond plus à quelque besoin précis du public, et que la société décomposée, sans idéal distinct à formuler dans aucun style, accepte imprudemment, au hasard des rencontres, tous les idéals du passé et chacun de ceux que chacun des artistes nouveaux lui propose*[3]. » Et utilisant l'une de ces métaphores botaniques dont il est friand, Gide compare l'art de son époque à un arbre dont la sève s'épuise par la faute de tous les surgeons qui la pompent.

Gide refuse le double retour en arrière que proposent Barrès et les intellectuels de l'Action française. Retour politique à la monarchie, retour esthétique au classicisme. On peut émonder les surgeons, mais on ne fait pas redescendre la sève ; le mouvement de la vie ne peut pas s'inverser et le néo-classicisme ne sera jamais qu'une caricature artificielle de l'autre. La modernité est un fait. La nier, la combattre, revient à nier et à combattre la vie elle-même. Le public n'a plus de goût ? Il revient aux artistes de se choisir un public qui en ait un. Il n'est pas possible de choisir la foule ; la foule est inculte et, surtout, elle est trop nombreuse, trop diverse ; on ne peut la toucher, la « *flatter* », dit Gide, qu'en touchant ses caractères les plus généraux, les plus communs ; c'est l'art démagogique, celui de M. Rostand.

Mais sur quel critère choisir, dans cette foule, le public homogène, ayant en commun culture, goût, idéal, devoir, sur lequel appuyer son expérience artistique ? Gide opère une curieuse distinction entre le public qui a faim et celui qui a soif. Le public affamé demande qu'on le nourrisse, qu'on lui offre des réponses immédiatement utilisables aux questions qu'il se pose sur la société, sur les fameuses questions sociales. « *Que Weimar en soit préservée !* » s'exclame le conférencier. Répondre à cette attente, c'est tomber dans l'art utilitaire, intéressé, dans la fausse nourriture de la pièce à thèse.

L'art ne nourrit pas, il enivre. Il est fait pour ceux qui n'ayant pas faim ont soif. Gide ne méprise pas les affamés – il les méprise moins que les auteurs de pièces à thèse –, il affirme seulement que les nourrir n'est pas de son ressort. En tant qu'artistes, les artistes n'ont rien à dire sur la question sociale et ils risquent seulement de s'y perdre et de se trahir. « *Il s'agirait pourtant de savoir si ce qu'on veut s'appelle philanthropie ou littérature* [4]. » Parlant devant un parterre d'altesses, Gide pose les bases d'une stratégie aristocratique de la littérature en régime démocratique. Inversant les termes habituels, il impose à l'artiste des devoirs vis-à-vis du public, une morale sociale de l'art ; mais il lui impose aussi de viser un public à la hauteur de son ambition : les *Meilleurs*.

Une telle conception suppose qu'on ne se résigne pas au hasard. Elle est activiste. Il ne s'agit plus d'écrire des livres et d'attendre une heureuse conjoncture qui les fera trouver un public. Dans l'indifférenciation démocratique, l'écrivain est celui qui doit savoir reconstruire la différence. Élaguer, trier, repousser, exclure, attirer, séduire, convaincre, fidéliser : agir en militant. Mais en même temps, Gide ne veut pas, ne peut pas s'enfermer dans une nouvelle école, une nouvelle doctrine, un surgeon de plus. C'est toute la sève qu'il veut rassembler, sans autre limite ; la part de vie de la littérature à l'exclusion de toute autre considération parasite, politique, religieuse, sociale ou nationale. Toute la littérature et rien qu'elle.

Le voyage de Weimar est emblématique. Gide, après la Belgique, va tisser en Allemagne les premiers fils d'un réseau que facilitent sa vénération pour Goethe et son admiration pour Nietzsche – en octobre, la sœur du poète-philosophe invitera Gide à faire une conférence sur son frère à Weimar ; le projet n'aboutira pas. Et il prend soin déjà de manifester qu'il n'est pas seul, que la carrière de l'écrivain André Gide ne se sépare pas de celle d'un groupe, mince encore, mais que l'écrivain, nourri de lectures religieuses, s'assimile volontiers à l'image des apôtres annonçant la parole nouvelle.

Maria Van Rysselberghe occupe dans le cercle une position particulière. C'est une femme et elle n'écrit pas ; pas encore. Quand elle rencontre Gide, en 1899, elle a trente-trois ans ; elle est mariée avec le peintre néo-impressionniste Théo Van Rysselberghe dont elle a eu une fille, Élisabeth, mais le couple s'accommode de longues séparations pendant lesquelles, souvent, Maria retrouve son amie Aline Mayrisch, elle-même mariée à un grand industriel du Luxembourg, fervente admiratrice de Gide qu'elle accueillera fréquemment dans son château de Colpach. La Petite Dame – elle mesure 152 centimètres – jouit de toutes les libertés, y compris celle de n'entrer en concurrence littéraire avec personne. Cette manière d'être à la périphérie, jointe à sa grande intelligence, à la fidélité de son amitié pour Gide et à sa parfaite indépendance d'esprit, lui ouvre une marge de manœuvre, à l'intérieur du groupe comme vis-à-vis de l'extérieur, dont Gide ne manquera pas d'exploiter les possibilités.

Deux nouveaux apôtres viennent s'adjoindre à Gide, Ghéon, Ruyters et Drouin. Le premier vient du Danemark. Il a vingt-quatre ans, il est passionné de théâtre. Né à Paris dans une famille de toute petite bourgeoisie, Jacques Copeau a épousé une jeune Danoise, Agnès Thomsen, et il est parti vivre dans le pays de son épouse, donnant des leçons de français pour faire subsister son ménage. C'est là-bas qu'il a lu *L'Immoraliste* et il a rédigé tout aussitôt un article sur le roman. Gide l'a remarqué et lui a écrit. Rentré à Paris, Copeau s'est rendu boulevard Raspail. Il a déclaré à Gide qu'il voulait « *l'acquérir comme la science* ». Puis il est reparti dans les Ardennes pour s'occuper de la minuscule fabrique familiale. Il est enthousiaste, sa parole est abondante, ses gestes excessifs, comme son urbanité ; Gide s'emploie d'abord à refroidir les élans de ce chien fou, mais Copeau s'accroche. Gide lui donne à écrire quelques articles pour *L'Ermitage* ; ils sont intéressants, incisifs, sans concession aux codes du théâtre à la mode. En novembre 1904, Copeau lâche la fabrique des Ardennes. Il débarque à Paris ; il cherche du travail. Gide croit avoir trouvé un aiguillon pour son attelage. En mars 1904, il lui écrit : « *Vous commencez à devenir une des nécessités de mon existence.* » Il faudra pourtant que Copeau attende encore un an avant d'être intronisé par un séjour à Cuverville.

Le sixième ouvrier de l'entreprise Gide n'est pas tout à fait un nouveau venu. Il y a longtemps que Gide connaît Jean Schlumberger. Arrière-petit-fils de Guizot, Schlumberger a été le voisin de Gide à La Roque-Baignard et, en tant que maire de la commune, Gide a présidé à son conseil de révision. Mais Jean a huit ans de moins qu'André ; ils ne se sont guère fréquentés. Leurs caractères et leurs formations diffèrent en profondeur. Schlumberger est un esprit profondément sérieux – lourd et lent comme un Alsacien, dit-il volontiers. C'est un humaniste, ouvert aux problèmes sociaux, ancré dans son protestantisme, solidement équilibré. La brillante effervescence de Gide l'attire ; il a assez d'argent pour n'avoir pas besoin de travailler, la vie de l'art le fait rêver, l'Italie l'ouvre à l'enthousiasme de la beauté. Il choisit Gide comme père d'élection. L'adoption se fait lentement. Elle passe aussi par l'amitié de Madeleine et de l'épouse de Jean. Elle se renforce, écrit Gide, « *par une progressive confidence* [5] ». Avec une attention et une passion d'entomologiste, Gide observe la mue de Schlumberger. Il est curieux de savoir jusqu'où elle ira. Il aime voir advenir ; il aime ceux qui adviennent.

Schlumberger s'inclut dans le dispositif gidien. Il n'en sortira plus. Quelques mois plus tard pourtant, un événement survient qui aurait pu troubler leur amitié : Gide, pour la première fois, tombe amoureux d'un garçon, le jeune frère de Jean Schlumberger, Maurice. Dans son *Journal*, Gide appelle Maurice : M ; et Madeleine : Em.

Notes

1. Gide, « De l'importance du public », conférence de Weimar. Reprise dans *Nouveaux Prétextes*, *op. cit.*, p. 161.
2. *Ibid.*, p. 157.
3. *Ibid.*, p. 158-159.
4. Gide, *Journal 1887-1925*, *op. cit.*, mai 1903.
5. *Ibid.*, novembre 1904.

36
Végétation

1904

« *Depuis le 25 octobre 1901, jour où j'achevais* L'Immoraliste, *je n'ai plus sérieusement travaillé. [...] Un morne engourdissement de l'esprit me fait végéter depuis trois ans. Peut-être m'occupant trop de mon jardin, au contact des plantes ai-je pu prendre leurs habitudes. La moindre phrase me coûte ; parler, du reste, me coûte presque autant qu'écrire. Puis il faut dire aussi que je devenais difficile à chaque soupçon de pensée, quelque critique acariâtre, toujours embusqué au fond de mon esprit, se dressait pour me dire : "Es-tu bien sûr que cela vaille la peine de... ?" Et comme la peine était énorme, aussitôt la pensée se retirait*[1]. »

Gide élabore une stratégie patiente de conquête et de formation d'un public d'élite capable d'accueillir et de soutenir cette littérature nouvelle dont il se sait porteur. Il noue des liens, rassemble des fidélités. Il se sert aussi de ses relais amicaux pour tenter de construire un second cercle. Non plus la garde rapprochée et militante, mais un réseau d'alliés choisi parmi les meilleurs – ou jugés tels par Gide – de cette jeune école d'écrivains qui n'existe pas encore.

C'est ainsi que dès 1900 Gide a rendu visite, avec Francis Jammes, au consul de France à Fou-Tchéou, Paul Claudel, alors en congé à Paris et qui s'apprêtait à repartir en Chine. Les deux hommes s'écrivaient déjà. Aucune des grandes pièces composées jusqu'alors par Claudel n'a été jouée. *Tête d'or*, écrit en 1889, a été publiée l'année suivante à cent exemplaires, sans nom d'auteur. Mais Gide s'est très vite persuadé du génie de Claudel. Si agacé soit-il par le prosélytisme de l'auteur de *L'Échange*, si éloigné qu'il se sente du catholicisme massif et intempérant de Claudel et de son ardeur à le convertir, Gide ne perd jamais le contact avec le poète-diplomate. Un duel de géants s'engage, marqué par la reconnaissance réciproque, entre le taureau catholique et le moraliste subtil ; un des plus extraordinaires tête-à-tête littéraires de ce siècle. Avec une manière d'humilité tempérée d'ironie, Gide écrira en 1925 : « *Devant Claudel, je n'ai sentiment que de mes manques ; il me domine ; il me surplombe ; il a plus de base et de surface, plus de santé, d'argent, de génie, de puissance, d'enfants, de foi, etc., que moi. Je ne songe qu'à filer doux*[2]. » Il songe surtout à ne pas perdre l'appui de Claudel dans le bon combat pour la littérature.

Claudel lui fera connaître André Suarès ; Rouart l'a mis en relation avec un écrivain pauvre venu de l'Allier, Charles-Louis Philippe, dont le naturalisme plein de sensibilité séduit Gide. Par l'intermédiaire de Van Rysselberghe, Verhaeren, qui appartient à la génération précédente, apporte sa réputation de poète de la révolution industrielle. Quelques approches sont faites du côté de Péguy ; et Gide ne renonce pas à convaincre Valéry de publier, un jour. Il est à l'affût des jeunes talents ; il lit beaucoup ; il expédie des lettres d'encouragement et de critique ; il est disponible pour servir de guide et d'incitateur. Cet écrivain que le grand public ignore est prêt à faire connaître les autres, certain d'y retrouver son compte.

Mais lui-même est en panne, au point de perdre le goût d'écrire. Il étouffe du silence qui entoure son œuvre, même si l'orgueil lui dicte de s'en moquer. Il a besoin des autres pour s'éprouver ; il a besoin toujours d'être aimé. Or, depuis *L'Immoraliste*, il a le sentiment d'être allé plus loin qu'il n'aurait dû, d'avoir été lâché par quelques-uns de ses proches : Drouin, Jammes ; il ne dit rien de Madeleine qui compte tant. Il vit une de ces « *périodes de marasme où l'on porte sur ses épaules sa tête comme un fruit sans goût*[3] ». Même un nouveau voyage en Afrique du Nord et en Italie, accompli seul d'abord, puis en compagnie de son épouse, n'est pas parvenu à le sortir de sa torpeur. Il comptait profiter de ce nouveau pèlerinage maghrébin pour faire un livre qui rassemblerait toute son expérience de cette région. Mais au retour, il n'a fait que rassembler les notes qu'il avait prises, des feuillets encore, dont il publiera quelques extraits dans la revue *Antée* : « Le renoncement au voyage, 1903-1904 ». Pourquoi faire encore un livre dont personne ne parlera ? « *Rien de tout ce que j'écrivis depuis mes* Nourritures *[...] n'a pu me satisfaire autant. Cependant l'indifférence quasi totale du "Public" en face de ce que j'écris me fait hésiter à les publier – du moins en édition courante. Si j'excepte l'article excessif et charmant de Miomandre dans l'*Occident, Saül *n'a trouvé, pour l'accueillir dans ce triste Monde des Lettres que du silence. [...] J'accorde qu'il n'est pas aisé de faire rentrer cela dans leurs rubriques ; mais il en est de même de mes* Nourritures ; *il en sera de même de mes* Feuilles de route... *de tout ce que j'écrirai. Je me sens bien moi-même difficile à cataloguer ; et par conséquent de placement difficile. Je gêne les Critiques ; tant pis pour moi*[4]. »

Ce n'est pas tant la gêne des critiques devant l'aspect inclassable de ses livres qui inquiète Gide que la gêne de ses propres amis, et notamment celle de Jammes qui s'est bien gardé d'écrire quelque article que ce soit sur son ami. Jammes, de manière emberlificotée, reproche à Gide sa mauvaise réputation : « *Cette méconnaissance, cet ostracisme* très voulu, *chez beaucoup est abominable, car tu es avec Maeterlinck, Claudel et moi l'un des rares types vivants de cette triste génération.* » Mais... « *pas plus tard que vendredi dernier une exquise jeune fille vint m'interviewer : "On n'aime pas, en général, le caractère de Gide." Te dirai-je que de la part de gens qui ne te connaissent que peu, ce jugement n'a rien qui doive surprendre ? Tu as quelquefois des phrases si dures – même avec tes amis les meilleurs, même avec moi – que, pour qui ne te sait pas un saint, tu peux représenter le Diable*[5] ».

Gide comprend parfaitement la leçon de Jammes, la leçon entendue et celle sous-entendue. Il comprend que le doux poète d'Orthez ne veut pas s'aliéner les bonnes âmes en paraissant complice du diable. Il fait semblant d'acquiescer : « *Je sais que toutes les blessures dont je souffre aux jours de lassitude, c'est mon orgueil qui les a faites. Si vraiment j'ai sale caractère, c'est pour moi plus qu'envers autrui. Il est dans ma nature que je me déchire. Laisse-moi la joie d'en souffrir tout mon soûl ; passe-moi la faiblesse de t'en avoir parlé.* » Il ajoute pourtant :

« *Permets-moi celle* [la faiblesse] *d'avouer tout de même qu'un article de toi par-dessus pourrait toucher au bon endroit et l'orgueil et les déchirures. [...] Mais où mon orgueil souffrirait, ce serait d'insister davantage*[6]. » Jammes n'écrira jamais l'essai projeté et promis sur Gide. Il ne se compromettra pas auprès du pieux public qu'il est en passe d'atteindre. L'ami s'éloigne, pour cause de religion et de carrière. Ce sont des motifs que Gide ne comprend pas. Il en souffre. La littérature qui a été un puissant moyen de construire des amitiés peut être aussi une puissante occasion de les rompre.

Pour mieux résister à l'inquiétude et à la douleur, Gide se ferme au monde. Il stagne en lui-même. Dans un mouvement de régression dont il n'est pas dupe, il se retire dans le cocon de Cuverville, sous la protection de Madeleine. Il hiberne, aux limites de l'abrutissement : « *Je ne sortais pas du jardin, où, des heures durant, je contemplais une à une chaque plante... Quand il me faudrait revivre ma vie, je ne verrais pas approcher ces jours sans angoisse*[7]*...* » Privé – pour combien de temps ? – de son identité d'écrivain, Gide en est réduit à observer son existence d'homme « ordinaire ». Ce qu'il voit le consterne. Un bourgeois oisif et sans joie, retiré dans la pluvieuse campagne normande, tout occupé de tailler des rosiers et de faire planter des arbres, curieusement marié à une femme dont il ne sent que l'indifférence, la tristesse et l'abnégation ; trop vide lui-même et trop inoccupé pour échapper au lancinant retour des « mauvaises habitudes » et au dégoût qu'elles provoquent : « *J'enfonçais ; je perdais pied ; je m'enlisais.* » Autour de lui, comme au vieux temps du clan Rondeaux, les bruits, les affaires et les drames mesquins de la famille : les frasques de Valentine, la sœur de Madeleine – secrètement, à peine, amoureuse de son beau-frère –, la gestion des terres et des fermes, les longues visites des Drouin, la présence en permission du petit Paul Gide, le cousin, le fils de l'oncle économiste, qui fait son service militaire en Normandie et que son oncle « sort » dans le monde, non sans trouble. Une parfaite vie de hobereau inutile ; un véritable suicide spirituel auquel seules quelques lectures, souvent partagées à haute voix avec Madeleine, permettent de surseoir.

Est-ce pour se sortir de ce marasme ou, au contraire, pour s'enfoncer un peu plus dans son rôle de bourgeois cossu ? Gide décide de se faire construire dans les beaux quartiers d'Auteuil, avenue des Sycomores, une immense villa dont il élabore le plan avec Théo Van Rysselberghe. Il confie la construction de cette monumentale « folie » à l'architecte Louis Bonnier et va dépenser une fortune pour édifier et décorer ce bâtiment qui se révélera, à l'usage, à peu près inhabitable. Il est vrai que Gide le nomade est incapable d'habiter confortablement un lieu ; que l'idée même de confort lui est insupportable ; qu'il choisit pour lire, pour écrire, pour dormir, les endroits qui paraissent les moins appropriés à ces usages, afin de toujours pouvoir en changer. Il est vrai aussi qu'il n'imagine pas la villa Montmorency comme le centre de sa vie familiale et intime mais comme une abbaye dont il serait tout à la fois le directeur spirituel et le mécène et vers laquelle convergeraient les membres du « cercle », la petite communauté des élus. Gide le Narcisse sait qu'il ne peut donner le meilleur de lui-même qu'en se construisant une place à part, dans une entreprise collective. A Cuverville, quand il s'y barricade, il meurt de solitude ; il devient un désert. Il se force, il s'épuise en lui-même.

Mais, en décembre, un signe de Paris vient le sortir de sa torpeur. Édouard Ducoté lui propose de sauver *L'Ermitage* qui va mal. Un nouveau comité de rédaction est désigné dont Gide et Remy de Gourmont seront les directeurs. Malgré son hostilité pour Gourmont qu'il s'efforce vainement de combattre, malgré sa répugnance à occuper une place en vue, Gide accepte : Vielé-Griffin s'occupera de la poésie, Jacques-Émile Blanche de la musique, Ghéon des romans, Marcel Drouin de la philosophie, Jacques Copeau des spectacles et Maurice Denis de la peinture : le « cercle » est là presque au complet. De quoi contrer, pense Gide, l'influence de Gourmont : « *Il est trop laid. Je ne parle pas de sa disgrâce superficielle ; non mais d'une laideur plus profonde. J'affirme que je le sentais laid déjà rien qu'à le lire. [...] La pensée, chez lui, n'est jamais chose vive et souffrante ; il reste toujours outre et la tient comme un instrument. Ses raisonnements, car il raisonne et fort bien, ne sont jamais involontaires. Sa pensée ne saigne pas quand il y touche ; c'est ce qui lui permet d'y opérer facilement. Il brutalise.* » Et Gide, contre Gourmont, définit ce qui rassemble son petit groupe : une esthétique, voire une érotique, de l'intelligence, aussi nécessaire que l'esthétique de la sensibilité : « *Il est pour la pensée aussi, une beauté propre, une grâce, dont l'absence me cause toujours quelque malaise. Auprès d'eux, je songe irrésistiblement à ceux qui, soulevant des poids, n'auraient exercé que leurs biceps. Ce n'est pas les gros bras très forts que j'aime, c'est l'harmonie de tout le corps. De même certaine harmonie de l'esprit*[8]. »

Gide et Gourmont s'observent, courtoisement. L'un et l'autre pensent que le sauvetage de *L'Ermitage* et son renouvellement valent bien les concessions que l'autre ne manquera pas de faire. Ducoté paie, et arbitrera, si besoin est. Le 15 janvier 1905, le nom de Gide apparaît pour la première fois à la direction d'une revue. Ce sera aussi la dernière.

Notes

1. Gide, *Journal 1887-1925*, *op. cit.*, novembre 1904.
2. *Ibid.*, 15 mai 1925,
3. Jammes-Gide, *Correspondance*, *op. cit.*, fin août 1904, p. 214.
4. *Ibid.*, 14 octobre 1904, p. 215.
5. *Ibid.*, 17 octobre 1904, p. 216.
6. *Ibid.*,18 octobre 1904, p. 218.
7. Gide, *Journal 1887-1925*, *op. cit.*, novembre 1904.
8. *Ibid.*, 17 mars 1904.

37

Claudel, la tentation

1905

« *Chez Fontaine, Paul Claudel est là que je n'ai pas revu depuis plus de trois ans. Jeune, il avait l'air d'un clou ; il a l'air maintenant d'un marteau-pilon. Front très peu haut, mais assez large ; visage sans nuances, comme taillé au couteau ; cou de taureau continué tout droit par la tête, où l'on sent que la passion monte congestionner aussitôt le cerveau. [...] Il me fait l'effet d'un cyclone figé. Quand il parle on dirait que quelque chose en lui se déclenche ; il procède par affirmations brusques et garde le ton de l'hostilité même quand on est de son avis. [...] Il parle à voix pas très haute, comme un convaincu ; je remarque une fois de plus combien la passion véritable est incommode à l'éloquence. Léon Blum que j'allai voir avant-hier, parlait haut, fort et facilement ; on devait l'entendre dès l'antichambre*[1]. »

« *J'entends tourner tout à profit*[2] », écrit Gide. Il ne laisse rien se perdre, même le pire ; c'est à la fois son avarice et sa prodigalité. D'autres, on dirait qu'ils calculent ; de Gide, on constate qu'il se maintient en équilibre – en vie, simplement – par embardées successives d'un extrême à l'autre de son esprit. Et pour puiser l'énergie nécessaire à ces traversées intérieures, il se trouve toujours une source nouvelle, une rencontre, un mur contre lequel rebondir, une lecture qui le provoque, un souffle contraire qui l'oblige à sortir de son enlisement. Inutile de chercher à savoir, s'il ne s'agit là que d'un prétexte, si l'ébranlement a été, consciemment ou non, provoqué avant et si Gide lui a seulement inventé une cause tangible : il est traversé, tout entier, par un tremblement, une inquiétude qui l'arrachent à ses habitudes d'esprit. Il tend la perche aux événements.

L'événement, en mai 1905, c'est la lecture de *L'Ode aux muses* de Paul Claudel qui vient de paraître dans la revue *Vers et Prose* et que la Librairie de l'Occident édite en plaquette. Gide est plutôt prévenu contre la pièce de Claudel : Jammes est trop enthousiaste et Copeau se dit déçu. Mais « *les quelques phrases que j'en lis en marchant s'emparent complètement de ma pensée. C'est un ébranlement de tout mon être, et comme l'* avertissement *que depuis un mois bientôt j'attendais* [3] ».

Gide « attendait » un avertissement ; il s'y préparait, il le souhaitait. Depuis un mois ? Il est probable que la fréquentation assidue de Gourmont à la tête de *L'Ermitage* lui a servi, par réaction, à trouver insupportables les esprits secs, les raisonneurs, les dévots de la science, les libres penseurs, disciples affirmés ou non de Voltaire et de la pensée des Lumières. Il est en manque d'ardeur, de spiritualité forte, d'ivresse. De l'écrivain allemand Hofmannsthal qu'il rencontre, il dit que « *la part de l'ombre chez lui ne m'a pas paru très vaste, ni cacher quelque chose de divin* ». De Marinetti, le peintre italien initiateur du futurisme qui lui rend visite : « *C'est un sot très riche et très fat, qui n'a jamais su se réduire au silence.* » Les théoriciens et les parleurs l'agacent ; la pensée l'agace, à commencer par la sienne qu'il troquerait tout entière volontiers contre deux heures de joie.

L'attente coïncide aussi avec la transformation de sa relation avec Maurice Schlumberger. Le corps n'y suffit plus ; Gide ressent pour le jeune frère de Jean une véritable passion qui lui vide la tête : « *J'ai de plus en plus la volonté* de ne donner à M. que de la joie, de ne recevoir de lui que de la joie. *Et je prends ce mot joie dans le sens le plus plein, le plus riche ; je dis "joie" ici, comme je dirais : "bonheur, chaleur, vertu, santé"* [4]. » Le jour où il écrit ces lignes, Gide note également : « *Je lis l'admirable premier acte de* Tête d'or, *à Em.* » Em. et M. sont en quelque sorte convoqués pour assister à l'*ébranlement* que provoque Claudel : « *Je dois à présent monter sur moi-même.* »

S'ouvrir au torrent claudélien, c'est aussi se mettre en condition pour entreprendre un livre qui sera aux antipodes de *L'Immoraliste*. Gide commence en février la rédaction d'un roman qui s'appelle encore *La Route étroite* et qu'il sentait depuis longtemps « *se démener dans sa tête* » sans trouver la force de le voir aboutir. Claudel agit comme une semence qui permet à Gide de « *prendre en main toutes ces causes de stérilité, que je distingue si bien, et les étrangler toutes* ». L'écriture de ce qui deviendra *La Porte étroite* sera pénible encore, hésitante. Elle durera plus de trois ans, pendant lesquels Gide répétera que ce livre qu'il écrit vient déjà trop tard. Il a hâte d'achever *La Porte* pour écrire *Les Caves du Vatican* dont il sent en lui les héros prendre vie. Et la présence du roman à venir gêne l'écriture de celui qui se forme. Mais l'élan est donné, le marasme se dissipe.

Signe de santé retrouvée : Gide reprend, pour un rien, le goût des larmes. Un rien : la parade du roi d'Espagne, Alphonse XIII, sur les Champs-Élysées. Il y a amené Madeleine : « *Certainement, si le roi eût été moins jeune et moins beau, des sanglots n'auraient pas serré ma gorge lorsque je l'ai vu saluer la foule en passant.* » Mais l'attentat qui a lieu le soir même contre le souverain, il lui est impossible de le prendre au sérieux : « *Il ne me semblait pas que ce fût la vie véritable. Le tableau fini, les acteurs allaient revenir saluer*[5]. » Un autre rien : « *Au théâtre, le seul nom d'Agamemnon me suffit : je ruisselle. Mon émotion tire de cet effet physique qui l'accompagne la garantie de son authenticité*[6]. »

Claudel apparaît dans le *Journal* le 1er décembre 1905 ; il ne le quitte pratiquement plus jusqu'à la fin de l'année. C'est l'impression physique d'abord, qui s'imprime. Comparé à ces gens de lettres déliés et élégants que fréquente Gide, à ces écrivains volontiers dandys – comme Gide lui-même –, aux manières urbaines et hypocrites, Claudel paraît un rustre : « *Claudel porte une petite jaquette trop courte qui le fait paraître encore plus ramassé sur lui-même et mastoc ; le regard est à la fois attiré et choqué par sa cravate, nœud coulant couleur de caroube.* » Quelques jours plus tard, quand Claudel vient déjeuner, le nœud est couleur d'aniline.

A cette rusticité de bon aloi, Claudel ajoute la séduction de n'être pas un brillant orateur : « *Sa conversation, très vivante et riche, n'improvise rien, on le sent. Il récite des vérités qu'il a patiemment élaborées. [...] Je cherche ce qui manque, pourtant, à cette parole... un peu d'humaine tendresse ?... Non ; même pas ;*

il a beaucoup mieux. C'est, je pense, la voix la plus saisissante que j'aie encore entendue. Non, il ne séduit pas ; il ne veut pas séduire ; il convainc – ou impose [7]. » Il impose tant à Gide que celui-ci s'excuse presque de ne pas retransmettre l'intégralité de la conversation de Claudel : « *J'écrirais les quelques détails qu'il donnait sur sa vie, si je ne pensais pas que cette vie dût devenir célèbre.* » Face à Claudel, l'étonnante capacité de sympathie de Gide s'épuise. Cette propension qui est la sienne à devenir l'autre, à se glisser en lui jusqu'à épouser ses raisons et ses sentiments se heurte à l'*autorité* du poète. Une image de père s'interpose où se mêlent l'admiration littéraire, le respect de la puissance et quelque chose d'un effroi d'enfant devant la présence du divin. Il émane de Claudel, tel que le ressent Gide, une assurance qui donne une intense impression de sécurité : « *Je ne cherchais même pas à me défendre de lui.* »

Du coup, subjugué, Gide recopie un discours de Claudel sur les rapports de l'art et du catholicisme auquel on le sent prêt à adhérer : « *Je fus sauvé quand j'ai compris que l'art et la religion ne devaient pas être, en nous, posés en antagonistes. Qu'ils ne devaient pas non plus se confondre. Qu'ils devaient rester pour ainsi dire perpendiculaires, l'un par rapport à l'autre ; et que leur lutte même était l'aliment de notre vie. Nous ne devons pas chercher le bonheur dans la paix mais dans le conflit. La vie d'un saint est d'un bout à l'autre une lutte ; le plus grand saint est celui qui à la fin est le plus vaincu.* » Gide, devant Claudel, n'a même plus la force de défendre son cher Jean-Jacques Rousseau. Il se contente de compter les coups : « *Claudel, à grands coups d'ostensoir dévaste notre littérature.* »

Un homme de certitude, ayant jeté par-dessus bord les angoisses sans pour autant faire l'économie du conflit : on ne voit que trop quel havre peut représenter Claudel pour l'éternel vagabond. L'auteur de *L'Otage* ne se trompe pas sur l'emprise qu'il exerce. Il pousse de front son avantage : « *"Mais Gide, alors pourquoi ne vous convertissez-vous pas ?"* (*ceci sans brutalité, sans sourire…*). *Je lui laissai voir, lui montrai dans quel désarroi d'esprit me jetaient ses paroles.* » Le lendemain du fameux déjeuner, battant le fer rougi, Claudel envoie à Gide, outre « *une lettre admirable* », un cahier manuscrit sur lequel il a copié des citations prises « *dans les Écritures et dans les Pères* ». Et Gide recopie dans un cahier le cahier de Claudel.

Est-il prêt à la conversion ? Il serait plus juste de dire qu'il en utilise la possibilité, qu'il y voit l'une de ses pentes qu'il lui paraît urgent d'exploiter à nouveau. Comme une cure de rajeunissement : « *Si je me cramponne à quelque croyance qui fasse ricaner ma raison, c'est parce que j'espère y trouver quelque force contre moi-même* », écrivait-il en septembre. Et en novembre : « *Le scepticisme est peut-être parfois le commencement de la sagesse ; mais c'est souvent la fin de l'art.* »

Dans la bouleversante rencontre de Claudel, sans doute Gide voit-il d'abord l'occasion d'un sursaut, d'un regain d'énergie qui le fait repartir en bataille contre lui-même – c'est-à-dire contre ce qu'il est devenu. Une nouvelle source de création qui laissera à d'autres gisements le temps de se reconstituer.

Mais Claudel ne l'a pas pris ainsi : « *En me quittant il me laisse l'adresse de son confesseur.* » Entre le convertisseur et le converti potentiel une manière de chasse est ouverte.

Notes

1. Gide, *Journal 1887-1925*, *op. cit.*, 1er décembre 1905.
2. *Ibid.*, 24 mars 1906.
3. *Ibid.*
4. *Ibid.*, 16 mai 1905.
5. *Ibid.*, 2 juin 1905.
6. *Ibid.*, 13 mai 1906.
7. *Ibid.*, 5 décembre 1905.

38

Comment le dire et le cacher

1906

« Jamais un homme, je ne serai qu'un enfant vieilli. Je vis avec l'inconséquence d'un poète lyrique, mais deux ou trois idées en travers de mon cerveau, fixes comme des barres, crucifient toute joie ; tout ce qui voudrait agiter son aile au hasard vient s'y froisser.

Écrit à Jammes une lettre assez importante ; lu du Montaigne. Après déjeuner travaillé à mon roman ; je fais d'énormes efforts pour rouler un peu plus avant cette masse qui n'est pas tant lourde, mais qui ne présente pas de prise.

Pris le thé avec Em. ; lu pendant une heure du Darwin à voix haute.

Vers 5 heures je vais à la foire de Criquetot. Médiocre cohue, où la peur de ne pas saluer qui me reconnaît, et de saluer qui ne me reconnaîtrait pas, me fait glisser comme un voleur derrière les boutiques. Quelques roulottes avec une douzaine d'enfants très laids et très misérables. Rentré profondément attristé[1]. »

Année noire, encore. Gide macère ; rien ne va. Claudel, marié en mars avec Reine Sainte-Marie Perrin, la fille de l'architecte de la basilique de Fourvière, est reparti aussitôt en Chine. Le souvenir de sa force enfonce Gide dans le sentiment de sa faiblesse. En bon protestant adepte de l'examen de conscience, il s'essaie à faire un bilan. Déjà, en août 1905, il avait noté : « *L'apparence rangée de ma vie m'oppresse ; me paraît certains jours d'une insupportable hypocrisie*[2]. » Le fait est que l'écrivain de la sincérité mène une double vie et qu'aucune de ses deux vies ne le satisfait.

Côté pile, la laideur bourgeoise, la vie terne et ordonnée de Cuverville ; la vie mondaine de Paris et d'Auteuil : le sentiment du temps perdu, lié à celui d'un vieillissement sans profit : « *Encore si l'usure était constante et régulière, si elle attaquait à la fois, et également, âme et corps ; mais non, elle procède par bonds ; je vieillis par morceaux, qui deviennent un sujet de stupeur et de désolation pour le reste.* » Cultivé, riche, dilettante, inutile : c'est ainsi qu'il se voit : « *Je deviens cette chose laide entre toutes : un homme affairé*[3]. » Il court beaucoup en effet. Visites à l'atelier de Picasso, à celui de Matisse, répétitions générales et premières de pièces de théâtre qui l'ennuient ; rencontre chez le sculpteur Charmoy de la princesse de Broglie et de Nathalie Barney, la future égérie de Remy de Gourmont. Un saut à Vienne pour assister au Volkstheater à la représentation en allemand du *Roi Candaule* qui est fraîchement accueilli par la critique. Un autre chez le libraire Henri Leclerc où l'on vend la bibliothèque de Heredia et où Gide achète, entre autres, l'édition in-folio de 1584 des œuvres de Ronsard. Une sortie au Jardin d'acclimatation avec les quatre enfants du pasteur Élie Allégret qui a été son tuteur à la mort de son père. Un dîner encore, avec le diplomate Philippe Berthelot, le poète Moréas et le peintre Bonnard : « *Philippe Berthelot sortait, comme à l'ordinaire, des faciles paradoxes d'homme supérieur. [. . .] Moréas donne un peu lui aussi dans ce travers, qui est celui des trois quarts des littérateurs ou des intellectuels d'aujourd'hui. (Paul Valéry, Gourmont, Vielé-Griffin – j'ai nommé les plus dissemblables.) Il en est peu qui me fatiguent davantage*[4]. »

Ces petits jeux de la mondanité et de l'esprit « supérieur » lui cassent la tête et le vident de son énergie. Mais, côté face, sa vie clandestine le pousse jusqu'au bord de la crise nerveuse. Dès le début des relations amoureuses qui unissent Maurice Schlumberger à Gide d'une part et à Ghéon de l'autre, Gide et Ghéon ont décidé de mener une expérience sentimentale exemplaire : « *Oui, vieux, la jalousie est donc un sentiment barbare, que l'amitié, rivale de l'amour, en nous trois aura supprimée. Peut-être un temps viendra où ces tristes soucis seront laissés aux incultes vulgaires. Que nombreux sont les sentiments que l'on n'a que pour avoir cru les avoir. Quand je vous eus laissés, lundi soir, je partis, tout soulevé par la joie de vous savoir ensemble et grâce à moi – puis cessai complètement d'y penser, brusquement comme si, ce faisant, je m'étais déchargé sur toi tout d'un coup de l'angoissant fardeau de mon amour*[5]. » Les deux compères s'enthousiasment à l'idée d'inventer une nouvelle forme de morale amoureuse : « *J'avais besoin de le sentir à moi de nouveau pour faire une réalité de ce rêve, m'assurer que, de savoir qu'il t'aimait, je l'en aimais encore davantage.* » Et Gide affirme qu'il trouve dans cet équilibre inédit « *tout ce qu'il faut pour écrire de belles œuvres* ».

Mais la volonté et l'optimisme ne suffisent pas. Ghéon, le premier, craque. Gide essaie de lui remonter le moral : « *Cette phrase m'attriste : "Détestons la vie", dis-tu. Non ! non, pas de* rancunes. *Pour lui* préférer *l'art, faut-il ne* pas aimer *la vie ? Propos de passionné mal guéri. Un pas de plus et tu te fais un "écrivain catholique". Qu'Apollon t'en garde, cher vieux.* » A quoi Ghéon répond par cet aveu blessé : « *Je dis : à bas l'art et à bas la vie ! Me marier, faire des enfants, les élever et mourir, voilà quel eût dû être mon destin, sans la malédiction physique qui pèse sur moi*[6]. »

Il ne sera plus guère question de Maurice entre eux, mais l'un et l'autre sont profondément bouleversés : « *Insomnie prolongée. Souffrance aiguë à mon orgueil ; cela mènerait à la folie si le jour n'arrivait pas assez vite. Oui, cette position était facile à prendre ; elle est cruellement pénible à garder. [. ...] Artisan de ma souffrance*[7] ! » Les nuits où il ne court pas comme un fou dans les rues louches de Paris à la quête d'une aventure qui le laissera le corps au repos et la tête vide et lucide, Gide tourne et retourne dans sa chambre sans pouvoir trouver le sommeil. L'insomnie devient le centre de son *Journal*. La mort du cousin Albert Desmarets, son premier ami, l'enfonce un peu plus encore dans le marasme. Il ne travaille presque plus : « *Une méthode, c'est là ce que je ne puis parvenir à m'imposer, par turbulence excessive, non point tant que je ne désire m'y soumettre, mais mon corps se rebiffe sans cesse contre ce que propose mon esprit. Que vaut ma résolution de me lever dès l'aube quand je n'ai pu dormir de la nuit ? ou de veiller lorsque je tombe de sommeil ? Force m'est de ruser avec moi-même et de prendre le bon quand il vient*[8]. » Mais le bon ne vient pas souvent. Le corps de Gide lui pèse comme chaque fois que son esprit est acculé dans une impasse. Il va consulter en Suisse le Dr Andréae qui l'avait déjà soigné en 1894. Il en revient seulement persuadé que son homosexualité n'est pas « anormale ».

Mais sa vie l'est, sans doute, marquée par ce secret qu'il ne parvient pas à dire sans avoir toujours la volonté de le dissimuler. Une seule personne, en réalité, lui importe qui ne doit pas savoir : celle de qui il est le plus difficile de se cacher, Madeleine. Elle a tout compris, sans doute, mais elle protège encore par le silence et l'abnégation la possibilité d'éviter le scandale ; moins pour se protéger elle-même que pour défendre son mari des conséquences d'un aveu. A demi-mot, elle s'en est ouverte à Ghéon, pour lui recommander la prudence : « *C'est depuis votre dernière visite à Paris que la fatigue d'André s'est accrue, que l'emploi de son temps au-dehors a revêtu je ne sais quelle apparence secrète. [...] Dès la première année de notre mariage, il a été convenu tacitement entre André et moi que tout ce qui de sa vie et de son âme était à ses amis restait terrain réservé, et cet accord je l'ai tenu, pas toujours de gaieté de cœur, mais en toute loyauté. Je ne fais jamais de question, je ne cherche jamais à savoir ce qu'André préfère ne pas me dire. [...] Mais je ne pouvais plus ne pas vous faire savoir combien il est fatigué – cela était au-dessus de mes forces – afin que vous fassiez entrer aussi en balance cette pensée avec vos projets. [...] Adieu mon cher ami... Vous êtes bien jeune... Soyez prudent... Ne m'inquiétez pas trop*[9]. »

Madeleine est au centre de *La Porte étroite*, même si le personnage d'Alissa n'est pas la Madeleine réelle, mais plutôt l'image que Gide adolescent se formait d'elle : un idéal intransigeant de mysticisme religieux et de vertu. C'est en essayant de retrouver l'exaltation de sa jeunesse que l'écrivain qui se sent vieillir part à la recherche du temps perdu : « *Je relis mes anciennes lettres à Em. que j'ai rapportées de Cuverville. En vain j'y cherche quelque aliment pour mon roman. J'y contemple à nu tous les défauts de mon esprit. Il n'en est pas un seul contre lequel je ne m'irrite*[10]. » Cette irritation est d'autant plus grande que Gide voudrait être déjà au roman suivant, à ces *Caves du Vatican* dont le projet s'ébauche mais qu'il sait ne pouvoir entreprendre tant qu'il n'aura pas payé son dû à *La Porte*, son tribut à la pure piété mystique.

Sans doute, à maintes reprises, est-il proche d'abandonner ce *livre de vieillard*. Dès qu'il en lit quelques pages à Copeau, écrites au prix de tant d'acharnement, de brouillons, d'esquisses, de feuilles froissées et jetées, il se dit consterné. Il cherche appui sur ses amis, sur le *circuit* ; il ne trouve guère que Copeau. Drouin, le mentor intellectuel, le beau-frère, est rentré dans sa coquille, gêné dans ses relations familiales par ce qu'il sait de Gide ; Ruyters végète à Bruxelles, Ghéon est en crise, Schlumberger se cherche. Jammes, ayant compris qu'il n'avait pas d'âme à gagner, s'éloigne sans élégance, sans rompre : on ne sait jamais.

Et *L'Ermitage* ne va pas bien. Ducoté perd pas mal d'argent et s'en plaint. Finalement, il fusionne sa revue avec une petite publication belge, *Antée*, créée en 1905 par Christian Beck et Henri Vandeputte. *Antée* est sensiblement moins élitaire que *L'Ermitage* – ce qui ne veut pas dire qu'elle touche un plus large public. Mais, à côté des amis de Gide, on y retrouvera des noms qui n'excitent guère les esthètes de la villa Montmorency : Régnier, Eugène Montfort, Anna de Noailles, Colette Willy, Maeterlinck. Les admirations élastiques des animateurs d'*Antée* conduisent Gide et ses amis à ne participer que du bout des doigts à la nouvelle aventure. Gide ne livre que quelques feuillets. Une position d'attente. Au moins est-il délivré de Gourmont dont *Antée* moque « *la crécelle agaçante* ».

Amyntas, un recueil de quelques carnets de voyage de Gide en Afrique du Nord, a paru en mars au *Mercure de France* – tiré à trois cents exemplaires – sans que la critique s'en émeuve. Il s'agit pourtant d'une publication capitale, quoique délibérément discrète : « *Ils n'ont pas été nombreux, pour s'apercevoir que je n'avais rien écrit de plus parfait qu'* Amyntas. *On y chercha des descriptions, du pittoresque, des renseignements sur les pays et sur les mœurs. On n'y trouva à peu près rien que je n'eusse aussi bien pu écrire ailleurs, en France, n'importe où. A qui pouvait parler la valeur secrète du livre ? A quelques rares ; les autres furent déçus*[11]. » Gide écrit cela en 1910 alors qu'il est en pleine rédaction de *Corydon*, son petit brûlot sur l'homosexualité. De fait, *Amyntas* se veut, à voix murmurée, l'aveu d'une sexualité enfin assumée, adulte, débarrassée des sortilèges exotiques de l'Afrique du Nord. Mais l'aveu est assez voilé en effet pour que, dans un dernier accès de perversion adolescente, Gide dédie ces effusions lyriques – « *Ô vêtements béants des Arabes !* » – à Madeleine Gide.

« *C'est effrayant ce que j'ai vieilli ces derniers temps. Certainement quelque chose en moi ne va plus*[12]. »

Notes

1. Gide, *Journal 1887-1925*, *op. cit.*, 16 mai 1906.
2. *Ibid.*, 15 août 1905.
3. *Ibid.*, 10 janvier 1906.
4. *Ibid.*, 2 mai 1906.
5. Lettre de Gide à Ghéon dans *Correspondance*, 25 mars 1905, p. 596.
6. Ghéon-Gide, *Correspondance*, *op. cit.*, 14 juillet et 16 juillet 1905, p. 603-604.
7. Gide, *Journal 1887-1925*, *op. cit.*, 19 mai 1906.
8. *Ibid.*, 3 mai 1906.
9. Madeleine Gide à Henri Ghéon, dans *Correspondance*, *op. cit.*, 17 mars 1905, p. 594.
10. Gide, *Journal 1887-1925*, *op. cit.*, 29 mars 1906.
11. *Ibid.*, 14 novembre 1910.
12. *Ibid.*, 15 mai 1906.

39
Ni Barrès ni Blum

1907

« Réception de Barrès à l'Académie. Pour la première fois de ma vie j'entre dans la petite enceinte. [...] Pourquoi parler ici de ce dont tous les journaux seront pleins ? – Nous partons avant le discours de Vogüé. Barrès porte le plus élégamment qu'on peut l'affreux costume. De nous tous c'est lui qui a le moins changé. Combien j'aime son mince visage, ses cheveux plats, jusqu'au son faubourien de sa voix ! Quel plat discours il nous a fait ! Que j'ai souffert des lâchetés, des flatteries, des hommages à l'opinion de l'assemblée, qui lui sont naturels peut-être, je veux dire pour lesquels il n'a point dû fausser sa pensée, mais qui cueillaient ici un applaudissement trop facile ; comme aussi son coup de dent contre Zola. [...] Ressorti de là tout démoralisé de fatigue et de tristesse. Encore une journée pareille et me voici mûr pour la religion[1]. »

Élu le 17 janvier 1906 dès le premier tour de scrutin au fauteuil de Heredia qui venait de mourir, Maurice Barrès est reçu sous la coupole un an plus tard exactement. C'est Eugène-Melchior de Vogüé, introducteur en France de Tolstoï et de Dostoïevski, mais aussi figure marquante du renouveau littéraire néo-chrétien, qui prononce le discours de réception de l'auteur du *Roman de l'énergie nationale*.

Que Gide, tout éloigné qu'il est des honneurs académiques, ait décidé de se rendre à la cérémonie du quai Conti témoigne des relations ambiguës qu'il continue à entretenir avec Barrès. Le compte rendu qu'il donne de l'événement balance encore entre l'admiration et le rejet. Barrès a quarante-cinq ans. Il vient de retrouver le mandat de député qu'il avait perdu aux législatives de 1902. Il a publié avec succès en 1905 *Au service de l'Allemagne*, premier volet d'une trilogie romanesque nationaliste, *Les Bastions de l'Est* ; en dépit de ses nombreux revirements esthétiques et politiques – ou à cause d'eux –, son influence sur la jeunesse intellectuelle est considérable. Son charme, sa séduction, sa culture opèrent bien au-delà du cercle nationaliste et antisémite où ses opinions l'enferment. Gide ne regarde pas cette réussite sans un peu d'envie. Le brio de Barrès, sa facilité, son élégance – et la beauté, un peu molle, de sa prose – renvoient Gide à sa maladresse mondaine, à sa timidité, à son incertitude. Comme Claudel, Barrès présente l'image d'un écrivain qui ne doute pas, sans que l'absence de doute semble nuire à sa création. Peu importe alors le contenu des opinions de Barrès – tout comme le fondement des convictions de Claudel. L'étroit nationalisme conservateur de l'un, la compacte foi religieuse de l'autre ne sont pas des objets de discussion intéressants. Ils pourraient en changer sans que Gide s'en émeuve. La seule question est de savoir si ces massives certitudes sont ou ne sont pas favorables à l'élargissement des esprits, à une plus vaste exploration par chacun de ses richesses et, au-delà de ces perspectives morales, à la beauté de l'œuvre d'art. En ce moment de furieux combats politiques, d'affrontements passionnés autour de la question religieuse et des relations entre la république et l'Église, d'empoignades féroces entre revanchards et pacifistes, entre rouges et blancs, Gide dresse des digues pour préserver le champ littéraire de ces querelles qui le submergeraient. Ce qu'il reproche à Barrès ce n'est pas son antisémitisme frénétique, mais d'avoir trahi sa vocation d'écrivain en attachant sa liberté à une idéologie. Le nouvel académicien se trouve obligé de faire de la littérature politicienne, de rechercher des applaudissements, de passer des compromis avec ses propres opinions pour « oublier » que Heredia était cubain et métis, que Leconte de Lisle était réunionnais, Moréas grec et Chénier natif de Constantinople. Ce qui l'indigne dans la diatribe de Barrès contre Zola – « *C'était l'époque où Zola, qui possédait plusieurs vertus professionnelles, mais qu'une irrémédiable vulgarité condamnait aux rangs subalternes, faisait rage pour transformer en gloire des lettres des succès de librairie*[2] » –, ce n'est pas le contenu mais la lâcheté morale : « *Il y a quelque bassesse d'âme à ne jamais exagérer que des opinions favorables*[3]. »

« *Dans mon article sur Barrès, faire ressortir ceci :* », écrit Gide en vue d'un texte qui ne sortira finalement que deux ans plus tard dans la *NRF*, « *1° Toute opinion est relative – rien n'est juste que par rapport à... donc.* 2° *Choisir ses opinions, non selon une justesse toujours douteuse et transitoire, mais selon le profit, temporaire mais réel, que moi particulier j'en puis tirer*[4] ». A maintes reprises, il insiste sur le peu de cas qu'il fait de ses « idées » : « *Ce que je pense importe si peu !* » De la même manière qu'il établit une distinction presque infranchissable entre l'amour et le désir physique, il dresse une barrière entre l'esprit – il préfère souvent écrire : l'âme – et la pensée. Tout juste consent-il à ce que cette dernière, bien utilisée, bien choisie, puisse servir d'aliment ou de tremplin à l'essor de l'âme. Au même titre que la nature. Quand on lui fait grief d'avoir exprimé, à quelques jours d'écart parfois, des idées contraires, il ne comprend pas le reproche : c'est comme si on lui faisait grief d'avoir eu un amant blond et l'autre brun. L'importance d'une idée tient à la joie et à l'énergie qu'elle peut vous donner, un moment, pour avancer ; jamais à son contenu.

Ceux qui croient le contraire ou qui le pratiquent sont, pense Gide, perdus pour l'art. C'est le cas de Léon Blum, l'ami de jeunesse, à qui Gide ne pardonnera jamais d'avoir subordonné ses qualités littéraires à ses passions politiques, au point d'avoir cessé d'être écrivain. Blum vient de terminer un livre sur le mariage et sur le bonheur du couple, thèmes qui n'enthousiasment guère l'auteur de *L'Immoraliste*. Mais ces préoccupations « sociologiques » ne choquent Gide qu'en passant. Il y a plus grave. Son livre, Blum l'écrit « *à peu près au courant de la plume. Je ne suis pas sûr qu'il ait tort. L'artiste chez lui n'a pas grande valeur et sa phrase, comme celle de Stendhal, n'a que faire de trouver autre chose que le mouvement même de sa pensée ; celle-ci jaillit aussitôt de sa bouche ou de sa plume, abondante et nette à la fois – plus nette il est vrai qu'abondante, sans grand* Schaudern – *mais, par conséquent, exprimable aisément de part en part ; ayant tête et queue et se présentant comme il faut, toujours. On n'imagine pas récit plus correct, plus clair, plus élégant, plus aisé que celui que fait Léon Blum au pied levé, d'un événement, d'un livre ou d'une pièce de théâtre. Quel excellent "rapporteur" il doit faire au Conseil d'État*[5] *!* ».

La politique « *courbe la pensée* » de Blum ; il juge les choses et les gens d'après ses opinions et non d'après son goût. « *Il croit celui-ci moins sûr que celles-là et préfère fausser son goût plutôt que de paraître inconséquent à lui-même. Tout ce qu'il dit aimer, on n'est peut-être pas toujours parfaitement certain qu'il l'aime, mais bien qu'il croit l'aimer et sait pourquoi.* » Du livre de Blum, Gide écrit qu'il lui « *semble une habile préface à tout le théâtre juif d'aujourd'hui* », ce théâtre à qui il reprochera d'avoir « *envahi la scène française depuis dix ans*[6] ». Du théâtre d'idées.

Gide se méfie de l'intelligence – et plus encore de ceux qui en font profession, comme Gourmont que « *le souci de se montrer intelligent fait déraisonner sans cesse* » ou comme Valéry même, qui a heureusement d'autres qualités – « *la conversation de Valéry me met dans cette affreuse alternative : ou bien trouver absurde ce qu'il dit, ou bien trouver absurde ce que je fais. S'il supprimait en réalité tout ce qu'il supprime en conversation, je n'aurais plus de raison d'être. Du reste je ne discute jamais avec lui ; simplement il m'étrangle et je me débats*[7] ». Valéry supprime alors ce que Gide ne rêve que d'ajouter.

Mais quand il choisit, Gide prend souvent le soin de le faire contre son opinion immédiate ; au risque d'y revenir. Lorsque Pierre Lasserre dans une thèse soutenue en Sorbonne sur *Le Romantisme français, essai de révolution dans les sentiments et les idées au XIXe siècle*, enfourche avec une particulière vigueur le vieux dada littéraire de *L'Action française* contre le romantisme, porte-parole et complice de la Révolution, Gide applaudit cette offensive. Il écrit à Schlumberger que *Le Romantisme français* est « *le plus important livre de critique qu'on nous ait donné depuis Taine* ». Il est vrai qu'après avoir lu avec enthousiasme les premiers chapitres il nuance : le livre est mal écrit, « *le souci de la perfection aujourd'hui semble ne faire que gêner tous ceux qu'il ne fait pas rire* ». N'empêche qu'il juge ce brûlot militant contre la décadence continue de la littérature française depuis l'âge classique « *pas trop mal pensé* » et qu'il répétera encore en 1909 dans la *NRF* : « *J'applaudis au livre de M. Lasserre.* » Ce n'est que plus tard, lorsque Lasserre se révélera aux yeux de Gide pour ce qu'il a toujours été, un propagandiste de Maurras, que l'écrivain avouera, comme à regret : « *Je crains bien que M. Lasserre n'apprenne jamais plus combien j'aimais son* Romantisme ! *Après ce livre on pouvait espérer de lui une saine, alerte et très judicieuse critique. Mais le voici tout d'un côté ; il verse. C'est un écrivain de parti. Il pouvait être tout Français ; il devient d'intérêt local. J'appelle critique de parti, celui qui juge l'étoffe non à sa qualité mais à sa couleur. (Peu m'importe du reste qu'il préfère ou le blanc ou le rouge.) [...] Désormais, quelque livre qu'on lui propose, d'avance je me doute de tout ce que M. Lasserre en dira. Lui aussi ! Son opinion est faite avant qu'il ait ouvert le livre ; il s'apprête et se force à lui trouver plus ou moins de valeur selon la courbe du nez de son auteur*[8]. »

Spontanément, en faisant confiance à son goût plutôt qu'à des sentiments politiques, assez vagues, qui le poussent vers la gauche, Gide épouse les convictions esthétiques de *L'Action française*. Il déteste l'amplification romantique et ce qu'il nomme « *l'anarchisme artistique* » : « *De même Hugo, de même Wagner, quand les métaphores lui viennent en tête pour exprimer une idée, ne choisira pas, ne nous fera grâce d'aucune. Inartistisme foncier de cela. Amplification systématique, etc. Défaut qu'il n'est même pas intéressant d'examiner. Mieux vaut condamner l'œuvre en bloc, et attendre les baïonnettes, parce que, cet art-là, c'est vraiment l'ennemi*[9]. » Toute sa conception élitaire de l'artiste, du travailleur minutieux de l'écriture, de l'orfèvre exact de la langue le mène – en relation étroite avec sa généalogie morale – à une esthétique de la contrainte et de la discipline située aux antipodes du débridé romantique. Ce constat d'accord établi entre lui et les jeunes « guêpes » réactionnaires, Gide s'empresse de lui dénier tout caractère idéologique. Ses raisons d'aimer le classicisme et de rejeter le désordre romantique ne sont pas les leurs ; elles ne sont pas du même ordre, elles ne proviennent pas de la même région de l'esprit. Il parle au nom de la beauté, ils tranchent et éliminent au nom d'une vision de l'histoire de France qu'il n'intéresse même pas Gide de croire vraie ou fausse. Ils voient l'avenir de la littérature « nationale » dans un retour à l'ordre classique ; il milite pour une littérature universelle résolument moderne faite de l'équilibre harmonieux et dynamique des éléments les plus divers, les plus contradictoires de l'esprit humain.

Originale, la position de Gide l'isole. Il est hors des courants qui agitent l'opinion et donnent à la littérature sa plus grande publicité. Ni Blum ni Barrès. Mais cet isolement, cette façon de se percher au-dessus de la mêlée, en surplomb des feux de la rampe, lui donne une stature de rassembleur potentiel. Dans un espace déchiré par les luttes idéologiques, séparé en camps retranchés où les *a priori* politiques et religieux tiennent lieu de jugement littéraire, il apparaît, avec son petit groupe aux opinions si disparates, comme le possible organisateur d'une autre distribution des cartes, d'autres combats, d'autres lignes de partage. Ni Blum, ni Barrès ? sans doute ; mais peut-être, demain, Blum et Barrès ensemble si ces deux-là consentent à abandonner le discours pour l'écriture.

Notes

1. Gide, *Journal 1887-1925*, *op. cit.*, 17 janvier 1907.
2. « Discours de réception de Maurice Barrès à l'Académie française », Institut de France, Publications diverses de l'année 1907, Paris, Firmin-Didot, 1907. Cité par Éric Marty dans *Journal 1887-1925* d'André Gide, *op. cit.*, p. 1525.
3. Gide, *Journal 1887-1925*, *op. cit.*, 17 janvier 1907.
4. *Ibid.*, 17 janvier 1907.
5. *Ibid.*, 5 janvier 1907.
6. Gide, « Nationalisme et littérature », *NRF*, juin 1909. Repris dans *Nouveaux Prétextes*, *op. cit.*, p. 180.
7. Gide, *Journal 1887-1925*, *op. cit.*, 12 février 1907.
8. Gide, « Journal sans date », *NRF*, n° 12, janvier 1910. Repris dans *Nouveaux Prétextes*, *op. cit.*, p. 222.
9. Gide, *Journal 1887-1925*, *op. cit.*, 22 mai 1907.

40

Le choix d'une vie

1908

« Décidément je préfère donner à la NRF La Porte étroite *et m'entête dans une attitude que je crois meilleure précisément parce qu'elle est plus difficile à conserver. [...] Cette décision que j'ai prise est le résultat d'une longue méditation ; j'ai senti qu'en donnant* La Porte étroite *à* La Revue de Paris, *j'allais commettre une inconséquence, c'est-à-dire un acte sans précédent et sans suite, isolé de ma vie et sans signification – tandis qu'au contraire, etc.*[1]. »

Le 15 octobre, Gide achève *La Porte étroite* ; le lendemain, il rase, définitivement, ses moustaches : « *Comme je me parais vieux !* » Changement de visage – « *Consterné par le peu d'expression de ma lèvre supérieure (comme si pouvait devenir brusquement éloquente une chose qui n'a pas encore jamais parlé)*[2] » –, comme si ce livre marquait à la fois une fin et un commencement. Il approche de la quarantaine ; il dépose les derniers signes – hormis les grandes capes sombres dans lesquelles il aime s'envelopper – de son personnage de jeune poète dandy pour adopter le masque sans fioritures de l'homme moderne. Il n'est plus temps pour lui d'être un espoir de la jeune littérature.

Mais le voilà enfin débarrassé de cette *Porte étroite* qui lui pesait tant – au point qu'il a failli au dernier moment bousculer la fin de son roman pour se livrer à une virulente critique de la vertu outrancière de son héroïne qui condamnait Jérôme à la révolte et à la débauche. Finalement, l'équilibre de l'œuvre l'a emporté sur les sentiments de son auteur, mais c'est bien de tout un pan de lui-même et de sa jeunesse, rigoriste à l'extrême, façonnée par une morale janséniste, dont Gide croit se prémunir en l'ayant écrit. Le voilà enfin prêt pour un nouveau bond : « *Lecture de Bergson – que je n'ai pas poussée très loin (*L'Évolution créatrice*). Importance admirable de ce livre, par où peut s'échapper de nouveau la philosophie*[3]. »

A la fin de l'été, le *circuit* s'est retrouvé en ordre dispersé à Cuverville ; Gide, Ghéon, Copeau et les Schlumberger se sont embarqués pour Londres. Ils ont envoyé une carte postale à Ruyters que son travail retient à Paris : « *Ce qu'on s'en fiche de* La Revue française ! » C'est vrai que le groupe Gide, échaudé par l'échec d'*Antée* qui avait suivi celui de *L'Ermitage*, ne s'intéresse que mollement à la nouvelle mouture de revue qui se prépare sous l'égide d'Eugène Montfort. On y va en traînant les pieds. Gide ne songe pas le moins du monde à donner sa *Porte étroite* à une publication dont il est pourtant l'un des responsables. Il envoie Copeau négocier avec Montfort. Celui-ci propose d'appeler le nouveau lieu de rassemblement de la jeune génération artistique *La Revue française* : en ces temps d'exaltation patriotique et de fièvre nationaliste, cela sonne bien. Copeau propose d'y ajouter « Nouvelle », afin de mieux marquer la volonté de rénovation qui animait l'équipe. Montfort se rallie sans peine à cette épithète flambante.

On trouve des locaux 26, rue Henri-Monnier, à Montmartre, où l'on entasse quelques vieux meubles. On dresse une liste des fondateurs – parmi lesquels bien peu d'écrivains vraiment jeunes. On commence à se disputer sur les titulaires des chroniques ; on négocie pied à pied la taille des articles et la répartition des différentes tendances au sein du comité de rédaction. Gide se tient à l'écart de ces tractations, comme si elles ne le concernaient pas. Il doit mettre au net *La Porte étroite*, il a la grippe. Sur l'insistance de Schlumberger, il accepte de donner, au tout dernier moment, quatre petites notes pour le premier numéro. Schlumberger flaire la désertion : « *Si cette revue a quelque chose c'est qu'elle pourra être la manifestation d'un groupe littéraire qui existe effectivement.* » Mais rien ne va plus pour « *ledit malheureux groupe, si son chef évident et sa seule valeur incontestée* » se défile.

Gide consent, du bout des lèvres, à être le « chef » ; il est conscient de sa valeur littéraire et qu'elle surpasse de loin celle de ses camarades. Mais cette *Nouvelle Revue française* n'est pas la manifestation du groupe qu'il dirige. On y trouve trop de collaborateurs qui lui sont étrangers ou qui ont de l'art et de l'écriture une idée trop différente de la sienne – ou pas d'idée du tout. Éperdument libéral lorsqu'il s'agit des convictions politiques et religieuses, Gide est intraitable lorsqu'on touche à l'art. Les idées se discutent, pas le goût, pas la « tenue ». Il peut exiger de lui-même de passer des alliances et de consentir à des compromis, mais pas d'y applaudir.

Le premier numéro de la *NRF* sort le 15 novembre 1908 ; le 18, la rupture est pratiquement consommée. Deux articles ont provoqué l'indignation de Gide et de ses amis Le premier, signé de Marcel Boulanger, chantait sur le mode emphatique la gloire de D'Annunzio ; le second, rédigé par Léon Bocquet, un homme de Montfort chargé de la rubrique des revues, répercutait avec complaisance une déclaration de guerre contre Mallarmé. Un éloge du pompeux et de la grandiloquence, une démolition du maître du symbolisme, c'est trop pour Gide. Alors que Schlumberger essaie encore de recoller les morceaux et négocie avec Montfort l'organisation des sommaires suivants, Gide a déjà décidé la mort de la revue. Il l'écrira deux mois après à Francis Jammes : « *Tu m'as dit un jour en riant : "Il suffit que tu t'occupes d'une revue pour qu'elle meure" – ou je ne sais quoi d'approchant. Et en effet il se trouve que j'ai tué, au mois avant-dernier,* La Nouvelle Revue française, *parce que son 1er n° me déplaisait. Prétextant de l'indécence d'un article contre Mallarmé et du médiocre snobisme d'un article sur D'Annunzio, articles passés tous deux sans l'assentiment du comité de direction, le dit comité s'est soulevé en masse et a débarqué Montfort – qui s'en est allé reformer ses* Marges *d'antan. Je tiens à dire ici que les uns et les autres sommes restés en meilleurs termes avec Montfort : simplement nous avons d'un commun accord jugé notre association discordante, sans signification, etc.* [4]. »

Les choses ne se sont pas passées aussi gentiment si l'on en croit Jean Schlumberger [5]. Montfort s'est rendu chez Gide pour défendre, plus encore que ses deux collaborateurs mis en cause, le principe d'une revue qui devait être le lieu de débats contradictoires. En aucun cas, il ne pourrait accepter de s'aligner sur les seules conceptions de Gide et de ses amis. Avec Schlumberger, Montfort se montra plus net encore : lui-même et ses amis avaient grand tort de calquer leur attitude sur celle d'un écrivain dilettante, « *un amateur, l'image même de l'impuissance* ». Les arguments financiers venaient ensuite appuyer la démonstration de l'« instabilité » de Gide : il n'avait pas donné la liste des deux cents abonnés de *L'Ermitage* et d'*Antée*, les fonds promis – 800 francs – n'avaient pas été réunis. Bref, il n'était pas question de faire de la *NRF* l'expression d'un groupe et d'un chef aussi évanescent qu'incertain, mais bien le porte-parole de la nouvelle génération et de la précédente, dans leur diversité.

On se trouve là, déjà, au cœur du malentendu qui nourrira, pendant des décennies, la polémique contre la *NRF*. Pour les adversaires de Gide, elle ne peut, en se rangeant derrière les options littéraires de son inspirateur, que se transformer en chapelle, en cénacle fermé, en coterie gidienne exclusive. Et l'on accusera Gide de se conduire en dictateur des lettres françaises. Pour Gide, au contraire, la cohérence dans la rigueur artistique qu'il exige est la garante, la seule, de la cohabitation des expressions les plus diverses ; d'options morales, religieuses, politiques, philosophiques qui peuvent voisiner sur les hauts plateaux de la littérature alors qu'elles seraient condamnées à se déchirer sur les basses terres de la vie ordinaire. Homme divisé s'il en est, jusqu'au vertige, Gide applique à l'ensemble de la vie intellectuelle et de ses divisions le remède identitaire qu'il s'est inventé pour son propre usage : la recherche de la plus haute expression artistique. Sa *NRF* n'est pas un clan, pas une chapelle : c'est lui, potentiellement dilaté à toutes les dimensions de la grande littérature de son époque.

Encore faut-il que la revue existe. Montfort occupe une position de force : il est le seul à savoir fabriquer une revue. Mais il a tôt fait de plier sous l'invisible pression de la diplomatie gidienne. Il croyait se confronter à un artiste capricieux, il découvre un négociateur déconcertant, à la fois ferme et insaisissable, toujours sur le point d'abandonner sa prise, mais pour en saisir une autre, insoupçonnée. Déconcerté, comme tant d'autres après lui, il cède et se retire – il refera *Marges* – bien persuadé de n'avoir laissé à l'amateurisme du *circuit* que des ruines : un titre. Pas d'argent, pas d'abonnés, pas de réseau de distribution, pas de réputation mondaine, pas de soutien de presse.

Gide est ravi. Il en abandonne son journal qu'il ne reprendra assidûment qu'en 1910. Avec enthousiasme, il brûle ses ponts. Il espérait faire paraître sa *Porte étroite* dans *La Revue de Paris*. C'était la chance, tant de fois espérée, de sortir du ghetto pour toucher enfin le grand public cultivé. Dirigée par Louis Ganderax, *La Revue de Paris* est un organe réputé d'information culturelle et politique, bien lu par les milieux les plus libéraux, le centre gauche de la bourgeoisie dont la partie la plus conservatrice fait le succès de *La Revue des Deux-Mondes*. Mais quand Ganderax écrit enfin à Gide, après maints atermoiements, pour lui dire qu'il accepte de publier son roman, « *en guise de longue nouvelle, coupée en deux ou trois fois* », Gide recule, pour mieux bondir en avant : il donnera *La Porte étroite* à la *NRF*, à une revue qui n'existe pas encore et qu'il s'engage ainsi à faire exister. Au dernier moment, il renonce aux facilités du paraître. Il joue gros : sa carrière d'homme de lettres. Il augmente la mise : ce qui est en jeu, c'est la signification de sa vie d'écrivain.

Il s'engage donc, plus hardiment, plus aventureusement qu'il ne l'a jamais fait. Pour mieux marquer ce nouveau départ, effacer jusqu'au souvenir de la *NRF* « *galvaudée* » de novembre, on décide que la prochaine livraison de *La Nouvelle Revue française* portera le numéro 1.

Notes

1. Ghéon-Gide, *Correspondance*, *op. cit.*, 30 décembre 1908, p. 714.
2. Gide, *Journal 1887-1925*, *op. cit.*, 18 octobre 1908.
3. *Ibid.*, 28 juillet 1908.
4. Jammes-Gide, *Correspondance*, *op. cit.*, 27 janvier 1909, p. 256.
5. Jean Schlumberger, *Éveils*, Paris, NRF, 1950, p. 191-192.

41
L'encens et le soufre

1909

« La Porte étroite *"se vend" ! Succès auquel ton éloge de l'*Occident *n'est pas étranger, mais dont ne revient pas Le Mercure ; on a dû, il y a trois semaines, recomposer précipitamment le volume, car, non seulement on n'avait cru bon de tirer qu'à mille, mais encore on avait négligé de prendre des empreintes, parce que Gourmont avait écrit ce printemps :*
– Ah ! que les religions sont laides !
– Et sottes !
– Et qu'elles nous inspirent mal[1] *!* »

Il n'a fallu que deux mois et demi à la *NRF* pour renaître. Gide, cette fois, ne rechigne pas au travail et sait encourager son équipage de la voix et du geste. Maître d'œuvre du projet, mentor intellectuel incontesté de la revue, il prend soin néanmoins de ne pas se mettre en avant. Il nomme un comité de direction composé de Jacques Copeau, André Ruyters et Jean Schlumberger et la règle veut que chaque contribution soit lue et corrigée par chacun des directeurs – ainsi que par Gide. Le siège de la *NRF* est fixé chez Schlumberger, 78, rue d'Assas, au Quartier latin. C'est Gide encore, avec Schlumberger toujours, qui prend en charge le financement. On ratisse ses carnets d'adresses, en France et à l'étranger, on tape la famille, on fait jouer les relations. Le « vrai » n° 1 de *La Nouvelle Revue française*, malgré des difficultés d'imprimerie, malgré la vétilleuse manie de Gide de corriger et de recorriger ses différents jeux d'épreuves, paraît à la date prévue, le 1er février 1909. Un ancien marchand de vins devenu amateur de peinture, Émile Druet, sert de dépôt pour la distribution aux libraires[2].

Au sommaire de ce numéro d'envoi, un court manifeste de Schlumberger, « Considérations », qui exprime avec retenue l'ambition esthétique du groupe ; un texte posthume de Lucien Jean qui prenait gentiment le contre-pied du *Retour de l'enfant prodigue*, publié par Gide en 1907 ; des poèmes en prose de Jean Croué, un texte critique de Michel Arnauld (Drouin) sur l'image de la Grèce. Enfin, le premier tiers de *La Porte étroite*. Une grande part est aussi laissée aux notes critiques. Celle de tête, signée d'Émile Verhaeren, est consacrée à l'exposition Seurat. Gide, lui, y parle d'un auteur de vingt-quatre ans qui ne tardera guère à devenir un collaborateur de la *NRF*, Jules Romains.

Gide recrute déjà des jeunes, en vue des numéros suivants : un normalien de Bellac (né en 1882), Jean Giraudoux ; un Carcassonnais, déjà auteur de quelques poèmes publiés par *Antée*, François-Paul Alibert ; un élève-professeur, fou de peinture, plein de fougue et de curiosité intellectuelle, Jacques Rivière (né en 1886) rencontré à l'atelier d'André Lhote ; une relation de Jammes et de Claudel qui se cache à Pau et qui signe de beaux et étranges poèmes Léger, ou S. A. Léger ou encore Alexis Léger. Il a vingt-deux ans. Ses « Images à Crusoé » paraîtront dans le numéro d'août de la revue, sous une signature nouvelle, toujours énigmatique : Saintléger Léger. Plus tard, il sera Saint-John Perse. Un ami de Charles-Louis Philippe, d'une tout autre origine sociale, Valery Larbaud (né en 1879), fait ses premiers pas. C'est un fils de famille, propriétaire de la source Saint-Yorre à Vichy – « *Ça fait toujours plaisir de rencontrer quelqu'un auprès de qui Gide paraît pauvre* », disait de lui Philippe – dont Gide, dans le premier numéro de la *NRF,* a salué le *Barnabooth.* Il deviendra le responsable des lettres anglaises de la revue. Figurent également aux sommaires de la première année de la *NRF* Jules Renard, André Suarès, Henri de Régnier, Vielé-Griffin, Paul Fargue, Francis Jammes, Léon Blum, Lucie Delarue-Mardrus, Paul Valéry, Francis Carco, Tristan Bernard, Daniel Halévy. Et Claudel, bien sûr, pour lequel Gide a déployé toute la gamme de sa séduction et de ses capacités manœuvrières. Même Gourmont, même Montfort ont été accueillis. Gide ne désespère pas d'attirer Péguy, mais l'ombrageux directeur des *Cahiers de la Quinzaine* ne comprend pas, ne comprendra jamais, que se justifie une autre revue que la sienne.

Le premier bilan de la petite publication est donc plus qu'honorable – fabuleux, vu d'aujourd'hui. Mais la réputation de la *NRF* doit beaucoup au succès de *La Porte étroite*. Dès la parution du premier tiers du roman, une rumeur de louanges a couru. A la surprise de Gide : « *Je m'étonne un peu de cette extraordinaire faveur que rencontre la 1re partie de mon livre, car je n'écrivis ces premiers chapitres que pour soutenir et permettre la suite, qui seule importe à mes yeux*[3]. » La parution de l'ouvrage en volume au Mercure de France en juin confirme cet accueil inattendu. Tellement inattendu que l'éditeur, après avoir consenti un tirage exceptionnellement élevé pour Gide – mille exemplaires – avait détruit les plombs, persuadé qu'il était de ne jamais épuiser l'édition. Or, il faut réimprimer, dès octobre : « *Mon ami, savez-vous que la gloire est en marche*, écrit Copeau, *qu'elle sera très grande et très pure ? Vous n'avez qu'à travailler, qu'à produire régulièrement. Vous aurez dans ce temps une situation* unique, *celle que vous avez méritée*[4]. » C'est aller vite en besogne ; mais comment Copeau et ses amis ne se réjouiraient-ils pas de voir leur « chef » rencontrer le succès à travers la porte étroite de la *NRF* ?

Gide mesure pourtant ce que cette soudaine renommée doit au malentendu. Certes, son roman est loué pour la beauté de son écriture, pour l'austère musique de sa phrase, pour la manière dont Gide sait allier le lyrisme et le classicisme. Mais il ne lui échappe pas que le public a surtout goûté l'atmosphère morale de l'œuvre, la gravité de la méditation religieuse, la psychologie du mysticisme qui s'y trouve déployée. L'article claironnant que publie Jammes dans *Occident* est un chant de délivrance des bien-pensants. Le Gide sulfureux de *L'Immoraliste*, le prophète païen des *Nourritures* sont enfin balayés par la nouvelle volte-face de l'auteur de *La Porte étroite*. Et Jammes se croit autorisé à rêver de nouveau de conversion…

Pour les lecteurs moins avertis, ignorants pour la plupart des autres œuvres de Gide, *La Porte étroite* sonne comme une réaction salutaire contre une littérature embourbée dans le matérialisme, la description sociale, les médiocrités de l'âme bourgeoise. Personne ou presque, dans la masse imposante des articles que journaux et revues en France, en Allemagne, en Angleterre consacrent au livre, ne souligne l'essentiel : « *Ceux qui s'étaient épris de mon* Immoraliste *ne me peuvent pardonner* La Porte étroite. *Je ne puis pourtant séparer dans mon esprit ces deux livres ; c'est ensemble que je les ai portés ; ils se font pendant, se maintiennent ; c'est dans l'excès de l'un que j'ai trouvé pour l'excès de l'autre une sorte de permission. Si l'auteur avait pu les produire simultanément, comme ils avaient été conçus, sans doute eût-il échappé à un malentendu assez grave : tandis que lui ne s'occupait que de son art (et j'allais dire : de son métier), certain public, s'achoppant au choix des sujets, y vit l'indice d'une évolution, d'un retour à des préoccupations anciennes, d'une palinodie.* » Inlassablement, presque résigné à n'être pas entendu, Gide répète : « *La critique, qui va cherchant à travers ce livre mon opinion personnelle, erre. Et si tant est que j'en aie une, ce n'est pas ici le lieu de la dire. [...] Les problèmes que je soulève ne comportent que des solutions particulières* [5]. »

Il n'empêche que, pour réussir son œuvre d'art, Gide s'est contraint à un retour mystique sur lui-même, sur sa jeunesse, sur son mariage et sur l'étrange couple qu'il forme avec Madeleine – à qui le roman est dédié. Pendant des mois, il s'est replongé, immergé dans l'atmosphère puritaine et dans les lectures jansénistes de son adolescence. Il a longuement scruté une part de lui-même qui n'était que faussement effacée et que l'écriture de son livre a fait renaître, douloureusement. Il n'écrit jamais qu'au présent.

Quand le livre est fini, imprimé, publié, il lui est enfin permis de se décramponner de cette part de lui-même avec laquelle il a exclusivement cohabité. Il change de climat comme de pensée. Au début mars, plantant là la *NRF*, il s'enfuit pour Rome où il restera jusqu'au 15 avril et y retrouve Maria Van Rysselberghe : « *Le plus clair profit de mon voyage a été de mettre plus de distance entre moi et* La Porte étroite *et de me débarrasser, je l'espère, de certaines habitudes de style et de pensée que ce livre m'avait fait prendre. Je crois qu'il est tel qu'il devait être, et je crois, qu'il fallait qu'il fût. Mais il ne diffère de rien plus que de ce qu'à présent je veux écrire, et m'exaspère deux pages sur trois. Précisons : je suis très content du journal d'Alissa et de presque toutes ses lettres [...] mais pour le style du récit que je tiens pour du pignochage – très digne assurément du morne caractère de mon héros. [...] Par ces défauts mêmes le livre est* réussi. *Mais que cette réussite dans la veulerie m'est déplai-*

sante ! Qu'il me tarde de morigéner tout cela ! Que j'en ai donc assez de ces tons rompus et de ces nuances fuyantes. [...] Tout le vocabulaire de l'amour m'est désaffecté pour cinq ans[6]*...* »

Pour se défaire plus sûrement du climat moral et religieux dans lequel il s'est fondu pendant si longtemps, Gide commence l'écriture d'un nouveau livre. On ne peut imaginer dépaysement plus radical, provocation plus énorme à l'égard de ceux qui avaient applaudi au rigorisme de *La Porte étroite* : il entame la rédaction des premiers dialogues de *Corydon*, un essai sur le rôle civilisateur de la pédérastie. Il s'y jette avec une hâte inhabituelle : « *J'avais travaillé comme de ma vie, je crois, je n'avais encore travaillé. Savez-vous bien que si, de retour du Midi, je parviens à redonner pareil effort, mon livre sera achevé avant l'hiver. [...] Qu'il me tarde de vous faire connaître ce livre*[7]. » Déjà, il a fait lecture à Alibert et à Rouart de sa première version.

Le moment lui semble donc venu de lever le voile de la clandestinité sur sa sexualité. Il est probable que le succès littéraire qu'il vient de remporter, l'accueil favorable qui est fait à la *NRF* ne soient pas étrangers à sa décision. L'auteur inconnu du public aurait été immédiatement étouffé, ridiculisé, écrasé, et son audace aurait, sans profit, précipité sa perte. Gide se sent maintenant assez fort, assez écouté, pour affronter l'opinion. Il en oublie même, un instant, qu'il devra affronter les sentiments de Madeleine. L'histoire de *Corydon* ne fait que commencer.

Notes

1. Gide-Jammes, *Correspondance*, *op. cit.*, 26 octobre 1909, p. 261
2. Pour la naissance de la *NRF*, lire l'indispensable *André Gide et le Premier Groupe de « La Nouvelle Revue française »* d'Auguste Anglès, Paris, Gallimard, 1978, p. 101-220.
3. Gide-Jammes, *Correspondance*, *op. cit.*, 19 février 1909, p. 258.
4. *Correspondance André Gide-Jacques Copeau, 1er décembre 1902-mars 1913*, dans les *Cahiers André Gide* n° 12, 23 juillet 1909, Paris, Gallimard, 1987, p. 328.
5. Gide, *Projet de préface pour « La Porte étroite »*, 1912. Repris dans l'édition du roman au Club français du Livre, Paris, 1948.
6. Ghéon-Gide, *Correspondance*, *op. cit.*, 20 avril 1909, p. 717-718.
7. Gide-Copeau, *Correspondance*, *op. cit.*, 6 et 8 août 1909, p. 330.

42

Chrétien

1910

« *Si c'est être protestant que d'être chrétien sans être catholique, je suis protestant, Mais je ne puis reconnaître d'autre orthodoxie que l'orthodoxie romaine, et si le protestantisme, calviniste ou luthérien, voulait m'imposer la sienne, c'est aussitôt vers la romaine que j'irais, comme la seule. "Orthodoxie protestante", ces mots n'ont pour moi aucun sens. Je ne reconnais point d'autorité ; et si j'en reconnaissais une, ce serait celle de l'Église.*

Mais mon christianisme ne relève que du Christ. Entre lui et moi, je tiens Calvin ou saint Paul pour deux écrans également néfastes. Ah ! si le protestantisme avait aussitôt su rejeter saint Paul ! Mais c'est à saint Paul, non au Christ, que précisément Calvin s'apparente[1]. »

La *NRF* désire placer la littérature au-dessus des partis, des idéologies, des croyances religieuses ; c'est sa raison d'exister. Elle se veut aussi le lieu de rassemblement de jeunes auteurs qui militent pour un art nouveau, moderne, en rupture avec un académisme qui apparaît profondément lié aux valeurs de la république bourgeoise – le rationalisme, le libéralisme, le laïcisme, la foi dans la science, une gestion « modérée » des rapports sociaux, l'individualisme. C'est son apparente contradiction : comment envisager une renaissance de la littérature qui se situerait hors de l'histoire de son temps ? Hors des passions temporelles des hommes qui l'écrivent ?

Gide n'a jamais été un partisan – ni un artisan – de l'art pour l'art. Il a toujours proclamé que les œuvres devaient *manifester* :

répondre par le moyen de l'art à des questions pressantes, urgentes, vitales. Il le répète encore dans une de ses notes pour la revue : « *En art, seules nous importent les œuvres dont la beauté répond à quelques questions anxieuses ; nous n'avons que faire des réponses qui suivent, en foule, après que la question n'est plus posée ; ce sont des œuvres qui ne répondent plus à rien*[2]. » Réponse, et non conclusion : c'est sur cette nuance capitale que la *NRF* joue son existence. La conclusion enferme l'esprit ; la réponse le porte plus loin, dans un dialogue toujours ouvert, toujours tendu vers la possibilité de réponses nouvelles. L'important, c'est de ne pas clore. Gide, souvent relayé par Copeau et par Schlumberger, entame une véritable campagne contre toutes les théories. Une théorie ne peut être utile que pour donner une impulsion originaire à l'esprit, une façon de se détacher des habitudes de pensée acquises. Ensuite, comme l'explique Copeau, elle ne peut être qu'une gêne, une entrave à l'évolution, une manière d'étouffer l'avenir et les chances de l'imprévisible. Du pur Gide !

Mais l'époque veut des conclusions, des directives, des catéchismes, des amis et des ennemis clairement définis, des principes et une morale. Les meilleurs des écrivains se sentent engagés dans un combat de l'esprit qu'ils ont bien du mal à séparer du combat idéologique, quand ils essaient. Vouloir maintenir la revue au-dessus de la mêlée, c'est l'assécher et la priver des plus beaux talents. Gide se sort de cette impasse en essayant d'équilibrer les positions contradictoires, sans pour autant sombrer dans un centrisme qu'il a en horreur.

C'est du grand art d'équilibriste et de diplomate dont Auguste Anglès a précisément décrit les subtilités et les sinuosités dans son livre[3]. A chaque numéro ou presque, on frôle l'incident. Des contributions poliment anticléricales déchaînent les tempêtes de Claudel qui menace d'aller porter ailleurs sa précieuse copie ; on le calme par quelques poèmes de Jammes ou par un éreintement de Gourmont. De la même manière, on laisse sa place à l'exaltation patriotique – Ghéon est un orfèvre en la matière, toujours volontaire pour dénoncer le Teuton –, mais on tempère le lyrisme de la ligne bleue des Vosges par les critiques de Gide contre le nationalisme obtus de Barrès. Chaque sommaire est ainsi minutieusement pesé en fonction des adhésions et des rejets et le « Journal sans date » que publie Gide dans la revue est l'illustration littéraire la plus éblouissante de cette manière de capter le public par la forme sans jamais se livrer sur le fond. Réagissant à l'actualité littéraire, rendant compte de quelques livres, de quelques événements artistiques, peignant quelques portraits d'écrivains en place, contant d'admirable manière l'enterrement de son ami Charles-Louis Philippe, mort en décembre 1909, Gide écrit comme un général manœuvre : deux pas en avant, un pas en arrière ; des approbations chaleureuses dont on ne parvient pas toujours à saisir l'ironie – mais on sait qu'elle s'y trouve ; des incidentes qui contestent le sens de la phrase principale ; de méchants coups de patte qui s'insinuent dans un paragraphe d'éloges. Et, comme cachées par la fumée des armes, quelques propositions audacieuses sur la morale, sur la religion, sur la politique – « *les doctrines autoritaires n'ont pas de plus véhéments défenseurs que ceux qui ont eu quelque mal à obtenir l'unanimité en eux-mêmes* » – dont Gide espère bien qu'elles ne tomberont pas sur des terres arides. Sans y voir la conséquence directe de la position tactique où le placent les rapports de sa revue et du milieu littéraire, on constatera que son style a acquis à ce moment sa plus extraordinaire souplesse ; et, dans un vocabulaire d'une exemplaire précision, cet art inimitable de multiplier les lignes de fuite.

Une autre manière de ne pas céder à la pression de l'actualité sans se donner l'air d'en faire fi consiste à canaliser la demande de préceptes moraux vers une éthique de la littérature. Le maître mot de la *NRF* est la rigueur. Rigueur du langage contre « *la langue bonne fille, lâchée, musarde* [4] », mais aussi contre les tentations ornementales de l'écriture « artiste ». En art, la *NRF* se prononce contre la liberté : « *Toute la liberté de l'artiste,* écrit Ruyters, *ne va qu'à lui laisser le choix de ses servitudes et l'on ne saurait en tout cas se dérober à celles qu'impose le génie de la langue que l'on parle et de la littérature que l'on continue* [5]. »

Rigueur aussi dans la conception du métier littéraire. Les fondateurs de la *NRF* admettent assez difficilement que l'on vive de sa plume. Leur fortune évite à Gide et à Schlumberger de se poser le problème. Ghéon est médecin, Drouin professeur, Ruyters travaille dans une banque. Copeau, après avoir abandonné la fabrique paternelle, a été vendeur de tableaux jusqu'en 1909 à la galerie Jacques-Petit. Depuis, avec l'appui financier de Gide, cet impatient va de projet en projet, retardant toujours l'œuvre qu'on attend de lui et qu'il attend. La littérature n'est pas une profession, sauf à se vendre ; et l'on n'est pas loin, à la *NRF* de partager le sentiment de Claudel à qui Rivière fait part de son désir d'abandonner l'enseignement pour se consacrer au métier des lettres : « *Il n'est pas honorable de vivre de son âme et de la vendre au peuple. [...] Il n'y a pas pire métier que l'art*[6] *!* » Ce refus de la professionnalisation est aussi celui de la « carrière » des lettres, avec ce qu'elle entraîne d'arrivisme, de vanité, de besoin d'être vu. Dans la revue de Gide, plus on est important, moins on est visible : les étrangers à la maison, lorsqu'ils signent des « notes », y ont droit à leur nom entier ; les familiers se contentent de leurs seules initiales. L'orgueil suprême, c'est la discrétion. De la même façon, Gide et sa revue se montrent intransigeants à l'encontre de cette littérature qu'ils disent décorative, celle du libertinage mondain, celle du snobisme raffiné et des allusions cultivées, celle des salons où se préparent les élections académiques et les succès dramatiques. On ne comprendrait pas, sans ce rejet moral et esthétique des raffinements littéraires en usage dans la haute société, le mouvement instinctif qui poussera Gide à écarter Proust en 1912.

Il n'est pas jusqu'à la manière pointilleuse, vétilleuse, dont se fabrique la *NRF* qui ne concoure à sa réputation d'ascétisme. On y traque à coups de dictionnaires et de grammaires les plus infimes fautes de langue ; on y soupçonne le rire – seule l'ironie gidienne y est de mise –, on y sabre la digression. On se méfie des textes où la langue est trop abondante et on leur préfère les œuvres brèves, denses, concentrées, où les adjectifs et les adverbes ont été dix fois rabotés. Écrire n'est pas un plaisir, c'est une exigence. La morale littéraire de *La Nouvelle Revue française* rejoint, sans y paraître et sans déborder la sphère de l'art, la morale politique de la tension virile et de l'effort que diffusent les mouvements patriotiques.

Lorsque Eugène Montfort, en mai 1910, publie dans *Marges* un article intitulé « Gide contre Gourmont », il invente un mythe qui fera long feu : la *NRF* de Gide est une revue protestante. Il n'a eu qu'à aligner les syllogismes : Gide est d'origine calviniste, la *NRF* est la revue que Gide dirige en sous-main, donc la *NRF* est en sous-main calviniste ; les protestants sont puritains, rigoristes, austères, portés à l'ascétisme, la *NRF* aussi, donc la *NRF* est protestante. Et pour faire bon poids dans sa démonstration, Montfort s'ingéniait à montrer – ce qui n'était guère difficile – que *La Porte étroite* était fortement imprégnée de mysticisme janséniste.

Le sens de la manœuvre est limpide : faire descendre la revue du piédestal sur lequel elle s'est juchée pour la banaliser, la réduire à la voix d'un certain protestantisme dans le concert général des opinions ; d'autre part, et plus dangereusement, dénoncer Gide, en cette période où chacun prêche l'union, comme un élément de division, à l'image de Luther et de Calvin, diviseurs de la communauté catholique. En profit annexe, Montfort espère aussi éloigner de la *NRF* les écrivains catholiques les plus intransigeants. Gide comprend le danger : « *Me voici contraint de me défendre et de démasquer ma position un peu plus vite que je ne l'aurais voulu. [...] J'abomine ces mœurs de journalistes, de politiciens, de torpilleurs. Peu leur chaut d'avoir raison ; ce qu'ils veulent, c'est couler l'autre et discréditer sa parole*[7]. »

Face à l'urgence, Gide se démasque en effet : plus tôt et surtout plus nettement qu'il ne l'aurait souhaité, il fait le point sur sa pensée religieuse. Dans « *L'Amateur* de M. Remy de Gourmont[8] », Gide s'en était déjà pris avec vivacité aux prétentions de l'impiété et de la libre pensée : « *M. de Gourmont ne comprend pas, n'admet pas, ne veut pas admettre que toute l'intelligence ne soit pas du côté de la libre pensée, toute la sottise du côté de la religion. [...] Le scepticisme est peut-être parfois le commencement de la sagesse ; mais c'est souvent la fin de l'art.* » Cette fois, il est obligé d'aller plus loin que cette récusation pratique de l'esprit de critique. Il le fait en s'affirmant chrétien et en professant son « horreur » de la figure de Calvin et de sa doctrine : « *Je ne sache pas qu'on puisse imaginer forme de pensée plus contraire à l'œuvre d'art (et à mon œuvre en particulier) et le plus hostile même (le plus souvent sans le savoir) que le calvinisme. C'est là ce qui m'en a détaché dès le jour où j'ai pris la plume*[9]. » Chrétien, non protestant, se rapprocherait-il du catholicisme ? A ce point, il se garde de trop s'avancer. Il admet que le catholicisme seul possède une véritable doctrine ; mais c'est pour avouer que c'est la doctrine précisément, l'orthodoxie et l'autorité qu'il refuse.

N'importe, sa réaction a été assez vive pour mériter les applaudissements de Claudel : « *Cet article sur Gourmont est plus qu'une belle page, c'est une belle action. [...] Vous avez libéré notre conscience à tous. [...] Vous avez des responsabilités comme un des guides de la jeunesse actuelle auxquelles vous avez bien fait de ne pas vous soustraire. Votre autorité déjà grande sera augmentée par cette parole courageuse* [10]. » Claudel serre *affectueusement* la main de Gide. Montfort et Gourmont ont été mis en échec par la rapidité et par l'audace de la manœuvre. Gide est adoubé comme un des guides de la jeunesse par le moins conciliant des grands écrivains catholiques. Pendant ce temps, il poursuit, avec le « *sentiment de l'indispensable* », la rédaction de *Corydon* : « *Il me semble que le sujet flotte dans l'air ; je m'étonne qu'aucun ne fasse le geste de le cueillir avant moi* [11]. » « *On veut bien être du côté des croyants ; on préfère n'être pas du côté des sots* [12]. »

Notes

1. Gide, *Journal 1887-1925*, *op. cit.*, 30 mai 1910.
2. *Nouvelle Revue française*, n° 12.
3. Auguste Anglès, *André Gide et le Premier Groupe de « La Nouvelle Revue française »*, *op. cit.*
4. C'est ainsi que les fondateurs du *Mercure de France*, en 1890, avaient désigné la tendance contre laquelle ils voulaient lutter. La *NRF* se déclare contre « le journalisme » appliqué à la littérature.
5. *Nouvelle Revue française*, n° 6.
6. Paul Claudel-Jacques Rivière, *Correspondance 1907-1914*, Paris, Plon, 1926, p. 195.
7. Paul Claudel-André Gide, *Correspondance 1899-1926*, Paris, Gallimard, 1949, 22 juin 1910, p. 144.
8. *NRF*, n° 16, année 1910, p. 425-437.
9. Gide, *Journal 1887-1925*, *op. cit.*, 24 avril 1910.
10. Claudel-Gide, *Correspondance*, *op. cit.*, 24 juin 1910, p. 144-145.
11. Gide, *Journal 1887-1925*, *op. cit.*, 12 juillet 1910.
12. *Ibid.*, *Voyage en Andorre*, 1910.

43
La religion du Livre

1911

« Dans la bibliothèque que nous voulons ouvrir avec votre Otage, *un livre de Philippe et mon* Isabelle, *il n'est pas dans notre intention d'adopter un format ni un prix uniforme. […] Il nous faudra commander spécialement le papier (chez Perrigot-Mazure je pense ; car je trouve honteux de délaisser pour des papiers étrangers ces admirables vergés d'Arches que Chapon lui aussi a reconnus comme supérieurs aux Hollandes). […] Le prix de revient nous forcerait à mettre votre volume à 6 frs ; mais comme il nous paraîtrait regrettable que le prix un peu élevé écartât de vous des lecteurs, nous nous tiendrons tout prêts, si vous n'y voyez pas d'inconvénient, à donner le livre à 3 frs 50, sur papier plus ordinaire, sitôt la première édition enlevée ; je ferai de même pour* Isabelle[1]. »

La Nouvelle Revue française est pour Gide un outil stratégique, un instrument de séduction et de conquête. Mais à peine commence-t-il à exister, dans ce double mouvement de rejet et de captation qui caractérise sa démarche, que son inspirateur en perçoit les insuffisances et les risques d'enlisement : il est nécessaire que la revue, si ouverte soit-elle aux différentes expressions de l'exigence littéraire, soit cohérente ; il est nécessaire à Gide qu'une position de l'esprit, aussi vigoureusement qu'elle s'affirme, soit soumise au risque de son intime contestation. C'est ainsi qu'il avance, dans sa vie d'écrivain, allant par bonds d'un bord à l'autre de lui-même ; c'est ainsi qu'il envisage la vie de sa revue.

Quand il accepte en 1910 que la *NRF* assure la partie littéraire des « Entretiens d'été » de Pontigny, Gide poursuit donc deux objectifs qui ne lui sont pas contradictoires : renforcer sa revue et la mettre à l'épreuve.

L'organisateur des décades de Pontigny, Paul Desjardins, est un militant de la réforme intellectuelle et éthique de l'humanité. De dix ans plus âgé que Gide, il a créé en 1892 l'Union pour l'action morale qui est devenue en 1904 l'Union pour la vérité. Pour combattre les effets pervers du libéralisme, il veut donner force à une morale laïque fondée sur la volonté, le devoir et le courage, mise en forme, illustrée et propagée par le travail collectif de petits groupes de réflexion. Desjardins est aussi critique littéraire, excellent humaniste et bon lecteur. Gide a aimé sa *Méthode des classiques* ; il a envoyé à Desjardins son *Dostoïevski* ; en retour, l'animateur de l'Union pour la vérité a manifesté sa vive admiration pour *La Porte étroite* dont il a apprécié l'ascétisme, au-delà des préoccupations religieuses.

Gide ne se sent pas personnellement attiré par cet homme triste et rigide ; pas davantage par l'efficacité des prêches réformateurs. En revanche, il ne peut pas ne pas voir quelques analogies entre l'esprit « coopérateur » qui anime Desjardins et son propre besoin du travail de groupe. En outre, et cela n'est pas négligeable, Desjardins dispose d'un réseau international assez étendu d'intellectuels, philosophes, sociologues, psychologues, historiens dont l'influence pourrait être utile à la *NRF*. Pontigny offre à la revue l'occasion d'apparaître dans un espace intellectuel – celui de la réflexion culturelle – qu'elle n'abordait que de biais.

Mais en acceptant de mêler la littérature à d'autres types d'approche du monde, la *NRF* prend le risque d'altérer sa pureté et de perdre les avantages de son isolement orgueilleux. La participation, même partielle, même limitée à la littérature, de Gide et de ses amis aux décades de Pontigny les marque du sceau de la morale laïque et de l'internationalisme intellectuel. Gide prend le risque en connaissance de cause. Il ne lui déplaît sans doute pas que sa revue qui penche – avec son accord et malgré qu'il en ait – vers le catholicisme et une certaine exaltation nationaliste s'ouvre, en annexe, un autre chemin. Du 10 au 19 septembre 1910, la *NRF* organise la décade littéraire de Pontigny consacrée à la poésie française. Elle succède à quatre autres décades qui portent sur le sentiment de la justice, le sentiment de l'art et de la vie d'autrefois, le sentiment de la vie religieuse et la vie ouvrière actuelle « *aussi bien dans l'agriculture que dans l'industrie* ». La « question sociale » pointe le nez.

La création d'un « comptoir d'édition » dépendant de *La Nouvelle Revue française* répond à ce même désir de captation – à la fois renforcement et aventure. Comme toujours, le projet a longuement mûri dans l'esprit de Gide. Il en parle à Copeau dès 1908. Cela prend des formes diverses depuis la bibliothèque de classiques anciens et modernes que présenteraient les collaborateurs de la *NRF* jusqu'à des éditions bon marché, mais soignées, d'auteurs français. A partir de l'été 1910, les discussions s'orientent vers la création d'un « comptoir » ou d'une « coopérative d'écrivains » – l'idée de coopérative, chère à l'oncle Charles Gide, est dans le vent – qui serait à la fois l'annexe et le porte-étendard de *La Nouvelle Revue française*. Elles achoppent pendant quelques mois sur deux problèmes : celui d'un secrétaire général gérant de la maison d'édition et celui du financement de l'entreprise.

Gide et ses amis sont des écrivains – pour certains, comme Copeau, des écrivains potentiels. Il ne peut être question pour eux d'abandonner leur œuvre pour se consacrer à des tâches de secrétariat et de gestion. Celles de la revue leur suffisent amplement. Mais ils ne sauraient pour autant abandonner la direction du « comptoir » à des mains étrangères. On songe, un instant seulement, à Pierre de Lanux – le fils de l'ancien professeur de piano de Gide – qui occupe la fonction de secrétaire de la *NRF*, mais le jeune homme est déjà dépassé par les exigences multiples et par le perfectionnisme des directeurs de la revue qui le remplaceront bientôt par Jacques Rivière. Gide sonde quelques jeunes recrues ; sans résultat probant. Il faudrait une perle rare – et qui n'écrive pas.

La question financière est également épineuse. Depuis les débuts de la revue, l'équilibre financier de la *NRF* est obtenu par les « avances » à fonds perdus que lui consentent Gide et Schlumberger et par la faible (et inégale) rémunération des auteurs. La création d'une maison d'édition suppose des investissements que les deux compères répugnent à consentir seuls. Il y a tout à perdre et peu à espérer dans une entreprise dont l'âme est la défense de la littérature et des écrivains : présentation soignée, typographie irréprochable, papier de qualité, corrections scrupuleuses, diffusion internationale, service de presse généreux – et prix abordables afin de toucher un large public.

C'est au cours d'une promenade lors de la décade de Pontigny que Pierre de Lanux suggère à Gide et à Schlumberger le nom de Gaston Gallimard. Tous les deux le connaissant, vaguement, pour l'avoir rencontré dans les milieux artistiques qu'il fréquente. Il a vingt-neuf ans, il est le fils d'un riche marchand de tableaux, propriétaire du théâtre des Variétés, il n'a pas d'aptitude particulière, aucune en tout cas assez développée pour qu'il se lance dans une quelconque activité, mais il a du goût, du temps à revendre, assez de personnalité pour gérer, pas assez – croit-on – pour s'opposer à la direction de Gide. Ses seuls défauts sont d'habiter rive droite, rue Saint-Lazare, et d'être un habitué du *Figaro*, cet antre de la mondanité. Deux tares culturelles qui creuseront toujours entre Gide et lui une impalpable mais infranchissable barrière.

Le 31 mai 1911, un contrat est signé créant les éditions de *La Nouvelle Revue française*. Gide, Schlumberger et Gallimard apportent chacun 20 000 francs dans la société. Gallimard est gérant. Il n'est pas dit dans le contrat que Gide est le patron littéraire de l'entreprise, mais personne alors n'en doute. Cinq jours auparavant sont achevés d'imprimer sur les presses de l'imprimerie Sainte-Catherine à Bruges les trois premiers volumes des éditions de la NRF : *L'Otage*, de Paul Claudel, *La Mère et l'Enfant* de Charles-Louis Philippe et *Isabelle* d'André Gide.

Les négociations avec Claudel ont été longues et difficiles. L'auteur de *L'Otage*, qui avait donné son drame à la revue, avait prévu de le faire éditer en volume chez Plon-Nourrit qui lui proposait un contrat intéressant. L'une des lettres que lui envoie Gide pour le convaincre de choisir ses éditions montre dans quel esprit et avec quelle minutie il a mis au point son projet. Tout y passe : choix de l'imprimeur Verbeke – « *diligence, zèle, soin* » –, choix des papiers, détermination des prix, discussion des formats, composition des titres et des sous-titres. « *Mais naturellement nous suivrons toutes indications et modifications qu'il vous plairait d'apporter ; je vous propose ceci simplement comme une base, un repère – et pour gagner du temps* [2]. » Gide est prêt à tous les sacrifices pour plaire à son auteur, même à faire fondre un nouveau caractère d'imprimerie afin d'obtenir un accent circonflexe sur un *U* majuscule pour le Coûfontaine de *L'Otage* : « *Nous allons enfin pouvoir mettre en vigueur, tant du point de vue de la matière que de la présentation typographique, quelques-unes de ces réformes que vous souhaitez autant que moi. Naturellement, je ne puis fonder cette bibliothèque à moi tout seul ; je ne m'engage dans cette aventure que parce que vous êtes avec nous.* » Gide décide même d'« *essayer de ce système d'honnête réclame si fort usité en Allemagne* » : l'envoi sous enveloppe d'un prospectus présentant une feuille spécimen de l'ouvrage, permettant de « *connaître d'un coup la qualité du texte, du papier, de l'impression, etc.* ».

On peut être étonné aujourd'hui de l'insistance de Gide sur la qualité de fabrication du livre. Il faut la rapprocher du marasme que connaît depuis vingt ans l'édition française et qui a vu la victoire du livre de grande diffusion sur l'édition de qualité. Après les années 1875-1885 marquées par les reculs de l'analphabétisme, le développement des bibliothèques publiques et l'apparition des romans à grand tirage de Zola, Daudet, Malot, Theuriet et surtout Georges Ohnet, la fin du XIXe siècle et les débuts du XXe sont marqués par un recul spectaculaire des ventes. Aucun des auteurs à la mode au cours de ces années, les Bourget, les Louÿs, les Barrès, les Prévost, ne réussit à toucher à la fois un public bourgeois et populaire. Et les littératures étrangères sont trop ignorées pour que les éditeurs puissent espérer y trouver leur salut, malgré quelques modes passagères, comme celle de *Quo Vadis ?* ou du *Livre de la jungle*. Les livres, notamment les romans et la poésie, souffrent également de la concurrence des revues auprès de la clientèle cultivée. Il est plus distingué d'être abonné à *La Revue blanche* des frères Natanson ou au *Mercure de France* d'Alfred Vallette, ou à la *NRF* de Gide que de se mélanger aux lecteurs de romans.

Pour compenser l'affaiblissement de leurs ventes, les éditeurs ont recours à la surproduction de titres, facilitée par la pratique du compte d'auteur, c'est-à-dire la sélection littéraire par la fortune, et par la multiplication des soldes. A cela s'ajoute, dans une situation de concurrence aiguisée par la crise, une baisse constante du prix des livres dont les lecteurs se réjouissent mais qui se traduit par une baisse du coût et de la qualité de leur fabrication.

Formés à la religion mallarméenne du Livre, Gide et ses amis sont catastrophés par cette évolution. La religion de l'Art implique aussi la perfection formelle de son support matériel. Sans se détourner des possibles progrès obtenus par l'industrialisation, Gide entend bien ne pas céder d'un pouce sur la qualité du livre, élément de beauté inséparable de la beauté du texte. Une erreur typographique peut défigurer une page sublime aussi sûrement qu'un accroc ou qu'une tache sur une toile de Velázquez.

Lorsque Gide reçoit le premier exemplaire de son *Isabelle* au début du mois de juin, son sang ne fait qu'un tour : il y trouve des coquilles, des fautes qu'il est certain d'avoir corrigées ; plus grave : certaines pages ont vingt-sept lignes, d'autres vingt-six. Il convoque Gaston Gallimard, le traîne à l'entrepôt de la *NRF* rue Bonaparte et tous les deux déchirent les exemplaires d'*Isabelle*. Verbeke sortira quelques jours plus tard une édition corrigée.

La vanité d'auteur n'est pour rien dans sa colère. A propos d'un poème, assez abscons, de Saint-Léger, *Éloges*, paru dans la *NRF* « *noir de fautes* », Gide que l'aventure rend malade se compare à un chef d'orchestre qui « *sentait qu'il ne s'était fait chef d'orchestre que pour cela – c'est-à-dire inviter à se produire, à côté des harmonies les plus classiques, les harmonies les plus nouvelles* ». Or les exécutants « *jouèrent en dépit du bon sens. Leur chef d'orchestre se sentait le plus beau courage pour lutter contre l'animosité du public, mais non point pour trahir un musicien qu'il aimait, qui sifflait avec le public et avait raison de siffler. Il eût voulu siffler lui-même, puis expliquer...* ». Désespéré d'avoir défiguré la musique de Debussy, le chef tombe « *malade le soir même ; le lendemain avala son bâton de chef et mourut*[3] ».

Gide n'en meurt pas ; mais, à ses frais, il publie en plaquette les *Éloges* du futur Saint-John Perse.

Notes

1. Claudel-Gide, *Correspondance*, *op. cit.*, 22 février 1911, p. 161-162.
2. *Ibid.*, 22 février 1911, p. 161-162.
3. Gide, *Journal 1887-1925*, *op. cit.*, mai 1911.

44

Le diable

1912

« *Tout ce qui tourne (ou même* peut tourner) *au procédé me devient odieux. Dès que l'émotion décroît la plume devrait stopper ; quand elle continue quand même de courir (et elle n'en court que mieux), l'écriture devient haïssable. Des pages entières de ce dernier Péguy, des suites de pages, il aurait pu les faire écrire par un secrétaire ; elles ne sont plus réellement animées ; elles singent les bonnes, celles où l'émotion exigeait ce bégaiement de la pensée.*

Le métier que je veux, soit d'une originalité si discrète, si mystérieuse, si cachée, qu'il ne se puisse jamais saisir en lui-même. Je voudrais que l'on ne s'aperçût de moi qu'à la perfection de ma phrase et que, à cause de cela seulement, personne ne la puisse imiter.

Je prétends empêcher que l'on dise jamais de personne qu'il m'imite ou qu'il me ressemble (ou que ce soit alors pour une très profonde raison), comme l'on peut dire aujourd'hui couramment de tel ou tel : il fait du Francis Jammes, ou du Henri de Régnier, et comme l'on dira demain : du Péguy. Je veux n'avoir pas de manière – que celle qu'exige mon sujet. […] Amen[1]. »

Gide l'a écrit dix fois, sous des formes différentes : « *Le point de vue de l'esthétique est le seul où il faille se placer pour parler de mon œuvre sainement. C'est du reste le seul point de vue qui ne soit exclusif d'aucun des autres.* » La grande crainte de Gide est de passer pour un professeur de morale, y compris à ses propres yeux. Il y voit le risque d'une mortelle posture, d'une imposture.

Un mouvement d'intérêt s'est créé depuis *La Porte étroite* autour de son œuvre, autour de la *NRF*. En nombre encore restreint, mais grandissant, des jeunes gens lui écrivent, lui envoient des textes, lui demandent conseil, cherchent à le rencontrer. Ce n'est encore qu'un frémissement, mais que la rumeur littéraire parisienne, comme souvent, amplifie.

Un signe ne trompe pas : les attaques convergentes dont sont l'objet Gide et sa revue. La première est lancée en novembre 1910 par Jean Variot dans *L'Indépendance*, revue de droite, catholique et antisémite, à laquelle collaborent des célébrités comme les frères Tharaud, Georges Sorel, Vincent d'Indy… et Paul Claudel. Variot s'en prend avec violence, non à Gide mais à Desjardins et à ses décades de Pontigny. Copeau prend la défense dans la *NRF* de l'ami attaqué. Il est provoqué en duel par Variot. Le combat n'aura pas lieu, mais *L'Indépendance* poursuit son offensive. C'est Georges Sorel cette fois, en décembre 1911, qui attaque avec hargne les charmantes et anodines *Lettres de jeunesse à Henri Vandeputte* de Charles-Louis Philippe. But évident de ces harcèlements indirects : persuader le public et les écrivains que la *NRF* a partie liée avec la gauche laïque et socialiste. But masqué : contraindre Gide soit à rompre avec les éléments non catholiques de son entourage intellectuel, soit à les défendre et à occasionner la rupture avec les cléricaux, au premier chef avec Claudel.

La seconde vague offensive est menée par Jean de Pierrefeu dans *L'Opinion* du 23 décembre 1911. On s'en prend cette fois à Jean Schlumberger et à son dernier livre, *L'Inquiète Paternité*. Mais le titre de l'article est explicite : « L'Immoraliste et son disciple ». Schlumberger n'est en fait, écrit Pierrefeu, que la voix de son maître. Gide est présenté comme le penseur occulte d'une secte à la doctrine secrète, à la parole séditieuse, « *terrible ennemi de la Société et de la Famille* ». *La Porte étroite* n'est qu'une ruse pour dissimuler le vrai message, celui de *L'Immoraliste*, « *le plus violent assaut qui ait été livré à la morale* » : « *André Gide, auteur de* L'Immoraliste, *responsable de* L'Inquiète Paternité, *est un maître pervers. En d'autres temps, on l'eût condamné à boire la ciguë.* »

Qualifié de « *prince des ténèbres* », « *prétendu chef d'école promu chef d'hérésie* », Gide affirme à Copeau que cette agression le « *remplit de fierté, de* confiance ». « *Ah ! les bougres, ils n'en ont pas fini avec nous !* » renchérit Copeau. N'empêche que Gide, évaluant le rapport des forces, plie : « *Désormais toutes les armes leur seront bonnes ; notre abstention, notre silence seront pour eux la permission de tout oser. Il me paraît très imprudent pour l'instant de publier du P*[aul] *D*[esjardins] *; c'est vraiment le livrer en pâture ; et si l'article est sur Pascal, nous risquons d'indisposer, en plus, Claudel lui-même. [...] Nous n'avons pas d'autre moyen de nous défendre : être admirables. Cher Vieux, je suis dans une grande perplexité. Impossible de travailler ; je n'essaie même pas. [...] J'imagine Gourmont, Montfort, Pierrefeu, Péguy, Sorel et des Variots sans nombre dansant autour de mon cadavre* [2]. »

Un mythe est né : celui du diable masqué qui dirige dans les coulisses d'une revue à sa dévotion une entreprise de démoralisation de la France, de la Famille et de la Religion [3]. Gide pourrait se montrer satisfait du pouvoir qu'on lui attribue et de la vocation de rebelle qu'on lui reconnaît. A Jacques Rivière, il dit sa satisfaction d'être jeté du « bon côté », celui de Baudelaire, de Dostoïevski et de Thomas Hardy, les exclus, les révolutionnaires. Mais il ne supporte pas que sa révolution soit défigurée.

La part du diable en lui, il l'admet, il la revendique. Elle est l'un des moteurs de son œuvre, elle est la puissance de son refus. Il est celui qui dit que le diable existe et que, pour peu qu'on ne l'oublie pas, qu'on ne se mente pas, il peut y avoir une utilisation féconde du mal, des passions, des faiblesses, des tares. Sans le diable, il n'y a pas de lutte, pas de difficultés, pas d'énergie, pas de découverte : la pauvreté, le vide, l'acceptation, la facilité, le mensonge. Mais c'est retirer tout sens à sa vie et à ses écrits que de les placer du côté du diable, de l'immoralité, de la destruction. C'est une fois encore supprimer l'homme, l'« arrêter », l'enfermer dans une définition – le pécheur – et l'y laisser pourrir. Le diable est l'un des interlocuteurs d'un dialogue dont l'autre est Dieu et qu'il convient de ne laisser jamais se refermer. La sincérité, c'est ne rien cacher de ce dialogue confus, obscur, mouvant, où chacun joue la richesse et la misère de son existence.

« *Il n'y a pas d'œuvre d'art sans la collaboration du démon* », écrit Gide à propos de Dostoïevski (« *Dieu n'est pas roman-*

cier », écrira Sartre en écho). L'œuvre d'art ne peut pas être du côté de la loi divine – statique –, ni du côté du désordre satanique – anarchique –, elle est un travail de l'esprit et de la chair à travers lequel le désordre s'exprime en ordre. Le combat moral est la matière dont Gide fait ses livres, mais c'est l'écriture seule – la langue, la composition, le style – qui donne à cette matière un mouvement, un sens : la morale est une dépendance de l'esthétique. La morale de l'écriture est l'exact contraire de l'écriture de la morale. Dans celle-ci, une vérité éthique qu'on déclare avérée cherche les outils verbaux les mieux adaptés à rendre compte de son existence ; dans celle-là, ce sont la tension de la phrase, sa force suggestive, son élan, sa retenue, son mouvement, ses avancées, ses repentirs qui doivent communiquer le mouvement de ce dialogue souterrain que le lecteur engage avec lui-même : plutôt que le sentiment, le pressentiment de l'inquiétude, du trouble, de l'ébranlement, de l'inconnu qu'on porte en soi et qu'on étouffe.

La morale de Gide, la religion de Gide sont des matières d'héritage – éducation, lectures, révoltes, remords – sur lesquelles revient sans cesse sa mémoire pour mesurer le chemin parcouru, les obstacles franchis, les plis ineffaçables, les vices et les vertus, naturels ou acquis. Le patrimoine. L'écriture, c'est le vivant, le présent, une éclosion sans cesse renouvelée. Non pas la récolte mais les semailles. Les mots de Gide n'ont cure de *traduire* une réalité préexistante ; ils *provoquent* chez le lecteur le déséquilibre sans lequel il n'y a pas de mouvement. Diabolique, en effet.

Les meilleurs lecteurs parmi les partisans de l'ordre moral ont flairé le danger, sans savoir le circonscrire. Gide est d'autant plus exaspérant et dangereux qu'il est insaisissable. Aux attaques contre la *NRF*, il réagit à sa manière : en chargeant le nouveau secrétaire général de la revue, Jacques Rivière, d'être son ambassadeur particulier auprès de Claudel, et en resserrant les rangs : Copeau devient le directeur unique de la revue, Schlumberger se consacrant davantage au théâtre et aux éditions tandis que Ruyters s'éloigne et que Marcel Drouin s'enferme dans un silence hostile et malheureux : le beau-frère de Madeleine ne parvient plus à être l'ami de Gide. Il est remplacé à la rubrique littérature de la *NRF* par un élève de Bergson, Albert Thibaudet, qui restera le titulaire du poste jusqu'à sa mort en 1936.

En nommant un directeur unique, Gide ne veut pas seulement améliorer le fonctionnement de la revue et lui éviter d'épuisants va-et-vient et de non moins épuisantes frictions. Il cherche à faire cesser l'équivoque d'une revue qu'il dirigerait par l'intermédiaire d'un triumvirat. Il a compris, Copeau et Schlumberger aussi, qu'une telle assimilation de la revue à un homme, si contesté, faussait désormais le sens de l'entreprise commune. Il ne se retire pas, il s'efface encore un peu plus du devant de la scène, pour ne pas gêner, pour laisser au groupe sa liberté de mouvement. Déjà, Copeau, sur le point d'être nommé directeur, lui écrit : « *Ce que je vous demande c'est de ne jamais rien faire concernant la revue sans m'en aviser. Je ne puis répondre d'une direction absolument efficace que si tout est rigoureusement concentré entre mes mains*[4]. »

Gide retrouve sa liberté. Il demeure l'âme de la revue, mais dans une fonction d'impulseur et de conseiller qui lui convient davantage que la mêlée éditoriale. Il fait de nouveau de longs voyages ; il rencontre Henry James à Londres, rend visite à Valery Larbaud dont la *NRF* publie *Barnabooth* ; il pousse à la traduction de Conrad.

Il s'amuse enfin : il écrit *Les Caves du Vatican*. « *Il faut bien admettre, cher vieux, que ces* Caves, *bien qu'à vous dédiées, ne peuvent pas et ne doivent pas être un "chef-d'œuvre" – mais bien un livre ahurissant, plein de trous, de manques, mais aussi d'amusements, de bizarrerie et de réussites partielles. Laissez-moi l'écrire comme cela. Je m'assure à neuf que c'est comme cela qu'il doit être : et que les exigences nouvelles que j'y apportais, excité par vous, ne sont point, pour la plupart, de son ressort*[5]. » Pour la première fois, il n'écrit pas un livre qui lui semble dépassé : il découvre, il invente, il se surprend, dans le dialogue qu'il poursuit avec Copeau. Le voici « *tout resubstanté* ».

Au point, pour une fois, de perdre son flair ? Le 5 novembre, Gaston Gallimard a reçu une lettre de Marcel Proust lui proposant de publier deux gros manuscrits, quitte à en prendre une partie à sa charge. Le Mercure de France, Ollendorf, Calmann-Lévy ont déjà refusé le livre. Le comité de lecture de la NRF en fait autant : « *C'est plein de duchesses, ce n'est pas pour nous. Et en plus c'est dédié à Calmette, le directeur du* Figaro… », aurait déclaré Gide au cours de la fameuse réunion. *Du côté de chez Swann* paraîtra à compte d'auteur, chez Grasset, à la fin de 1913. Gide écrit à Proust : « *Le refus de ce livre restera la plus grave erreur de la NRF et (car j'ai honte d'en être beaucoup responsable), l'un des remords les plus cuisants de ma vie.* »

Notes

1. Gide, *Journal 1887-1925*, *op. cit.*, 8 mai 1912.

2. Copeau-Gide, *Correspondance*, *op. cit.*, 7 janvier 1912, p. 541-542. On peut s'étonner de voir figurer Péguy dans la « ronde de mort » qu'imagine Gide autour de son cadavre. Les deux écrivains se fréquentent ; Gide n'a pas perdu espoir de publier Péguy dans la *NRF*, mais le national-catholicisme auquel s'est rallié Péguy en fait un adversaire pressenti. A juste titre, dans son *Journal*, Copeau rapporte cette confidence de Péguy : « *Gide, je le hais. Il a un ver en lui, quelque chose de gâté qu'on retrouve à chaque instant.* »

3. On en retrouve encore de lourdes traces dans un livre récent de José Cabanis, *Le Diable à la NRF* (Paris, Gallimard, 1996).

4. Copeau-Gide, *Correspondance*, *op. cit.*, 6 avril 1912, p. 588.

5. *Ibid.*, 8 juin 1912, p. 622.

45
Le roman, hélas...

1913

« *On est venu me demander, de la part d'un* grand quotidien, *d'indiquer les dix romans français que je préfère. Jules Lemaitre, je crois, avait mis à la mode ce petit jeu à quoi nous jouions, Pierre Louÿs et moi, du temps que nous étions en rhétorique : "Devant passer le restant de vos jours sur une île déserte, quels sont les vingt livres que vous souhaiteriez emporter ?" [...] J'ai gardé plusieurs de ces listes, que nous dressions à nouveau chaque trimestre. J'y cherche en vain le nom d'un romancier.*

Enfant dernier venu, le roman, aujourd'hui toute la faveur est pour lui. Dans l'ensemble de la littérature, et particulièrement de la française, il tient petite place ; nous n'avions pas si courte vue que déjà nous ne sussions le reconnaître. Il est vrai qu'à vingt ans nous n'avions pas encore découvert Stendhal. Mais même, encore, s'il me fallait opter entre les œuvres de celui-ci, est-ce bien ses romans que je prendrais ? Ou plutôt de préférence, ses lettres, son Henry Brulard, *son* Journal *et ses* Souvenirs *?*

Or aujourd'hui ce sont des romans que l'on demande que je désigne ; et qui pis est : des romans français[1] *!* »

Lorsqu'il publiera *Les Faux-Monnayeurs* en 1925, Gide rédigera ainsi sa dédicace : « *A Roger Martin du Gard, je dédie mon premier roman en témoignage d'amitié profonde.* » Aucune de ses œuvres précédentes ne mérite, selon lui, l'appellation de « roman » ; pas même ces *Caves du Vatican* dont il achève la rédaction au cours de cette année 1913 et qu'il soumet sans relâche à la lecture critique de Copeau.

Dans sa préface-dédicace des *Caves* à Copeau, datée de *Cuver-*

ville, 29 août 1913, Gide s'explique sur ses distances avec le genre romanesque : « *Pourquoi j'intitule ce livre* Sotie*? Pourquoi* Récits *les trois précédents ? C'est pour manifester que ce ne sont pas à proprement parler des* romans. *Au reste, peu m'importe qu'on les prenne pour tels, pourvu qu'ensuite on ne m'accuse pas de faillir aux règles du "genre" ; et de manquer par exemple de désordre et de confusion. Récits, soties... il m'apparaît que je n'écrivis jusqu'aujourd'hui que des livres* ironiques *(ou critiques, si vous préférez), dont voici sans doute le dernier*[2]. »

Gide, comme de nombreux écrivains de sa génération, s'est formé à une hiérarchie des genres littéraires dans laquelle le roman occupait une place secondaire, loin derrière la poésie et le théâtre – qualifié d'ailleurs de « poésie dramatique ». Le roman, même s'il permet certaines réussites artistiques – Stendhal, Flaubert, Balzac et Zola même, parfois –, est pour l'essentiel une nourriture populaire davantage fondée sur la captation émotionnelle des lecteurs que sur des exigences rigoureuses de l'esthétique. Sans partager la haine de Valéry et des mallarméens de stricte obédience pour le roman et ses préoccupations bassement psychologiques ou sociologiques, Gide refuse le postulat fondateur du romanesque : la création d'un monde imaginaire – qu'il soit ou nom proche de la réalité vécue – dans lequel, si le livre est réussi, le lecteur est emprisonné.

Ce refus esthétique recouvre un refus moral. Si Gide s'adresse à l'intelligence, à la sensibilité, à l'imagination de son lecteur, ce n'est pas pour lui imposer sa vision du monde, mais au contraire pour pousser sans cesse le lecteur à démolir puis à reconstruire la sienne, à mettre en scène et à multiplier tous les choix possibles, bref à établir avec les personnages et les situations du récit une relation critique. A la confusion, au désordre, à l'ambiguïté essentiels du roman, Gide préfère la pédagogie morale de l'illustration, de l'exemple, de la démonstration, quitte à retourner comme un gant ces opérations didactiques par l'exercice constant de l'ironie. Le souci est d'ébranler pour libérer, il n'est pas de captiver, ni de feindre. « *Je voudrais*, dit Édouard, le romancier des *Faux-Monnayeurs, un roman qui serait à la fois aussi vrai et aussi éloigné de la réalité, aussi particulier et aussi général à la fois, aussi humain et aussi fictif qu'* Athalie, *que* Tartuffe *ou que* Cinna. »

Comme l'a justement écrit Maurice Nadeau, le refus de la convention romanesque est aussi la conséquence chez Gide d'un sentiment plus profond, ancré en lui depuis son enfance et son adolescence, « *cette incapacité à croire que le réel existe vraiment*[3] ». En 1930, dans son *Journal*, à propos de Paul Bourget, un « vrai » romancier, Gide s'explique sur cette fameuse « minceur » romanesque qu'on lui reproche, sur le manque d'épaisseur des personnages, sur l'absence de détails « vrais », « naturels » : « *Quel succès j'aurais pu remporter avec mes* Faux-Monnayeurs, *si j'avais consenti à étaler un peu plus ma peinture. La concision extrême de mes notations ne laisse pas au lecteur superficiel le temps d'entrer dans le jeu. Ce livre exige une lenteur de lecture que l'on n'accorde à l'ordinaire pas aussitôt. [...] J'ai eu soin de n'indiquer que le significatif, le décisif, l'indispensable ; d'éluder tout ce qui "allait de soi" et où le lecteur intelligent pouvait suppléer de lui-même (c'est ce que j'appelle la* collaboration du lecteur*). Bourget ne fait grâce de rien. Mais le lecteur lui en sait gré. [...] Je n'écris que pour ceux qui comprennent à demi-mot.* » Et il enchaîne, comme d'une conséquence à une cause : « *Ma* réalité *reste toujours quelque peu fantastique. Au fond, je n'arrive jamais à y croire tout à fait (non plus que dans la vie) et je n'ai jamais pu souscrire au mot de Gautier : "L'artiste est un homme pour qui le monde extérieur existe." Combien plus souvent l'artiste, toujours un peu mystique, n'est-il pas celui qui ne croit pas, pas tout à fait, à la réalité (à la* seule *réalité, tout au moins) du monde extérieur*[4]. »

La seule réalité, ça n'est même pas l'homme-Gide dont lui-même semble souvent ne saisir que des apparences plus ou moins trompeuses, toujours fluctuantes : c'est l'écrivain-Gide, ce lieu imaginaire, foncièrement poétique, où se rencontrent et s'affrontent toutes les possibilités imaginables de l'homme, enfin délivré de toutes ses chaînes – y compris celles qui le liaient au prétendu réel.

On a souvent remarqué dans la *NRF* de Gide l'écart de qualité qui séparait les récits, la poésie, les exercices critiques et les textes romanesques. Que valent Lucien Jean, Pierre Hamp, Henri Bachelin ou Edmond Jaloux face à Claudel, Saint-John Perse, Valéry, Thibaudet ou Rivière ? Seul Larbaud émerge parmi les romanciers au sommaire des quatre premières années de revue ;

encore Gide a-t-il été plus sensible à la culture de l'écrivain bourbonnais, à la subtilité de sa prose, à ses excellentes traductions des poètes anglais qu'à ses qualités proprement romanesques.

Mais Gide est aussi trop attentif et trop sensible aux mouvements qui parcourent la jeunesse pour ne pas sentir l'attrait qu'exerce le roman sur la nouvelle génération d'écrivains. Enfant de l'individualisme et du sentiment de l'histoire, le roman est en train de submerger les formes plus anciennes de la création littéraire et de brouiller les cadres esthétiques établis de la distinction sociale. Plutôt que de s'opposer à cette déferlante, Gide, tout en gardant par-devers lui ses distances, va faire en sorte de capter son énergie et d'engager la *NRF* dans la voie d'une réflexion sur l'esthétique du roman moderne. Mais c'est Copeau, quelques mois, et Rivière surtout, Schlumberger aussi et Thibaudet qui vont se charger de cette tâche. Gide est capable de pousser son entourage dans une direction qu'il sait contraire à la sienne, qu'elle lui profite ou le desserve. La cuisante leçon de Proust et de sa *Recherche* ne sera pas perdue.

C'est Rivière qui amène à la *NRF* son beau-frère Alain-Fournier et son *Grand Meaulnes*; c'est Gide qui impose Roger Martin du Gard et *Jean Barois*. Deux adoptions de tonalités bien différentes.

Henri Fournier, dit Alain-Fournier, collabore à la revue depuis mars 1910 – une note sur Villiers de L'Isle-Adam. Il est le frère d'Isabelle Rivière et vit avec le couple dans la maison parentale. Rivière l'amène parfois aux réunions de la *NRF*, mais il manque à Alain-Fournier un élément essentiel pour faire partie de la famille : l'amitié de Gide. Entre les deux hommes, le courant passe mal. L'écrivain se méfie des indiscrétions que publie son cadet dans les colonnes d'échos de *Paris-Journal*; la *NRF* n'a-t-elle pas aussi été créée « *contre le journalisme* » ? De son côté, Alain-Fournier, écorché vif, ombrageux, peu sûr de son talent, supporte mal la souple tutelle sous laquelle Gide tient son groupe. Pire : il n'aime pas les livres de Gide. Comme l'écrit suavement Copeau à son ami : « *Je crois Fournier mal disposé à vous comprendre.* » De frictions en explications et en raccommodements, la rupture est toujours évitée ; mais Rivière souffre beaucoup de ce grand écart entre son amitié et son admiration.

En janvier 1913, *Le Grand Meaulnes* terminé, Alain-Fournier hésite : le donnera-t-il à la revue ou au journal *L'Opinion* qui lui ferait des conditions financières plus avantageuses ? Ou encore, pour la publication en volume, choisira-t-il les éditions de la NRF ou bien – les manœuvres autour des prix littéraires ne datent pas d'hier – les éditions Émile-Paul qui sont en mesure, lui assure-t-on, de lui faire obtenir le Goncourt ? Rivière pèse de toute son amitié et de toute son indignation dans la balance : *Le Grand Meaulnes* sera publié par la revue entre juillet et novembre 1913. Et le volume édité par Émile-Paul ratera le Goncourt, tout comme Proust, Martin du Gard, Valery Larbaud et Léon Werth auxquels on préférera... Marc Elder. Quant à Gide, après avoir écrit à Rivière : « Le Grand Meaulnes *m'a beaucoup plu, beaucoup épaté même par endroits ; certaines pages sont même excellentes* », il notera dans son *Journal* vingt ans plus tard : « *Je me plonge dans* Le Grand Meaulnes *que je n'avais pas encore lu. [...] l'intérêt se dilue, s'étale sur un trop grand nombre de pages et un trop long espace de temps ; dessin quelque peu incertain et dont le plus exquis s'épuise dans les cent premières pages*[5]. »

Froideur ici, enthousiasme là. En juin 1913, Schlumberger envoie à Cuverville le manuscrit d'un roman, *Jean Barois*, que vient de refuser Grasset. Avec une hâte qui ne lui est pas coutumière, Gide répond à Schlumberger avant même d'avoir terminé sa lecture : « *Je n'attends pas plus longtemps pour vous dire combien m'épate le manuscrit que vous m'avez envoyé. [...] Mais qui est ce Martin du Gard, dont vous ne m'aviez parlé ? Se peut-il que, du premier coup, on donne une œuvre aussi sage, aussi mûre, aussi intelligemment éclairée ? Je reste là-devant* sans critiques... *et j'approuve sans restriction. Celui qui a écrit cela peut n'être pas un artiste, mais c'est un* gaillard *!* » Il double sa lettre d'un télégramme à Gallimard : « *Manuscrit des plus remarquables à publier sans hésiter. Le rapporterai moi-même dans quelques jours*[6]. »

Martin du Gard a trente-deux ans. Il appartient à une famille bourgeoise de magistrats et de financiers. Il s'est installé dans le Cher avec sa femme pour travailler à ses livres. Les deux premiers, publiés à compte d'auteur, n'ont pas eu le moindre succès. Sans doute aurait-il renoncé, après le refus de Grasset, si Gide ne lui avait pas tendu la main. Les deux hommes se rencontrent en novembre. Gide, comme à son habitude lors des premiers contacts, tâte le terrain, fuit les questions et les confidences et s'enferme derrière son masque asiatique de vieil acteur précieux et un tantinet pontifiant. Mais trois semaines plus tard, Martin est invité par M. et Mme Gide dans le saint des saints, la villa Montmorency. Le compte rendu du dîner que fait Martin à son ami Marcel de Coppet est un modèle de précision et de pénétration : Mme Gide « *est sa cousine germaine. (Et je crois qu'elle a dû en encaisser de sévères...) Elle semble l'adorer, non comme un mari mais comme un cousin merveilleux, un génie insaisissable, surprenant en tout mais devant lequel elle s'incline, en adoration perpétuellement étonnée* ». Gide « *mal à l'aise, aimable et très intimidé, exagérant sa façon maniérée de dire certains mots précis, en tortillant la bouche en biais et en pinçant les lèvres très fort pour les décoller ensuite avec un sourire lent, douloureux, ambigu : la tête penchée de travers, son crâne bossué chargé de verrues, blafard, mais très beau quand même ; son regard fuyant, et par moments (comme ces phares qui tournent et brusquement vous pénètrent d'un jet aveuglant), plein de pensée, de divination, d'amour de la vie et des êtres. Ah l'étrange bougre, si décevant et si attachant à la fois ! Insaisissable surtout ! On croit l'entrevoir, et il se dérobe ; une pirouette, et une autre face à laquelle on ne saisit plus rien...* ».

Martin du Gard a demandé à Gide si l'éloignement d'Auteuil lui assurait un peu de tranquillité : « *"Non. On vient souvent me déranger." "Vous condamnez votre porte ?" Ici, un sourire intraduisible, satanique et tendre. Il rentre dans son faux col jusqu'au nez, puis sa bouche tordue en re-sort de biais : "Non. Je reçois presque toujours... Mais-on-s'en-va-tout-de-suite, et on-ne-revient-jamais*[7]." »

C'est ainsi qu'entre ces deux hommes de caractères si opposés – Martin solide, agnostique, simple et carré d'apparence et de parole, adepte d'un réalisme psychologique et sociologique proche du scientisme – commence une amitié qui, sans faille, durera toute leur vie.

Notes

1. Gide, « Les dix romans français que... », *NRF*, avril 1913. Repris dans *Incidences*, Paris, Gallimard, 1924, p. 143-144.

2. Gide, *Les Caves du Vatican*, dans *Romans*, *op. cit.*, p. 679.

3. Maurice Nadeau, introduction aux *Romans* d'André Gide, *op. cit.*, p. XXXII.

4. Gide, *Journal 1926-1950*, *op. cit.*, 23 juin 1930.

5. *Ibid.*, 2 janvier 1933.

6. André Gide-Roger Martin du Gard, *Correspondance, 1913-1934*, Paris, Gallimard, 1968, p. 647-648.

7. *Ibid.*, p. 649-650.

46

Le vide de la guerre

1914

« Hier, du lever au coucher, nous n'avons parlé de rien d'autre. On ne peut distraire de cela sa pensée. […] Je lis avec le contentement le plus vif la lettre de Barrès invitant au ralliement. Il y a malgré tout quelque réconfort à voir, devant cette menace affreuse, les intérêts particuliers s'effacer, et les dissensions, les discordes ; en France l'émulation devient vite une sorte de furie qui pousse chaque citoyen à l'abnégation héroïque.

J'ai quelque peu souffert de n'avoir pu hier causer qu'avec des Juifs : les Xavier Léon, Mme Langweil, Stern. Ils croient devoir (j'excepte Stern) faire une sorte de surenchère chauvine, qui ne me paraît pas toujours de très bon aloi. […] Au demeurant, l'approche du tragique, de quelque ordre qu'il soit, me galvanise. »

Il semble que la guerre ait pris Gide au dépourvu – à moins qu'il ne se soit contraint à porter ailleurs son attention. Lecteur attentif des journaux, doté de nombreuses relations aux Affaires étrangères, il a jusqu'au bout refusé d'y croire, de créditer l'Histoire d'une réelle existence. Pas une ligne dans son *Journal* avant le 26 juillet. Le 30, il soupçonne que la situation lui échappe et qu'il n'est pas à la hauteur de l'événement : « *Que valent les notes que j'ai prises ces jours derniers ? Je ne sais. Si je commence à me relire, je suis perdu. Je voudrais corriger, et pour peu qu'il y ait trop à reprendre j'arrêterai là ce carnet.* » Le 31 : « *L'on s'apprête à entrer dans un long tunnel plein de sang et d'ombre. […] J'ai répondu un peu brutalement hier, à Em., qui me dérangeait dans ma lecture ; j'en suis resté attristé tout le soir* [2]. »

Il rentrait d'un voyage en Turquie en compagnie de Ghéon et de

Mme Mayrisch ; il se préparait à un séjour en Angleterre qu'il annule au tout dernier moment, où il devait retrouver Valery Larbaud. Il digérait non sans amertume l'échec des *Caves du Vatican*, l'un de ses chefs-d'œuvre et le plus incompris. Il commençait à batailler, sans vraie passion, avec Gaston Gallimard pour le contrôle de la *NRF* et de son comptoir d'édition. Il n'a pas prévu que la guerre allait frapper de caducité les réputations, les hiérarchies et les querelles. *Un long tunnel*, croit-il, une parenthèse sanglante. L'occasion aussi d'observer les détails d'un fait divers inouï poussant l'humanité à ses possibilités les plus extrêmes. Les démons et les anges à l'œuvre dans le plus brûlant des creusets...

La parution des *Caves* lui a valu d'être un peu plus honni encore par la droite cléricale et par l'ordre moral. Il a pu vérifier que l'ironie – pourtant ici manifeste et affichée, dans tous les chapitres, à toutes les pages – était la couleur littéraire la moins perçue par le public, la plus offerte au contresens et au malentendu. Ce livre qu'il avait si longtemps porté – il en avait parlé à Laurens, à Biskra, dès 1893 – et dont il avait si minutieusement élaboré la construction (en « *rose d'église* », comme l'écrivait Proust) est reçu presque partout comme une farce anticléricale au mieux ; au pire comme une manifestation d'anarchisme moral dont le héros positif serait Lafcadio, le fameux promoteur de l'acte gratuit. Quand elle n'était pas hostile par principe et par esprit de parti, la critique a été désarçonnée par le sujet apparent du livre – une histoire d'escroquerie bâtie sur un prétendu complot mené par des cardinaux francs-maçons qui avaient emprisonné le pape dans les cachots du Vatican – et par le traitement parodique et burlesque dont Gide a habillé ses interrogations les plus angoissées sur la liberté et sur la croyance. Essayant de pousser jusqu'aux limites extrêmes l'exercice d'éveil de l'esprit critique du lecteur, Gide est allé au-delà de ce que les habitudes de lecture de son époque permettaient. Sa sotie est trop moderne ; elle devra attendre quelques années : le temps de la guerre.

Du moins a-t-elle permis de lever quelques hypothèques. Chacun des livres qui composent *Les Caves* s'ouvre par une épigraphe. Sont ainsi cités Georges Palante, Retz, Pascal et Joseph Conrad. Le livre troisième, *Amédée Fleurissoire*, était orné d'une réplique de *L'Annonce faite à Marie* : « *Mais de quel Roi parlez-*

vous et de quel Pape ? Car il y en a deux et l'on ne sait qui est le bon. » Claudel avait donné son accord ; mais à la lecture des *Caves* et notamment de quelques phrases où il croit déceler un parfum pédérastique, le poète se déchaîne : « *Au nom du ciel, Gide, comment avez-vous pu écrire le passage que je trouve à la page 478 [...] Ne savez-vous pas qu'après* Saül *et* L'Immoraliste *vous n'avez plus une imprudence à commettre ? Faut-il décidément croire, ce que je n'ai jamais voulu faire, que vous êtes vous-même un participant de ces mœurs affreuses ? [...] Si vous en êtes un, malheureux, guérissez-vous et n'étalez pas ces abominations. Consultez Madame Gide ; consultez la meilleure part de votre cœur*[3]. » Claudel exige une réponse, Gide la lui donne et après avoir un instant regimbé – « *De quel droit cette sommation ?* » – se confesse, se remettant ainsi à la discrétion de son interlocuteur. Qui s'empresse d'écrire à Jammes et à Rivière, ainsi qu'à son confesseur, l'abbé Fontaine, qu'il recommande à Gide. Tout cela se termine officiellement par une absolution, à condition de ne pas recommencer : « *Pauvre Gide, que vous êtes à plaindre et que votre vie est tragique !* » Mais le bel et noble échange ne doit pas tromper : Claudel fait retirer son épigraphe des *Caves*, indique sèchement qu'il lui est désormais impossible de collaborer à un ensemble sur Whitman qu'il devait réaliser avec Gide et fait savoir à Rivière qu'il lui est pénible de figurer sous la même couverture que l'auteur des *Caves* – « *Il n'y a qu'un livre autrefois qui m'ait produit la même impression d'affreuse désolation que j'ai essayé de dépeindre, c'est le* Candide *de Voltaire*[4] » – et que, pour lui, Gide est un auteur mort : « *triste fin d'un homme qui promettait autre chose* ».

Un autre médecin s'est précipité au chevet : Jammes. Claudel joue le Père Fouettard attristé ; Jammes emploie la gamme de la lamentation lyrique : « *Mais à présent où es-tu ? Peut-être, je ne veux pas le croire, as-tu complètement oublié le visage de ta mère ; ne peux-tu apercevoir les cimes gémissantes du parc de La Roque où le clair de lune se jouait sur les cheveux de ta fiancée*[5]. » Lui aussi y va de l'adresse d'un confesseur.

Il est clair que si Gide continuait à diriger intellectuellement la *NRF*, ni Claudel, ni Jammes, ni les militants du parti catholique n'accepteraient désormais d'y figurer à ses côtés – à moins d'un public repentir. Mais Gide n'est plus la *NRF*. Copeau qui dirige depuis 1913 l'annexe théâtrale de la revue, le Vieux-Colombier, abandonne de fait les rênes de la *NRF* aux mains de Rivière et de Gallimard. Après Drouin, après Ruyters, c'est un troisième allié qui s'éloigne. Gide tente un moment de se ressaisir de l'outil qu'il s'est fabriqué. Il cherche un financier susceptible de racheter les parts de Gallimard ; il demande des comptes ; il multiplie ces manœuvres obliques dont il a le secret. Mais Gide n'est pas un chef d'entreprise et la *NRF* a pris trop d'importance pour demeurer entre les mains d'amateurs. Gallimard fait ce que ni Gide ni Schlumberger ne savent faire et que les écrivains réclament : négocier les droits, promouvoir les œuvres, discuter avec les agents, concocter des tirages à part et des éditions de luxe, mettre sur pied des traductions dans des langues étrangères [6]. Dès 1914, il apparaît que les éditions de la NRF se développent selon une logique propre, différente de la revue à laquelle elles continuent pourtant d'être liées. Lorsque d'un commun accord les fondateurs de la *NRF* décident en août 1914 de suspendre la parution de la revue, ils acceptent que Gallimard poursuive les activités de la maison d'édition. Combien de temps un accord intellectuel peut-il survivre à une séparation économique ?

« *Je me sens évincé* », écrit Gide à Ghéon. Il ne parle pas de la *NRF* en particulier, mais du monde dans lequel il vit et sur lequel il ne se sent plus aucune prise. Il flotte. Lui qui vit des devoirs et des contraintes contradictoires qu'il s'impose se sent brusquement démobilisé, inutile, vide : « *Il s'est produit en moi un phénomène analogue à la congélation des gaz ; mon esprit préalablement liquéfié par la compression de l'angoisse, puis brusquement décomprimé, a perdu toute chaleur vitale. Hier j'avais obtenu de moi le sacrifice de ce que j'aime, de ce que je suis, de tout... aujourd'hui je roule dans une apathie, une aboulie totale* [7]. Il est trop vieux pour faire la guerre, trop protégé pour en subir réellement les épreuves. Il n'a rien à sacrifier pour savoir ce qu'il vaut. Pour lui, la guerre ne peut pas être une accélération du temps ; elle n'en est que la morne suspension. Le seul problème qu'il se pose est de savoir s'il doit demeurer à Cuverville avec Madeleine, Copeau et sa famille, ou vivre à Paris. Mesquin dilemme dont l'étroitesse le fait enrager.

N'ayant rien à quoi se raccrocher ou s'opposer, Gide glisse tout naturellement sur la pente commune. Il en sera de même aux premiers jours de la guerre suivante. Ayant perdu ses repères propres, il ne peut qu'adhérer mollement aux valeurs collectives. Cependant que la *NRF* publie deux articles laudatifs sur Barrès et laisse passer une note de Ghéon à la gloire de Paul Déroulède, il se laisse lui aussi prendre aux mirages de l'union sacrée et de l'exaltation patriotique. Le voyageur ébloui qui découvrait l'ardeur de vivre sous le ciel de Biskra ramène un triste journal de son voyage en Turquie : « *L'instruction même que je tire de ce voyage est en proportion de mon dégoût pour ce pays [...] L'obsession de ces pays, qui me tourmentait depuis si longtemps, est vaincue ; cette atroce curiosité.* » Le voilà enfin réveillé de son rêve exotique, débarrassé des enseignements du nomadisme : « *Trop longtemps j'ai cru qu'il y avait plus d'une civilisation, plus d'une culture qui pût prétendre à notre amour et méritât qu'on s'en éprît... A présent je sais que notre civilisation occidentale (j'allais dire : française) est non seulement la plus belle ; je crois, je sais qu'elle est la seule – oui, celle même de la Grèce, dont nous sommes les seuls héritiers*[8]. »

On ne s'étonnera pas trop de trouver dans cette exaltation de « l'esprit français » une pointe d'antisémitisme. Un certain agacement à l'encontre des comportements attribués aux Juifs a toujours existé chez lui à l'état de réflexe. Lors de sa première rencontre avec Copeau, il écrit que les manières insinuantes de son interlocuteur lui avaient fait penser qu'il était juif. Mais quand, en 1914, il raconte un déjeuner avec son vieil ami Léon Blum, il pousse beaucoup plus loin le bouchon, les Juifs sont étrangers à l'esprit français : « *Il me suffit que les qualités de la race juive ne soient pas des qualités françaises ; et lorsque ceux-ci (les Français) seraient moins intelligents, moins endurants, moins valeureux de tous points que les Juifs, encore est-il que ce qu'ils ont à dire ne peut être dit que par eux, et que l'apport des qualités juives dans la littérature, où rien ne vaut que ce qui est personnel, apporte moins d'éléments nouveaux, c'est-à-dire un enrichissement, qu'elle ne coupe la parole à la lente explication d'une race et n'en fausse gravement, intolérablement, la signification. [...] Que m'importe que la littérature de mon pays s'enri-*

chisse si c'est au détriment de sa signification. Mieux vaudrait, le jour où le Français n'aurait plus force suffisante, disparaître, plutôt que de laisser un malappris jouer son rôle à sa place, en son nom[9]. » Et Gide rêve d'un ouvrage qui écrirait l'histoire de la littérature juive en France « *à laquelle je ne verrais aucun inconvénient de réunir et de mêler l'histoire de la littérature juive des autres pays, car c'est la même* ».

Retour frileux sur le petit pré carré national ? Le terrain est même beaucoup plus réduit. Dans son *Journal*, du 22 juin au 19 juillet 1914, alors que la guerre se prépare, Gide ne se préoccupe, sur une vingtaine de pages, que d'une seule question : le sansonnet tombé du nid qu'il a recueilli pourra-t-il survivre ? Les chats résoudront le problème en croquant l'animal.

A l'automne de cette année, Gide note : « *Il ne me reste plus que juste assez d'intelligence pour constater que je deviens idiot*[10]. »

Notes

1. Gide, *Journal 1887-1925*, *op. cit.*, 29 juillet 1914.
2. *Ibid.*, 30 juillet 1914.
3. Claudel-Gide, *Correspondance*, *op. cit.*, 2 mars 1914, p. 217.
4. *Ibid.*, p. 243. Lettre à Jacques Rivière, 20 avril 1914.
5. Citée dans la correspondance Gide-Claudel (*op. cit.*, p. 227), cette longue lettre datée du 24 mars 1914, ainsi que l'échange avec Gide qu'elle suscite, ne figure pas dans la correspondance Jammes-Gide où aucune lettre entre les deux écrivains n'est reproduite entre octobre 1911 et juin 1915.
6. Voir à ce propos l'abondante correspondance d'affaires qu'échangent Gallimard et Claudel en 1914 : Claudel-Gallimard, *Correspondance 1911-1954*, Paris, Gallimard, 1995, p. 83-112.
7. Ghéon-Gide, *Correspondance*, *op. cit.*, 8 septembre 1914, p. 865.
8. Gide, *Journal 1887-1925*, *op. cit.*, mi-mai 1914.
9. *Ibid.*, 24 janvier 1914.
10. *Ibid.*, nuit du 29 octobre 1914.

47
Un triomphe mystique

1915

« Je ne veux plus connaître rien que de naturel. Une voiture de maraîcher charrie plus de vérités que les plus belles périodes de Cicéron. La France est perdue par la rhétorique.

Peuple oratoire, habitué à se payer de mots, habile à prendre les mots pour les choses et prompt à mettre des formules au-devant de la réalité. Pour averti que je sois, je n'échappe pas à cela et reste, encore qu'en le dénonçant, oratoire. Rien n'inquiète Dieu davantage. Le sentiment qu'on veut avoir couvre celui qu'on a.

Les articles de Barrès sont les modèles du genre ; mais le dernier convaincu par eux, c'est lui-même. Et du reste peu lui importe ; c'est sa façon de rester supérieur. Il n'entend rien à l'Évangile et confond le Christ et César. Il n'entend rien à l'art, rien à la poésie. Il est de ceux pour qui le bien-penser ne précède pas nécessairement le bien dire[1]. »

L'atonie de Gide n'a duré que quelques mois ; le temps qu'il trouve ses marques dans les bouleversements de la guerre ; le temps qu'il puisse se projeter sur un événement dont le caractère et l'ampleur l'ont un moment désarçonné. Comment pourrait-il comprendre quelque chose sans avoir le sentiment d'y avoir une place ?

Cette place, il la trouve, modeste, obscure, efficace. Pendant dix-huit mois, à partir d'octobre 1915, il travaille au « foyer franco-belge ». Cette organisation humanitaire est un centre d'accueil des réfugiés belges et français chassés par l'avancée des troupes allemandes. Présidé par le baron Del Marmol, il rassemble des volontaires appartenant le plus souvent à des milieux aristocratiques ou intellectuels. Gide y retrouve Maria Van Rysselberghe, le comte de Lauris ; il y fait la connaissance de Charles Du Bos, un homme à la santé fragile et à la culture éblouissante. Nouvelle amitié, nouveau dialogue culturel et spirituel souvent tumultueux entre deux adeptes de l'inquiétude et de la curiosité qui tirent rarement dans le même sens. Le foyer n'est pas pour Gide une simple occupation charitable. Il s'y donne sans compter[2]. « *Je me sentais* bu *par autrui. Occupé matin et soir à cette œuvre de réfugiés que nous logeons, vêtons et nourrissons, et pour qui nous cherchons du travail*[3]. »

Pour la première fois de sa vie, il est confronté à des tâches concrètes sans rapport avec son activité d'écrivain. Lui qui s'est si soigneusement préservé de la réalité pour n'en saisir que les reflets émotionnels et intellectuels, il doit se colleter avec des événements et des gens qu'il n'a pas choisis ; il doit donner non ce qu'il désire mais ce qu'on lui demande : « *Ma fatigue affreuse venait, je crois, de rester exposé à la sympathie tout le long du jour.* » L'humanité concrète l'épuise ; il se sent, écrit-il, en état de « *surmenage sentimental* ». Il ne se prête pas au jeu du réel, il s'y donne. Mais il ne parvient tout de même pas à y croire : « *Par moments il me semble que j'ai déjà fini de vivre et que je m'agite dans une sorte de rêve posthume, une sorte de supplément à la vie, sans importance ni signification*[4]. » N'empêche que le face-à-face prolongé et sans intermédiaire avec la misère, brutale, injuste, indigne, lui fait découvrir une part de la vie qu'il ne peut plus complètement ignorer.

Mais est-ce le présent qui est un mauvais rêve gonflé de pathos ou le passé qui sombre définitivement dans l'inexistence ? Gide a le vif sentiment d'une rupture, mais il hésite encore à se situer par rapport à elle. Par instants, il regarde en arrière, comme s'il était trop tard, comme s'il allait mourir demain : « *A force d'attendre, je doute si j'ai donné tout ce que j'aurais pu. Par moments il me paraît que tout ce que j'ai produit jusqu'à ce jour n'a été que pour préparer le reste, n'a été que pour me faire la main, et que tout l'important reste à dire. [...] Par moments il me paraît affreusement que j'ai trop tardé, et que nombre de livres qui me restent à écrire auraient déjà dû être écrits*[5]. » Et s'il ne se relevait pas de cette cure d'humanité ? Si tout ce à quoi il croyait, si cet homme libéré de tout sauf de lui-même dont il préparait l'avènement, livre après livre, était en train de mourir sur la Marne ? Ainsi commence son *Journal* de 1915 : « *Je vous dis que c'est une nouvelle civilisation qui commence.* » Le parti est pris. La guerre ne tue pas l'homme nouveau, elle lui déblaie le terrain. La civilisation d'hier que la guerre emporte était fondée sur les leçons de la latinité, c'est-à-dire « *sur ce que la culture avait produit de plus artificiel et de plus vain* ». Gide qui est, de son propre aveu, « *maladroit au chagrin* » décide de franchir « *le fossé plein d'angoisse et de sang* » et de regarder déjà au-delà de la guerre. Cet arrachement ne se fait pas sans regret, sans peine ni sans angoisse, mais Gide y retrouve l'énergie de l'aventure nouvelle, du bond dans l'inconnu, de la nécessaire création : « *Cette guerre achève de ruiner dans mon esprit toutes les formes du passé avec quoi nous avons vécu jusqu'à ce jour et qui nous ont élevé jusqu'à la communion parfaite avec Dieu, je veux dire le sentiment de la noblesse et de la beauté – autant qu'elle fait Reims et Louvain. La musique également réclame aujourd'hui une langue nouvelle, des intonations inouïes, une gamme encore inconnue. J'admire combien déjà certains (Debussy, Stravinski surtout) étaient parvenus à reculer dans le passé les sonorités précédentes, jusqu'à plus nous laisser émouvoir que par les accents uniquement sincères et complètement exempts de rhétorique* [6]. »

La rhétorique, voilà l'ennemi désigné, l'art menteur. Celui qui trompe les foules, comme celui qui séduit les lecteurs. L'art romain auquel Gide oppose le naturel de l'art grec. La guerre, les victoires de l'Allemagne et de son réalisme brutal, la vision débilitante de la lâcheté et du verbalisme de l'« arrière » le ramènent brutalement vers l'un des pôles de sa pensée et de son comportement : celui de l'exaltation païenne, celui des *Nourritures terrestres*. Tant qu'à multiplier les ruines, autant qu'elles soient prometteuses et fécondes et qu'elles annoncent un monde nouveau dont les valeurs et les œuvres ne seront plus chrétiennes : le contact direct, « sincère », charnel avec la nature, la victoire des forces de la joie sur les censures du péché, la naissance d'un art capable de rompre avec des siècles de culture qui semblent n'avoir abouti qu'à former un peuple bavard, inapte à se défendre, pressé de se diviser autour de mots et de concepts. Un pas de plus, et Gide en appellerait à la barbarie. Il lui arrive de le franchir :

« *Dans ce cas mieux vaut se laisser envahir : l'Allemagne, elle, aura la force et les méthodes par quoi supprimer le mal. Ce qui ne peut plus être sauvé.* » Le sursaut gidien n'est jamais très loin d'un appel masochiste à la défaite.

Car s'il continue à ignorer le mouvement de l'histoire qu'il préfère identifier aux bonds successifs de son esprit, Gide est assez lucide pour se rendre compte que ce monde nouveau qu'il prophétise et qu'il semble souhaiter lui serait invivable. Il sait qu'il appartient aussi, de toute sa culture, de toute sa rhétorique, de tout son puritanisme religieux à cette civilisation dont il proclame la mort. La rhétorique qu'il voudrait voir disparaître, c'est aussi la sienne, et son combat pour la sincérité n'aurait aucune signification s'il devait se clore sans résistance et sans affrontement. Rien d'étonnant qu'il se sente posthume. Le révolutionnaire ne peut pas oublier qu'il est aussi un héritier.

Alors il nuance, il enrichit l'abrupt de sa position par une série de petites touches qui peu à peu transforment l'objet initial, jusqu'à parfois le rendre méconnaissable. Si chez Barrès « *le bien-penser ne précède pas nécessairement le bien dire* », chez Gide le bien-sentir précède et commande tout : à la pensée et à l'écriture de s'adapter à la sonorité et à la couleur. Il commence donc par une proposition bien carrée, une note dominante : « *Voici mon avis bien net : La France est perdue si elle se cramponne au passé ; j'ai confiance au contraire qu'elle aura la force de pousser outre. Tout ce qui représente la tradition est appelé à être bousculé.* » Mais suivent immédiatement trois propositions qui tordent sensiblement la principale, sans toutefois la contredire : 1°) « *Ce n'est que longtemps après que l'on pourra reconnaître, à travers les bouleversements la continuité, malgré tout, de notre tempérament, de notre histoire.* » 2°) « *C'est à ce qui n'a pas eu de voix jusqu'alors, à parler.* » 3°) « *Si la France n'est plus capable de nouveauté, pourquoi serait-ce qu'elle lutte ? L'artiste qui, lorsqu'il crée, se préoccupe d'être français et de faire œuvre "bien française", se condamne à la non-valeur. Il ne s'agit plus de ce que nous étions ; il s'agit de ce que nous sommes*[7]. »

Ces réflexions ne sont pas publiques. En 1915, Gide se tait. Sa seule activité éditoriale est un article pour *L'Intransigeant* où il parle des activités du foyer franco-belge. La correspondance nombreuse qu'il échange avec ses amis ne fait état, au mieux, que de manière très allusive à ses réflexions et à sa vision de l'avenir. La plupart d'entre eux comptent leurs morts – Péguy, Alain-Fournier, Rupert Brooke, bien d'autres –, voyagent à l'étranger, se débattent dans les problèmes de logement et de ravitaillement ou dans les plus banales querelles conjugales. Seul Ghéon, médecin sur le front, connaît de près la réalité de la tragédie. De trop près et de manière trop pathétique pour que Gide puisse lui dire sa pensée sans le blesser inutilement.

Encore Ghéon dont le nationalisme est de plus en plus exalté ne soupçonne-t-il pas le plus scandaleux de la méditation solitaire de Gide. En plein massacre, alors que les propagandes se déchaînent et que l'intoxication patriotique atteint les sommets du ridicule et de l'odieux, Gide ose évoquer – tout en utilisant un mode du passé, il est vrai – la nécessité d'une Europe franco-allemande : « *Cette culture nouvelle promettait d'être non tant spécialement française qu'européenne ; il semblait qu'elle ne pût pas se passer davantage de la collaboration de l'Allemagne que de la nôtre. Et par certains côtés cette guerre tend à le prouver. Notre façon même de nous combattre est une collaboration* [8]. » Lorsque la paix venue, la victoire acquise, la *NRF* reparaîtra en juin 1919, Gide, dans ses « Réflexions sur l'Allemagne », n'aura rien à changer à ses pensées secrètes de 1915. A l'heure de la Chambre bleu horizon, de l'exécration et de l'écrasement officiels de tout ce qui est allemand, il pourra répéter ce qu'il a écrit dans ses carnets au moment du combat incertain, de la panique et du doute : « *Nos plus beaux dons, peut-être avions-nous besoin de l'Allemagne pour les mettre en œuvre, comme elle avait besoin de notre levain pour faire lever sa pâte épaisse* [9]. » A la France le dessin, le sens des contours, la psychologie, l'individualisme, le particulier, la critique, le roman ; à l'Allemagne la force, l'organisation, l'obstination, la musique. La culture européenne, c'est Goethe et Nietzsche participant au même concert que Montaigne et Pascal ; c'est Gide retrouvant la totalité de ses voix et de ses voies.

Prophétie historique ? Prescience politique fondée sur une vision planétaire du jeu des civilisations ? C'est dans son expérience intérieure, dans sa singularité, et pas ailleurs que Gide puise des certitudes qu'il sait inaudibles pour ses contemporains les plus proches. C'est sur l'extraordinaire capacité qu'il possède à accueillir le discours de l'autre, à le faire jouer contre lui-même et à l'assimiler pour s'en enrichir qu'il construit une stratégie politique de l'assimilation, capable de transformer – comme il sait si bien le faire – l'acceptation en conquête et la défaite en triomphe. Parlant de lui comme d'un anonyme inconnu, il raconte ainsi une conversation avec Marcel Drouin et quelques amis qui se termine évidemment par des applaudissements pour Drouin et des huées contre son interlocuteur : « *X. allait jusqu'à dire que le meilleur moyen de triompher du militarisme prussien n'était pas de chercher à vaincre l'Allemagne, mais au contraire... On ne le laissait jamais achever. [...] Il prétendait qu'un peuple qui ne se défend pas est essentiellement invincible [...] et que telle eût été la vraie façon de triompher de l'Allemagne, et qu'ainsi la France l'aurait immanquablement vaincue à la manière dont le christianisme avait vaincu la Rome antique. [...] Le seul triomphe auquel nous puissions et devions prétendre aujourd'hui,* concluait-il, *c'est un triomphe mystique ; et c'est le seul vrai*[10]. »

Il serait naïf de croire que la dure expérience du foyer franco-belge a convaincu Gide des bienfaits du réalisme. Le réel n'est pas la vérité ; il est une limitation que l'esprit s'impose soit par impuissance soit par discipline. Lorsque Gide écrit qu'« *une voiture de maraîcher charrie plus de vérités que les plus belles périodes de Cicéron* », ce n'est pas la réalité qu'il célèbre, ce n'est pas la nature matérielle, c'est la nature mystique.

Notes

1. Gide, *Journal 1887-1925*, *op. cit.*, 8 octobre 1915.
2. Gide, de janvier à mars 1915, a tenu un journal, encore inédit, sur son expérience du foyer franco-belge.
3. Gide, *Journal 1887-1925*, *op. cit.*, 10 novembre 1914.
4. *Ibid.*, 11 novembre 1915.
5. *Ibid.*, 24 octobre 1915.
6. *Ibid.*, 25 septembre 1915.
7. *Ibid.*, 8 octobre 1915.
8. *Ibid.*
9. Gide, « Réflexions sur l'Allemagne », *NRF*, juin 1919, p. 35-46.
10. Gide, *Journal 1887-1925*, *op. cit.*, 20 décembre 1915.

48
La guerre spirituelle

1916

« *Ghéon avait jusqu'à présent fait profession d'incrédulité, voire de cynisme ; et je l'aimais ainsi, confondant volontiers cynisme et franchise. Mais pourtant le connaissant pour profondément sensible aux plus nobles et charitables émotions et l'ayant vu pleurer non pas seulement devant le Parthénon, ou à Delphes, mais sangloter d'amour dans le petit cloître de Saint-Marc – je m'inquiétais de plus en plus, m'irritais même, de le voir ignorer, et vouloir ignorer, l'Évangile. Je me persuadais et tentais de lui persuader, qu'il se faisait une idée fausse de Celui qu'il n'avait connu qu'à travers le catéchisme, et dont l'enseignement n'était peut-être pas ce qu'il croyait. Il ne consentait alors à y reconnaître que désagrément et ennui*[1]. »

Le 8 janvier 1916, Henri Ghéon envoie un mot très bref à Gide : « *Je te dis seulement ceci : j'ai sauté le pas*[2]. » La réaction de Gide est violente : « *Ghéon m'écrit qu'il a "sauté le pas". On dirait d'un écolier qui vient de tâter du bordel. Mais il s'agit de la table sainte*[3]. » La brutalité de l'image donne la mesure de son désarroi. De tous les amis de Gide, Ghéon est sans doute celui qui lui paraissait le plus éloigné d'une éventuelle conversion au catholicisme. Le joyeux docteur, le compagnon de tant de dragues dans les ruelles mal famées d'Europe et d'Orient, l'admirateur éperdu de la civilisation et de l'amour grecs, le bon vivant aux plaisanteries sonores était aux antipodes de l'image que se faisait Gide d'un catholique romain. On peut croire Gide lorsqu'il affirme avoir regretté l'absence chez son ami de tout questionnement religieux. Il y avait là un manque, une absence de dialogue et de lutte qui sont toujours pour Gide synonymes d'étroitesse et de pauvreté.

La conversion de Ghéon n'est pourtant pas une complète surprise. Lors d'une permission, en décembre 1915, il a longuement parlé avec Madeleine et André Gide de l'« aventure miraculeuse » qu'il était en train de vivre. C'est Gide alors, fidèle à lui-même, qui l'a poussé à aller jusqu'au bout de sa démarche : « *Au point où tu en es, tu me parais impardonnable de ne pas encore t'être mis en règle* [4]. »

N'empêche que la nouvelle le bouleverse. En exergue à son *Journal* de 1916, il place une phrase tirée d'une lettre à Ghéon : « *La guerre religieuse de demain que je pressens inévitable, ce n'est pas entre protestants et catholiques qu'il faut la laisser se déclarer ; non plus même qu'entre croyants et athées ; mais entre payens et chrétiens* [5]. » De quel côté se trouvera Gide dans cette guerre annoncée ? C'est à une autre guerre, intérieure, d'en décider. La conversion de Ghéon précipite une douloureuse crise spirituelle.

Dans un premier temps, le chrétien, sinon le catholique, l'emporte avec tant de puissance qu'on s'attend à lui voir tout submerger. A Ghéon, Gide écrit : « *Prie pour moi, mon ami, afin que je ne sois pas "jeté dehors". Adieu – toi qui m'as devancé – que "ta joie soit parfaite".* » Le « *jeté dehors* » se rapporte à une citation de l'Évangile de Jean que Gide recopie dans son *Journal* : « *Si quelqu'un ne demeure pas en moi, il est jeté dehors comme le sarment et il sèche : puis on ramasse les sarments, on les jette au feu et ils brûlent.* » Mais Gide commente ce passage non du point de vue de l'appartenance religieuse, mais de celui de la morale : « *Vraiment n'étais-je pas "jeté au feu" et déjà en proie à la flamme des plus abominables désirs* [6] *?* »

Protestant ou catholique, le christianisme pour Gide est d'ordre moral ; le débat qui l'angoisse n'est jamais celui de la foi, mais celui du péché, de son péché. L'élan païen doit lui permettre de s'accepter et de se revendiquer dans la joie ; le christianisme doit lui donner les règles qui lui permettront de vaincre le démon qui l'incendie. Si elle avait lieu, sa conversion le ferait changer de vie, pas de croyance : « *Il y a tout à revoir, tout à reprendre, tout à rééduquer en moi. Ce contre quoi j'ai le plus de mal à lutter, c'est la curiosité sensuelle. Le verre d'absinthe de l'ivrogne n'est pas plus attrayant que, pour moi, certains visages de rencontre – et j'abandonnerais tout pour les suivre... Que dis-je ? Il y a là une propulsion si impérieuse, un conseil si insidieux, une habitude si invétérée, que souvent je doute si j'en puis échapper sans un secours venu d'ailleurs*[7]. » C'est ce secours, comme à dix-huit ans, qu'il demande à la religion.

Dès lors, il se guette, de manière maniaque, pour relever presque chaque jour l'étiage du péché. Au début, ces notations douloureuses sont encore explicites : « *Hier soir j'ai cédé, comme on cède à l'enfant obstiné – "pour avoir la paix". Paix lugubre, assombrissement de tout le ciel.* » « *Nuit exécrable. Je retombe aussi bas que jamais.* » « *Allons ! encore une fois j'ai pu me ressaisir. Cette lettre de Ghéon m'a aidé.* » « *Je n'ai pas moins de mal à restaurer en moi l'idée de péché que je n'en avais eu à l'exténuer naguère*[8]. » Il se persuade ensuite, tout en se maintenant « *dans un état de vigilance* », que ses « retombées » ne sont pas catastrophiques : « *On ne peut espérer atteindre le paradis d'un seul bond. Il y faut de la résolution, mais plus encore de la patience*[9]. » Et il compare son combat à celui des tranchées : une lutte terrible mais sans gloire. Quelques semaines plus tard, ses rechutes ne seront plus signalées que par un « X », laconique et désespéré.

C'est alors qu'il écrit dans un carnet vert une sorte de journal spirituel qu'il dédiera à Charles Du Bos : *Numquid et tu ?*, et dont il poursuivra la rédaction pendant plus d'un an. Prière, méditation, *Numquid et tu ?* retrace l'affrontement dans l'homme de deux principes également vivants, éternellement présents : le principe divin et le principe satanique. Les élans qu'ils suscitent ont la même puissance – celle de la négation de soi, celle de l'affirmation de soi –, la même exigence : « *L'enfer – aussi bien que le paradis – est en nous*[10]. » Le combat ne peut pas avoir de conclusion définitive : c'est chaque jour, dans le présent, dans un mouvement permanent d'élévation et d'abaissement que Gide est traversé par cet affrontement dont le lendemain suivant remet en cause les résultats.

D'où cette étrange théologie où la transcendance se confond avec la présence : « *C'est dans l'éternité que dès à présent il faut vivre. Et c'est dès à présent qu'il faut vivre dans l'éternité. Que m'importe la vie éternelle, sans la conscience à chaque instant de cette durée*[11]. » « *Si j'avais à formuler un credo, je dirais : Dieu n'est pas en arrière de nous. Il est à venir. C'est non pas au début, c'est à la fin de l'évolution des êtres qu'il le faut chercher. Il est terminal et non initial.* »

La conversion n'a pas lieu, parce qu'elle n'a pas lieu d'être : parce qu'elle repousserait dans le passé la création de l'homme et dans l'avenir la vie éternelle, alors que tout se joue et se crée ici et maintenant : « *C'est par l'homme que Dieu s'informe, voilà ce que je sens et crois, et ce que je comprends dans la parole : "Créons l'homme à notre image"*[12]. »

Gide cite l'Évangile : « *En vérité, en vérité, je vous le dis, celui qui écoute ma parole* A *(non pas* aura *mais* a*)* LA VIE ÉTERNELLE... *Il passe de la mort à la vie.* » Au-delà des embardées rationnelles ou lyriques, des retraits prudents, des audaces parfois provocatrices, on peut dire que cette conviction intime sera celle à laquelle Gide sans cesse reviendra. Rééditant dix ans plus tard *Numquid et tu ?*, Gide réaffirme : « *Je ne suis ni protestant, ni catholique ; je suis chrétien tout simplement. Et précisément je ne veux pas que l'on se trompe sur la valeur du témoignage que ces pages apporteront. Sans doute les signerais-je encore aujourd'hui de tout mon cœur. Mais, écrites durant la guerre, elles gardent un certain reflet de l'angoisse et du désarroi de ce temps-là ; et si, sans doute, je les signerais encore, je ne les écrirais peut-être plus*[13]. »

La relecture des Évangiles, celle de Pascal, sans cesse repris, ont guidé la méditation gidienne. La lecture de Bossuet et celle de Francis Jammes lui ont montré le fossé qui le séparait du catholicisme : cette manière qu'ont le prédicateur du XVIIe siècle et le poète d'Orthez de soumettre la recherche personnelle de la vérité à la vérité universelle établie par l'Église hérisse sa culture du libre examen tout autant que son culte de l'authenticité : « *Tout cela est lamentable et déshonnête. Je puis renoncer à ma raison, je ne puis la contourner. [...] C'est à la vraie piété ce que la polissonnerie est à l'amour.* »

Rien dans ce débat n'est rhétorique. Gide y jette davantage que sa pensée : le sentiment de son identité, déjà fragilisé par la guerre, par le ralentissement de son activité d'écrivain, puis par les manœuvres qui l'éjectent du foyer franco-belge dans lequel il s'était investi. La crise religieuse s'accompagne d'une crise physique – insomnies, troubles nerveux, vertiges, coliques néphrétiques. « *Vous ne voyez-vous donc pas que vous parlez à un mort ?* » note-t-il dans son carnet à la date du 25 septembre. Les longues conversations qu'il entretient à Cuverville avec Isabelle Rivière, la très catholique épouse de Jacques avec qui il travaille à la traduction de Conrad, l'exaltent et l'épuisent tout à la fois. Franchir le pas à son tour, comme elle l'y invite, c'est se retrouver enfin dans la sécurité d'une règle, dans le confort de l'adhésion à une communauté : s'abandonner, se fondre dans la loi des autres. Toute sa fatigue et son angoisse y aspirent, mais il repousse tout aussi vivement la nécessité d'un corps intermédiaire, d'une Église qui viendrait s'interposer dans son dialogue personnel avec le Christ : « *Si l'Église était restée étroitement collée au Christ, le protestantisme n'aurait pas été possible. – Et évidemment l'Église amène des ouailles à Jésus ; mais dans l'enseignement de Jésus je ne vois rien qui m'amène à l'Église* [14]. » Sa vérité n'est pas là. Et le dogmatisme qu'il constate chez les catholiques de son entourage – Ghéon excepté – lui interdit de s'engager plus avant. A Claudel, Gide a demandé une préface pour *Le Sentiment tragique de la vie* de l'écrivain catholique espagnol Miguel de Unamuno qui paraîtra en 1917 aux éditions de la NRF. Claudel refuse, sans même avoir lu le livre : le catholicisme du recteur de Salamanque est suspecté, quant aux mystères de la foi, d'interprétations personnelles : « *Ce catholique est un protestant ou, pire encore, un moderniste. Sa doctrine est un résumé de maximes qui ont été je ne sais combien de fois condamnées par Rome. Je n'ai donc rien de commun avec lui. [...] Je n'ai pas honte des dogmes qui sont la vie de la foi, et je n'ai aucune disposition à les sacrifier au profit de je ne sais quelles vagues tendances morales. Dieu n'est pas fait pour l'homme, c'est l'homme qui est fait pour Dieu* [15]. » Claudel est sans doute l'écrivain qui a le plus fait pour éloigner Gide du catholicisme : « *Décidément tous les chemins ne mènent pas à Rome et celui-là seul qui se tait peut être bien sûr de rester dans l'orthodoxie. Mieux vaut ne pas y entrer ; c'est encore le meilleur moyen de n'en pas sortir* [16]. »

Pour essayer de fixer son trouble, de lui donner une forme,

Gide désire donner un pendant aux *Nourritures terrestres*, un pendant « *tout lumineux* ». Mais c'est un autre travail qu'il entreprend pour tenter de voir clair en lui et pour jouer le jeu de l'absolue sincérité. Au moment où il sent mourir la civilisation qui a été la sienne, au moment où lui-même se sent mort, et faux et haïssable – « *J'en arrive à ne plus comprendre même, parfois, d'où peut me venir l'amitié que certains me portent* » –, il commence la rédaction de ses Mémoires. *Si le grain ne meurt* n'est pas un exercice de souvenirs, c'est un livre commandé par l'urgence du présent. Non pour retrouver le temps perdu, à la manière de Proust, mais pour donner une signification présente et vivante à une vie dont la courbe semble s'être brisée.

Une brisure intime, profonde, dont Gide ne dit, ne dira pas toutes les blessures. Le 15 septembre, il écrit seulement : « *Je reprends sur un nouveau carnet ce journal abandonné en juin dernier. J'en avais déchiré les derniers feuillets, ils reflétaient une crise terrible où Em. s'était trouvée mêlée ; ou, plus exactement : dont Em. était la cause. Je les avais écrits dans une sorte de désespoir, et comme, à vrai dire, ces pages lui étaient adressées, je les ai déchirées sur sa demande après qu'elles les eut lues*[17]. » Nous n'en saurons guère plus, sinon que cette suppression a arrêté le journal de Gide et que, « *privé de ce soutien, j'ai roulé depuis dans un désordre d'esprit épouvantable* ». Lorsqu'il se confie à Ghéon, Gide occulte le rôle de Madeleine dans ce qu'il nomme sa *déchirure* : « *J'ai traversé, après le départ d'Isabelle Rivière, une abominable crise de tourment d'esprit, d'idées noires, d'idées fixes, qui m'approchaient beaucoup plus de Charenton que de Rome*[18]. » Gide aurait-il tenté de se servir de son journal pour mettre Madeleine sur le chemin de son inavouable vérité ? Le silence retombe sur le couple, et sur Gide la culpabilité de la dissimulation.

Notes

1. Gide, préface aux *Lettres du lieutenant de vaisseau Dupouey*, Paris, Gallimard, 1922, p. 19-20.
2. Gide-Ghéon, *Correspondance*, *op. cit.*, 8 janvier 1916, p. 895.
3. Gide, *Journal 1887-1925*, *op. cit.*, 17 janvier 1916.

4. Ghéon a fait le récit dans *L'Homme né de la guerre. Témoignage d'un converti* (Paris, Gallimard, 1919) des circonstances qui ont entouré sa conversion.

5. Gide-Ghéon, *Correspondance*, *op. cit.*, 19 janvier 1916, p. 899, et, sous une forme abrégée, dans *Journal 1887-1925*, *op. cit.* Dans les deux cas, *payens* est écrit selon la même graphie.

6. Gide, *Journal 1887-1925*, *op. cit.*, 18 janvier 1916.

7. *Ibid.*, 19 janvier 1916.

8. *Ibid.*, 23, 25, 27 et 28 janvier 1916.

9. *Ibid.*, 11 février 1916.

10. *Ibid.*, *Feuillets*, 1918.

11. Gide, *Numquid et tu ?*, dans *Journal 1887-1925*, *op. cit.*

12. Gide, *Journal 1887-1925*, *op. cit.*, 30 janvier 1916.

13. Gide, *Numquid et tu ?*, dans *Journal*, *op. cit.*

14. Gide, lettre à Isabelle Rivière, 22 juin 1916, reproduite partiellement dans *Journal 1887-1925*, *op. cit.*, 23 juin 1916.

15. Claudel-Gide, *Correspondance*, *op. cit.*, 14 mars 1916, p. 235.

16. Gide, *Journal 1887-1925*, *op. cit.*, 14 mars 1916.

17. *Ibid.*, 15 septembre 1916.

18. Gide-Ghéon, *Correspondance*, *op. cit.*, 16 juin 1916, p. 911.

49
L'humble maître

1917

« *Il me paraît que j'étais niais et coupable d'incliner artificiellement mon esprit pour le disposer à comprendre mieux l'enseignement catholique. C'est là qu'est la véritable impiété. J'y reconnais cette tendance à la vénération, qui sans doute était une heureuse disposition de ma jeunesse, mais qui n'est plus de mise aujourd'hui ; où je ne consens plus à voir que faiblesse, déplorable modestie, confiance inepte en la supériorité d'autrui, doute de soi, renoncement à ma propre pensée simplement parce que c'est la mienne, désaveu.*

Il ne s'agit pas d'humilité devant Dieu, mais de cette humilité devant les hommes qui a toujours été ma maladie secrète ; et que du reste je retrouve également chez Dostoïevski et Baudelaire. Quelque chose que jamais ne pourra parvenir à comprendre un Francis Jammes qui ne voit du danger que du côté de l'orgueil et ne connaît de la modestie que la grimace[1]. »

Modeste, Gide ? Ce n'est assurément pas l'impression qu'il donne à ceux qui le rencontrent ; pas davantage à ceux qui constituent son entourage – on dira bientôt : sa cour. Pour eux, admiratifs ou excédés, les deux à la fois souvent, il incarne, à moins de cinquante ans et malgré une renommée littéraire encore limitée, le visage moderne d'une antique figure artistique : le Maître. La littérature française de l'époque en possède d'autres, d'une célébrité plus évidente, comme Maurice Barrès qui, à défaut d'avoir inventé une forme nouvelle d'écriture, passe pour le théoricien enchanteur d'une refondation de l'identité française ; comme Anatole France – « *le doux chantre aux cheveux blancs* » que décrivait Proust – couvert de toutes les gloires académiques que couronnera le prix Nobel en 1921, l'écrivain des instituteurs laïques et de la gauche anticléricale, la réincarnation de Voltaire. Ces deux-là se partagent les applaudissements des salons, la tribune des journaux, les préfaces des ouvrages à la mode – parfois même la suspicion de la police et des gouvernants. Ils sont des personnes publiques, des guides reconnus, des objets d'études, d'articles, de thèses, de discours ; leurs livres tapissent les bibliothèques bourgeoises. Ils gouvernent la république des lettres, en désaccord sur tout sauf sur la légitimité de leur pouvoir.

La « maîtrise » de Gide repose sur une autre sorte de puissance : l'inquiétude. Les guides ont pour habituelle fonction de rassurer ; ils indiquent des directions et des chemins pour y parvenir, ils conseillent, corrigent, dirigent et montrent l'exemple ; les mots tombent de leur plume ou de leur bouche comme des oracles. Et c'est bien ce rôle qu'entendent faire jouer à Gide les admirateurs – une chapelle encore – des *Nourritures terrestres*, de *L'Immoraliste* et de *La Porte étroite*. Et Gide, bon gré mal gré, joue le jeu, mais à sa manière qui n'est pas simple.

Il aime être aimé ; il a besoin du regard aimant des autres sur lui – à commencer par le regard de Madeleine. Ce Narcisse ne se regarde en vérité que dans la multiplicité des regards amis qu'on lui porte. La solitude – dont il dit souvent rêver –, c'est le vertige, l'angoisse d'identité, la tentation du péché, l'insomnie, la maladie. Sans un interlocuteur pour rebondir, son esprit stagne et s'assoupit, son ardeur retombe ; il devient, croit-il, niais. Mais ce besoin d'amour accompagne la peur d'être possédé et de posséder. Face à une admiration qui se manifeste, à une relation intellectuelle qui se propose, Gide se rétracte, se tend, se réfugie derrière des masques. Il paraît absent, il joue à s'ennuyer, il se contraint, il se fait plus mandarin encore que son visage naturellement ne l'y prédispose ; ou encore, ce qui est le plus glaçant, il s'en tient au discours mondain et aux banalités de la courtoisie. Sa capacité à éconduire par le silence et le retrait lui vaut une réputation de hauteur et d'orgueil : la visite à Gide est un examen de passage que seuls quelques élus peuvent se vanter d'avoir réussi. Combien ensuite se sont acharnés contre lui pour n'avoir pas été élus ?

Au peintre et écrivain André Rouveyre qu'il a connu en 1907, Gide avoue... seize ans plus tard : « *Je ne sens pas, près de vous, ce terrible besoin de se contrefaire qui paralyse mon esprit et mon cœur en présence de presque tous mes "contemporains* [2]". » Cette « contrefaçon » instinctive, compulsive, poussée parfois jusqu'à la caricature est souvent interprétée par ses interlocuteurs, même les plus proches, comme une attitude associée au pouvoir, à la domination sur les êtres. Le retrait est un des attributs de la puissance ; le mensonge, le masque, des armes de manipulation et d'emprise.

Il en va de même pour la sympathie que Gide accorde sans compter – mais sans le moindre relâchement de l'esprit critique – dès lors que les premières rencontres n'ont pas été désastreuses. Gide semble ne jamais cesser de jouer au chat et à la souris avec ses amis – bientôt avec ses disciples. Son amitié est un bien dont chacun doit sentir le prix : jalouse toujours, tyrannique souvent, et dont il entend conserver la maîtrise. Il n'est pas le seigneur qui dicte, mais il est le centre qui commande, en prenant l'air de se soumettre. De chacun il exige d'être fidèle à une part de lui-même ; à une part seulement. Lui seul est la totalité.

Mais ce pouvoir qu'il exerce déjà sur une fraction de l'avant-garde littéraire n'est pas fondé sur la certitude d'une quelconque supériorité. « *Déplorable modestie* » ? N'allons pas si loin : Gide est trop bon lecteur pour n'être pas certain de l'originalité et de la beauté de son écriture. Ses ennemis les plus déterminés dénoncent les séductions de son style. Il est un artiste incomparable et il le sait. Mais de tout le reste il doute, non par méthode mais par désaveu de lui-même. Toute pensée qui s'oppose à la sienne est accueillie comme plus vraie, plus forte, plus solide, plus durable. Il sympathise avec elle, il l'adopte, il s'y plie presque sans résistance. Il s'humilie, il se rend. Mais cette pensée étrangère, alors devenue la sienne, digérée, macérée, chargée de sucs gidiens, est soumise comme telle aux affres du doute, du renoncement, de la mise en pièces critique, de l'ironie. Gide transforme ce qu'il touche – ce qui le touche –, le réarticule, le remodèle, et, se l'ayant réapproprié, s'en étant nourri, il l'expulse, n'en conservant que l'énergie : la force d'aller plus loin, de *passer outre* – selon son expression favorite.

Paradoxe de ce guide qui n'a de cesse d'encourager ceux qui l'écoutent et le suivent à être eux-mêmes, à exploiter toutes leurs potentialités, à ne suivre que leur propre chemin qui ne se gagne jamais mieux qu'en se perdant.

La lecture a joué un rôle capital dans ce processus continu de construction-décomposition. On a vu comment Gide avait absorbé les textes et les figures de Goethe, de Nietzsche et de Dostoïevski pour en faire des éléments de son propre visage. Qu'il parle des uns ou des autres – et il le fait bien, allant au plus profond –, c'est toujours lui qu'il retrouve. Il les traduit en Gide, au nom de la fidélité la plus stricte : celle de l'émotion qu'ils ont suscitée. On le verra dans les conférences sur Dostoïevski qu'il donnera en 1922 au Vieux-Colombier et qui prennent souvent l'allure d'un autoportrait [3] ; on le voit aussi dans le travail de traducteur auquel il s'astreint pendant ces années de guerre.

Après avoir fait paraître dans la *NRF* en 1911 des fragments de sa traduction des *Cahiers de Malte Laurids Brigge* de son ami Rainer Maria Rilke, Gide travaille dans les années 1914-1917 sur plusieurs chantiers de traduction : Tagore dont il a donné des versions françaises du *Gitanjali* et de *The Post Office* [4] en 1914 ; Whitman dont il révisera sans cesse la traduction jusqu'à la fin de la guerre ; Shakespeare à propos duquel il rencontre en 1917 en Suisse Igor Stravinski, encore tout auréolé du scandale du *Sacre du printemps*. Les deux hommes discutent de la musique de scène que voudrait écrire le compositeur russe sur la version d'*Antoine et Cléopâtre* écrite par Gide. Les deux artistes ne trouveront pas d'accord (Stravinski affirme préférer Tolstoï à Dostoïevski... et il voudrait donner à Antoine « *l'uniforme d'un "bersaglier" italien* »), mais la pièce se jouera à l'Opéra en 1920, au grand désappointement de Gide : « *Je me persuade une fois de plus de l'impossibilité de faire d'une pièce de théâtre une œuvre d'art* [5]. » Mais la grande affaire de traduction de ces années, la plus belle manière qu'a Gide de se quitter pour mieux se trouver, a pour nom Joseph Conrad. « *C'est Claudel qui me fit connaître Conrad. Je lui en garde reconnaissance* [6]. » Valery Larbaud, grand angliciste, a ensuite accompagné Gide dans la petite maison de campagne de Conrad dans le Kent. Si Gide ne l'écrivait pas, on devinerait sans peine les raisons de son admiration pour l'auteur de *Lord Jim* :

« Nul n'avait plus sauvagement vécu, que Conrad ; nul ensuite, n'avait soumis la vie à une si patiente, consciente et savante transmutation d'art. » Une transmutation, voilà ce que cherche Gide en traduisant *Typhon*. Et de pester contre Isabelle Rivière à qui il a confié la traduction préliminaire de *Victory* qu'il doit ensuite mettre en forme. Il déplore « *ses enfantines théories sur la* fidélité *que doit respirer une traduction – et qui font que la sienne se présente hérissée d'impropriétés, de gaucheries, de cacophonies, de hideurs. [...] Je doute que jamais le résultat puisse être heureux ; je ne pense pas que j'y laisserai mettre mon nom. Jamais Conrad lui-même ne connaîtra sans doute, ni jamais n'ira soupçonner, le mal que je me donne ici par unique amour de lui, de son livre, et de la "besogne bien faite*[7]*"* ».

« *Je crois que le résultat sera très bon ; mais qui s'en apercevra ?... Peu importe* », écrit Gide à propos de son travail sur *Typhon*. La traduction est aussi pour lui une œuvre d'abnégation, un moyen de réduire au minimum son apparence pour ne laisser passer que son rayonnement. Une forme gidienne de l'humilité, laquelle n'exclut jamais la coquetterie : « *Je supprime de mes Mémoires, de cette première partie tout au moins, toutes les réflexions et considérations grâce à quoi l'on acquiert la réputation de "penseur". Elles ne me paraissent pas à leur place ; et tout pour moi cède à la raison d'art.* »

Notes

1. Gide, *Journal 1887-1925*, *op. cit.*, 1er mars 1917.
2. André Gide-André Rouveyre, *Correspondance 1909-1951*, Paris, Mercure de France, 1967, 2 juin 1923, p. 62.
3. Voir Gide, *Dostoïevski*, Paris, Gallimard, 1923 : « *Ce que j'y ai surtout cherché, consciemment ou inconsciemment, c'est ce qui s'apparentait le plus à ma propre pensée. Sans doute, d'autres pourront y découvrir autre chose* » (p. 183).
4. Dans « L'offrande lyrique », *NRF*, 1914.
5. Gide, *Journal 1887-1925*, *op. cit.*, 11 mai 1920.
6. Gide, « Joseph Conrad », *NRF*, décembre 1924, p. 17.
7. Gide, *Journal 1887-1925*, *op. cit.*, 1er janvier et 18 janvier 1917. Finalement, cette traduction qui lui donne tant de mal paraîtra à la NRF en 1923, sous les seules signatures d'Isabelle Rivière et de Philippe Néel.

50
La correspondance brûlée

1918

« *Madeleine a détruit toutes mes lettres. Elle vient de me faire cet aveu qui m'accable. Elle a fait cela, m'a-t-elle dit, sitôt après mon départ pour l'Angleterre. Oh ! je sais bien qu'elle a souffert atrocement de mon départ avec Marc ; mais devait-elle se venger sur le passé ?... C'est le meilleur de moi qui disparaît ; et qui ne contrebalancera plus le pire. Durant plus de trente ans je lui avais donné (et je lui donne encore) le meilleur de moi, jour après jour, dès la plus courte absence. Je me sens ruiné tout d'un coup. Je n'ai plus cœur à rien. Je me serais tué sans effort.*

*Si cette perte encore était due à quelque accident, l'invasion, l'incendie... Mais qu'*elle *ait fait cela*[1] *!...* »

En mai 1917, Gide a entamé une liaison avec Marc Allégret – « M. », encore dans son journal : comme Madeleine, comme Maurice, comme Moi. Marc a dix-sept ans ; c'est le quatrième des cinq fils du pasteur Élie Allégret qui fut le tuteur légal d'André à la mort de son père en 1880. Improbable tuteur, toujours dépassé par les événements de sa propre vie, incapable de faire subsister et d'éduquer moins encore sa nombreuse famille. Gide est rapidement devenu le tuteur de son tuteur. Les enfants d'Élie et de Suzanne Allégret, il les a vus naître. Il les a promenés cent fois, il a joué avec eux, il les a amenés au cirque et au Jardin d'acclimatation ; il les a nourris aussi lorsque le pasteur ne pouvait plus faire face. Il joue donc auprès d'eux un rôle ambigu de grand frère, d'oncle protecteur, de pédagogue, de guide intellectuel et de soutien charitable.

Lorsqu'il devient amoureux de Marc, il n'en abandonne pas

pour autant ses autres rôles. Pour la première fois de sa vie, sans doute, son esprit et sa chair s'accordent : Marc n'est pas seulement, comme les autres jeunes garçons que rencontre brièvement Gide, un complice de plaisir ; ni même, comme le fut Maurice Schlumberger, l'objet d'un intense attachement érotique ; c'est aussi une âme à élever, une personnalité à épanouir. Pour Gide, un nouveau rôle se propose, un commencement, presque une vie nouvelle qu'il aborde avec l'enthousiasme de la découverte. Il parle de lui à la troisième personne ; il se donne un prénom de roman : Fabrice (Marc sera *Michel*) ; il exulte : « *Il dit et je l'en crois, qu'il se sent à quarante-huit ans infiniment plus jeune qu'il n'était à vingt. Il jouit de cette rare faculté de repartir à neuf à chaque tournant de sa vie et de rester fidèle à soi en ne ressemblant jamais à rien moins qu'à soi-même. [...] Il s'aborde avec étonnement dans la glace et se séduit. Il se dit : "Nouvel être aujourd'hui je ne veux rien te refuser*[2]*."* »

Il est ébloui par la beauté de Marc à coup sûr, ébloui par la jeunesse qu'il retrouve en lui après ces années d'angoisse, d'attente, de doute et de vieillissement, ébloui encore par la « mission » qu'il s'est confiée et dans laquelle il s'engage : « *Je ne m'y méprends pas : Michel m'aime non tant pour ce que je suis que pour ce que je lui permets d'être. Pourquoi demander mieux ? Jamais je n'ai pris plus de plaisir à vivre ; ni le goût de la vie ne m'a paru plus délicieux*[3]. » Il voyage avec son jeune ami ; rentré à Cuverville, il attend des nouvelles de Marc avec une délicieuse angoisse, il savoure les fruits amers de la jalousie. Il reprend l'écriture de *Corydon* dont la première version, imprimée en 1911, a été publiée clandestinement à douze exemplaires et qu'il désire désormais rendre publique.

Cet élan de joie païenne a pour effet de l'éloigner, sans retour, de Ghéon, le vieil ami de débauche devenu pieux. Les deux camarades se sont revus ; ils ont essayé de reprendre leur conversation d'avant guerre ; ils se sont rendu compte qu'ils évoluaient désormais dans deux mondes différents sinon hostiles. *Le Témoignage d'un converti* dont Ghéon confie le manuscrit à Gide marque un définitif éloignement : « *Je lis les carnets de Ghéon avec un chagrin et même un écœurement indicibles. Il m'apparaît seulement à présent combien son esprit subissait, hélas, mon influence pendant tout le temps que je le fréquentais*[4]. » Henri Ghéon disparaît du cercle gidien, même si les deux écrivains continuent, de temps à autre, à s'écrire, mais le fil magique est rompu : « *Le Ghéon que je fus et que tu regrettes, je l'abomine : c'est peu dire, je le vomis*[5]. » « *Le sentiment que j'obtiens le plus difficilement de moi-même c'est le regret* », écrit Gide. Pas de nostalgie de ce qui n'est plus et ne peut plus être.

Au mois de juin, il part à Londres avec Marc. La veille de son départ, il a une conversation tendue avec Madeleine qui n'est pas dupe, mais refuse toujours de savoir : « *"Tu ne pars pas seul, n'est-ce pas ?" J'ai balbutié "Non"... "Tu pars avec X, – Oui"... Je vois ce qu'est alors devenu ce pauvre visage qui était pour moi la beauté, l'amour le plus pur de ma vie. Ah, comme j'ai souffert ! J'ai voulu parler. Mais elle m'a arrêté d'un mot terrible : "Ne dis rien. Ne me dis plus jamais rien. Je préfère ton silence à ta dissimulation*[6]*."* » Dans son *Journal*, Gide note à cette date : « *Il m'est odieux d'avoir à me cacher d'elle. Mais qu'y faire ?... Sa désapprobation m'est intolérable ; et je ne puis lui demander d'approuver ce que je sens que pourtant je dois faire. "J'ai l'indiscrétion en horreur", m'a-t-elle dit. – Et moi le mensonge plus en horreur encore. C'est pour pouvoir enfin parler un jour, que je me suis contraint toute ma vie*[7]. »

A coup sûr, Gide ne supporte plus de se cacher. « *Le plus grand bonheur, après que d'aimer, c'est de confesser son amour* », écrit-il alors. La joie qui le possède le pousse à brûler les étapes dans cette stratégie du dévoilement qu'il a mise en place depuis si longtemps et qui est si étroitement liée à sa stratégie littéraire, au point souvent de se confondre avec elle. Madeleine demeurait l'obstacle intime de cette manifestation publique ; obstacle infranchissable aux yeux de Gide en ce que l'aveu de sa sexualité menaçait l'un des piliers de sa vie, ce couple avec Madeleine rêvé depuis son enfance comme la plus pure des réalités, son seul ancrage : « *Pourtant, si différente de moi qu'elle pût être c'est de l'avoir connue qui me fait si souvent me sentir un étranger sur cette terre, jouant au jeu de la vie sans trop y croire, pour avoir connu par elle une moins tangible mais plus véritable réalité. Mon intelligence pouvait bien la nier cette réalité secrète ; avec elle je la sentais*[8]. »

L'aveu est impossible, mais le silence l'est aussi devenu. Dans ces situations, le hasard ne fait jamais que donner un coup de pouce à la volonté. C'est par une lettre adressée à Gide et ouverte par erreur que Madeleine apprend la nature des relations de son mari et du plus beau des fils du pasteur Allégret. Elle attend à Cuverville le retour de Gide qui rentre aux premiers jours du mois d'octobre. Elle attend plus d'un mois encore on ne sait quoi. La fin de la guerre ? Le 21 novembre, elle annonce à Gide qu'après les avoir soigneusement relues une à une, elle a détruit toutes les lettres qu'il lui avait écrites depuis leur enfance. Nous n'en saurons pas davantage sur l'« explication » qui accompagne cet aveu. Tout donne à penser que les silences y furent plus lourds que les mots, et les larmes plus nombreuses que les reproches. Madeleine s'enferme dans Cuverville, dans son mutisme. Elle fait de sa dévotion, de son abnégation, de sa semi-réclusion, une manière de sacrifice religieux peut-être ; aux yeux de Gide, une sorte de lent et cruel suicide dont il est le responsable et le témoin privilégié. Détachée de lui par la destruction sacrificielle de ses lettres, elle veut obtenir qu'il se détache d'elle. Elle y parviendra, un moment : « *La partie était perdue ; je renonçais. Je la laisserais faire désormais ! Aussi bien je ne l'aimais plus ; ne voulais plus ; l'aimer me faisait trop souffrir. Tout cela que j'avais rêvé, tout ce que j'accrochais à elle, n'appartenait-il pas au passé déjà, à la tombe où tout cela finirait bien par aboutir*[9] ? »

« *Je quitte la France dans un état d'angoisse inexprimable. Il me semble que je dis adieu à tout mon passé…* », avait écrit Gide dès le mois de juin, comme si la page déjà se tournait avant même le drame des lettres détruites. Ce qu'il pleure dans sa chambre de Cuverville, c'est moins l'amour de Madeleine que la beauté des lettres qui avaient, en quelque sorte, prouvé sa réalité – donné corps à l'idée mystique. Privé des lettres où Gide avait mis « *tout le meilleur de moi* » l'amour n'est plus qu'un investissement inutile, il est *ruiné* : « *Je souffre comme si elle avait tué notre enfant*[10]. » Relisant en 1939, après la mort de Madeleine, ces pages du journal de 1918, Gide se reproche la *complaisance* de ses notations. Il regrette ce que pouvaient avoir d'odieux et de fat les pleurs versés sur la disparition d'une partie de son œuvre – « *Peut-être n'y eut-il jamais de plus belle correspondance* » –

et il corrige, à sa manière, sa réaction spontanée : « *Plus inavouablement, je souffrais de voir réduit à néant par elle ce qui, de moi, me paraissait mériter le plus la survie. Cette correspondance, entretenue depuis notre enfance, sans doute nous appartenait-elle à tous deux à la fois, me semblait née d'elle aussi bien que de moi ; c'était le fruit de mon amour pour elle... et durant huit jours, je pleurai sans arrêt, sans parvenir à épuiser l'amertume de notre deuil*[11]. » En 1918, le deuil n'est que pour lui, même si Madeleine, comme pour enfoncer le fer, lui a avoué : « *C'était ce que j'avais de plus précieux au monde.* »

Gide vient de perdre avec sa correspondance une part de lui-même, une part de la réalité – « *Je ne vécus plus qu'avec ce sentiment indéfinissable de m'agiter parmi des apparences – parmi ces apparences qu'on appelle réalité* ». Il a perdu l'ange. Il ne s'en console pas, mais il y trouve une immédiate compensation : « *Du moins à présent rien ne me retient plus de publier durant ma vie et* Corydon *et les Mémoires*[12]. » Chez Gide, la mauvaise foi ne tarde jamais à exhiber ses ficelles, ni l'inavouable à se dénoncer. Sans doute est-ce là l'expression la plus achevée de la trop fameuse sincérité : l'incapacité à se mentir durablement. L'éloignement de Madeleine place Gide face à sa liberté. Plus que du soulagement, il en éprouve du vertige. A la mort de sa mère, il avait Madeleine. Quand Madeleine se retire de sa vie, il n'a plus rien qui le contraigne, sauf lui-même. L'ange est chaque jour à réinventer. « *S'il me plaît de servir, être ou pensée, et de me renoncer par amour, je veux que, librement consenti, le bail soit renouvelable à toute heure, et que la raison ou l'amour m'en dicte sans cesse les clauses à neuf*[13]. »

Comment n'y voir qu'une coïncidence ? Le 11 novembre 1918, jour de la victoire, l'avant-veille du drame de Cuverville, Maria Van Rysselberghe, « la Petite Dame » – qui n'est pas un ange –, commence à noter dans un cahier relié de toile grise « *tout ce qui éclaire la figure* » de Gide qu'elle connaît depuis dix ans et qu'elle ne quittera guère, désormais, que lors des longs voyages et des exils de l'écrivain. Sans le savoir – la Petite Dame ne lui avouera son œuvre clandestine que l'avant-veille de sa mort, et sans doute Gide était-il hors d'état de la comprendre –, l'écrivain va désormais vivre sous le témoignage d'une autre écriture que la sienne, dans un autre miroir que celui qu'il se tend, amical, affectueux, sans complaisance.

Gide fait ses premiers pas d'homme libre comme on marche sur des œufs : « *Je tiens la liberté pour chose redoutable et désastreuse qu'il faut tâcher de réduire et de supprimer chez soi d'abord – et même si l'on peut chez les autres. L'effrayant, c'est l'esclavage non consenti, imposé ; l'excellent, c'est celui qu'on s'impose.* » En recevant la liberté, Gide a peur que l'art ne lui soit ôté.

Notes

1. Gide, *Journal 1887-1925*, *op. cit.*, 21 novembre 1918.
2. *Ibid.*, 6 août 1917.
3. *Ibid.*, 25 octobre 1917.
4. *Ibid.*, 22 février 1918.
5. Gide-Ghéon, *Correspondance*, *op. cit.*, 9 mai 1920, p. 972.
6. Roger Martin du Gard rapporte ces propos de Gide dans le livre de Jean Schlumberger, *Madeleine et André Gide*, Paris, Gallimard, 1956, p. 185.
7. Gide, *Journal 1887-1925*, *op. cit.*, 1er juin 1918.
8. Gide, *Et nunc manet in te*, dans *Journal 1939-1949*, *Souvenirs*, *op. cit.*, p. 1143.
9. *Ibid.*, p. 1141.
10. Gide, *Journal 1887-1925*, *op. cit.*, 22 novembre 1918.
11. *Ibid.*, Louxor, février 1939.
12. *Ibid.*, 24 novembre 1918.
13. *Ibid.*, *Feuillets*, 1918

51

L’esprit nouveau

1919

« *Les tendances les plus opposées n’ont jamais réussi à faire de moi un être tourmenté – mais perplexe – car le tourment accompagne un état dont on souhaite de sortir, et je ne souhaitais point d’échapper à ce que mettaient en vigueur toutes les virtualités de mon être ; cet* état de dialogue *qui, pour d’autres, est à peu près intolérable, devenait pour moi nécessaire. C’est aussi bien parce que, pour ces autres, il ne peut que nuire à l’action, tandis que, pour moi, loin d’aboutir à la stérilité, il m’invitait au contraire à l’œuvre d’art et précédait immédiatement la création, aboutissait à l’équilibre, à l’harmonie. [...] Vous dirai-je ce qui me retient de croire à la vie éternelle ? C’est cette satisfaction quasi parfaite que je goûte dans l’effort même et dans la réalisation immédiate du bonheur et de l’harmonie*[1]. »

La guerre, comme Gide l’avait pressenti, a changé le monde. Tout est remis en question, à commencer par les questions que l’on se posait ; à commencer par le sens des mots. Ce n’est pas seulement le XIXe siècle qui vient de s’effondrer dans la plus effroyable et la plus absurde des boucheries, mais les bases d’une civilisation fondée sur les progrès de la raison. Alors que vainqueurs et vaincus brisés, exsangues, cherchent encore à rassembler leurs dernières forces pour contenir et éradiquer l’épidémie révolutionnaire née en Russie, le sentiment qui domine chez les meilleurs, les plus lucides, est celui d’une faillite. Faillite des élites qui ont encouragé les massacres, faillite de la science dont les progrès n’ont servi qu’à perfectionner les machines de guerre, faillite de l’esprit qui s’est embourbé dans la justification des pires barbaries, faillite de l'art et de la littérature qui se sont ratatinés jusqu'à n'être plus que les ornements et les camouflages de la propagande.

Dès 1915, en France, en Suisse surtout où se sont retrouvés des émigrés de toutes nations, des jeunes artistes ont commencé à manifester leur intention de raser les ruines du vieux monde. Ils se nomment Cravan, Vaché, Birot, Breton, Aragon, Reverdy, Tzara, Arp, Huelsenbeck, Soupault, Picabia. Ils ont vingt ans. Ils révèrent les deux archanges noirs de la guerre de 1870, Rimbaud et Lautréamont ; ils admirent les peintres qui, dès avant la guerre, ont brisé la représentation traditionnelle : Picasso, Matisse, Braque, Léger, Marinetti ; leur seule référence littéraire vivante est Guillaume Apollinaire qui a fait représenter dès 1917 un drame « surréaliste » : *Les Mamelles de Tirésias.*

Apollinaire, qui est mort en 1918, sert de médiateur entre la jeune génération et la précédente. Il a collaboré à *La Nouvelle Revue française* dès 1911, avec un fameux éreintement de Jules Romains. Il lui est arrivé de dîner avec Gide. Le modernisme de sa revue, *Les Soirées de Paris*, n'avait point trop effarouché les fondateurs de la *NRF* qui se voulaient également *modernes* en art, même s'ils entendaient donner à leurs innovations une allure respectable. Apollinaire, lui, compte davantage sur une pédagogie de la provocation, ainsi qu'il l'exprime dans son manifeste-programme de 1917, *L'Esprit nouveau* : « *Explorer la vérité, la chercher aussi bien dans le domaine ethnique par exemple, que dans celui de l'imagination, voilà les principaux caractères de cet esprit nouveau. [...] L'esprit nouveau admet donc des expériences littéraires même hasardeuses, et ces expériences sont parfois peu lyriques. [...] Mais ces recherches sont utiles, elles constitueront les bases d'un nouveau réalisme. [...]. Le nouveau existe bien, sans être un progrès. Il est tout dans la surprise. C'est par la surprise, par la place qu'il fait à la surprise que l'esprit nouveau se distingue de tous les mouvements artistiques et littéraires qui l'ont précédé. [...] L'esprit nouveau exige qu'on se donne des tâches prophétiques. C'est pourquoi vous trouverez trace de prophétie dans la plupart des ouvrages conçus d'après l'esprit nouveau* [2]. » Au cours de la soirée où il fait lire son manifeste par Pierre Bertin – un proche collaborateur de Copeau au Vieux-Colombier –, sont également lus, outre des textes « surréalistes », des poèmes de Rimbaud, de Fargue, d'Apollinaire… et de Gide.

Les plus radicaux de la nouvelle avant-garde se montrent certes déçus par la dernière conférence d'Apollinaire. Ils espéraient une rupture plus brutale avec l'ordre ancien ; à tout le moins un événement porteur de tohu-bohu et de scandale comme l'avaient été la première du *Sacre du printemps* de Stravinski en 1914, la représentation de *Parade* de Cocteau (avec les collaborations de Picasso et de Satie) en 1917 ou celle, la même année, des *Mamelles de Tirésias*. Des manifestations qui excluaient, semblait-il, toute cohabitation pacifique entre les tenants de l'ordre ancien et la génération de la révolte. Il faut cependant remarquer que les trois fauteurs de troubles – Stravinski, Cocteau et Apollinaire lui-même – ont entretenu ou entretiennent des liens avec Gide et avec une partie de la *NRF*.

Une partie de la *NRF* seulement : la belle unité des années de fondation a, comme le reste, volé en éclats. L'un des effets de la guerre sur le champ littéraire a été de bouleverser les positions qu'y occupaient nombre d'écrivains. D'abord parce qu'elle a amené des auteurs à des « conversions » d'ordre esthétique, mais aussi moral, politique et religieux. L'expérience du front et des tranchées pour certains, l'atmosphère d'intense et outrancière propagande nationaliste qui a dominé le pays et ses moyens d'information et d'expression pendant quatre ans, la révolution russe d'octobre 1917, le sacrifice de millions de jeunes gens appartenant à toutes les classes du pays, à chacun de ses quartiers, à chacun de ses villages, ont également modifié en profondeur les relations que la littérature entretenait avec le politique, le social, le moral. Au point de remettre en cause l'idéologie d'autonomie de la littérature, si fièrement proclamée par la *NRF* en 1909.

On le voit bien dans tous les débats, dans toutes les manœuvres qui précèdent la reparution de *La Nouvelle Revue française* le 1er juin 1919. Dès décembre 1915, Jean Schlumberger a écrit à Jacques Rivière, alors prisonnier : « *L'ancienne* [revue] *ne correspond plus ni à ce que nous avons à dire, ni à ce que le pays demandera. Déjà nous ne parvenions pas à rendre sensibles les contacts véritables que nous avons avec la vie réelle. Il faut que nous sachions trouver un langage nouveau*[3]. » Chacun est d'accord pour ce langage nouveau, à commencer par Gide – « *C'est à ce qui n'a pas eu de voix jusqu'alors à parler* » –, mais les divergences surgissent dès qu'il s'agit de lui donner un contenu. Entre Gide, Gallimard, Rivière, Schlumberger, Martin du Gard, Copeau et Ghéon – les autres désormais se sont éloignés ou ne comptent plus guère –, on se bat ; à coups feutrés, au cours de rencontres et de déjeuners cordiaux, dans des lettres qui se terminent immanquablement par des formules – sincères – d'amitié ; mais on se bat. Sur la place de la littérature, sur la morale, sur les dimensions sociales et politiques du réel, sur une vision de l'avenir de la France et de l'avenir de sa culture.

A ces débats intellectuels sont évidemment liées des luttes de pouvoir. Elles se traduisent en premier lieu par une scission entre la *NRF* et la maison d'édition qu'elle avait créée. Celle-ci devient la Librairie Gallimard. Gide s'estime satisfait de cette clarification : puisque c'est Gallimard qui décide, il est bon que sa responsabilité soit affichée. En fait, il enregistre une défaite : contrairement à ce qu'il voulait, les éditions de la NRF cessent d'exister, le « comptoir d'écrivains » a vécu ; il est remplacé par une formule éditoriale beaucoup plus classique : un patron-éditeur-administrateur, conseillé par un petit groupe d'auteurs.

Au moins Gide voudrait-il garder « sa » revue. Pour ce faire, il est même prêt, forçant son caractère, à se mettre en première ligne. Il revendique la direction de la nouvelle revue à paraître. Gallimard ne cède pas : si Gide s'entête, il envisage de créer, avec Rivière pour directeur, une nouvelle revue dont le contenu sera politique. Claudel vient l'appuyer : si Gide dirige la *NRF*, « *vous pouvez compter que je ne donnerai plus une ligne à ce périodique. Le nom de Gide signifie pédérastie et anti-catholicisme* [4] ». Claudel expérimente l'un des thèmes qui, corollairement à ses exigences financières, vont marquer ses relations avec un éditeur soupçonné d'être un suppôt de Gide. Dix ans plus tard, il écrira encore à Gaston Gallimard : « *Si j'ai obtenu quelque notoriété c'est entièrement sans le secours de la* NRF *et probablement malgré elle. La chose serait inexplicable si un mot d'ordre n'avait été donné par quelqu'un. [...] Aujourd'hui dans le torrent d'ordures et d'ignominies sans nom que les presses françaises déversent sur le monde, votre maison se distingue par la quantité comme par la qualité de ses productions. Vous êtes l'éditeur attitré de toute la voyoucratie surréaliste, des Aragon, des Breton, et autres individus dont on ne peut prononcer le nom sans nausée. Mais surtout autour des noms de Gide et de Proust ce qui a toujours fait la ligne essentielle et la raison d'être de votre firme, et de votre revue, c'est-à-dire l'illustration, défense et propagande des mœurs pédérastiques est devenu parfaitement évident ou pour mieux dire officiel*[5]. »

En réalité, loin d'être un affidé de Gide, Gaston Gallimard travaille à écarter l'auteur de *La Symphonie pastorale* – publiée en octobre et novembre 1919 dans la *NRF* – de toute responsabilité, sans le perdre comme auteur ni comme dénicheur de talents. Les deux hommes ne se comprennent pas. Gallimard admire ce qu'écrit Gide et s'agace de tout ce qu'il fait comme de la manière dont il le fait. Gide, quant à lui, n'a jamais intégré Gallimard dans le cercle de ses proches ; mais il sait également que le développement de la revue et de la maison d'édition, pièces maîtresses de son influence et de ses combats, passe par une gestion à la fois économique et mondaine étrangère à ses capacités. Et puis, surtout, il ne lui déplaît jamais d'acquiescer à la contrainte, de tirer le meilleur de ce qui va à son encontre. Il cède donc plutôt que de rompre : Gaston Gallimard sera le gérant de la *NRF* dont Rivière deviendra le directeur, Copeau se consacrant au Vieux-Colombier. Tout cela s'est fait dans la plus grande des confusions : Rivière, prisonnier, est en Suisse, au camp d'internement d'Engelbert ; Copeau et Gallimard résident le plus souvent aux États-Unis ; Schlumberger s'est retiré en province, Gide bouge sans cesse. On parvient néanmoins, semble-t-il, à un compromis. La *NRF* qui reparaîtra sera une revue où les problèmes et les événements politiques occuperont une place privilégiée. On y parlera certes de littérature, mais on renoncera à la publication de romans et de poésie pour donner une plus grande place aux témoignages et aux « choses vues » ; enfin et surtout, le point de vue esthétique qui commandait exclusivement le jugement des critiques de l'ancienne *NRF* devra céder la place à des considérations morales et politiques.

En fait, personne n'est vraiment d'accord, sauf sur la nécessité de repartir ; chacun attend de la suite des événements qu'elle donne raison à sa tendance. Comme l'écrit Copeau à sa femme : « *Le temps fera ce que nous n'avons pu faire d'emblée et nous montrera quels sont ceux qui doivent être éliminés par la force du renouvellement*[6]. » Dans quel sens va pousser ce « renouvellement » ? Rivière, sans consulter qui que ce soit, par une sorte de coup d'État directorial, ouvre la nouvelle série de la *NRF* par un manifeste qui prend tout le monde à contre-pied. On peut le résumer en une formule : la guerre est finie, la *NRF* continue dans l'esprit qui a toujours été le sien, celui de la littérature : « *Une telle revue nous apparaît autant que jamais indispensable [...] La guerre a pu changer bien des choses, mais pas celle-ci, que la littérature est la littérature, que l'art est l'art. Aujourd'hui comme hier, et malgré des millions de morts, il reste vrai qu'une œuvre est belle pour des raisons intrinsèques [...] Il reste vrai que créer c'est peut-être avant tout ne rien sentir, ne rien vouloir d'autre que ce qu'on fait. Aujourd'hui par conséquent, comme hier, et malgré les scrupules qu'on serait tenté d'éprouver, il reste nécessaire de purifier et de maintenir exempte de toute influence étrangère, l'atmosphère esthétique*[7]. » Schlumberger, Drouin, Ghéon clament leur désapprobation et songent à quitter le navire. Rivière envisage de démissionner ; mais Gide se tait et son silence suffit à maintenir Rivière sur son trône fragile. Il ne peut pas être d'accord avec la manière dont celui-ci évacue la guerre ; il est scandalisé par les méthodes du jeune directeur : « *A peu près rien de ce qu'il affirmait comme notre volonté, nos tendances, n'était contresigné par nous.* » Mais il choisit de se taire. Il est curieux de voir la suite, curieux d'assister au déroulement de l'expérience et aux surprises qui ne vont pas manquer de naître.

De nouveaux collaborateurs entrent à la *NRF* qu'aucune affinité particulière ne semble réunir : Drieu La Rochelle, Montherlant, Gabriel Marcel, Paul Morand, le peintre cubiste André Lhote qui sera le titulaire pendant vingt ans de la « chronique des arts ». On se moque de Dada au nom de « l'intelligence française » si chère à Rivière – « *C'est la seule aujourd'hui qu'il y ait au monde* » – mais on se prépare, au grand scandale de Schlumberger, à accueillir Aragon et Breton. Gide, à cinquante ans, expérimente un nouveau rôle, celui de père attentif, ironique et indulgent d'une famille turbulente.

Notes

1. Gide, *Journal 1887-1925*, *op. cit.*, 20 janvier 1919.

2. Apollinaire, *Œuvres en prose complètes II*, Paris, Gallimard, « Bibliothèque de la Pléiade », 1991, p. 949-951.

3. Voir Pierre Hebey, *L'Esprit NRF 1909-1939*, Paris, Gallimard, 1990, p. 237.

4. *Ibid.*, p. 238.

5. Claudel-Gallimard, *Correspondance 1911-1954*, *op. cit.*, 9 février 1929, p. 355-356.

6. Jacques Copeau, *Correspondance avec Roger Martin du Gard, 1913-1928*, Paris, Gallimard, 1972, 9 juillet 1919, p. 840.

7. Jacques Rivière, « *La Nouvelle Revue française* », *NRF*, 1er juin 1919, p. 2.

52

Classique ou moderne ?

1920

« *Je me débats dans ces chapitres intermédiaires de mes* Mémoires, *qui doivent prendre place entre le livre imprimé et ce que j'écrivais cet été (voyage en Algérie avec Paul A. Laurens). Je voudrais arriver à y satisfaire aux exigences de Martin du Gard. Je voudrais surtout obtenir de moi une façon de m'exprimer plus nerveuse, plus incisive, plus sèche ; ne céder plus à ce besoin de rythmer mes phrases, dont je prends en horreur le bercement. En horreur le revêtement poétique mielleux, poisseux*[1]*...* »

En janvier 1920, Gide se rend discrètement à Bruges. Il y prépare avec son imprimeur une édition clandestine de *Corydon* ainsi que l'impression de la première partie de ses Mémoires, *Si le grain ne meurt*. *Corydon*, remanié depuis sa version de 1911, est tiré à vingt et un exemplaires ; la première partie des Mémoires à douze. Dans l'un et l'autre cas, ces petits livres confidentiels sont adressés aux amis les plus proches afin de faire l'expérience de leurs réactions avant une éventuelle publication vers « l'extérieur ». Dans un premier temps, Gide opère comme s'il était toujours le jeune écrivain des années 1890, publiant à compte d'auteur, n'écrivant que pour une poignée de ses pairs, n'ayant de comptes à rendre qu'à une idée de l'excellence et de la nouveauté, interne au champ littéraire. Ensuite seulement, lorsqu'il a recueilli l'écho de la petite société littéraire dont il est le centre, qu'il s'est éventuellement corrigé et rectifié en fonction des réactions qu'il a recueillies, il met en œuvre une stratégie d'approche du monde extérieur, de la sphère publique, des conditions de réception du « message ». L'œuvre est d'abord écrite en direction de ceux qui le connaissent intimement. Il faut ensuite des mois, voire des années pendant lesquelles le livre fait antichambre, avant que Gide ne décide que le moment est venu de l'engager dans le monde.

Gide se considère en même temps comme un artiste poussant vers des limites jusqu'à présent inconnues la manifestation de son individualité et comme le membre d'une communauté qu'il s'est certes choisie mais qui exerce sur lui un certain nombre de contraintes et de régulations. Cette communauté n'est pas immuable ; elle est fixée à un moment donné de l'évolution et de l'œuvre de Gide par des paramètres eux-mêmes variables. Mais il faut toujours que s'y rencontrent à la fois l'affection et la résistance, la fidélité et la liberté d'esprit, le sens de la réciprocité et la reconnaissance tacite du rôle directeur de Gide, l'ouverture vers le monde et une relation d'exclusivité avec ce monde qui a nom André Gide : multiple, son amitié est jalouse. Il est assez facile de devenir son ami, quelques épreuves assez sévères surmontées ; il n'est pas simple de le rester. Gide possède une capacité d'ensevelissement dans le silence plus efficace que l'éclat des ruptures, sans regret. Le groupe des amis ne fonctionne pas comme un comité de lecture appelé à juger de la valeur des textes mais comme un miroir à parois multiples chargé d'en renvoyer des images. Il exerce certes une fonction critique mais celle-ci est moins destinée à rectifier Gide qu'à le pousser à être davantage lui-même. La lecture des écrits de Gide que font Martin du Gard, Schlumberger, Maria Van Rysselberghe – pour ne parler que du noyau permanent – n'est pas celle d'un public potentiel ; elle se situe à l'intérieur de la sphère de création de Gide.

Il n'y a donc pas de contradiction entre l'attitude attentive, studieuse, presque humble qu'adopte Gide vis-à-vis des remarques quelquefois vigoureuses de ses amis et la susceptibilité extrême qu'il exprime à l'encontre des critiques parfois les plus anodines lorsqu'elles viennent d'ailleurs. La critique des proches est celle d'un « moi » multiplié.

Pris séparément, chaque livre de Gide n'exprime qu'une parcelle de ce moi multiple, un angle, un point de vue : un essai dans le sens que lui donne Montaigne. Et donc toujours, pour ceux qui connaissent Gide, une déception, le sentiment d'un appauvrissement. Chacun attend de lui LE livre où vont enfin éclater ensemble les éléments constitutifs de cette vie dont ils éprouvent la force et la richesse. Comme le lui écrit Martin du Gard : « *Le jour où vous écrirez l'œuvre large et panoramique que j'attends de vous (que vous m'avez parfois semblé attendre vous-même), tout ce que vous avez écrit jusque-là paraîtra une série d'études préparatoires, âprement consciencieuses, frémissantes de génie, mais de génie contenu, volontairement limitées, des études parfaites, mais des études enfin. [...] Voyez ce que votre Dostoïevski a fait de* L'Idiot. *Ne vous fâchez pas de ce que je vais dire. Vous avez pourtant en vous tout ce qu'il faut pour écrire un livre comme celui-là. Cependant, si je ne songe qu'à ce que vous avez écrit jusqu'à présent, il me semble que vous auriez procédé autrement. Petitement. [...] Le tout est d'oser ; et d'avoir de la patience, l'acharnement, de travailler sans lever la tête jusqu'à ce qu'on soit arrivé au bout*[2]. »

Loin de se cabrer devant une telle leçon, Gide répond au dos d'une carte postale : « *Vous ne pouvez savoir de quel* secours *m'a été votre lettre et de quelle reconnaissance je vous ai de me parler ainsi.* » Pas la moindre coquetterie dans cette réaction. Pas davantage lorsque Martin du Gard lui fait part de sa déception après la lecture de la première partie de *Si le grain ne meurt* : « *J'ai escamoté mon sujet, crainte, pudeur, souci du public, je n'ai rien osé dire de vraiment intime ni réussi qu'à soulever des interrogations*[3]... » Il tient si bien compte de cette réaction que lorsqu'il fera paraître ses Mémoires en édition courante, il y ajoutera une note, comme une excuse : « *Roger Martin du Gard à qui je donne à lire ces Mémoires leur reproche de ne jamais dire assez, et de laisser le lecteur sur sa soif. Mon intention pourtant a toujours été de tout dire. [...] Sans doute un besoin de mon esprit m'amène, pour tracer plus purement chaque trait, à simplifier tout à l'excès ; on ne dessine pas sans choisir. [...] Les Mémoires ne sont qu'à demi sincères, si grand que soit le souci de vérité : tout est toujours plus compliqué qu'on ne le dit*[4]. »

Martin du Gard, écrivain de grandes machines romanesques, peintre à la fresque, demeure prisonnier d'une conception des grandes œuvres propre au XIXe siècle. Le grand artiste, le créateur de génie, est celui qui, au cours de sa vie, aura réussi deux ou trois de ces monuments conçus comme d'immenses édifices autonomes où circulent des personnages nombreux, des voix multiples ; où s'entremêlent des problèmes complexes. L'auteur dans sa totalité se fond dans chacun de ces livres-sommes et se confond avec eux. Gide, au contraire, décompose, à la manière des cubistes. Il est l'envers de Proust. Dès ses débuts littéraires, il a eu une vision panoramique de l'ensemble des livres qu'il allait écrire – même s'il n'a pas respecté à la lettre son programme. Chacun de ses ouvrages ne prend sens et ampleur que rapporté aux autres. Le grand livre de Gide – que chacun de ses amis attend – ne peut être que l'œuvre dans sa totalité accomplie, écriture et vie confondues.

Ainsi Gide résout-il l'antique opposition entre l'art et la vie qui alimente, dans l'effervescence de ce début des années vingt, les discussions les plus âpres. Ainsi résout-il l'antinomie entre l'infinie complexité de la réalité humaine et la nécessaire pureté de la forme artistique : l'art est dans chaque partie, dans l'analyse, dans la description ironique de chaque facette ; la réalité humaine se manifeste dans le jeu de l'ensemble, dans le dialogue tendu qui s'engage entre les textes et par cet autre dialogue qu'entretiennent ces textes avec l'existence de Gide : « *Le véritable artiste reste toujours à demi conscient de lui-même, lorsqu'il produit, il ne sait pas au juste qui il est*[5]. » Il ne sait pas ce qu'il est, ses livres le renseignent – et aussi le regard affectueux de ses amis.

Ainsi cherche-t-il également à résoudre le conflit du classicisme et de la modernité, du dessin et du mouvement. Il ne lui échappe pas – pas davantage à ses amis et à ses ennemis – que l'étiquette de « grand écrivain » qu'on commence à lui accorder dans l'élite cultivée tient pour l'essentiel aux qualités classiques de son écriture, à cette manière de pousser jusqu'à la perfection la fusion de la sécheresse analytique et de l'émotion musicale qui est généralement considérée comme l'expression la plus haute du génie de la langue française. Gide se soumet avec délices aux contraintes de cette langue au point de l'enrichir d'accords nouveaux et de la raffiner encore. Auprès de lui, les autres paraissent flous, ou maigres, ou didactiques ou pesants, ou grinçants ou pire : néo-classiques, aussi savoureux que le stuc.

Mais comment représenter superlativement l'ordre de la langue, la permanence triomphante et vivante d'une tradition, et se placer à la pointe du changement, de la volonté de renouvellement des valeurs, de la destruction de toutes les barrières qui séparent l'homme de la vraie connaissance de soi dans le bonheur de vivre ? Comment être classique et parler à ces générations nouvelles dont le mot d'ordre est la révolution ? Il arrive à Gide de prendre son écriture en dégoût, de vouloir briser son rythme et sa musique. Il rêve, souvent, d'un état de lui-même qui lui permettrait de laisser courir sa plume – il fait des cures de Stendhal –, d'errer dans les mots comme il le fait dans les rues, de laisser libre cours au jeu des automatismes comme le font les jeunes poètes de Dada dont il envie la liberté – mais dont l'anarchie le rebute.

Mais son automatisme à lui, sa seconde nature, c'est la soumission contrôlée, créatrice, aux exigences de la langue. Il y retombe spontanément. L'écriture est toujours un ordre. L'effet de désordre ne peut être obtenu que par la succession ironique d'ordres contradictoires. On peut changer les tons, les thèmes, les climats, les manières, les formes littéraires ; on peut même se désespérer de ne pas écrire autrement, chercher à « *satisfaire aux exigences de Martin du Gard* », on écrit ce qu'on peut, pas ce qu'on veut. La critique des amis, à la différence de l'autre, celle de l'extérieur, qui le brouille permet à Gide de savoir quel écrivain il est.

Reste qu'il n'écrit pas pour qu'on admire son style. « *Chaque progrès dans l'art d'écrire ne s'achète que par l'abandon d'une complaisance*[6]. » Le style n'est pas l'homme mais une expression idéalisée de son unité. L'artiste Gide ne se moque évidemment pas d'écrire « bien », mais son narcissisme a une autre ampleur, un autre orgueil : refléter l'image de l'homme débarrassé de ses chaînes. Dans cette entreprise, l'admiration que l'on porte à son écriture présente un intérêt fonctionnel : être considéré comme un « grand écrivain » donne à Gide un pouvoir d'un tout autre ordre que celui qu'il exerce sur ses amis – la possibilité, en étant *un personnage* important de la vie littéraire, de manifester sa *personne*. La gloire des lettres au service de la contrebande existentielle. La reconnaissance du style autorise, dans un délai proche, *Corydon* et les Mémoires.

A l'intérieur de la *NRF*, elle autorise aussi Gide à prendre ses distances avec la direction de la revue et à revendiquer son autonomie : « *Plus je me retire de la* NRF, *plus on croit que c'est moi qui dirige. Il est vrai que Rivière me fait cet honneur souvent de me demander conseil ; pour moi qui surtout ai souci de donner à chacun de l'assurance, je l'encourage en ses initiatives ; or c'est toujours dans celles qui diffèrent le plus de ma façon de voir*[7]. » On ne saurait avec tant de grâce et de sereine indulgence marquer sa différence.

Il y a peu de place pour le hasard dans ce qu'écrit Gide – et l'impulsion elle-même y dialogue avec ses organes de contrôle. Dans ce même article de la *NRF* où il désapprouve Rivière – le présent –, il expose l'économie de son système créatif – le passé : « *Jusqu'à présent je n'avais pas écrit un seul livre qui n'eût été conçu dès avant ma trentième année, de sorte que chacun d'eux me tirait en arrière* », et indique, pour la première fois, le mouvement de sa pensée politique – l'avenir : « *Quand j'abandonne à leur penchant naturel mes pensées, elles vont vers la gauche extrême, et je ne les ramène à droite que par l'effort de ma raison.* »

Notes

1. Gide, *Journal 1887-1925*, *op. cit.*, 1er novembre 1920.
2. Gide-Martin du Gard, *Correspondance*, *op. cit.*, 22 juillet 1920, p. 154-155.
3. Gide, *Journal 1887-1925*, *op. cit.*, 5 octobre 1920.
4. Gide, *Si le grain ne meurt*, *op. cit.*, p. 547.
5. Gide, *Dostoïevski*, *op. cit.*, p. 70.
6. Gide, *Journal 1887-1925*, *op. cit.*, 28 octobre 1920.
7. Gide, « Billet à Angèle », *NRF*, avril 1921, p. 465.

53

Les jeunes gens

1921

« *On a dit que je cours après la jeunesse. Il est vrai. Et pas seulement après la mienne. Plus encore que la beauté, la jeunesse m'attire, et d'un irrésistible attrait. Je crois que la vérité est en elle ; je crois qu'elle a toujours raison contre nous. Je crois que, loin de chercher à l'instruire, c'est d'elle que nous, les aînés, devons chercher l'instruction. Et je sais bien que la jeunesse est capable d'erreurs ; je sais que notre rôle à nous est de la prévenir de notre mieux ; mais je crois que souvent, en voulant préserver la jeunesse, on l'empêche. [...] Je crois vraie, tragiquement vraie, cette phrase d'Alfred de Vigny, souvent citée, qui paraît simple seulement lorsqu'on la cite sans la comprendre : "Une belle vie, c'est une pensée de la jeunesse réalisée à l'âge mûr." Peu m'importe du reste que Vigny lui-même n'y ait peut-être point vu toute la signification que j'y mets ; cette phrase je la fais mienne*[1]. »

La réputation d'écrivain de Gide ne cesse de grandir ; en France, mais aussi en Allemagne, en Grande-Bretagne. De multiples facteurs concourent à cette notoriété. En premier lieu, sa position particulière dans le champ littéraire tel qu'il s'organise au début de l'après-guerre. Sans l'avoir voulu, sans doute, en vertu de ses contradictions et de sa mobilité, il y occupe des places multiples qu'on dirait incompatibles.

Sur l'axe des générations d'abord. Gide a cinquante-deux ans. Il appartient à la classe des hommes mûrs, à cette génération déjà trop âgée pour faire la guerre. Aux yeux du public, il apparaît comme une valeur confirmée par la durée, bien installée dans le paysage littéraire et dont les audaces ont pris la patine du temps.

C'est un artiste d'avant-garde, comme Stravinski, comme Matisse ses contemporains, comme Claudel, mais d'une avant-garde si ancienne déjà que sa place est reconnue, aux frontières de l'innovation et de l'institution.

Gide fait métier d'écrivain depuis plus de trente ans. Son œuvre est fournie : poèmes, romans, essais, conférences, articles, récits de voyages, traductions, théâtre, il possède la panoplie complète de l'homme de lettres. Pourtant il échappe par deux aspects au moins aux grandeurs et aux servitudes des écrivains de carrière : il n'a guère connu le succès qu'avec un seul livre, récent, *La Porte étroite* ; il s'est tenu éloigné de toutes les instances de la consécration : académies, jurys littéraires, salons à la mode, revues de luxe, journaux à grand tirage. Mieux encore : il a forgé, en marge des sphères traditionnelles, de nouveaux organes de consécration, adaptés à une forme nouvelle d'exercice de la littérature – une revue, une maison d'édition, un théâtre et, pour partie, un centre de débats intellectuels, Pontigny.

Gide est quinquagénaire, mais sa *NRF* est neuve encore, toute frémissante d'ardeur et de désir de changements, tout hésitante sur les directions où elle doit s'engager, mais résolue à s'y engager hardiment : « *la rose des vents de la littérature* », comme l'écrit le jeune Mauriac qui rêve d'y être appelé. A un moment où le désir de rupture des plus jeunes se heurte au sentiment d'incertitude et d'épuisement des anciens, Gide représente la chance d'un passage. Il s'est tenu, pour l'essentiel, en dehors des polémiques politiques et s'est à tout le moins efforcé de tenir la création artistique au-dessus de la mêlée. Il a des amis à gauche comme à droite, et tout autant d'ennemis dans les deux camps. Sur les questions morales et religieuses, bien peu sont capables, pour n'avoir pas lu tous ses livres, pour ne pas être assez attentifs aux sinuosités et aux repentirs de sa phrase, de comprendre les enjeux et les mouvements de son combat. Dans la multiplicité des Gide qui se manifestent, il est encore loisible à chacun de choisir le sien. Gide touche à la fois les dividendes de sa sincérité et ceux des masques sous lesquels il avance.

Il y a plus de dix ans déjà qu'on le reconnaît comme un des guides de la jeunesse, pour s'en féliciter ou pour le déplorer. Cette influence ne s'est jusqu'alors exercée que sur des cercles restreints, sur une maigre et fervente élite, passionnée de littérature, éprise de pureté, de rigueur et de vérité. Depuis qu'il écrit, Gide n'en finit pas de puiser, en un présent perpétuel, dans les émotions et les déchirements spirituels de sa propre jeunesse. C'est peu dire qu'il n'évolue pas, qu'il ne vieillit pas : ce qu'il vit, ce qu'il découvre, n'est jamais que l'actualisation d'une part de lui-même, manifestée dans sa jeunesse et que l'écriture ne cesse d'explorer et de vivifier. Un arbre à la ramure foisonnante et aux racines immuables que Gide taille et retaille pour ne pas laisser s'épuiser la puissance de la sève. Si les livres de Gide parlent si aisément aux jeunes gens, c'est que lui-même n'en a jamais fini avec sa jeunesse. Il ne court pas après, il l'habite ; elle l'habite. Narcisse a toujours seize ans.

L'autoanalyse que pratique Gide, l'expérience passionnée et raisonnée qu'il a de lui-même l'ont persuadé, bien avant qu'il n'ait lu Freud, que l'enfant est le père de l'homme. L'attention aiguë qu'il porte aux jeunes gens, le désir qui le possède de les écouter, de les guider, de les conseiller, ne peuvent pas être simplement ramenés à la forme particulière de sa sexualité, même si celle-ci est, encore, une manière d'être fixé dans l'enfance. La pulsion vers la jeunesse ne se sépare pas d'une frénésie pédagogique, elle-même liée au sentiment d'une enfance et d'une adolescence saccagées par la culpabilité. Dans chaque garçon qu'il rencontre et qu'il s'efforce d'élever – dans les deux sens du terme – Gide voit la chance – le plus souvent déçue – de réussir ce qu'il a manqué. Les autres, c'est encore lui.

Étrange mélange de gravité et d'enfantillages : en 1920, Gide a fait la connaissance à Bruxelles d'un poète belge de vingt ans, pédéraste, René Michelet. En juin 1921, il retourne à Bruxelles pour le voir. Il en parle à la Petite Dame : « *Il est d'une grande séduction et surtout d'une rare hardiesse, qui est chez lui un point d'honneur. Il a un tel frémissement, un tel lyrisme avec ses petits amis, que je ne puis pas croire qu'il les déprave. Vous verrez d'ici dix ans, moins peut-être, une formidable éclosion d'art autour de tout cela ; il est impossible de maintenir longtemps une telle hypocrisie volontaire, sans qu'elle amène une violente réaction* [2]. » Michelet présente à Gide l'un de ses jeunes amis, Charles Brunard, dit Charlot. « *Son visage est celui d'un enfant ;*

il entre à peine dans cet âge charmant que les insensibles appellent l'âge ingrat, et qui selon les Grecs est l'âge même de l'Amour[3]. » L'aventure s'achève selon un scénario fantaisiste et puéril, avec intrigues multiples, soirées clandestines dans les sous-sols d'un hôtel de luxe, dénonciation, menace de voir la police se saisir d'un exemplaire de *Corydon*, faux enlèvement de Michelet, passage furtif de la frontière. Gide est un peu effrayé, plutôt ravi. Il quitte Charlot, Bruxelles, ses émois et ses minauderies pour se rendre directement à Colpach au Luxembourg où il a avec le philologue allemand Ernst Curtius des « *conversations de la plus haute importance* » sur l'avenir des relations intellectuelles entre la France et l'Allemagne. Charlot un soir, Curtius le lendemain, c'est tout Gide !

Entre les deux, il y a cette certitude que la jeunesse est sa chance et celle de son œuvre. « *Jamais, non jamais je ne consentirai à assumer le rôle du barbon* », écrit-il lors de son aventure avec Charlot. Avec la nouvelle génération d'écrivains et de lecteurs qui apparaît en ce début des années vingt, il sait ne pas se comporter en barbon jaloux de sa réputation et de son expérience, mais en précurseur, en catalyseur, en découvreur, en excitateur. Il sait fort bien que, pour l'instant, ce qu'il est – son personnage – nuit à la réception de ce qu'il écrit : « *Les trois quarts des critiques, et presque tous ceux des journaux, se font leur opinion, non d'après mes livres eux-mêmes, mais d'après des conversations de café. Je sais de reste que je n'ai pour moi ni les cafés, ni les salons, ni les boulevards ; et ce sont eux qui font le succès.* » Mais la révolte de la jeunesse va changer, Gide en est sûr, le paysage. Lui qui s'est toujours montré si pessimiste sur ses chances de trouver un public, lui qui s'est retranché, faute de mieux, dans une conception élitaire de la littérature, ose désormais ce pronostic : « *Je laisserai mes livres choisir patiemment leurs lecteurs ; le petit nombre d'aujourd'hui fera l'opinion de demain*[4]. »

Consécration à l'ancienne : les éditions Gallimard publient des *Morceaux choisis* de Gide sur la composition desquels il a beaucoup travaillé : « *A travers mon choix, je veux enfin dessiner ma figure ; il est temps*[5]. » Mi-grave mi-souriant, il place en épigraphe de cette anthologie : « *Les extrêmes me touchent.* » De leur côté, les éditions Crès publient des *Pages choisies de Gide à l'usage de l'adolescence.* C'est davantage que la mise en valeur des « belles pages » d'un styliste hors pair : la reconnaissance d'une affinité entre les livres de Gide et l'âge de l'immaturité. Le temps commence où l'on ne pourra guère avoir seize ans sans se réciter *Paludes, Les Nourritures terrestres* et *La Porte étroite*.

L'autre consécration est complémentaire. *Littérature*, la revue que dirigent Aragon, Breton et Soupault, publie sous sa couverture jaune six courts textes de Gide. Au même moment, les mêmes directeurs de *Littérature* organisent dans une salle de la rue Danton la « mise en accusation et jugement de Maurice Barrès par Dada ». Style en moins, certains des passages de l'acte d'accusation que formule Breton auraient pu avoir été écrits par Gide lui-même : « *Un homme donné étant, à une époque donnée, en mesure de résoudre certains problèmes est coupable si, soit par désir de tranquillité soit par raison morale soit par besoin d'action extérieure, il renonce à ce qu'il peut y avoir d'unique en lui* [6]. »

Dans la *NRF*, Gide note plus sobrement : « *Barrès [...] ne comprend-il pas que ses théories s'exténuent précisément en redonnant vigueur à la France car il n'est pas d'un peuple bien portant, ni d'un esprit gaillard de demeurer les yeux fichés au sol, en ayant soin de n'y reconnaître que des tombes* [7] *?* »

Notes

1. Gide, *Journal 1887-1925*, *op. cit.*, 26 décembre 1921.
2. *Les Cahiers de la Petite Dame, 1918-1929*, *Cahiers André Gide* n° 4, 14 juin 1921, Paris, Gallimard, 1973, p. 86.
3. Gide, *Journal 1887-1925*, *op. cit.*, 18 juin 1921.
4. *Ibid.*, 29 novembre 1921.
5. *Les Cahiers de la Petite Dame*, *op. cit.*, 19 mai 1921, p. 88.
6. Maurice Nadeau, *Histoire du surréalisme*, Paris, Seuil, 1964, p. 36.
7. Gide, « Billet à Angèle », *NRF*, mai 1921. Repris dans *Incidences*, Paris, Gallimard, 1924, p. 53.

54
Le père de famille

1922

« Je n'arrive pas à croire vraiment à la réalité et pourtant, peu à peu, elle commence à habiter mes pensées. Oui, je commence à penser en fonction de cela... C'est comme un coin qu'il faut faire entrer dans quelque chose de renfermé ; toute ma vie m'apparaît comme un défi[1]. »

Le 14 août 1922, Gide est à Pontigny pour y participer à une « décade » importante. Elle fait suite aux articles qu'il a publiés dans la *NRF* sur l'Allemagne et sur la nécessité de ne « *rejeter quoi que ce soit du concert européen* ». Gide est de ceux, bien peu nombreux, insultés et moqués, qui voient dans la création d'une Europe de l'esprit et de la culture la seule chance d'échapper à la catastrophe. En janvier, Briand, critiqué pour ses « concessions » à l'Allemagne, a dû démissionner du gouvernement.

Gide n'entend évidemment pas se mêler de politique. Il découvre avec étonnement que la politique se préoccupe de lui, que les positions non conformistes qu'il a exprimées sur la guerre lui ont valu, en Allemagne notamment, une attention qu'il ne soupçonnait pas. Dès 1919, son traducteur allemand, Franz Blei, lui écrivait : « *Pourquoi ne venez-vous pas à Munich ? Vous y seriez reçu à bras ouverts.* » L'écrivain n'a pas donné suite, par prudence sans doute. Mais en 1920, il a rencontré au Luxembourg, chez les Mayrisch, Walter Rathenau, intellectuel juif d'une grande culture, également puissant industriel et ministre allemand de la Reconstruction.

Rathenau a séduit Gide – sans lui faire oublier ses théories sur « *l'esprit de la race juive* ». L'écrivain a été charmé par la chaleur de son interlocuteur, par l'audace de ses conceptions.

L'homme d'État a beaucoup surpris Gide en lui déclarant : « *J'attache à notre rencontre la plus haute importance et la crois aussi significative que tous les arrangements politiques entre nos deux pays*[2]. » Gide n'en a pas cru un mot, mettant ces propos sur le compte d'une excessive urbanité.

Pourtant, lorsque Rathenau, devenu ministre des Affaires étrangères, quelques mois avant son assassinat par l'extrême droite allemande, vient à Paris en janvier 1922, il invite Gide à lui rendre visite au Crillon, et, « *une heure durant, nous avons causé d'une manière assez grave*[3] ».

Gide garde ses distances. La révolution à laquelle il pense ne passe pas par des médiations politiques. « *A vrai dire, les questions politiques m'intéressent moins et me paraissent moins importantes que les questions sociales ; les questions sociales moins importantes que les questions morales. Je crois que la plupart des premières se ramènent à celles-ci, et que dans tout ce que nous déplorons aujourd'hui, il sied de s'en prendre moins aux institutions qu'à l'homme – et que c'est lui d'abord et surtout qu'il importe de réformer*[4]. » Gide est toujours brouillé avec la réalité concrète et avec l'histoire. Il dialogue avec les idées. Pour changer l'homme, il compte sur les livres. Il constate que d'autres partagent, en partie au moins, cette conviction, qu'ils prennent en compte sa pensée et son écriture. Ce n'est pas lui qui se convertit à la réalité, mais celle-ci qui lui semble s'ouvrir à sa parole et à ses préoccupations. Ce mouvement le laisse perplexe, encore : « *Je ne comprends pas trop ce qu'ils appellent "mon influence". Où la voient-ils ? Je ne me reconnais nulle part. C'est ce qui diffère le plus en moi que je préfère et je n'ai jamais cherché qu'à pousser chacun dans sa voie, dans sa joie*[5]. »

L'influence de Gide tient précisément, en ces moments de trouble, à ce qu'il ne pense et n'écrit comme personne. On l'écoute parce qu'il est différent, mais d'une différence somme toute acceptable, en tout cas ambiguë : spirituelle. Dans la déconfiture des idéologies bourgeoises, dans la crainte de l'épidémie bolchevique, on se prend au charme de cette voix étrange qui parle de changer l'homme sans se soucier de changer la société.

La décade de Pontigny est dans le droit fil de l'esprit gidien. L'écrivain y est d'ailleurs venu entouré de son bataillon de fidèles. Il y a là la Petite Dame, Mme Mayrisch son amie, Élisabeth Van Rysselberghe sa fille ; Dorothy Bussy, la sœur de Lytton Strachey, follement amoureuse de Gide ; et puis Martin du Gard, Schlumberger, Rivière, Edmond Jaloux, Charles Du Bos, « *roi de la fête ; ineffablement suave, et ductile et disert* ». Du côté des intellectuels étrangers, des représentants de la Suisse, de l'Italie, de la Hollande, de l'Allemagne, de l'Angleterre. Plus trois normaliens : la jeunesse. Tous sont prêts à entendre la leçon européenne de Gide et à en moduler les accents.

S'il faut en croire la Petite Dame, Gide a su décevoir ceux qui attendaient la parole du maître. « *Évidemment, on sent que c'est lui qui oriente vers des chemins nouveaux, mais parfois avec un raisonnement boiteux, comme distrait. [...] Il est si préoccupé d'écouter, de ne laisser rien échapper qui vaille que, véritablement, il n'arrive pas à rassembler ses pensées. Son besoin d'accueil le disperse. Il excite plutôt les autres à parler, à se mettre en avant. Pourtant, s'il ne dirige pas les débats, sa présence en interdit les solutions faciles et on sent que les meilleures choses se disent en fonction de sa pensée* [6]. » La maîtrise de Gide est aussi faite de ce retrait : « *J'aime moins agir*, dit-il, *que faire agir les autres.* » Gide exige de ses disciples qu'ils ne lui ressemblent pas. Il arrive pourtant qu'il agisse. A Pontigny, le grand événement de sa vie n'a pas été la décade européenne : le 22 août au matin, Élisabeth Van Rysselberghe fait à sa mère, à Aline Mayrisch, à Gide et à Marc Allégret une « *bouleversante révélation* » : « *Son espoir d'avoir un enfant est enfin exaucé, croit-elle, et le miracle, c'est que l'enfant qu'elle porte est de Gide, indubitablement* [7]. » Gide est à la fois « *ivre et décontenancé* ».

Il ne s'agit pourtant pas du fruit d'une impulsion. Élisabeth a trente-deux ans. Elle connaît Gide depuis l'enfance. Il éprouve pour elle une vive affection ; elle est subjuguée par sa personnalité. Il joue auprès d'elle ce rôle d'inimitable pédagogue des émotions et des raisons qui lui tient tant à cœur, écoutant Élisabeth avec tellement d'attention qu'il se fait elle, et qu'elle saisit en lui ce qu'elle est. Libre et captivée. En 1915, l'amant d'Élisabeth, le poète anglais Rupert Brooke avec qui elle entretient une liaison intermittente depuis 1910, meurt d'un empoisonnement du sang alors qu'il rejoignait le corps expéditionnaire britannique dans les

Dardanelles. C'est peu de temps après, au retour des funérailles de Verhaeren, ami intime de la Petite Dame, que Gide, dans le train de Calais à Paris, glisse un mot à Élisabeth : « *Je n'aimerai jamais d'amour qu'une seule femme ; je ne puis avoir de vrais désirs que pour les jeunes garçons. Mais je me résigne mal à te voir sans enfant et à n'en avoir pas moi-même* [8]. » Cet aveu fait, Gide, à son habitude, fait un pas en arrière et observe les effets de son audace. Ensuite il fait agir les autres, c'est-à-dire qu'il pousse doucement et successivement son neveu, Dominique Drouin, puis son ami Marc Allégret – les deux jeunes gens qui lui sont le plus proches – vers Élisabeth. La Petite Dame qui connaît à la perfection les figures de la danse gidienne explique : « *J'ai déjà dit [...] comment les désirs d'Élisabeth inclinèrent spontanément vers Marc, qui s'était épris d'elle, et la profonde joie que Gide en eut au printemps 1920. Il s'inquiétait de devoir attendre si longtemps la venue de cet enfant, et m'en parlait parfois. Il trouvait que, pour la première fois, le sort semblait le narguer. Détourné pour lui-même de ce but, il retrouva avec Élisabeth toute la liberté qui favorise les dispositions amoureuses, et c'est ainsi qu'un dimanche de juillet, au bord de la mer dans la solitude matinale d'un beau jour, fut conçu l'enfant que nous attendons* [9]. » Notons que, pour faire un enfant à Élisabeth, Gide a dû d'abord se détourner du désir de lui en faire un. Il ne peut désirer qu'en s'absentant de son désir, en s'oubliant : l'acte n'est jamais vécu comme l'effet de la volonté libre sur le réel mais comme, après coup, une donnée du destin.

C'est à cette condition qu'il peut engager Gide. Cet enfant qui va naître – il souhaite évidemment que ce soit un garçon : « *Depuis trois jours, je ne l'appelle plus que Nicolas* » – ajoute au défi qu'est sa vie. Pour la première fois, il se sent responsable d'un événement qui n'est pas d'ordre artistique, sentimental ou intellectuel. Comme il l'écrit, la réalité commence à habiter ses pensées. Pendant vingt jours, il n'écrit pas un mot dans son journal. Il consulte un notaire ; il décide de l'attitude à tenir à l'égard de Madeleine. Il convient qu'elle ne sache rien, mais que Gide puisse assumer néanmoins ses devoirs paternels. L'accès à la réalité se paie d'un peu plus de mensonge et de dissimulation vis-à-vis de l'idéal amoureux. Gide sera le parrain officiel de son enfant [10]. Il n'est pas question de toucher à la fortune familiale que gère Madeleine pour élever l'enfant, mais les livres de Gide commencent à lui rapporter de l'argent. Les traductions se multiplient. C'est l'écrivain, non le rentier, qui pourvoira à l'éducation de son enfant. Gide versera à Élisabeth la totalité des droits que lui rapporteront *Les Faux-Monnayeurs*. Il vendra même la première partie du manuscrit de son roman pour acheter une automobile à Élisabeth. La paternité de Gide coïncide avec son accession au statut d'écrivain professionnel.

Dans un mouvement symétrique, il prend également à sa charge les études et l'établissement de Marc Allégret. Il crée une famille à son image, irrégulière, libre d'apparence, soumise en réalité à ce que la Petite Dame appelle justement « *son amitié tendrement despotique* [11] » : « *Ce que je fais le plus volontiers m'est dicté par la sympathie ; seul, j'appartiens à la tristesse, dès que ne m'accapare plus le travail* [12]. » Mais aussi : « *On ne triomphe bien que de ce que l'on s'assimile* [13]. » C'est cette sympathie dévorante, sournoise, disent-ils, et diabolique, que les ennemis de Gide entendent dénoncer. Une croisade s'engage contre lui qui va le contraindre à se découvrir.

Notes

1. Gide cité par Maria Van Rysselberghe, *Les Cahiers de la Petite Dame, 1918-1929*, *op. cit.*, 29 août 1922, p. 148.
2. Gide, *Journal 1887-1925*, *op. cit.*, *Feuillets,* 1921.
3. *Ibid.*, 3 janvier 1922.
4. Gide, « L'avenir de l'Europe », *Revue de Genève*, 1923. Repris dans *Incidences*, *op. cit.*, p. 34.
5. Gide, *Journal 1887-1925*, *op. cit.*, 22 mars 1922.
6. *Les Cahiers de la Petite Dame*, *op. cit.*, 14-24 août 1922, p. 146.
7. *Ibid.*, p. 145.
8. *Ibid.*, 29 août-13 septembre 1922, p. 150.
9. *Ibid.*, p. 151.
10. Catherine, la fille d'Élisabeth et de Gide, naîtra le 18 avril 1923 dans une clinique d'Annecy. Elle sera reconnue par son père dont elle portera le nom après la mort de Madeleine en 1938. Tout laisse à penser que celle-ci n'a pas été dupe longtemps du stratagème de son mari.
11. *Les Cahiers de la Petite Dame*, *op. cit.*, 17 juin-fin juillet 1923, p. 183.
12. Gide, *Journal 1887-1925*, *op. cit.*, 5 août 1922.
13. *Ibid.*, 8 mai 1922.

55
Extrême droite et longues figures

1923

« Rien n'irrite plus certains catholiques que de nous voir aboutir naturellement au renoncement qu'eux, avec toute leur religion, ont tant de mal à atteindre. Pour un peu ils vous reprocheraient de tricher ; la vertu doit rester leur monopole et tout ce que l'on obtient de soi sans le secours des patenôtres, ne compte pas. De même, ils ne nous pardonnent pas notre bonheur ; il est impie ; eux seuls ont le droit d'être heureux. C'est du reste un droit dont ils usent peu[1]. »

L'offensive de la droite catholique – et notamment d'une partie de l'Action française contre Gide – est clairement destinée à saper une influence morale et intellectuelle assez sensible pour être jugée dangereuse. Elle se déroule simultanément sur plusieurs plans, nettement distincts : celui de l'idéologie morale, celui du style, celui du pouvoir littéraire. Il s'agit clairement d'investir de tous les côtés la forteresse Gide. La polémique idéologique est menée principalement par Henri Massis. C'est un vieil ennemi de Gide. Disciple de Péguy, il s'est d'abord fait connaître par ses diatribes contre le positivisme et contre la mainmise de Lanson et des scientistes sur l'enseignement de la littérature française. Il représente, avec Bainville, Maritain, Bernanos, la jeune garde maurrassienne. Pour lui, pour eux, l'effondrement des valeurs de la république bourgeoise donne toutes ses chances à un renouveau spirituel de la France fondé sur la restauration des valeurs de la Tradition nationale. Massis a publié en 1919 un *Manifeste du parti de l'intelligence*, ancêtre du *Manifeste des intellectuels français pour la défense de l'Occident* qu'il rédigera en 1927 pour glorifier la « *conquête civilisatrice* » de l'Abyssinie par Mussolini. Il y affirmait que la France, « *gardienne de toute civilisation* », devait être la fédératrice de l'Occident chrétien contre le matérialisme bolchevique. Sans jamais écrire dans *L'Action française*, il en popularise les thèmes les plus extrêmes dans *La Revue universelle* qu'il a créée en 1920 avec Bainville.

La Revue universelle s'attaque naturellement aux écrivains de gauche, ralliés à la révolution russe ou attirés par elle : le vieil Anatole France, Romain Rolland, Henri Barbusse. Mais elle dénonce surtout l'ennemi de l'intérieur qui lui paraît infiniment plus dangereux : ces écrivains bourgeois, apolitiques, aux écrits de facture classique qui ont entrepris de mettre en pièces les fondements de la morale traditionnelle et de l'humanisme catholique. Parmi eux, Gide est considéré comme le plus dangereux : il emploie les figures de l'exigence morale la plus haute pour mieux troubler les esprits et instiller une éthique païenne qui compose avec le péché.

Les dénonciations répétées de Massis semblent à Gide de bonne guerre. Les analyses du polémiste ultra lui semblent certes caricaturales, mais il est tout prêt à reconnaître quelque chose de lui dans le grossissement qu'en fait Massis : « *C'est très bon d'être ainsi jugé ; on se connaît bien mieux ; on sait qui on est quand on vous attaque ; j'accepte le* Ce qui est mis en cause ici, c'est la notion même de l'homme sur laquelle nous vivons, *je suis même décidé à le mettre en épigraphe à un chapitre des* Faux-Monnayeurs, *ou même au livre tout entier ; je l'ai du reste écrit à Massis* [2]. » Gide veut en effet contribuer à « changer l'homme » et l'image qu'il se fait de lui-même. Il ne lui déplaît pas que cette ambition lui soit reconnue par ses adversaires naturels, les mainteneurs de l'homme ancien, de l'homme idéalement coupable et dont le salut est lié à la mort. Tout juste leur reproche-t-il de voir de la dissimulation, de la tactique retorse, de l'insinuation diabolique dans ce qui n'est pour lui que la démarche même d'un esprit qui cherche, la démarche de l'art : « *Art c'est Prudence. Quand on n'a rien à dire, ni rien à cacher, il n'y a pas lieu d'être prudent. Les timorés ne sont pas des prudents : mais des lâches* [3]. »

Les attaques d'Henri Béraud sont d'un autre ordre. Même s'il a obtenu le prix Goncourt en 1922 pour son *Martyre de l'obèse*,

Béraud est avant tout un journaliste engagé à l'extrême droite. Il fait campagne contre Gide, au nom d'une certaine conception gauloise et populaire de la littérature française : « *Cet article sur M. Gide est le premier d'une série. Mon intention est de combattre un groupe de personnages qui forment non pas une petite chapelle, mais une petite banque, car ils sont beaucoup plus riches d'écus que de foi. Ce groupe, avec l'appui de cent cuistres, d'autant de clergymen et d'un fils à papa, prétend instaurer chez nous le snobisme huguenot. [...] N'est-il pas bouffon que ces Saints du Dernier jour eussent pu croire qu'il suffisait de promener leurs longues figures, leurs bibles, leurs prêches et leur sobriété sur nos terres pour que la vigne séchât sur plant, que le rire disparût et que la littérature se couchât à dix heures*[4] ? »

Henri Béraud, en digne folliculaire, trouve une formule qui fait le tour de Paris : « *La nature a horreur du Gide.* » C'est la NRF dans son ensemble qui se trouve ainsi attaquée, au nom d'une mythologie littéraire française qui irrigue l'extrême droite populiste : débraillé, anti-intellectualisme, vertus de la rigolade, machisme et noblesse de l'ébriété. Roland Dorgelès, qui n'a pas supporté de voir le Goncourt 1919 couronner Proust et ses jeunes filles en fleurs et non ses croix de bois, poursuit la campagne : « *Je suis de tout cœur avec Henri Béraud. L'esprit de la NRF me semble dangereux – d'autant plus dangereux qu'on le fait rayonner sur toute l'Europe – et il est courageux de le combattre.* » Mais poussé à préciser son propos, le romancier mange le morceau : « *A vrai dire, cet esprit n'a qu'un représentant qualifié : M. André Gide ; c'est à la fois son titre de gloire et sa condamnation. Si M. André Gide n'avait aucune espèce d'influence, s'il se contentait d'écrire des livres qu'on lit peu [...], nous ne perdrions pas notre temps à le combattre ; mais il exerce dans un cercle de jeunes écrivains une influence dissolvante qui me navre. [...] Je condamne André Gide non seulement au nom de l'esprit catholique qui est le mien, mais au nom de ma santé morale. Nous sommes pour les toniques ; il est pour le poison. Il croit éclairer les âmes : quelle erreur ! Il les trouble... Ce ne sont pas les vertus qui l'intéressent, ce sont les tares. [...] Je le sais, parbleu : le mal a plus d'attrait que le bien, et c'est pour cela que tant de jeunes vont à Gide*[5]. »

Roger Martin du Gard se solidarise immédiatement avec Gide. *Les Nouvelles littéraires* qui ouvrent largement leurs colonnes à la croisade anti-Gide sont dirigées par son cousin, Maurice Martin du Gard. Il lui fait publier une courte déclaration : « *Dans le débat en cours, je me range délibérément aux côtés d'André Gide, dont je m'honore d'être l'ami, et que je tiens pour un noble esprit, un écrivain de haute lignée, et l'une des plus vives lumières de ce temps*[6]. » Mais la NRF dans son ensemble se montre fort discrète ; en raison sans doute de l'embarras de Gaston Gallimard, concernant la diffusion de la revue et des éditions de la NRF à l'étranger.

C'est Béraud encore, dans une série d'articles de *L'Éclair*, qui mène l'assaut. Pourquoi les auteurs de la « secte gidienne » ont-ils une telle réputation à l'étranger ? Parce que Giraudoux, haut fonctionnaire au Quai d'Orsay, chef du service des œuvres françaises à l'étranger et collaborateur de la NRF, avantage l'exportation des livres de Gallimard. Se joignent alors au concert tous les écrivains refusés par la NRF et pas mal de ceux qui, publiant ailleurs, estiment ne pas avoir une reconnaissance internationale proportionnée à leur talent. Cela fait du monde, et gonfle la rumeur d'une dictature secrète que Gide et ses affidés feraient régner sur la littérature française pour s'approprier le monopole de sa représentation.

Car enfin – c'est le dernier front de l'offensive – ces écrivains de la NRF dont on fait tant de cas sont-ils, à commencer par Gide, aussi bons qu'ils le prétendent ? Gide est-il, ainsi qu'on le proclame, un *classique moderne*, un grand artiste de la langue, un défenseur vigilant de notre syntaxe nationale ? Dans un article intitulé « Gide et la grammaire », Béraud écrit : « *J'ai retenu d'une rapide lecture des principaux ouvrages de M. Gide, huit barbarismes, dix solécismes, deux contresens, plusieurs amphibologies, des fautes d'orthographe, plusieurs fautes touchant à l'accord des temps, des emplois abusifs de verbes, une ellipse vicieuse par changement de nombre, divers emplois de* pas *ou de* point *par superfétation, plusieurs pléonasmes, et certaines insanités assez truculentes*[7]. »

« *… Dans ce monde*, note Gide, *où l'on ne peut rien trouver de pur – même pas la bêtise* », il ne revendique certes pas l'étiquette de puriste de la langue. Il n'en respecte les règles avec scrupule qu'autant qu'elles peuvent servir à l'expression exacte de sa pensée et de ses émotions, aux mouvements et à l'harmonie de sa musique. Il ne reproduit ni n'imite la langue ancienne : comme avec ses interlocuteurs, il ne se plie à elle que pour mieux la changer. Il n'est pas un gardien de la langue ; en revanche, il défend une morale de l'écriture – qui ne se sépare guère de sa morale de la vie : « *Le* bien écrire *que j'admire, c'est celui qui, sans se faire trop remarquer, arrête et retient le lecteur et contraint sa pensée à n'avancer qu'avec lenteur. Je veux que son attention enfonce à chaque pas dans un sol riche et profondément ameubli. Mais ce que cherche, à l'ordinaire, le lecteur, c'est une sorte de tapis roulant qui l'entraîne*[8]. »

Qu'il n'ait pas, sur la grammaire, les conceptions d'Henri Béraud n'a rien pour le surprendre, ni pour l'inquiéter. Lui d'ordinaire si perméable à la critique, si peu versé dans l'art de déplaire, semble cette fois s'amuser de cette agitation. Refusant de polémiquer directement avec Béraud, il traite ses articles comme des enfantillages… et le remercie en lui envoyant une boîte de chocolats. Mieux encore, rééditant ses *Souvenirs de la Cour d'assises*, il en dédie la nouvelle édition au même Béraud, par un tour d'ironie dont le sel échappe à ses amis eux-mêmes. L'enfant s'amuse. Il refuse de se défendre, mais il protège la NRF : « *Vous pouvez crier avec Béraud que ces auteurs vous ennuient, vous fatiguent, vous font suer. C'est vrai peut-être : mais ne dites pas qu'ils font partie d'un cénacle, qu'ils répondent au même mot d'ordre, se rangent sous une même bannière parce que tout cela est faux*[9]. »

Il est vrai qu'en se jetant dans la mêlée, en dévoilant le fond de sa pensée, Gide risque de pousser dans le camp adverse des hommes qui, tout en ne partageant pas ses convictions, refusent de cautionner la curée. C'est le cas de Léon Daudet qui, dans *L'Action française*, parle de Gide comme d'un écrivain « *terrible et pénétrant* ». Certes, Béraud n'aimait ni Maurras ni son parti, trop intellectuels à son gré, trop « longues figures ». Gide tient compte des désaccords et des querelles de ses adversaires : « *Déjà j'admire qu'ils ne se réconcilient pas sur mon dos*[10]. »

Et puis il y a ces catholiques qui, tel Mauriac, ne peuvent cacher ni leur crainte de Gide ni leur admiration. Dans la revue *L'Université de Paris*, Mauriac a publié un article, « Réponse à M. Massis », qui, sans approuver Gide, désapprouvait Massis : « *La sottise d'un Massis est de prétendre appliquer à un incroyant la loi catholique et son mensonge est de feindre l'indignation parce qu'un incroyant n'écrit pas comme s'il croyait*[11] *!* » Gide a remercié celui qui l'appelle « *mon cher Maître et ami* ». Mieux : il est allé lui rendre visite et lui a donné son « petit carnet vert », un des soixante-dix exemplaires de ses méditations religieuses de 1916 : *Numquid et tu ?* Mauriac est plein d'admiration – « *Vos moindres notes recèlent un miraculeux stimulant* » –, mais il lui faut aussi tenir compte du « camp » auquel il appartient. Il l'avoue franchement à Gide : « *J'étais pris entre mon admiration, mon affection – et ma foi : des confrères malveillants m'épiaient. Il ne fallait rien écrire qui pût ressembler à un revirement. Ainsi ai-je dit tout ce que je pensais de plus sévère. [...] Si je vous ai fait de la peine, je vous en demande pardon*[12]. »

Bien loin d'avoir de la peine, Gide se réjouit de pouvoir entamer un dialogue avec ce catholique dont la passion lui est si proche. La petite guerre de harcèlement de 1923 l'a convaincu de sa force. Cette influence qu'il comprend si mal, elle doit exister sans doute puisqu'on la lui reproche si âprement. Le temps est venu d'aller plus loin : « *Mon lot est d'avoir à dos tous les partis. MM. Béraud, Massis, etc., ouvrent la chasse ; j'espère leur donner sous peu d'autres et plus sérieuses raisons d'user leurs dents*[13]. » La bataille de *Corydon* peut commencer.

Notes

1. Gide, *Journal 1887-1925*, *op. cit.*, 1er juillet 1923.
2. *Les Cahiers de la Petite Dame, 1918-1929*, *op. cit*, 14 mars 1924., p. 192.
3. Gide, *Journal 1887-1925*, *op. cit.*, 7 décembre 1922.
4. Henri Béraud, « *Les Nouvelles littéraires* », 31 mars 1923. Repris dans la correspondance Gide-Martin du Gard, *op. cit.*, p. 663.
5. « Une heure avec Roland Dorgelès », *Les Nouvelles littéraires*, 7 juillet 1923. Repris dans la correspondance Gide-Martin du Gard, *op. cit.*, p. 664-665.

6. Gide-Martin du Gard, *Correspondance*, *op. cit.*, 8 juillet 1923, p. 665.

7. Henri Béraud, « Gide et la grammaire », *Les Nouvelles littéraires*, 31 mars 1923.

8. Gide, *Journal 1887-1925*, *op. cit.*, 17 juin 1923.

9. Gide, « Lettre ouverte à T'Sterstevens », *NRF*, 1923. Cité par Pierre Hebey, *L'Esprit NRF*, *op. cit.*, p. 412.

10. Gide, *Journal*, *op. cit.*, 2 mai 1923.

11. André Gide-François Mauriac, *Correspondance 1912-1950*, *Cahiers André Gide* n° 2, 4 janvier 1922, Paris, Gallimard, 1971.

12. Gide-Mauriac, *Correspondance*, *op. cit.*, 25 juin 1922, p. 68.

13. Louis Aragon, après l'attaque de Béraud dans *Les Nouvelles littéraires* du 31 mars, propose à Gide de répondre dans *Paris-Journal*. Gide refuse dans une lettre à Aragon, datée de Fez, qu'il autorise celui-ci à publier.

56

Pieuse ambassade chez le démon

1924

« *Mes amis me répètent que ce livre est de nature à me faire le plus grand tort. Je ne pense pas qu'il puisse me ravir aucune chose à quoi je tienne ; ou mieux : je ne crois pas tenir beaucoup à rien de ce qu'il m'enlèvera : applaudissements, décorations, honneurs, entrées dans les salons à la mode, je ne les ai jamais recherchés. Je ne tiens qu'à l'estime de quelques rares esprits [...] Je n'ai jamais cherché à plaire au public ; mais je tiens excessivement à l'opinion de quelques-uns ; c'est affaire de sentiments et rien ne peut contre cela. Ce que l'on a pris parfois pour une certaine timidité de pensée, n'était le plus souvent que la crainte de contrister ces quelques personnes ; de contrister une âme, en particulier, qui de tout temps me fut chère entre toutes. Qui dira de combien d'arrêts, de réticences et de détours est responsable la sympathie, la tendresse ? [...] L'indignation que* Corydon *pourra provoquer, ne m'empêchera pas de croire que les choses que je dis ici doivent être dites. Non que j'estime que tout ce que l'on pense doit être dit – et dit n'importe quand – mais bien ceci précisément, et qu'il faut le dire aujourd'hui*[1]. »

La première édition, clandestine, de *Corydon* date de 1911. Une seconde édition remaniée et augmentée, destinée à une poignée d'amis, a été tirée en Belgique en 1920. Gide attend encore quatre ans pour livrer au public ces quatre dialogues sur l'homosexualité – il parle plus volontiers, avec ses contemporains, d'uranisme.

Il considère cet essai comme une œuvre importante, confondant sur ce point la littérature et sa vie. Important pour lui,

Corydon l'est évidemment et les longues hésitations dont sa publication est l'objet soulignent cette évidence : Gide joue gros – ou du moins croit le faire. Il a en mémoire le drame d'Oscar Wilde à qui il a consacré un petit livre en 1910 – sans jamais aborder de front le « crime » de l'écrivain britannique. Il sait qu'une société peut porter un écrivain au pinacle, l'enivrer de succès et de louanges jusqu'à ce qu'il se croie invulnérable et l'expédier au bagne parce qu'il n'a pas voulu taire en public ce que chacun, en privé, savait. « *L'épouvantable procès* » de Wilde a marqué Gide au plus profond. Sans doute même est-il l'une des origines de la révolte de Gide contre la morale sociale de son époque : un système éthique qui aboutit à une si cruelle hypocrisie est nécessairement si faussé qu'il doit être revu jusque dans ses fondements.

Encore faut-il l'attaquer de la bonne manière et au bon moment. Pour une part, la stratégie littéraire élaborée par Gide dans les années 1900-1910 tend à créer les conditions optimales à la réception du « message » de *Corydon*. Il retire certes des bénéfices symboliques importants de la publication de ses œuvres, de la création de la *NRF*, du rôle de mentor des lettres que sa position lui attribue et du personnage de « grand écrivain » qu'il habite avec autorité. Mais c'est pour mieux les réinvestir dans le risque dc *Corydon*. Il en va de même de toutes les prudences, de toutes les patiences et de tous les détours dont il a su protéger sa pensée. Les ambiguïtés et les brouillards expriment les divisions de son être, mais il sait aussi s'en servir pour cacher un mouvement, longuement préparé, qui aboutit à cette offensive de franc-tireur : un livre qui n'est pas une apologie de la pédérastie, mais en appelle au « *plus sincère effort de ne pas condamner sans juger, de ne pas juger sans comprendre* [2] ».

Gide assume les risques personnels de son entreprise ; les risques qui pèsent sur sa carrière et ceux qui mettent en jeu sa réputation. Lorsque, en 1921, René Boylesve, romancier à la mode et académicien, l'encourage à présenter sa candidature à l'Académie française, Gide, hésite, consulte Martin du Gard et refuse. L'hésitation tient à la protection institutionnelle qu'offrirait à ses idées l'habit vert ; le refus, à la fragilité de cette protection comparée au scandale de ce qu'il est et de ce qu'il dit : « *Je ne veux entrer nulle part, d'où l'on pourrait me chasser*[3] *!* » La marge, le retrait sont aussi la réponse à une menace permanente qui pèse sur l'existence sociale de Gide. Sa « différence » le contraint à des parcours obliques.

Sa pensée, en revanche, doit pouvoir désormais s'exprimer ouvertement. Quelques mois avant la mort de Proust, en 1922, il a eu de longues conversations sur l'homosexualité avec l'auteur de la *Recherche*. Gide lui a reproché de masquer son uranisme à un point tel que *Sodome et Gomorrhe* peut apparaître comme une stigmatisation de l'homosexualité : « *J'ai relu les dernières pages de Proust [...] avec, d'abord, un sursaut d'indignation. Connaissant ce qu'il pense, ce qu'il est, il m'est difficile de voir là autre chose qu'une feinte, qu'un désir de se protéger, qu'un camouflage, on ne peut plus habile, car il ne peut être de l'avantage de personne de le dénoncer. Bien plus : cette offense à la vérité risque de plaire à tous : aux hétérosexuels dont elle justifie les préventions et flatte les répugnances ; aux autres qui profiteront de l'alibi et de leur peu de ressemblance avec ceux-là qu'il portraiture. Bref, la lâcheté générale aidant, je ne connais aucun écrit qui, plus que le* Sodome *de Proust, soit capable d'enfoncer l'opinion dans l'erreur*[4]. »

Corydon doit se situer aux antipodes de ce « *camouflage* » et avancer à visage découvert. La pensée de Gide se livre à nu, sans les secours de l'art et du plaisir esthétique : « *Certains amis, à qui d'abord j'avais soumis ce livre, estiment que je m'y occupe trop de questions d'histoire naturelle – encore que je n'ai point tort, sans doute, de leur accorder tant d'importance ; mais, disent-ils, ces questions rebuteront et fatigueront les lecteurs. – Eh parbleu ! c'est bien ce que j'espère : je n'écris pas pour amuser et prétends décevoir dès le seuil ceux qui chercheront ici du plaisir, de l'art, de l'esprit ou quoi que ce soit d'autre enfin que l'expression la plus simple d'une pensée très sérieuse*[5]. » La nécessité de *manifester* conduit Gide à tout sacrifier à son geste, jusqu'à son être d'artiste. La publication de *Corydon* inquiète certains amis de Gide ; Copeau notamment, qui est sur le chemin de la conversion. Plus étrangement, elle inquiète aussi des hommes qui n'ont pas cessé de combattre l'influence pernicieuse de l'auteur des *Nourritures terrestres*. Ils pourraient y voir l'occasion de démasquer enfin un écrivain dont ils ne cessent, sans trop de succès, de dénoncer les poisons clandestins. Mais eux-mêmes n'ont pas été, semble-t-il, épargnés par les séductions subtiles de la pensée et de l'expression gidiennes. Cet homme qu'ils attaquent et flétrissent à longueur d'articles, ils n'ont pas encore renoncé à l'espoir de se l'annexer. En termes plus nobles : Gide est encore une âme à sauver.

Chacun y va de sa méthode et de son style pour assurer le salut du pécheur. Claudel alterne l'intimidation et l'encouragement chaleureux ; le petit Charlie Du Bos et Henri Ghéon multiplient les pieuses manœuvres et les pressions amicales ; Mauriac oscille entre la compréhension et l'appel au renoncement : « *Je comprends mal votre distinction entre homosexuels et invertis... Quand je songe à tous ceux que je connais, je ne vois que des malheureux, des diminués, des êtres déchus, dans la mesure où ils ne luttent pas... Mais c'est vrai qu'il y a là un grand mystère et que l'hypocrisie du monde a trop vite fait de ne pas méditer... Ce qui importe ce n'est pas ce que nous désirons – mais le renoncement à ce que nous désirons. [...] Ce qui dépend de nous, c'est le refus* [6]. » Pour les uns et les autres, faire basculer Gide dans le « camp » catholique est un objectif spirituel – en même temps qu'un élément important dans une lutte d'influence dont la jeunesse intellectuelle est l'enjeu.

La publication de *Corydon* obligerait à mettre fin à ces manœuvres de séduction en rendant Gide parfaitement infréquentable. On ne peut pas utiliser un défenseur proclamé de la pédérastie dans une offensive de conquête spirituelle. Il est donc décidé – sans qu'on sache d'où la décision est venue – de dépêcher à Gide une ambassade afin de le convaincre de renoncer à la publication de l'œuvre impie. Tout nous semble étrange aujourd'hui dans cette démarche, à commencer par la personnalité du diplomate choisi pour la tenter.

Jacques Maritain a quarante et un ans lorsqu'il se présente, le 14 décembre 1923, à la porte de la villa Montmorency. Le petit-fils du républicain Jules Favre est un antidémocrate militant. Fondateur avec Massis de *La Revue universelle*, annexe intellectuelle de l'Action française, il conjugue sans trop de difficultés apparentes la pensée de Thomas d'Aquin et celle de Charles

Maurras. Conformiste, doctrinaire, conservateur, ultranationaliste, animateur du « parti de l'intelligence », il ne semble guère avoir d'atouts pour convaincre Gide si ce n'est, peut-être, les relations amicales qu'il entretient avec des homosexuels convertis au catholicisme, Jean Cocteau et Julien Green notamment.

Gide a raconté avec délectation l'ambassade : « *L'aspect courbé, ployé, de son port de tête et de toute sa personne me déplaisait, et je ne sais quelle onction cléricale de son geste, de sa voix ; mais je passais outre et la feinte me parut indigne de nous deux. Il aborda tout aussitôt la question et me déclara sans ambages le but de sa visite, que je connaissais et qui était de me prier de surseoir à la publication de certain livre que François Le Grix lui avait dit devoir être imminente et dont il me priait de reconnaître avec lui le danger.* » Gide s'amuse de ce combat singulier avec un philosophe qui avoue à Cocteau que « *l'intelligence est passée du côté du diable*[7] ». Il est plus diable que nature : « – *J'ai, lui dis-je, horreur du mensonge. C'est peut-être là que se réfugie mon protestantisme. Les catholiques ne peuvent comprendre cela. J'en ai connu beaucoup ; et même, à la seule exception de Jean Schlumberger, je n'ai que des catholiques pour amis. Les catholiques n'aiment pas la vérité. [...] Il me parla alors du salut de mon âme, et me dit qu'il priait souvent pour elle, ainsi que plusieurs de ses amis convaincus comme lui que j'étais désigné par Dieu pour des fins supérieures, auxquelles, en vain, je cherchais à me dérober. – Je crois volontiers, lui dis-je en souriant, que vous vous inquiétez du salut de mon âme beaucoup plus que je ne m'en inquiète moi-même.* » Et comme Maritain le presse de promettre qu'il va prier et demander au Christ s'il doit ou non publier *Corydon*, Gide lui oppose un « non » définitif : « *J'ai vécu trop longtemps, et trop intimement, vous le savez, dans la pensée du Christ, pour consentir à l'appeler aujourd'hui comme on appelle quelqu'un au téléphone. [...] Il m'a toujours paru indigne de rien réclamer de Dieu. J'ai toujours tout accepté de lui, avec reconnaissance*[8]. » Tant attendu, tant redouté, *Corydon* paraît donc en mai 1924. Gide se préparait au martyre ; le livre tombe dans l'indifférence. Comme l'écrit joliment la Petite Dame : « *J'ai le sentiment que Gide a été volé du pathétique qu'il escomptait, et auquel il avait préparé son âme*[9]. » Que s'est-il passé ? D'abord, le livre n'est pas bon. La pensée de Gide, plus que bien d'autres, est inséparable de l'expression qui la façonne et de l'art qui en éclaire les différentes facettes. Privée du travail de l'artiste, elle perd sa sève, s'étiole, se dessèche. *Corydon* est un devoir, une dissertation. *Corydon* est un acte ; rien n'est plus étranger à Gide que l'action. « *J'ai l'impression*, écrit la Petite Dame, *que* Corydon *a déçu presque tout le monde, parmi ceux qui ne furent point choqués par le sujet ; les uns le trouvent indigne de son talent, d'autres trop brutal, ou encore hasardeux dans ses conclusions ; même ses amis qui, individuellement, ne trouvaient rien de tout cela arrivent à penser ainsi par contagion ; ô mystère de l'opinion ! Je crois aussi que ceux qui partagent ses mœurs trouvent son cas trop personnel, trop particulier et se refusent à voir dans* Corydon *une défense assez générale de leur cause*[10]. »

L'analyse de l'échec est juste ; sans doute faut-il lui ajouter ceci : les lecteurs français de 1924 se passionnent pour la « littérature de mœurs », au parfum de scandale. C'est l'époque où *La Garçonne* de Victor Margueritte connaît un énorme succès, tout comme *Le Blé en herbe* de Colette. Dans un tourbillon d'idées et d'opinions aux figures mouvantes et aux couleurs violemment contrastées, s'affrontent des idéologies politiques, sociales, morales, religieuses et des modèles de comportement qui déchirent une société écartelée entre la tradition et la modernité. On ne fait silence sur rien ; pas un tabou qui ne soit enfreint, dans la gravité ou dans la provocation, dans la confidence ou dans la mondanité. Pas un, sauf celui de l'homosexualité, encore, sur laquelle chacun choisit de se taire, par gêne, par prudence, par horreur. Secret de polichinelle souvent, qu'on évente, lorsqu'on écrit, dans des quarts de confidences distillées par des publications hors commerce, dans des correspondances qui circulent sous des manteaux transparents, dans le flou d'allusions poétiques et de travestissements indiscrets ; mais secret quand même que tous, sauf Gide, s'entendent à celer. Un fait ne trompe pas : dans le groupe surréaliste dont la révolte se déchaîne alors, abattant avec frénésie les piliers réels et supposés de la morale bourgeoise, clamant dans l'injure et dans le lyrisme l'abolition de toutes les censures et la gloire de toutes les insurrections, l'homosexualité demeure un continent interdit, et la « pédérastie » y est discrètement mais obstinément pourchassée.

Corydon, malgré la patience de Gide, est venu mal et trop tôt. L'opération est à recommencer, autrement. En 1926, paraîtront chez Gallimard les trois volumes de *Si le grain ne meurt*, les Mémoires d'enfance et de jeunesse de Gide, une œuvre véritable cette fois, un vrai scandale.

Notes

1. Gide, préface à *Corydon*, Paris, Gallimard, 1924, p. 6.
2. Gide, « Lettre ouverte à François Porché », *NRF*, janvier 1929. Repris dans *Corydon*, Paris, Gallimard, « Folio », 1991, p. 132.
3. *Les Cahiers de la Petite Dame*, *op. cit.*, 10 au 17 janvier 1919, p. 14.
4. Gide, *Journal 1887-1925*, *op. cit.*, 2 décembre 1921.
5. Gide, préface à *Corydon*, *op. cit.*, p. 8.
6. Gide-Mauriac, *Correspondance*, *op. cit.*, 28 juin 1924, p. 71-72.
7. Jacques Maritain, *Réponse à Jean Cocteau*, Paris, Stock, 1926.
8. Gide, *Journal 1887-1925*, *op. cit.*, 21 décembre 1923.
9. *Les Cahiers de la Petite Dame*, *op. cit.*, 2 au 7 octobre 1924, p. 210.
10. *Ibid.*, p. 209-210.

57
Une fin provisoire

1925

« Vente de ma bibliothèque après prélèvement de la collection gréco-latine Didot pour Pontigny.

Les ouvrages latins et grecs pour Jean (moins le Virgile de Heyne [ou tout autre important ouvrage qu'il posséderait] pour Alibert.)

Le Stendhal complet pour Élisabeth. Les ouvrages ultra-modernes pour Marc Allégret.

Le grand Stendhal pour Rivière – et pour Martin du Gard tout ce qu'il pourra désirer (et prière de ne pas faire le discret, etc.) [...]

Il y aurait lieu de trouver un souvenir pour :

Valéry (grande édition de Mallarmé ; photolithographie à 40 ex. avec dédicace manuscrite).

Drouin ?

Paul Laurens. [...]

Faire paraître :

Si le grain ne meurt... *en avril-mai et* Les Faux-Monnayeurs *en octobre, s'il se peut*[1]. »

Le 27 décembre 1924, Gide est opéré de l'appendicite à la clinique de Reuilly. Il pense alors qu'il va mourir et prend ses dispositions testamentaires. Celles-ci nous renseignent sur l'état de ses amitiés. Si Madeleine est évidemment l'exécutrice testamentaire de ses biens – « *et je la prie de faire une réserve de 200 000 francs, deux cent mille francs, à faire parvenir à Jean-Paul Allégret – ce* don *peut être fait, me semble-t-il directement par elle...* », Roger Martin du Gard et Jean Schlumberger sont les légataires de son œuvre dont elle a été le centre idéal et dont elle s'est dorénavant exclue : « *Jusqu'aux* Faux-Monnayeurs *(le premier livre que j'ai écrit en tâchant de ne point tenir compte d'elle), j'ai tout écrit pour la convaincre, pour l'entraîner. Tout cela n'est qu'un long plaidoyer ; aucune œuvre n'a été aussi intimement motivée que la mienne – et l'on n'y voit pas loin si l'on n'y distingue pas cela.* »

La pensée de Madeleine est désormais liée à celle de la mort que Gide envisage avec une sorte de détachement serein : « *N'était peut-être la douleur physique, il ne me paraît pas que j'aurais grande peine à mourir. Depuis que M. s'est retirée de moi, il n'est plus rien à quoi je tienne beaucoup. Je l'ai déjà écrit ; mais je me le redis chaque jour.* » Mais Madeleine est aussi un obstacle, une menace. Un des soucis de Gide est qu'à sa mort sa femme ne s'empare – pour les détruire ? – de certains de ses carnets : « *Il y aurait lieu de s'en saisir – ainsi que des autres papiers. Si désagréable et délicate que soit cette mission, peut-être puis-je compter sur le dévouement de Jean* [Schlumberger] *pour la remplir.* »

On meurt rarement d'une opération de l'appendicite, et Gide lui-même se moque de ses craintes. Bientôt, les visiteurs défilent dans sa chambre : une autre occasion d'énumérer la liste de ses amis : Charles Du Bos, *exquis*, comme toujours, Rivière, Élie Allégret, Rouveyre – qui dans un article paru en septembre 1924 dans *Les Nouvelles littéraires* l'a qualifié de *contemporain capital* –, Drouin, Cocteau, Laurens, Balthus et Pierre Klossowski, Ghéon, Pourtalès, la famille Valéry, Curtius, Anne Desjardins, la fille du fondateur des décades de Pontigny et son fiancé Jacques Heurgon, Rilke de passage à Paris, quelques autres encore. Mais Madeleine n'est pas là ; elle est demeurée à Cuverville.

Gide a joué, fort sérieusement, une petite comédie de la mort, la mise en scène symbolique d'un adieu à une partie de sa vie. Ses Mémoires sont prêts pour la publication ; *Les Faux-Monnayeurs*, son premier roman, son œuvre la plus ambitieuse, n'attend plus que les dernières retouches ; *Corydon* a paru ; il a un enfant ; la presse et les revues, même hostiles, le rangent, pour s'en féliciter ou s'en lamenter, parmi les plus grands écrivains et parmi les maîtres à penser et à sentir des générations nouvelles.

Pour marquer cette primauté, la Royal Society of Literature de Londres le coopte en remplacement d'Anatole France qui vient de mourir. Gide sent peser sur lui ces honneurs et cette reconnaissance comme une stèle. Il est un écrivain *arrivé*, et cette seule pensée suffit à le plonger dans le marais de l'apathie.

Pour mieux l'enfoncer encore dans cette humeur lugubre, André Breton fait paraître dans *Les Pas perdus* un faux entretien avec Gide, déjà publié dans *Littérature* en mars 1922, et qui entreprend de minimiser l'auteur des *Caves du Vatican*, après s'être servi de son indulgence et de sa curiosité : « *Celui-ci est, à notre époque, un critérium tout trouvé : sa superficialité, ses coquetteries, ses prétentions, que balancent quelques bonnes qualités de second ordre, me renseignent aussi formellement sur ceux qu'il enthousiasme que sur ceux qu'il exaspère*[2]. »

L'intention de Breton ne fait guère de doute : si des écrivains et des artistes doivent guider la jeunesse, c'est à lui et à ses amis que revient ce rôle. Breton est un homme de pouvoir, un chef ; Gide occupe une place qu'il estime devoir revenir à un écrivain de la nouvelle génération. Pire : il l'occupe comme Breton rêverait de le faire, par la marge, à l'écart des institutions. Il convient donc de montrer que cette réussite est le résultat d'une lente et sournoise stratégie de carrière ; que Gide est un homme de lettres ordinaire – décevant donc –, seulement plus habile, plus patient, plus retors. Conclusion de l'anathème : par ambition et par prudence, Gide a gâché les quelques dons que la jeunesse aurait pu lui reconnaître : « *Il n'est pas un de nous qui ne donnerait tous vos volumes pour vous voir fixer cette petite lueur que vous avez seulement fait apparaître une fois ou deux*[3]. »

Gide analyse avec justesse la charge de Breton : « *Tout ce que me fait dire André Breton dans sa fausse interview ressemble beaucoup plus à lui qu'à moi-même. Le genre d'ambition qu'il me prête m'est complètement étranger ; mais c'est ce genre d'ambition que lui-même est le plus disposé à comprendre. [...] Je ne puis croire que Breton, très soucieux de l'influence qu'il se propose d'exercer sur de jeunes esprits, n'ait pas cherché à me discréditer, à me perdre. Et il faut reconnaître qu'il réussit de moi un portrait bien consistant et bien hideux*[4]. » N'empêche que le trait porte. Non que Gide s'alarme d'une concurrence avec

Breton, mais le brutal coup d'arrêt donné à ses bonnes relations avec la nouvelle génération littéraire lui fait craindre d'être repoussé dans les rangs de l'ancienne. Il craint d'être déjà daté.

La mort brutale de Jacques Rivière le 15 février ajoute encore à ce sentiment de fatigue et de vide. Emporté par une fièvre typhoïde, le rédacteur en chef de la *NRF* avait trente-neuf ans. Il était pour Gide l'image même de cette jeunesse ardente et inquiète dont l'opposition même lui était nécessaire : « *Certains se sont ingéniés à voir en Rivière mon disciple. On nous a reproché, à moi d'exercer sur lui une pernicieuse influence, à lui de ne savoir pas s'en défendre. C'était mal nous connaître tous deux. [...] L'histoire de nos relations est celle même de nos débats. Et ce qui faisait, pour chacun de nous deux, l'importance vitale de ceux-ci, n'était-ce pas d'abord la profonde compréhension, parfois même l'adoption provisoire, de la pensée de l'adversaire ? Car nous étions à la fois résolus et résignés à rester, de toute la force de notre amitié, des adversaires* [5]. »

La mise au net des *Faux-Monnayeurs* ne suffit pas à sortir Gide de la torpeur et de l'abattement. L'ouvrage dont paraissent des extraits entre mars et août 1925 dans la *NRF* – avant la parution en volume en novembre – est pourtant le plus ambitieux qu'il ait jamais tenté.

Dans sa forme d'abord qui annonce – et souvent réalise – les tentatives les plus audacieuses du roman contemporain. « *Dans la matière que je contemple entassée devant moi, il y a de quoi nourrir une demi-douzaine de romans* [6]. » Gide, comme s'il avait la conviction que ce roman serait le dernier, son ultime message, est parvenu à faire taire ses exigences classiques pour jeter dans le livre non seulement des intrigues multiples, des pensées en foule, des goûts, des expériences, des sentiments divers, mais encore « *des personnages inutiles, des propos inopérants, et une action qui ne s'engagerait pas* ». Gide veut casser ce que peut avoir d'artificielle l'intrigue romanesque pour mieux perdre le lecteur, l'obliger à tracer lui-même sa voix à l'intérieur du maquis des récits ; comme il lui revient de se tracer un chemin moral.

Inventant une nouvelle forme d'écriture du roman, distordant la relation entre l'auteur et ses personnages afin de laisser à ceux-ci la plus grande apparence d'autonomie, bref en cherchant – et en trouvant souvent – le romanesque *pur*, Gide parvient aussi à faire mentir tous ceux qui l'affirmaient incapable de sortir de sa propre histoire, d'inventer des situations, des héros qui ne soient pas issus de ses angoisses morales et de ses préoccupations intellectuelles.

Il fait aussi mentir ceux qui le représentaient gérant sa nouvelle gloire, creusant son sillon, répétant sous des formes nouvelles les mêmes anciennes pensées. *Les Faux-Monnayeurs* est un livre difficile – moins aujourd'hui sans doute qu'il ne le semblait en 1925 – dont le caractère novateur, la structure profuse, l'ironie constante avaient tout pour déconcerter les amateurs du pur dessin gidien.

Pour creuser l'abîme un peu plus, multiplier les perspectives encore, Gide accompagne son roman d'un *Journal des Faux-Monnayeurs* qui montre l'œuvre en train de se faire et de se défaire, les hésitations, les conseils, les difficultés, les impasses. Entre les pages du roman et celles du journal du roman, apparaît bien, en filigrane, un personnage qui pourrait être Gide lui-même : « *Le diable, qui circulerait incognito à travers tout le livre et dont la réalité s'affirmerait d'autant plus qu'on croirait moins en lui*[7]. »

Mais Gide ne verra pas paraître ce livre capital. « *Je ne compte plus que sur le Congo pour m'en sortir* », note-t-il, fin mai, dans son journal. Plus encore que de voyage, il a besoin de distance, d'éloignement. Il lui est nécessaire de sentir de nouveau le présent le surprendre et l'enchanter. Il n'en peut plus d'attendre.

Le 14 juillet, accompagné de Marc Allégret, il s'embarque pour le Congo. Il ne reviendra en France qu'onze mois plus tard. La traversée à peine commencée, il note : « *Je me suis précipité dans ce voyage comme Curtius dans le gouffre. Il ne me semble déjà plus que précisément je l'aie voulu (encore que depuis des mois ma volonté se soit tendue vers lui) ; mais plutôt qu'il s'est imposé à moi par une sorte de fatalité inéluctable, comme tous les événements importants de ma vie*[8]. »

Notes

1. Gide, *Journal 1887-1925*, *op. cit.*, 26 décembre 1924.
2. André Breton, *Pas perdus*, dans *Œuvres complètes I*, Paris, Gallimard, « Bibliothèque de la Pléiade », 1988, p. 253.
3. Breton, *Pas perdus*, *op. cit.*, p. 254.
4. Gide, *Journal 1887-1925*, *op. cit.*, janvier 1925.
5. Gide, « Jacques Rivière », *NRF*, 1er avril 1925, p. 499.
6. Gide, *Journal 1887-1925*, *op. cit.*, 18 décembre 1921.
7. Gide, *Journal des Faux-Monnayeurs*, Paris, Gallimard, 1927.
8. Gide, *Voyage au Congo*, Paris, Gallimard, 1927, p. 8.

58

Un homme libre au Congo

1926

« *Non loin de notre gîte d'étape, à l'abri du camp des gardes, un abondant troupeau d'enfants des deux sexes, de neuf à treize ans, parqués en pleine nuit froide, auprès d'insuffisants feux d'herbes. Marc qui veut interroger ces enfants, fait venir Adoum ; mais celui-ci ne comprend pas le baya. Un indigène se propose comme interprète, qui traduit en sango ce qu'Adoum retraduit en français. Les enfants auraient été emmenés de leurs villages, la corde au cou ; on les fait travailler depuis dix jours sans salaire, et sans leur donner rien à manger. Leur village n'est pas si loin ; on compte sur les parents, les frères, les amis pour apporter leur nourriture. Personne n'est venu ; tant pis*[1]. »

Gide voyage pour son plaisir. Pourvu d'une bien vague et officieuse mission d'observation par le ministère des Colonies, l'écrivain doit à Marcel de Coppet, administrateur colonial, futur gouverneur du Tchad, vieil ami de Martin du Gard – bientôt son gendre –, l'organisation de cette expédition. La seule curiosité le mène, et son goût pour l'histoire naturelle. Des plantes, des minéraux, des insectes – et aussi des danses, des musiques, des visages, des coutumes, comme autant d'images naturalistes à coller dans son herbier : le voyage de Gide s'inscrit à l'origine dans une tradition littéraire bien établie, celle du grand écrivain faisant partager à ses lecteurs le regard délicieusement neuf qu'il porte sur une réalité étrange et exotique.

Gide se coule spontanément dans ce moule commode : « *Étrange pays, où l'on n'a pas si chaud que l'on transpire. A chasser les insectes inconnus, je retrouve des joies d'enfant. Je ne me suis pas encore consolé d'avoir laissé échapper un beau longicorne vert pré, aux élytres damasquinés, zébrés, couverts de vermicules plus foncées ou plus pâles ; de la dimension d'un buperstre, la tête très large, armée de mandibules-tenailles*[2] », note-t-il dans *Voyage au Congo*. Gide est admiré pour l'acuité de son regard, la belle simplicité, ourlée, de ses notations, le subtil mélange de lyrisme et de précision photographique de ses images. Les amateurs de beaux récits ne seront pas déçus. Pendant près d'un an, au cours d'un périple épuisant, le plus souvent effectué à pied et en bateau à travers toute l'Afrique-Équatoriale française, du Gabon au Cameroun en passant par le Congo, l'Oubangui-Chari et le Tchad, Gide fait la cueillette de scènes amusantes ou émouvantes, de tableaux ironiques – « *Nous jouons aux grands chefs blancs très dignes, avec des saluts de la main et des sourires de ministres en tournée* » –, de merveilleux sourires d'enfants, de paysages affreux ou admirables qu'il sait entrecroiser avec des impressions de lectures – Bossuet lu à l'équateur possède une éloquence nouvelle –, des commentaires de quelques informations reçues de Paris – Valéry à l'Académie française, ou encore la vaine querelle sur la poésie « pure » qui oppose Paul Souday à l'abbé de Brémond – et quelques confidences distillées – « *Je ne sais jouir de rien tout seul* ». Il n'y manque même pas la note de sensiblerie, à peine agaçante : l'histoire d'un compagnonnage affectueux et tumultueux qui lie Gide à un petit animal, proche du paresseux et appelé Dindiki ; et la mort de celui-ci : « *J'étais consterné et révolté de voir me quitter ainsi ce compagnon de tous mes instants. Si monstrueux que cela puisse paraître, il me semblait que je comprenais, comme je ne l'avais jamais fait, ce que peut être pour une mère la perte d'un tout petit enfant*[3]. » Dindiki photographié sur l'épaule de Gide par Marc Allégret accrédite l'image d'un écrivain doté d'une sensibilité charmante : un intellectuel qui a su demeurer un enfant.

Mais cette facile mythologie ressemble à du sucre destiné à faire oublier l'amertume du breuvage. Très vite, l'écrivain-voyageur sort du cadre qui lui est assigné. Son pouvoir de conviction tient à la manière dont ce débordement semble lui être imposé : il témoigne, pourrait-on croire, malgré lui. Parti pour regarder l'Afrique avec les yeux d'un esthète, il absorbe à son corps défendant la réalité du colonialisme. Sa dénonciation des pratiques coloniales des grandes sociétés – plus ou moins couvertes par l'administration – a cela d'efficace qu'elle ne s'appuie sur aucune doctrine, aucune idéologie. Gide est, comme par hasard, le témoin de faits scandaleux et les enquêtes que sa curiosité le pousse à mener le persuadent peu à peu que les scandales qu'il a observés ne sont en rien accidentels. Pas plus que ne sont accidentels le racisme de la plupart des colons, le mépris dans lequel ils tiennent cette population qu'ils traitent comme du bétail, la misère matérielle et morale dans laquelle sont maintenus les Noirs.

Gide se contente de faire parler, comme il sait si bien le faire. Son pouvoir d'écoute et de sympathie est si fort qu'il fait disparaître, le temps d'une confidence, les barrières sociales, celle de la peur des représailles, celle de l'obligation de réserve des fonctionnaires. Rentré le soir sous sa tente, il note les détails de cette réalité surprise, entre un croquis ethnologique et quelques plaintes sur la puanteur de sa baleinière où pourrissent les festons d'un hippopotame tué par les pagayeurs.

Cinq ans après Gide, Michel Leiris participera lui aussi à une expédition africaine, la mission Dakar-Djibouti dirigée par Marcel Griaule, dont le jeune poète surréaliste ramènera son premier livre, *L'Afrique fantôme*. La différence des deux regards est frappante. Le journal de Leiris manifeste le désir, toujours déçu, de s'arracher à l'Occident pour se fondre dans une sorte de fraternité sauvage avec le continent africain. C'est un exercice d'abandon de soi dans l'observation des autres. Gide, au contraire, ne se quitte pas d'un pouce ; il est, d'un bout à l'autre, l'homme blanc, occidental, civilisé, appartenant à la classe dominante, convaincu des bienfaits de l'idéal colonial ; et révolté par sa mise en pratique. Jusqu'à ce qu'il soit contraint de reconnaître que cette pratique est la seule réalité. Au début de son voyage, il note : « *Moins le blanc est intelligent, plus le noir lui paraît bête. L'on juge un malheureux administrateur, envoyé trop jeune et sans instructions suffisantes, dans un poste trop reculé. Il y eût fallu telle force de caractère, telle valeur morale et intellectuelle, qu'il n'avait pas. A défaut d'elles, pour imposer aux indigènes, on recourt à une force précaire, spasmodique et dévergondée. On prend peur ; on s'affole ; par manque d'autorité naturelle, on cherche à régner par la terreur. On perd prise, et bientôt plus rien ne suffit à dompter le mécontentement grandissant des indigènes, souvent parfaitement doux, mais que révoltent et poussent à bout les injustices, les sévices et les cruautés* [4]. »

Gide, qui tient à garder à son journal son caractère spontané et immédiat, a pourtant ajouté une note à ses remarques, lors de la parution : « *Si graves que puissent être les faits reprochés à Sambry, hélas ! nous verrons pire, par la suite.* » Le premier mouvement du voyageur est de plaindre le « malheureux administrateur », de rendre responsables sa jeunesse et son incompétence ; la suite de l'expédition va le convaincre d'une réalité autrement scandaleuse : l'inexistence voulue, délibérée de l'administration coloniale afin de ne gêner en rien l'exploitation féroce dirigée par les grandes compagnies. Il s'explique encore dans une note : « *Je ne pouvais prévoir que ces questions sociales angoissantes, que je ne faisais qu'entrevoir, de nos rapports avec les indigènes, m'occuperaient bientôt jusqu'à devenir le principal intérêt de mon voyage, et que je trouverais dans leur étude ma raison d'être dans ce pays. [...] Vivrais-je une seconde vie, j'accepterais, pour mon bonheur, de n'étudier que les termites. [...] Que l'on m'excuse donc si je ne savais pas encore poser sur tout ce que m'offrait la nouveauté, qu'un regard incertain et vague.* »

Mais l'indignation l'emporte vite sur son bonheur. Les enquêtes sérieuses qu'il mène, les témoignages plusieurs fois recoupés qu'il recueille lui parlent de travail forcé, de populations déplacées, de massacres répétés à la machette, de villages incendiés, de tortures. Dès qu'il le peut, le 6 novembre 1925, Gide adresse une longue lettre circonstanciée au gouverneur intérimaire de l'AEF. Il lui parle aussi du régime des prisons de Boda (« *où par suite des sévices et de l'alimentation insuffisante, meurent plus de cinquante pour cent des prisonniers* ») ; des travaux de la route de Bambio qui ont coûté tant de vies humaines – « *et qui ne sert qu'une fois par mois à la seule auto qui emmène au marché de Bambio M. Madurier de la CFSO accompagné de l'administrateur Pacha* [5] ».

La CFSO (Compagnie forestière Shanga-Oubangui) qui possède le monopole de l'exploitation du caoutchouc dans la région devient bientôt pour Gide le symbole de ce capitalisme esclavagiste qui ruine le continent noir. Gide avertit d'abord les responsables parisiens de la Forestière de ce qu'il a vu, croyant encore qu'ils sont « *roulés* » par leurs représentants locaux. Puis, devant leur absence totale de réaction, il livre, dès son retour en France, son témoignage et ses documents à son ami Léon Blum qui dirige le quotidien socialiste *Le Populaire*. Gide entre dans l'arène politique, par la gauche. Cela n'a rien d'un choix délibéré : la presse de droite et du centre donne la parole de préférence aux représentants des compagnies concessionnaires et adopte vis-à-vis de Gide le ton du mépris amusé : de quelle compétence peut bien se réclamer un écrivain pour juger de la politique coloniale de la France ? La lettre de Weber, le directeur de la Forestière, à Blum est passionnante en ce qu'elle articule les principales figures d'une rhétorique inusable : celle du procès des intellectuels, dès lors qu'ils s'engagent sur le territoire social. Premier mouvement : « *Je crois à la sincérité de M. André Gide.* » Deuxième mouvement : un écrivain est, par nature, un homme impressionnable, imaginatif, passionné, « *romantique* », écrit M. Weber – et, de plus, « *léger et crédule* » dès lors qu'il est question de choses matérielles, d'organismes complexes. On ne saurait donc se fier à ce qu'il raconte. Mais, troisième mouvement : un écrivain possède des armes redoutables qui risquent d'émouvoir l'opinion, sa « *dialectique* », son art de construire un discours cohérent avec « *des suppositions, des déductions, des inférences arbitraires et une argumentation où la passion a plus de part que la logique* ». Ce pouvoir sans mandat et sans responsabilité constitue un abus dont il conviendrait de débarrasser la vie publique, mais M. Weber est magnanime : « *Je n'éprouve aucun ressentiment contre un écrivain que je crois animé par des sentiments élevés d'humanité, mais qui n'a pas cherché la vérité plus loin et plus haut que dans une première impression tout impulsive.* » Quant aux faits précis relevés par Gide, M. Weber s'en lave les mains – « *une querelle de nègres, qui laisse à supposer dans quel état idyllique vivraient ces malheureux, si l'autorité française venait à disparaître* ». Le patron de la Forestière est également linguiste : « *N'oubliant pas que dans les langues rudimentaires de ces primitifs, le mot "bonté" est le même qui signifie "faiblesse".* » Par quels moyens, dès lors, la Forestière pourrait-elle accomplir son œuvre civilisatrice « *en apprenant à ses employés noirs les bienfaits du travail*[6] » ?

Pour le malheur de M. Weber – qui n'a jamais mis les pieds en Afrique –, les multiples enquêtes de l'administration confirment les observations de Gide et les « *abominables abus* » qu'il dénonce. Un débat s'engage dans la presse et à la Chambre des députés au centre duquel se trouvent les régimes des grandes concessions qui administrent l'Afrique comme un territoire privé. Le ministre des Colonies, Léon Perrier, déclare devant l'Assemblée que « *ce régime tel qu'il a été institué doit prendre fin. Du reste, toutes les Grandes Concessions expirent en 1929. Je donne à la Chambre l'assurance qu'aucune d'elles ne sera renouvelée ou prolongée* », mais il y ajoute un codicille qui tempère l'optimisme de Gide : « *du moins dans les conditions où elles ont été accordées*[7] ».

Gide se garde de crier victoire. Qu'« *un engagement qui ne tend à rien moins qu'à délivrer 120 000 nègres de l'esclavage* » soit accueilli si discrètement par la presse le fait douter du changement de politique annoncé : « *L'attention, un instant émue par mon livre, puis presque aussitôt rassurée, se reposant sur des déclarations ministérielles, va-t-elle se rendormir*[8] *?* » En même temps qu'il s'engage publiquement, Gide continue à exprimer sa méfiance et son détachement de la politique, de ses théories et de ses discours. Par prudence, par souci d'efficacité, par conviction, il dépolitise le débat qu'il vient de faire naître et le ramène dans un cadre qu'on dirait aujourd'hui « humanitaire ». Répondant à Nalèche, le directeur des *Débats* qui l'accuse de vouloir ruiner le colonialisme, Gide proteste de son parfait conformisme idéologique : « *J'ai fait en sorte de ne point fournir des armes aux partis extrêmes. C'est vous qui ferez leur jeu si vous abandonnez à leurs seuls soins une cause qui déjà rallie les administrateurs et gouverneurs de la colonie, ainsi que leurs chefs. Persuadez-vous qu'elle mérite de rallier tous les honnêtes gens*[9]. » Gide n'adhère qu'à ce qu'il a vécu. La « *discussion spéculative de principes et de théories* » est affaire d'opinion ; il n'en a pas – ou s'il en a une, elle n'intéresse que sa personne privée.

A propos de tout autre chose, de Jules Renard dont il lit le *Journal* à son retour en France, Gide écrit : « *Il n'y a pas de pire ennemi pour la pensée que le démon de l'analogie.* "Un pré rasé de frais". *Quoi de plus fatigant que cette manie de certains littérateurs, qui ne peuvent voir un objet sans penser aussitôt à un autre*[10]. »

Notes

1. Gide, *Voyage au Congo*, *op. cit.*, 23 décembre 1925, p. 142.
2. *Ibid.*, août 1925, p. 15.
3. Gide, *Le Retour du Tchad*, Paris, Gallimard, 1928. Repris dans *Souvenirs*, *op. cit.*, 1er mai 1926, p. 1003-1004.
4. Gide, *Voyage au Congo*, *op. cit.*, 24-25 août 1925, p. 17.
5. Gide, appendice au *Retour du Tchad*, *op. cit.*, p. 1013-1014.
6. La lettre de Weber est intégralement publiée en appendice au *Retour du Tchad*, accompagnée des commentaires de Gide, *op. cit.*, p. 1017-1028.
7. Gide, *Le Retour du Tchad*, *op. cit.*, p. 1040.
8. *Ibid.*, p. 1042.
9. *Ibid.*, p. 1046.
10. Gide, *Journal 1926-1950*, *op. cit.*, 20 août 1926.

59

Le tyran généreux

1927

« Ce matin, parti d'assez bonne heure après quelques exercices au piano. Une auto m'a mené au ministère des Colonies, où j'ai eu la chance de trouver le sympathique Besson, ami de Coppet. Il me dit qu'à la Conférence internationale de Genève où l'on discutait les clauses possibles d'un règlement pour le travail indigène, mon livre, seul document pour la question de la main-d'œuvre au Congo, a servi de point d'appui pour la discussion. [...] Passé à la NRF prendre mon courrier ; à la Société générale pour prendre de l'argent et en faire envoyer à Élisabeth, puis chez Crès pour lui apporter une feuille manuscrite à reproduire en tête de sa réimpression de mon Dostoïevski *; puis à la maison Crès, rue Hautefeuille, pour une réimpression illustrée d'*Amyntas *; puis au Mercure [...] Je retourne à la NRF soumettre divers projets à Gallimard ; puis à la Librairie prendre de Roland Saucier divers renseignements. J'étais, entre-temps, passé sous l'Odéon, où j'espérais trouver les* Goyescas *ou l'*Iberia *d'Albeniz que je voulais offrir à Rosenberg. Amusement de voir la devanture de Rasmussen, boulevard Saint-Germain, uniquement remplie de mes livres et des photographies de Marc. [...] Déjeuné chez Pomme. Reparti presque sitôt après.*

Été rue Drouot, bureau Flammarion, m'informer de la date de sortie de L'Immoraliste. *A la banque Martin, m'informer auprès d'Édouard Gide de ma "situation". Même chose chez Vernes. Puis chez les Leborgne pour prendre mes clefs, ma montre et le courrier que Valentine a rapportés de Cuverville. Puis chez Perret m'informer de l'état des travaux de la rue Vaneau (où j'étais également passé ce matin). Rentré pour téléphoner à Thiébaud que je comptais sur de nouvelles épreuves de* La Revue de Paris. *Enfin pu étudier mon piano une heure pleine. [...] J'écris ceci en dînant et je vais passer chez les D. avant de rentrer. Tout en marchant tantôt, je lisais l'étude de Lalou qui doit servir de préface à mon* Dostoïevski *et que Em. vient de me renvoyer de Cuverville.*

J'écris ceci tout en détail : Spécimen d'une "journée à Paris". D'où mon désir de repartir[1]. »

Une journée parmi d'autres d'un homme de lettres au sommet de sa carrière. Lorsqu'il rentre de son long et épuisant périple africain, Gide constate que son absence a fortifié sa légende et sa réputation. Il est désormais un écrivain célèbre. On lui écrit, on le sollicite, on réédite ses anciens livres que personne n'avait lus, on le traduit, on l'illustre. Les libraires lui consacrent des vitrines, les journalistes sollicitent des entretiens ; les éditeurs lui proposent de petits pactoles pour des impressions de luxe. Gide s'en amuse, et joue les cyniques : « *Visite à Lapina qui me propose 24 000 francs pour rééditer à 1 000 exemplaires* Si le grain ne meurt... *Aucune autre raison de le laisser faire que "l'appât du gain". Je résiste. Il va se dire qu'il ne m'a pas offert assez*[2]. »

Cette gloire l'exaspère, dans l'exacte mesure où il ne sait pas se défendre contre elle. Elle lui mange son temps ; pire : elle fait de lui un *personnage*, une image forcément fausse, forcément nuisible, « *car en vérité, je ne sais plus bien qui je suis ; ou, si l'on préfère : je ne suis jamais ; je deviens*[3] ».

Sans doute accepterait-il plus volontiers ce fardeau s'il découlait entièrement de la valeur de ses livres. Mais il est trop lucide pour ignorer ce que la gloire doit aux circonstances – « *à la sociologie* », disait Mauriac. Il est connu, sans avoir, lui semble-t-il, été lu ; en tout cas : bien lu.

Il a le sentiment persistant d'un malentendu – pas entièrement exempt de coquetterie. Dans *Le Retour du Tchad*, une petite note sèche en dit long : « *Quelques éreintements des* Faux-Monnayeurs *m'apprennent que le livre a enfin paru*[4]. » Dans les bons moments, il sait tirer profit de cette incompréhension : « *Comme j'irais bien, sans tous ces gens qui me crient que je vais mal ! Ils s'obstinent à voir dans* Les Faux-Monnayeurs *un livre manqué.*

On disait la même chose de L'Éducation sentimentale *de Flaubert, et des* Possédés *de Dostoïevski. [...] Avant vingt ans l'on reconnaîtra que ce que l'on reproche à mon livre, ce sont précisément ces qualités. J'en ai la certitude*[5]. » Mais il doit pourtant se retenir pour s'empêcher d'expliquer son œuvre, de la couvrir de préfaces, d'avertissements et de gloses. Il répond souvent aux critiques par des lettres – qu'il se retient souvent d'envoyer ; il proteste qu'on le caricature, même s'il feint de ne pas en souffrir. « *J'ai toujours*, écrit-il, *été on ne peut plus précautionneux d'empêcher que mes livres ne doivent leur succès à quoi que ce soit d'autre qu'à leur valeur*[6]. » Mais les précautions ne suffisent pas ; pas davantage une stricte morale de la vie littéraire telle qu'on entend la pratiquer à la *NRF*. Gide représente autre chose que la somme de ses livres, et le constat qu'il en fait le trouble, même s'il est décidé à en tirer profit. Intimement assuré de son talent d'écrivain, anxieux néanmoins du jugement de l'avenir – à l'intention duquel il dessine dans son journal le plus riche des autoportraits –, il lui faut encore assumer son rôle d'homme de lettres, avec toutes ses conséquences.

Il renâcle, mais ne se dérobe pas ; son insatiable curiosité y est sans doute pour beaucoup. Multiplier les rencontres, les correspondances, les expériences font perdre du temps mais gagner de la matière. Le métier d'homme de lettres offre à Gide l'usage d'un immense laboratoire dans lequel il entrepose et fait macérer les matériaux les plus divers, l'important et le futile, le dramatique et le plaisant. « *La plus fugitive impression est aussitôt captée, traduite en style gidien, condensée en une formule marquée de son sceau, prête à servir. [...] Il ne butine jamais sans rapporter du miel à sa ruche*[7]. » Être écrivain, c'est se donner la chance de ne jamais gaspiller une minute.

Lorsque Valéry écrit à Gide en février pour s'y plaindre amèrement de ce métier des lettres auquel il s'astreint – « *Taper, taper, taper. Et être tapé. Et avec tout ceci – n'être pas payé*[8] *!* » –, Gide y va lui aussi de sa plainte : « *En sera-t-il ainsi jusqu'à la mort, et ne connaîtrons-nous plus jamais le loisir ?* » « *Ô féconde paresse !* », mais il s'agit d'une larme rituelle ; le cœur n'y est pas. En réalité, il trouve la lettre de Valéry « *navrante* ». Il s'en explique, de manière oblique, quelques semaines plus tard :

« *Ce que j'admire le plus chez Valéry, c'est peut-être bien sa constance. Incapable de vraie sympathie, il n'a jamais laissé briser sa ligne, ne s'est jamais laissé distraire de soi par autrui* [9]. » Le contraire de Gide en somme, si soucieux d'une harmonie de lignes multiples et discontinues. Il peut bien se lamenter sur son emploi du temps éreintant, sur les piles de courrier en attente, sur le vampirisme des solliciteurs et des admirateurs, sur les mille et une obligations minuscules du métier, il se sait incapable de s'y soustraire et s'y plie donc comme il sait plier : frénétiquement.

Martin du Gard qui lui rend visite à son retour d'Afrique raconte ainsi leurs retrouvailles : « *Il me fait asseoir, et tout de suite, comme si nous nous étions quittés la veille, il se met à parler – non pas de sa traversée du Tchad, ni de la forêt équatoriale, ni de son séjour auprès de Marcel de Coppet – mais uniquement de la vie littéraire parisienne, des potins qui circulent dans le milieu de la NRF, de certaines accusations portées contre lui, des articles de critique parus sur ses* Faux-Monnayeurs *et dont il est impatient de relever les inexactitudes, les allusions désobligeantes. Je pensais qu'il reviendrait d'Afrique comme s'il descendait de Sirius, qu'il lui faudrait plusieurs mois pour se remettre au niveau de la petite histoire contemporaine… Suis-je un peu déçu de le voir épouser si vite, avec tant de chaleur, ces querelles de boutiques, ces discussions de presse… Il est nerveux, s'agite sans cesse, se lève, se rassied, allume une cigarette, l'éteint, la repose, la rallume, noue et dénoue son foulard, se penche pour tisonner le feu* [10]. »

Il a pris parti d'habiter le réel, contre sa pente. Il peste désormais contre « *tous ces jeunes gens […] effroyablement occupés d'eux-mêmes* » qui ressemblent tant à ce qu'il a été. Il accuse Barrès, « *leur très mauvais maître* », sans trop s'interroger sur son propre rôle. Mais lui sait se quitter. Pas Drieu La Rochelle qui par désespoir et par ennui s'est « *jeté dans la politique* » : « *On jugera tout cela bien sévèrement dans vingt ans* », prophétise Gide [11].

Comme tout pouvoir, le pouvoir littéraire se paie d'un certain isolement. Reconnue, assumée, l'autorité de Gide ne se sépare pas d'un zeste de tyrannie. Il avait – il a toujours – des amis ; il possède désormais des courtisans et il lui arrive, par inadvertance, de confondre les uns et les autres. Martin du Gard remarque que « *son entourage le gâte par trop de complaisances. Il ne tient plus aucun compte des occupations, des désirs, des tracas, des goûts d'autrui. Il a grand-peine à comprendre qu'on ne soit pas à tous moments disponible, – ce qui signifie : prêt, toutes affaires cessantes, à se mettre à son entière disposition ; prêt, non seulement à lui faire visite, mais à partager, pendant une demi-journée, sa vie, son travail, ses plaisirs, ses repas ; prêt à assumer ses moindres soucis du jour ; prêt à parler des sujets qui l'obsèdent à l'exclusion de tous autres ; prêt à rire s'il est disposé à s'amuser ; à s'indigner, s'il a quelque motif de contrariété ou de dépit ; prêt à feuilleter patiemment des journaux pendant le temps qu'il fait la sieste*[12]*...* ».

Faut-il vraiment incriminer l'entourage ? La Petite Dame, qui ne le quitte guère, a noté elle aussi le changement : « *Son despotisme devient moins naïf ; il a un peu perdu cette grâce particulière qui le dissimulait si bien. Pour suivre une envie, un désir, on sent en lui une irrésistible poussée qui lui ferait passer outre... n'importe quoi*[13]. » Mais elle conclut de la même façon que Martin du Gard : « *Réservons le nom d'égoïstes à ceux qui prennent toujours plus qu'ils n'apportent.* » Gide est un tyran généreux ; il rayonne : « *Moi qui sais qu'il est aussi plus irritable qu'autrefois*, écrit Maria Van Rysselberghe, *je dirais volontiers que toutes ses possibilités se renforcent, s'exagèrent, oui, et sa sagesse aussi, du reste*[14]. »

Notes

1. Gide, *Journal 1926-1950*, *op. cit.*, 2 octobre 1927.
2. *Ibid.*, 12 février 1927.
3. *Ibid.*, 8 février 1927.
4. Gide, *Le Retour du Tchad*, *op. cit.*, 1er mai 1926, p. 1005.
5. Gide, *Journal 1926-1950*, *op. cit.*, 6 mars 1927.
6. *Ibid.*, 25 octobre 1927.
7. Roger Martin du Gard, *Notes sur André Gide 1913-1951*, *op. cit.*, 1924, p. 82.
8. Gide-Valéry, *Correspondance*, *op. cit.*, 25 février 1927, p. 505.
9. Gide, *Journal 1926-1950*, *op. cit.*, 8 mai 1927.
10. Roger Martin du Gard, *Notes sur André Gide 1913-1951*, *op. cit.*, p. 87-88.

11. Gide, *Journal 1926-1950*, *op. cit.*, 19 août 1927.

12. Roger Martin du Gard, *Notes sur André Gide 1913-1951*, *op. cit.*, p. 91-92. Martin du Gard ajoute aussitôt : « *Comme je suis injuste ! Ai-je jamais passé une heure avec lui sans en revenir enrichi ? Dans ses jours les plus tyranniques, il trouve vingt occasions de donner plus qu'il n'exige.* »

13. *Les Cahiers de la Petite Dame, 1918-1929*, *op. cit.*, 9 février 1927, p. 305-306.

14. *Ibid.*, p. 395-396.

60

Le Vaneau

1928

« *Cher ami, ne vous méprenez pas. Vous savez que j'ai le plus grand amour du banal, de la norme, de l'ordinaire et que je cherche partout* la loi ; *mais je crois qu'il y a un abîme entre le vrai banal, le véritable ordinaire, et ce que le vulgaire imagine tel. Le banal, que j'exècre, c'est le banal de convention. Le banal que je m'efforce d'atteindre, c'est tel banal méconnu qui surprenne, – et ce n'est point du tout pour surprendre que je le recherche, mais c'est parce que ce banal est inconnu qu'il surprend. C'est celui que tout artiste véritable doit s'efforcer d'atteindre*[1]. »

Sommet de la reconnaissance : en février 1928, les éditions du Capitole publient, dans leur collection « Les Contemporains », un gros ouvrage collectif intitulé : *André Gide*. Y ont collaboré vingt-quatre écrivains, parmi lesquels Valéry, Martin du Gard, Mauriac, Montherlant, Morand, Prévost, Schlumberger, Thibaudet et Maurois. La Petite Dame dit avoir jusqu'à la nausée « *du gidisme, du monde gidien, de la chose gidiesque*[2] » ; mais elle est fière de son grand homme.

Autre attribut du « grand écrivain » à la française : les préfaces. La préface est un texte à usage rituel ; soit que le grand écrivain y marque, à travers le temps, sa parenté avec les classiques ; soit qu'il accorde son parrainage à un jeune auteur dont il encourage les premiers pas. L'excellence dans le domaine de la création confère *de facto* la compétence dans le domaine de la critique. Il se trouve, dans le cas particulier de Gide, infatigable et subtil lecteur, que cette compétence est réelle et qu'il noue un dialogue fructueux avec les poètes latins comme avec Shakespeare, avec

La Bruyère aussi bien qu'avec Mallarmé. On le presse donc d'écrire des préfaces, à Nietzsche, à Rilke, à Conrad, à Stendhal, à Baudelaire, à Pouchkine. Gide accepte, le plus souvent, toujours désireux de frotter sa prose à une autre, sa pensée à une pensée différente.

Le jeune Malraux, qui a fait ses premiers pas à la *NRF* dès 1922, sait jouer à merveille de la rivalité qui oppose Gaston Gallimard et Bernard Grasset. Jusqu'à donner en prépublication dans la revue *Les Conquérants* qu'il sort en volume dans la maison rivale. Pour le séduire et se l'attacher, Gaston Gallimard crée pour lui un poste de directeur artistique, ouvre une galerie de peinture dont il lui confie la direction. En 1928, Malraux lui vend l'idée d'une *Histoire de la littérature française* dont chacun des chapitres serait confié à un écrivain contemporain. Malraux demande à Gide de préfacer l'ensemble – en réalité le tome 2, *De Corneille à Chénier*, qui ne verra le jour qu'en 1939. Mais Gide écrit sur-le-champ et dans l'enthousiasme cette présentation.

Au reste, l'articulation de la lecture, de l'écriture et de la vie est au cœur de ses préoccupations. Son ami Jacques Schiffrin qui dirige les éditions de la Pléiade [3] lui demande, par l'intermédiaire de Malraux encore, un essai sur Montaigne. Après les figures de Goethe et de Nietzsche qui ont si fortement marqué la pensée de sa jeunesse, Montaigne offre à sa maturité un exemple de sagesse en mouvement sur lequel il aime affûter sa propre pensée, comparer son propre visage. Montaigne est un écrivain qui a composé une œuvre sans jamais vraiment écrire un livre, portant du même coup cette œuvre à la dimension de toute sa vie et sa vie à celle de l'humanité, dans une écriture et une réécriture sans autre fin que celle imposée par la mort. A près de soixante ans, tout bouillonnant encore de projets et de livres à faire, installé sur les sommets de la littérature de son époque, Gide se demande si la voie empruntée par Montaigne n'est pas préférable à la sienne : « *Il me semble parfois, hélas ! que j'ai passé le bon temps d'écrire. Je me sens péniblement en retard avec moi. [...] Cela veut dire tout simplement que je crains parfois d'avoir trop attendu, que je crains non seulement que le temps me manque mais bien aussi la ferveur et cette insoumise exigence de la pen-*

sée qui la décide à se produire. On prend son parti du silence et rien n'est plus à craindre de la vieillesse qu'une sorte de résignation taciturne. [...] Au moment que l'on voudrait parler, la voix manque et, lorsqu'elle revient, on n'exprime que des souvenirs de pensée. La force de Montaigne vient de ce qu'il écrit toujours au moment même, et que la grande défiance qu'il a de sa mémoire, qu'il croit mauvaise, le dissuade de réserver rien de ce qui lui vient à l'esprit en vue d'une présentation plus savante et mieux ordonnée. J'ai toujours beaucoup trop compté sur l'avenir, et fait appel à trop de rhétorique[4]. » Le balancement de la phrase exprime l'hésitation : Gide a peur encore que le renoncement à des grands livres, prévus de longue date dans son esprit, n'indique la fatigue, le repli, la perte de ferveur : la vieillesse. Mais l'aventure littéraire et intellectuelle de Montaigne le tente, depuis longtemps, sans qu'il ait jamais osé s'y adonner – sauf dans son journal : celle d'une écriture de l'immédiat, de ce qui advient, saisi dans le désordre de l'événement, dans le mouvement de la pensée, dans l'appréhension spontanée du réel.

Gide a commencé un roman, *L'École des femmes*, qui entre parfaitement dans la construction panoramique de son œuvre et qui paraîtra l'année suivante. Mais il a déjà la tête ailleurs : ajouter un titre de plus à ses œuvres complètes lui importe moins désormais que la quête de l'authenticité : « *A vrai dire, ce livre ne m'intéresse guère et ma pensée ne s'y reporte pas spontanément. Il ne se relie pas étroitement à mes préoccupations actuelles, auxquelles je pourrais plus facilement donner vent dans l'étude sur Montaigne que j'ai promise à Malraux, où sans doute je trouverai prétextes légitimes à exprimer quelques-unes des considérations qui me tiennent le plus à cœur*[5]. »

Il n'a pas encore tranché ; il ne tranchera pas, bien sûr : « *Au fond, j'ai toujours aimé le devoir, et m'y sens plus valeureux que dans la liberté. C'est peut-être par là que je diffère le plus de Montaigne*[6]. » Il va continuer à se plier à ses devoirs d'écrivain professionnel, faire des livres parfaits, calculés, polis et qui le tirent en arrière. Il va aussi, de plus en plus, céder à la liberté, au fragment, au commentaire, à la saisie de la vie immédiate, au plaisir de l'expérience. Au point de faire croire aux plus superficiels que sa vie d'écrivain majeur s'est pratiquement achevée en 1926 avec *Les Faux-Monnayeurs*. « *J'en ai assez de bien écrire* », répète Gide à qui veut l'entendre ; et pour essayer de casser son penchant à la belle phrase, il a recours à la machine à écrire par exemple, ou encore à la dictée – mais son goût demeure (heureusement) le plus fort, et sa musique. La phrase de Gide a le pouvoir de donner une sonorité inattendue aux choses les plus ordinaires et de les priver de leur apparente banalité. Une manière encore de retrouver Montaigne et de se saisir des objets les plus quotidiens pour les soumettre aux éclairages les plus inattendus.

A coup sûr, il tourne une page, en se laissant la possibilité d'un pas en arrière. La vente de la villa Montmorency et l'installation rue Vaneau marquent la césure. Montmorency avait été rêvée comme une abbaye de Thélème moderniste. Le grand appartement de la rue Vaneau où Gide s'installe à l'été 1928 après des mois de préparation et de discussion n'a rien d'un manifeste artistique voué à la représentation. « *Ce nouveau décor est comme un renouvellement*, écrit la Petite Dame. *Tout y semble devoir être aisé, léger.* » Gide s'y installe d'abord comme on campe, voulant laisser au temps et à l'expérience le soin de décider des futurs arrangements. Mais son impatience est plus exigeante que sa sagesse. Il fait aménager une chambre pour Madeleine – qui n'y viendra presque jamais –, une chambre et un grand atelier pour Marc Allégret, et une grande pièce pour le piano. Il s'empresse d'imposer un ordre, un endroit pour chaque chose, qu'il n'a de cesse ensuite de bouleverser. Maria Van Rysselberghe a aménagé son appartement sur le même palier que Gide ; l'écrivain et la Petite Dame sont tombés d'accord sur une répartition des espaces qui garantisse leur autonomie. La frontière ainsi tracée n'a pas résisté une semaine : « *Curieusement, il a fait tout ce qu'on attendait : il passe des heures au piano, il s'y accoude debout pour travailler. Il écrit à mon grand bureau, il fait la sieste dans ma chambre, lit allongé sur le divan. Il entre et sort cinquante fois par jour de sa chambre, et prend un bain au moment où l'on se met à table*[7]. » Très vite, malgré les efforts des secrétaires, les énergiques velléités de rangement d'Élisabeth et les bonnes résolutions réitérées de Gide, « le Vaneau » – comme on dit d'un paquebot – va vivre sous le régime de l'improvisation, de la surprise, des changements de cap inattendus. Gide y trouve le moyen de conjuguer son désir d'ordre et sa peur de l'immobilité : il possède un appartement où il voyage. Il y est confortablement installé et peut y déployer à sa guise son génie de l'inconfort. Il a un bureau, vaste, bourgeois, respectable ; il écrit partout, sauf à sa table : sur les lits, au coin d'une cheminée, sur son piano, chez la Petite Dame. « *Souvent ses pas se rapprochent le long du couloir qui sépare son cabinet de travail de ses chambres d'habitation qui touchent à mon appartement. Une porte fait communiquer nos deux antichambres : "Vous auriez un instant ? Vous seriez personne à écouter une petite lecture ?" Notre vie n'est pas du tout organisée, on n'y a pas même encore pensé. On se prête tout, la femme de ménage, le balai, les tasses, on se donne tout et surtout des avis. Gide est très optimiste. "Tout sera bien, tout ira bien*[8]". »

Tout ira bien : le Vaneau est une œuvre de Gide, un manifeste. Dans un coin, comme un rappel, comme une cicatrice qu'on refuse de voir se refermer, la présence-absence de Madeleine. Au centre, un homme dont tous les actes – et parmi eux l'écriture – tendent à maintenir entière la liberté, y compris celle de choisir le devoir. Autour de lui, ce qu'il faut bien appeler une famille : Maria la mère, Élisabeth la fille, Marc le fils, Catherine la petite-fille. Famille voulue, construite, mais selon des plans et des schémas hors de la règle, où la passion amoureuse n'a pas de place, mais l'amitié, la tendresse, l'exercice forcené de la lucidité, l'exigence, le plaisir. Sans orage majeur, cette improbable famille, aux liens si serrés et si souples, durera aussi longtemps que Gide.

Cette famille forme un noyau qui ne vivrait pas sans le fruit qui l'entoure. Le Vaneau est aussi le quartier général de Gide, son salon, sa revue, le centre de son influence, le siège principal de son pouvoir, son port d'attache. Dès l'été 1928, il devient un lieu de réunion, un séminaire permanent. La Petite Dame et Gide y ont d'abord, comme on disait, leur jour ; c'est le mercredi : « *Nous avions Charlie* [Du Bos], *André Malraux et sa femme, Groethuysen, Mme Griffith, Enid McLeod, Drouin, une jeune étudiante américaine qu'on lui a recommandée, Mlle Rosenbladt, Di-dhin* [le jeune Annamite traducteur de *La Porte étroite*], *l'avocat Chanvin [...], et puis ceux qui sont comme des frères : Jean* [Schlumberger] *et Martin du Gard, et aussi Christiane. [...] Vais-je annoncer que je serai chez moi tous les mer-*

credis (c'est la porte ouverte au grand nombre) ou composer des soirées, par invitations, établir une sorte de roulement[9] *?* » Les préoccupations mondaines de la Petite Dame ne cachent pas leurs arrière-pensées stratégiques : faut-il former autour de Gide un cercle d'influence large, aux contours flous, à la cohésion incertaine mais à la diffusion vaste ou, au contraire, se resserrer autour des meilleurs, des élus, des fidèles ? Gide hésite encore, si désireux qu'il est de n'avoir pas à choisir, pas à écarter. C'est la peur de s'ennuyer qui emportera la décision.

Notes

1. Gide-Martin du Gard, *Correspondance*, *op. cit.*, 28 septembre 1928, p. 354-355.
2. *Les Cahiers de la Petite Dame, 1918-1929*, *op. cit.*, 10 février 1928, p. 340.
3. Il créera en 1932 la fameuse « Bibliothèque de la Pléiade », reprise ensuite par Gallimard. Émigré aux États-Unis pendant la guerre, Jacques Schiffrin y fondera « Pantheon Books » où paraîtra le *Journal 1939-1942* de Gide.
4. Gide, *Journal 1926-1950*, *op. cit.*, 30 juillet 1928.
5. *Ibid.*, 14 septembre 1928.
6. *Ibid.*, 4 octobre 1928.
7. *Les Cahiers de la Petite Dame*, *1918-1929*, *op. cit.*, 17 au 25 mars 1928, p. 344.
8. *Ibid.*, 5 au 11 août 1928, p. 364.
9. *Ibid.*, 20 décembre 1928, p. 394.

61

« Dieu » ou « moi-même », c'est pareil

1929

« *En littérature, le catholicisme offre encore cet immense avantage d'autoriser un ton d'assurance que, sans lui, le critique n'oserait jamais prendre. Non point seulement une assurance, mais le droit et le devoir à la manifester violemment ; n'est-ce pas à la foi même qu'il la doit, cette assurance ? La foi, pour peu qu'elle soit vive (et la foi se doit d'être vive), exige, pour manifester son ardeur, des jugements pareils à des verdicts ; non point sommaires peut-être, mais absolus, indubitatifs sinon indubitables, assenés du plus haut qu'il se peut et vraisemblablement tombant du ciel. C'est au nom de Dieu que les critiques catholiques condamnent ; ils ne peuvent se tromper, car Dieu les inspire*[1]. »

« *C'est curieux*, dit Mauriac à Gide au cours d'une conversation qui tourne autour de l'inquiétude, *ce que vous pouvez passionner les esprits dans le clan catholique, bien qu'on vous considère comme un cas désespéré.* » Réponse de Gide : « *Cet intérêt que je sens fort bien me remplit de tristesse et même d'une certaine angoisse ; qu'est-ce que je leur ai donc fait pour qu'ils m'aiment*[2] *?* » Gide sait fort bien ce qu'il « leur » a fait – Mauriac aussi, du reste.

La société française est en plein désarroi, économique, politique, moral. Le slogan « L'Allemagne paiera » qui a servi depuis la fin de la guerre de politique économique montre le fond de son sac. A la suite du krach de Wall Street, la rente se désagrège, le franc plonge. A la « question ouvrière » qui n'a jamais obtenu un début de réponse, sauf dans la répression, s'ajoute la « question agricole », de nombreux paysans abandonnant leurs exploitations pour aller grossir le prolétariat des cités urbaines. Les gouvernements, de centre droit ou de centre gauche, se succèdent, sans vigueur et sans perspective. Le système colonial lui-même est ébranlé par la crise de l'économie capitaliste ; les prix du caoutchouc s'effondrent en Indochine, aggravant la misère des habitants de la péninsule ; à Madagascar, se lèvent les premières manifestations indépendantistes. Le sentiment grandit d'un pays dans la tempête, privé de gouvernail et de capitaine.

Le vieux centre gauche, radical, républicain et laïque, se maintient au pouvoir par les effets combinés d'un électoralisme de banquets et prébendes et d'une idéologie de la voie médiane entre restauration et révolution. Mais les efforts de quelques intellectuels néo-kantiens pour le doter d'une doctrine ne suffisent pas à masquer son usure, son manque d'imagination et son incapacité à séduire la jeunesse.

A gauche, socialistes et communistes se déchirent ; les premiers concentrant leurs efforts sur la construction d'une base électorale – non sans opportunisme ; les seconds privilégiant, dans d'incessantes querelles internes et à coups d'excommunications, la formation d'une petite armée de révolutionnaires professionnels destinée à « guider les masses ». Au congrès du parti communiste de 1929, près de la moitié des participants sont des permanents. Plus que le communisme en France, c'est la révolution russe – en pleine crise, elle aussi, après l'expulsion de Trotski du territoire soviétique en janvier 1929 – qui attire quelques intellectuels humanistes ou révoltés : Romain Rolland, Henri Barbusse, bientôt Aragon et une poignée de surréalistes. Mais la philosophie matérialiste, fût-elle dialectique, a encore le plus grand mal à combler des besoins d'idéal ; et l'étude du *Capital* de Marx continue à rebuter ceux qui cherchent les chemins d'une morale et d'une espérance.

Ceux-là se tournent de préférence vers le catholicisme, surtout depuis que la papauté, en 1929, a condamné l'Action française. Certes, la mise à l'Index de plusieurs ouvrages de Maurras et du journal monarchiste lui-même a créé remous et déchirements au sein du nationalisme catholique – bien plus que ne l'avait fait en

1910 la condamnation vaticane du *Sillon* chrétien-social de Marc Sangnier. Mais d'être ainsi libérée de ses idéologies les plus politiques et les plus extrémistes a redonné à l'Église française une force d'attraction morale et spirituelle que les passions haineuses des Camelots du roi avaient quelque peu brouillée. Dans la crise, dans la peur qui s'empare des bas de laine, la révolte qui gronde dans les usines, le doute sur elle-même et sur son avenir qui mine la société, le catholicisme, face à une république bourgeoise en panne, apparaît comme un lieu de force sereine, de stabilité et, en même temps, de régénération morale et spirituelle.

1929, c'est l'année de fondation de la Jeunesse agricole chrétienne, celle du journal illustré *Cœurs vaillants* qui sait allier pour les enfants distractions, bandes dessinées et morale chrétienne. C'est aussi le moment où se développent avec succès dans les quartiers et les villages les patronages catholiques chargés de soustraire les loisirs de la jeunesse à l'influence des instituteurs. La conquête de la jeunesse est un objectif idéologique et politique de première importance.

Autour de Gide, les conversions se multiplient. Un à un, ses amis tournent leur exigence, leur besoin de rigueur, leur inquiétude spirituelle vers le pôle qui leur semble le plus apte à les accueillir. Après Jammes, Ghéon, Rivière, voilà Copeau et puis Charles Du Bos. Gide a comme le sentiment qu'on veut faire le vide autour de lui ; il se sent une citadelle assiégée dont on attend la reddition. Tous ou presque, sauf Mauriac dont l'âme vit d'inquiétude, semblent persuadés que Gide n'a qu'un pas à faire pour les rejoindre et qu'il se refuse à faire ce pas par orgueil, par souci de singularité, par volonté mauvaise. Mais c'est aussi parce qu'il est « presque » chrétien que Gide est un adversaire plus redouté et plus attaqué que ne le serait un athée ordinaire. Gide est hérétique : il se bat sur le terrain même du catholicisme : pas celui de la foi, mais celui de la morale et de la vie de l'esprit.

Ce n'est pas Claudel ou Maritain ou même Mauriac qui critique ainsi l'antichristianisme de l'*Encyclopédie*, c'est Gide : « *Ce qui me consterne [...] c'est l'inintelligence de certaines "pensées philosophiques" [...] Il en est certaines de si sottes qu'elles font le jeu de l'adversaire et précipitent le lecteur un peu sensible dans le camp des dévots. La plaisanterie bientôt se retourne contre le moqueur et le chrétien se fait gloire de ces flèches inoffensives qui n'atteignent jamais au cœur. Le gouailleur qui n'hésite pas à recourir à de telles armes se montre incapable de comprendre vraiment l'Évangile. L'on ne peut critiquer sainement que ce que l'on a d'abord bien compris, et l'on ne comprend bien l'Évangile sans une adhésion profonde, et de cœur autant que d'esprit*[3]. » Les catholiques cherchent à encercler Gide, Gide cherche à les investir. Aucune chance qu'ils se trouvent jamais ; aucune chance que le combat cesse. Dans ce combat, Gide joue en quelque sorte de sa faiblesse : ils ont Dieu dans leurs rangs ; il est tout seul, avec sa joie. L'une des figures favorites de sa rhétorique anticatholique consiste à se présenter comme un petit pêcheur de vérités malcommodes, courant le monde avec sa lanterne, et sans cesse menacé d'écrasement par la puissance aveugle des dogmatiques, de tous ceux qui ne cherchent plus, persuadés qu'ils sont d'avoir LA vérité et que ceux qui s'opposent à eux ne peuvent représenter que le Mal et l'Erreur. « *Idées mystiques ; j'y rentre comme dans de vieilles pantoufles ; m'y sens à l'aise ; mais préfère aller pieds nus*[4]. »

Détenteurs de la vérité, parlant sous l'inspiration de Dieu lui-même, les critiques catholiques de Gide n'ont pas à s'embarrasser du choix des moyens : tout est bon pour combattre l'erreur. Gide va donc pouvoir adopter, aux yeux du public, l'attitude de la bonne foi persécutée, de la tolérance bafouée, de la douceur agressée. Lorsque Charles Du Bos, le gentil Charlie, plein de son ardeur de néophyte, s'en prend méchamment à lui dans ses *Conversations avec André Gide*, celui-ci peut s'étonner : « *Voyons Charlie, en toute bonne foi, qu'eussiez-vous pensé de moi et de cette amitié pour vous que je professe, si j'avais usé à votre égard de cette sévérité dont, au nom de Dieu, vous croyez devoir user envers moi*[5] *?* » Et ce n'est pas que feinte, tant Gide a de capacité à comprendre ce qui s'oppose à lui. Pour tenter de rompre avec Du Bos, Gide l'évite pour n'avoir pas à l'affronter : « *Comprenez donc que je suis plein de faiblesse, que je suis sans résistance vis-à-vis d'autrui, sans résistance devant la sympathie. Je sens que les gens de ce parti me coupent les moyens, m'enlèvent mes arguments, m'empêchent de dire ce que je veux dire. Je n'ai de liberté, de hardiesse que devant le papier blanc. [...] Je me rends compte* *que certaines pages que j'ai écrites hier matin, et que je suis heureux d'avoir écrites, ne me viendraient peut-être plus aujourd'hui, après avoir vu Mauriac*[6]. »

Les deux « partis » continuent donc à se tourner autour, dans un mouvement ininterrompu d'attirance et de répulsion qui maintient la tension de la pensée. Mais l'opposition est désormais sans retour. A soixante ans – est-ce la fatigue ? –, Gide a acquis une manière de sérénité, d'accord avec lui-même : « *Cette incuriosité de la chair, qui précède de longtemps l'impuissance et même l'extinction des désirs, qui fait que ceux-ci transigent et relâchent enfin leur empire, non, ce n'est pas l'apathie ; mais l'esprit reprenant le pas, elle laisse le champ libre à la morale*[7]. » Le diable se fait moins pressant ; l'angoisse de la faute et le désespoir de la chute sont, en quelque sorte, apprivoisés. Le sentiment de la vieillesse qui envahit les pages du *Journal* – épaississement de la sève, fatigues, maladies, attirance pour le néant, goût du renoncement – accompagne une libération de la pensée. Plus rien ne le retient désormais d'opposer sa propre conception de la vie à celle du catholicisme officiel. Il n'hésite plus, ni ne tergiverse : il passe dans l'opposition ; il affirme. « *Je ne suis pas indifférent, ni tiède, et toute ma ferveur de jadis se retourne aujourd'hui contre eux. La conviction où je suis, où ils me forcent d'être, que leur doctrine est mensongère et que leur influence est néfaste, ne permet plus à mon esprit cette tolérance accommodante que l'on croit trop facilement compagne de la libre pensée. La tolérance n'est, aujourd'hui, plus de mise, car ils font main basse sur tout ce qui ne peut plus se défendre et protester contre leurs malhonnêtement pieuses annexions*[8]. » C'est une véritable déclaration de guerre, après des années de guérilla et de tentatives de séduction.

Le sentiment de la mort qui approche suffit désormais à Gide pour écarter les menaces que font peser sur l'esprit et sur la création les dogmes, les certitudes, les positions, les habitudes de pensée. *Les Nouvelles Nourritures* dont il poursuit sans hâte la rédaction peuvent prendre la forme d'un Évangile de la joie, opposé à l'Évangile de la croix accusé d'avoir « enténébré le monde ». Ayant fait, affirme-t-il, le tour de la question, Gide se sent désormais assez fort – ou assez faible – pour dessiner les contours de sa propre religion : celle d'un Dieu en devenir, créé de la ferveur de chacun à faire éclore toutes les richesses de son humanité.

« Dieu » ou « moi-même » écrit Gide, « *ce qui revient au même, suivant les questions et les jours* [9] ».

Notes

1. Gide, *Journal 1926-1950*, *op. cit.*, août 1929.
2. *Les Cahiers de la Petite Dame*, *op. cit.*, 3 mars 1929, p. 406-407.
3. Gide, *Journal 1926-1950*, *op. cit.*, 1er avril 1929.
4. *Ibid.*, 14 août 1929.
5. *Ibid.*, 11 août 1929.
6. *Les Cahiers de la Petite Dame*, *op. cit.*, 4 mars 1929, p. 408.
7. Gide, *Journal 1926-1950*, *op. cit.*, *Feuillets*, 1928.
8. *Ibid.*, 11 ou 12 avril 1929.
9. *Ibid.*, 30 novembre 1929.

62
Le sommeil de la chrysalide

1930

« *Certainement je ne suis plus tourmenté par un impérieux désir d'écrire. Le sentiment que "le plus important reste à dire" ne m'habite plus comme autrefois, et je me persuade au contraire que je n'ai peut-être plus grand-chose à ajouter à ce qu'un lecteur perspicace peut entrevoir dans mes écrits.*

Mais ce sont raisons de paresse que j'invente après coup et qu'un peu de ferveur ferait fondre. A présent aussi je sens trop que l'on m'observe et il en va de l'écriture comme du piano : je joue mieux lorsque je ne me sais pas écouté[1]. »

Gide désire que l'automne de sa vie soit mieux réussi que son printemps. C'est difficile lorsqu'on a tant investi sur la jeunesse. Malgré quelques rituels problèmes de santé qu'aggrave sa constante crainte d'être malade, de prendre froid, d'avoir trop chaud ; malgré quelques passages obligés par la dépression, l'ennui, l'abrutissement dont on sent qu'il a besoin comme d'un tremplin pour sauter plus haut, Gide est heureux, serein : « *Je ne crois pas que ma joie ait jamais été plus profonde ou plus vive. L'air n'a jamais été plus suave, que je n'ai jamais plus amoureusement respiré. Mon esprit subtilement actif, que n'obombre aucune inquiétude, sorti à la plus humble et plus aimable pensée, comme ma chair à l'azur, au soleil, et mon cœur à tout ce qui vit. Je ne me sentais pas plus jeune à vingt ans ; et je sais mieux le prix de l'heure. J'étais plus tourmenté de désirs, d'impérieuses réclamations*[2]. » Peu de pages chez Gide respirent une aussi pure quiétude.

A ce moment de sa vie, il peut avoir le sentiment d'avoir

gagné tous ses combats, ou presque. On réédite ses œuvres de jeunesse : André Walter ressuscite, et Urien, ces fantômes d'autrefois que Gide représente dans des préfaces, comme en s'excusant ; si satisfait pourtant qu'on puisse désormais saisir son œuvre dans son ensemble, dans la totalité de ses mouvements, dans la coulée d'une sève unique.

Il n'aime plus, sinon Madeleine – pour mémoire, pour point fixe. Il court les jeunes garçons, avec excitation souvent, mais sans autre passion que celle de l'attente et de la surprise. Il voyage en Corse, seul, et s'en félicite : « *Ah ! que le petit Henri Berbedès fut sage de ne pas venir, et que j'eusse été fou de l'emmener ! Que je me trouve bien d'être seul ! [...] Si libre que je sois avec Marc, ma pensée pourtant s'incline avec lui et peut suivre son libre cours*[3]. » Marc est désormais un grand fils que Gide ne juge pas tout à fait à la hauteur des espérances qu'il a mises en lui et de l'éducation qu'il lui a donnée. Charmant, mais un peu éteint. Gide peut se moquer sans dommage de « *cette complaisance à laquelle l'amour nous invite, obtenant de nous non point le meilleur, mais ce qui peut le mieux plaire à l'autre ; on ne l'élève point tant qu'il ne nous abaisse* ». Personne désormais ne lui inspire assez d'amour pour l'endormir dans cette « *duperie* » ; personne qui le force à s'abaisser à son niveau : « *Les vrais pionniers ne s'inquiètent pas d'être suivis ; ils vont droit devant eux sans tourner les regards en arrière.* » Correctif : « *L'insupportable bonheur dont on serait seul à jouir.* »

Gide voyage. Comme d'habitude, il ne reste pas en place : A Hyères chez les Noailles, à Roquebrune chez les Bussy, en Allemagne pour entretenir la flamme de ses admirateurs et puis à Berlin encore pendant l'été, à La Rochelle avec Lacretelle, puis à Carcassonne et à Narbonne avec Alibert. Ensuite la Corse pour un mois, puis Braffy, chez Schlumberger, avant un passage à Pernand, chez Copeau, sur le chemin de la Tunisie vers laquelle Gide s'embarque en novembre avec Élisabeth. Entre deux trains, deux cars, deux bateaux, Gide fait de rapides incursions au Vaneau, cherche le calme à Cuverville. Mais son goût du changement de décors et de personnages n'a plus rien de compulsif. Il est désormais capable d'être dans un lieu sans désirer se trouver également dans un autre. Il veut simplement être certain qu'il ne risque pas de s'installer, que ses valises sont prêtes pour un éventuel appel venu d'ailleurs. Son errance est faite de plus de curiosité que de fièvre. Elle semble surtout guidée par le désir de ne pas regretter quelque chose que l'on n'aurait pas fait : un ami dont on aurait pu manquer la conversation, un paysage que l'on n'aurait pas partagé avec un proche, un jugement que l'on aurait négligé de réviser ou de confirmer ; un article ou un roman dont on aurait manqué la rencontre et l'aiguisement de pensée qu'elle procure.

Il en va de même pour l'écriture. Gide travaille, beaucoup et lentement. En janvier a paru *Robert*, le deuxième volet de son *École des femmes*. Immédiatement, il met en route *Geneviève*, le troisième morceau du triptyque. Il écrit aussi d'arrache-pied une pièce de théâtre en trois actes, *Œdipe*, dont le texte paraît en octobre dans la revue *Commerce*. Infidélité à la *NRF* ? Manière plutôt de manifester ses distances, de faire savoir que Paulhan, le nouveau patron de la revue, n'est pas du cercle de ses intimes – « *Quand je le vois, je sens à la fois un appel du cœur et une baisse de température* [4] ». Mais il n'y a pas de fâcherie : c'est chez Gallimard que Gide crée et dirige une nouvelle collection, « Ne jugez pas », dans laquelle sont publiés des comptes rendus et des analyses de grands procès criminels, *La Séquestrée de Poitiers*, *L'Affaire Redureau*.

« *De tout temps, les tribunaux ont exercé sur moi une fascination irrésistible* » : Gide fait cet aveu en 1912. Il vient alors de vivre une expérience qui l'a beaucoup marqué. Du 13 au 25 mai, il a été désigné comme juré à la session de la cour d'assises de Rouen. Il en tirera la matière d'un petit livre, *Souvenirs de la Cour d'assises*, qui paraîtra à la NRF en 1914. Dès les premières lignes, Gide y rappelle la parole du Christ, celle qui servira vingt ans plus tard de titre à sa collection : « *Ne jugez pas.* » On voit bien ce qui l'attire dans les affaires criminelles et les palais de justice : l'extraordinaire dans le banal, la transformation d'une existence en destin, l'énigme d'une vie jetée à la hâte en pâture à un jury de douze personnes qui doit trancher en méconnaissance de cause, les jeux cruels du romanesque et de la vérité.

Il y a tout cela encore dans cette collection qu'il invente, mais il y a plus : le Gide de 1912 se passionnait des cas individuels ;

celui de 1930, après l'expérience du Congo, se passionne aussi pour le fonctionnement de la machine judiciaire, pour les affreux grincements de la machine, pour la manière dont ceux qui possèdent les mots s'en servent afin d'écraser l'existence de ceux qui en sont dépourvus. *La Séquestrée de Poitiers* s'efforce d'intégrer dans son récit une réalité concrète que *Souvenirs de la Cour d'assises* ne faisait qu'effleurer, tant la déformation des âmes importait plus à Gide que l'histoire des corps.

Gide a encore ouvert le dossier d'un autre livre, celui de ses *Nouvelles Nourritures*, dans lequel il glisse des fragments, des pensées, des morceaux de journal, des notes de relecture des premières *Nourritures* dont il trouve certains passages « *trop faciles* » : « *Je m'en suis trop vite contenté.* »

Cette manière de mettre plusieurs fers au feu, de se délasser de l'écriture d'un livre par un autre n'est pas nouvelle chez Gide ; ce qui est neuf est qu'il opère sans malaise et sans hâte. Bien sûr, Gide se plaint de toutes ces personnes bien intentionnées qui lui font perdre son temps ; de sa correspondance de ministre que n'épuisent pas les secrétaires ; de *Geneviève* qui n'avance pas – et qu'il n'achèvera que six ans plus tard – ; des insomnies qui l'obligent à couper sa journée par une longue sieste. Mais le fait est qu'il semble avoir trouvé son rythme dans ces incessants changements de pas. Il est désormais sans hâte. S'il ne s'arrête pas longtemps au sentiment d'avoir « tout dit » – il faudrait pour cela qu'il ait épuisé la totalité de la vie –, il n'est plus tenaillé par la nécessité d'ajouter quelque chose sans lequel le tableau d'ensemble serait désharmonieux et faux. Les grandes lignes ont été tracées, les grandes masses définies. Il s'agit désormais, pense-t-il, d'affiner encore le dessin, de parvenir à dire la complexité par des moyens plus épurés. Établir un classicisme de la modernité : « *Je goûte toujours grande joie à supprimer tout l'inutile. Mes corbeilles à papier s'emplissent de "repentirs" qui, maintenus, eussent paru du foisonnement ; mais qu'ai-je à faire de cette fausse richesse ? Un auteur est dit plantureux, qui souvent n'est qu'avare et ne sait, ou n'ose, supprimer. [...] Je souhaite toujours tracer la ligne la plus étroite, la plus subite et la moins attendue*[5]. »

« *Classique* » : tout un chacun s'accorde à lui apposer ce qualificatif, pour le louanger ou le blâmer. Et lui-même, en homme de lettres français conscient de son rôle, ne manque pas de souligner ce qui le rattache à la plus illustre des traditions littéraires nationales, celle des prosateurs moralistes, de Montaigne à La Bruyère et de Pascal à Stendhal. Mais il sent aussi le danger qu'il y aurait pour lui à devenir un auteur de dictées dont la beauté du langage masquerait à jamais l'audace de la pensée. Jusqu'à présent, il a toujours évité cet écueil en jouant de la surprise, en écrivant le livre que personne n'attendait de lui à ce moment-là. Ayant compris que le ressort essentiel de l'âme moderne était la nouveauté, il a puisé dans le trésor de ses déchirements le dynamisme d'un perpétuel renouvellement.

Aujourd'hui, il paie ses victoires littéraires d'une certaine érosion de ses conflits. Il est en manque de grands combats intérieurs, de murailles contre lesquelles rebondir. On sent à le lire, à l'entendre parler avec Martin du Gard ou la Petite Dame, qu'il s'efforce d'attiser des feux qui ne le réchauffent guère plus : la religion, l'hypocrisie, Barrès – « *la mièvrerie, la molle joliesse de certaines phrases, où respire une âme de Mimi Pinson* », le rationalisme. Il cherche l'inquiétude – et derrière elle le retour de la ferveur : « *Ah ! que je me surprends peu, depuis quelque temps ! D'où mon peu de plaisir à vivre* [6]. »

Maigre succédané : il s'inquiète de son manque d'inquiétude ; il se fustige de sa *paresse*. Il n'a jamais aimé la liberté qu'accompagnée de quelque chose qui la retienne, qui la bride et qui le pousse à s'en affranchir ; son bonheur, il ne l'a jamais trouvé que dans le mouvement pour le conquérir.

Il cherche ce qui va l'*instruire* : répondre à une question qu'il ne se posait même pas et de là le surprendre, le gêner, le contraindre à aller plus loin. Pour se faire plus disponible à cette mue espérée, Gide, en 1930, s'endort un instant dans un sommeil de chrysalide : « *Cesser de tenir compte de soi-même, durant des jours, des semaines, des mois. Se perdre de vue. C'est la traversée d'un long tunnel par-delà lequel on peut espérer trouver un pays neuf. [...] L'espoir de me réveiller quelqu'un d'autre m'engage à laisser s'endormir qui je suis* [7]. »

Le « pays neuf » tant espéré se profile. Le sommeil aura duré quelques mois. En mai 1931, alors qu'il est en pleine discussion avec Malraux et Martin-Chauffier au sujet de l'édition de ses *Œuvres complètes* – le tombeau, la retraite, persifle la Petite Dame –, un numéro de la revue *Europe* tire de Gide des cris d'enthousiasme : « *Ce que je lis est passionnant, c'est peut-être le premier article sur la Russie qui m'emballe vraiment ; ce sont de simples statistiques sur le plan quinquennal, c'est tout simplement prodigieux et je ne puis m'empêcher de souhaiter de tout mon cœur qu'il réussisse*[8]. »

Notes

1. Gide, *Journal 1925-1950*, *op. cit.*, 20 octobre 1930.
2. *Ibid.*, 1er septembre 1930.
3. *Ibid.*, 21 août 1930.
4. Rapporté dans *Les Cahiers de la Petite Dame, 1929-1937*, *Cahiers André Gide* n° 5, 15 novembre 1931, Paris, Gallimard, 1974, p. 192.
5. Gide, *Journal 1925-1950*, *op. cit.*, 1er janvier 1930.
6. *Ibid.*, 23 février 1930.
7. *Ibid.*, mai 1930.
8. *Les Cahiers de la Petite Dame*, *op. cit.*, 14 mai 1931, p. 142.

63

Les démangeaisons

1931

« Il est certain que, depuis peu, ma position n'est plus la même. C'est aussi que j'y vois plus clair en moi-même, et veux plus précisément et fortement ce qui me paraît beaucoup plus nettement le préférable. De toute manière, et quoi qu'il en soit, ce que l'on me reproche le plus âprement, c'est d'avoir travaillé à l'émancipation de l'esprit. Ceci paraît impardonnable au parti qui n'aspire au contraire qu'à la plus complète soumission à l'autorité, la règle, la tradition, etc. Ce parti, très puissant, use toujours des mêmes armes, et qu'il a toujours sous la main. La meilleure raison qu'il trouve pour prouver que l'homme ne doit pas changer, c'est qu'il ne peut pas changer[1]. »

L'influence de Gide est considérable ; donc Gide est un homme de lettres dont le but principal est de captiver et de modifier l'esprit de ses lecteurs. Des catholiques aux surréalistes, ce raisonnement est partagé par la plupart des contemporains de l'écrivain. Qu'il ne corresponde que très imparfaitement à l'histoire de Gide et de ses livres – et parfois pas du tout – ne gêne en rien ce type d'analyse. On oublie vingt-cinq années d'écriture essentiellement consacrées à l'élucidation de soi-même et à sa mise en forme esthétique, dans la parfaite indifférence du grand public pour ne plus voir que le dernier état de la métamorphose, la rencontre d'une pensée originale avec une époque capable d'accueillir sa nouveauté. Par ce procédé d'occultation qui sera ensuite maintes fois reproduit, se crée une caricature de Gide, obnubilé par son influence et par les stratégies nécessaires à sa conquête, dans laquelle on lui reproche de ne pas vouloir se reconnaître – par dissimulation, perversité, mauvaise foi. Non seulement il manœuvre pour capturer le public et l'incliner à ses vues, mais il cache ses mouvements par des diversions obliques et fallacieuses. Un maître qui incite ses disciples à le quitter ne peut être qu'un maître retors et menteur.

Cette influence dont on fait le but de sa carrière littéraire, Gide sait qu'elle ne faisait pas partie de son « programme » de jeune écrivain. Il rêvait de gloire, ce qui est tout autre chose, et de perfection artistique. Mais il sait aussi que le pouvoir de marquer les pensées, les sensibilités et les comportements qu'il a pu exercer – sur un cercle restreint d'amis choisis d'abord, puis par ses livres et ceux qu'il faisait éditer, par sa revue, par des circonstances extérieures enfin sur des groupes de plus en plus larges, en France et à l'étranger – a modifié sa propre situation et jusqu'au sens de sa vocation d'écrivain. La réputation qu'on lui fait peut lui apparaître fausse, irréelle ; elle n'en est pas moins désormais un élément de son visage. Il s'est cru et voulu un pur artiste, il est aussi un homme d'influence.

Cette situation objective n'est évidemment pas sans peser sur la perception subjective qu'il a de lui-même. Il n'est pas Flaubert qui pouvait ne se préoccuper que de la bonne qualité de son travail ; il n'est pas Mallarmé aux prises avec les seuls mystères du Verbe. Le regard des autres sur son art lui a donné une signification historique dont lui-même ignorait l'existence. Mais il ne peut plus, désormais, faire comme s'il ne la connaissait pas. Ce qu'il écrit a des effets sur la réalité et l'oblige, du même coup, à reconsidérer le rapport entre son écriture et le réel : « *Ce n'est pas du tout que je me sente plus "humain" aujourd'hui que du temps où l'on ne pouvait trouver trace de ces préoccupations dans son œuvre. Simplement j'avais le souci de leur en interdire l'accès, estimant qu'elles n'ont rien à voir avec l'art. Je n'en suis plus si convaincu, ni que rien puisse et doive demeurer étranger à l'art ; celui-ci risque de devenir, il devient forcément artifice si ce qui tient le plus au cœur de l'artiste en est banni*[2]. »

Cette phrase à peine écrite, Gide la qualifie d'« *extravagance* ». On ne quitte pas ainsi quarante ans de purisme esthétique. Mais il suffit que la transgression soit apparue pour que Gide se sente irrésistiblement attiré par sa saveur. Le sentiment qu'il ne s'est jamais attaqué qu'à une seule face de l'art, la plus étroite, la plus rigoureuse – la plus religieuse, sans doute, la plus mystique en tout cas – ne lui apparaît plus tant comme une exigence, mais comme une limitation.

Pourtant, il se retient encore de bondir, tant est forte en lui la certitude d'être inapte au monde, à ses lois de fonctionnement, à ses contraintes, tant est grande sa crainte de fausser sa voix. Par un effet spontané de sa mécanique vitale, il recule même jusqu'au pôle opposé : il décide de ne plus rien publier, de réserver ses œuvres à ses tiroirs et à la postérité, de rompre cette logique de l'influence qui ne l'attire que trop. Certes, il ne s'en tient pas longtemps à cette position – « *Depuis que j'ai pris mon parti de n'écrire peut-être plus que des posthumes, je n'ai plus envie d'écrire rien du tout*[3] » –, mais celle-ci exprime dans son extrémisme le refus de certaines règles du jeu littéraire qui utilisent l'artiste, l'écrivain à des fins qui lui échappent.

Depuis 1914, Gallimard et Grasset, les deux principales places fortes de la littérature nouvelle, se livrent une guerre sans merci, dans un contexte général de crise qui n'épargne pas l'édition[4]. Cette concurrence intellectuelle les a conduits d'abord à s'arracher, par la renommée littéraire de leur maison, les écrivains de haute valeur littéraire, même si leurs ventes étaient faibles. Ne disposant à l'origine ni des écrivains prestigieux de la NRF, ni des capitaux de Gaston Gallimard, Grasset a compensé ce déficit en attirant de jeunes auteurs par des pourcentages importants sur les ventes, des avances, des mensualités qu'il finançait en pratiquant par ailleurs l'édition à compte d'auteur sur une grande échelle. Les rentiers et les littérateurs militants de la NRF ont d'abord considéré avec horreur et mépris les appâts financiers que Grasset faisait danser sous leur nez. Mais quand des écrivains aussi respectés que Giraudoux, Mauriac, Montherlant, Maurois, Malraux bientôt rejoignent Grasset, Gallimard, en dépit des résistances, se lance lui aussi dans une course davantage réglée par des considérations commerciales et économiques que par de stricts intérêts littéraires – même si ces derniers demeurent les fins de l'entreprise éditoriale.

Les autres éditeurs « littéraires », les Kra, Fayard, Boutelleau suivent : le statut de l'écrivain connaît en quelques années une véritable révolution. Tout en conservant une haute valeur symbolique, le livre d'auteur entre dans la sphère marchande. Les aristocrates du mot se découvrent aussi mercenaires. On les lie par des contrats à long terme afin de s'assurer de leur fidélité ; on achète de la publicité dans les journaux, on cherche à séduire les titulaires des rubriques littéraires des organes d'information et des revues, on met sur pied des stratégies pour l'obtention des prix littéraires ; on donne la prééminence éditoriale au roman, genre plus apte à atteindre un large public – avant de lui donner la prééminence esthétique.

Gide lui-même se fait piéger. En 1929, il a accordé à un journaliste un entretien au cours duquel il a dit quelque bien d'un roman charmant publié en 1909, *Edgar*, d'un certain Henri Schwabacher qui signe Duvernois. Deux ans plus tard, pour lancer le nouveau livre de Duvernois, Grasset reprend en publicité quelques-unes des phrases de Gide qui se retrouve ainsi en parrain d'un écrivain qui ne lui est rien. Sa colère est telle qu'elle fait remonter quelques miasmes de son antisémitisme littéraire : « *Je viens de lire ce livre. Beaucoup de métier [...] C'est un exemplaire spécimen de cette littérature juive qui mériterait bien que l'on en écrivît l'histoire. Mendès, Tristan Bernard, Sternheim, Bernstein, Coolus, Hirsch, Croisset, etc... tous ont ceci en commun que dans leur œuvre, toute idée de noblesse est exclue. C'est de la littérature avilissante*[5]. »

En réalité, c'est d'être utilisé à des fins publicitaires qui est avilissant. Duvernois est vite pardonné – « *Je n'ai pas à être confus d'avoir loué un auteur capable de pages aussi exquises* » –, pas le monde de l'édition, coupable d'empoisonner l'art par le lucre. Face à cette agression, la réaction première de Gide est le repli vers ses bases : le culte de la pure littérature, l'ignorance volontaire de l'histoire, le mépris des opinions. Il se plonge dans la lecture avec une fièvre décuplée ; il s'attache à des détails de stylistique et de grammaire ; il préface le livre de son ami « *Tonio* » Saint-Exupéry, *Vol de nuit* – « *Ce qui manque le plus à notre littérature d'aujourd'hui, c'est l'héroïsme* ». Il a de longues conversations avec Thomas Mann au cours desquelles l'un et l'autre demeurent courtoisement dans les généralités. Il semble plus homme de lettres que jamais, attaché à gérer le capital de sa consécration dans le seul champ de la littérature.

« *Je n'existe qu'en surface* », écrit-il en mai. La retraite où il s'est précipité pour échapper aux bruits du monde lui a un goût de vieillesse et de mort. Est-ce forcer le sens de ses tracas de santé que d'y voir une métaphore de son hésitation ? « *Les démangeaisons dont je souffre depuis des mois (ou, mais avec des interruptions, depuis des ans) deviennent, ces derniers jours, intolérables, et, depuis quelques nuits, m'empêchent à peu près complètement de dormir.* » Ces démangeaisons, il les soigne par autohémothérapie : en prélevant du sang de son bras pour l'injecter dans sa cuisse. « *Comble du narcissisme* », comme il le note : ces démangeaisons qui n'ont pas la noblesse de la vraie douleur prêtent au ridicule. Il se moque de lui-même, de ses résistances, de ses tergiversations : « *L'être pensant qui n'a que soi pour but souffre d'une vacance abominable.* » Mais va-t-il savoir sortir de lui-même ?

Autour de lui, deux nouveaux venus dans son entourage l'y poussent. Le premier est Bernard Groethuysen. Ce philosophe-historien d'origine allemande est, sous des allures de bohème poussiéreux, un esprit extraordinaire : « *Non seulement il sait tout, mais il est capable de présenter de n'importe quoi une vue originale, complète, organisée, avec une perspective historique et toutes les possibilités d'aboutissement ; ses aperçus sont vertigineux et planent au-dessus du débat précis*[6]. »

Groethuysen, qui vient de publier dans la « Bibliothèque des idées » qu'il inaugure chez Gallimard *Les Origines de l'esprit bourgeois en France*, est un marxiste flamboyant, éloigné de tout dogmatisme. Son influence sur le jeune Malraux – familier lui aussi du Vaneau – est considérable. Auprès de lui, Gide sent fondre son aversion pour l'histoire, si différente de celle qu'enseignent les professeurs positivistes de la IIIe République.

Le second personnage est plus étrange encore. Pierre Herbart a vingt-sept ans en 1931, et derrière lui une longue vie déjà de tumultes, d'alcool, de drogue, de dandysme, de fréquentation des voyous et des poètes. C'est Cocteau qui a introduit ce jeune marginal homosexuel auprès de Gide ; et Gide, toujours friand de personnalités extrêmes, l'a pris sous sa protection. Herbart restera près de lui pendant vingt ans. Après quoi, il publiera un livre féroce, *A la recherche d'André Gide* : Herbart ne s'embarrasse jamais de gratitude. « *C'est un être évidemment irrésistible*, dit de lui Gide, *que je suis parvenu à sauver de l'opium, puis de l'alcool en essayant de lui donner de l'ambition littéraire*[7]. » Pour l'heure, il est communiste, militant. Il se prépare à partir pour l'Indochine afin d'y faire un reportage sur les méfaits du colonialisme français. Avant de partir, il publie un livre à la NRF, *Le Rôdeur*; il se marie aussi, au Lavandou, avec Élisabeth Van Rysselberghe. Il entre dans la famille.

Ni Groethuysen ni Herbart ne tentent de convertir Gide au communisme. Leur exemple le persuade en revanche que le communisme peut représenter une nouvelle aventure de l'esprit, une nouvelle orientation spirituelle de l'humanité. D'emblée, c'est la dimension religieuse de l'expérience soviétique qui l'attire : « *J'aimerais vivre assez pour voir le plan de la Russie réussir. [...] Jamais je ne me suis penché sur l'avenir avec une curiosité plus passionnée. Tout mon cœur applaudit à cette gigantesque et pourtant tout humaine entreprise. Ceux qui doutent le plus volontiers de son succès, sont précisément les croyants qui professaient le plus grand mépris pour le doute, dès que celui-ci touchait à leurs convictions religieuses. Ils n'admettent pas une foi d'un ordre si différent de leur foi mystique*[8]. »

Gide est, *de tout cœur*, non avec la Russie réelle, mais avec les buts qu'elle proclame, avec le pari insensé qu'elle engage, avec la nouvelle jeunesse du monde qu'elle donne à espérer. Il ne s'engage pas encore : il vibre, il s'impatiente, il est passionnément curieux. Et d'une impeccable lucidité : « *Non, ne voyez point là de l'opportunisme ; ou d'abord il faudrait donner à ce mot un sens psychologiquement neuf. C'est plutôt une forme de l'*amor fati *(fait de soumission au destin et d'irrépressible optimisme) où sans doute se réfugie ce qui peut subsister en moi de mysticisme, de religieuse et adorative reconnaissance, et de ce que l'on appelle communément "confiance en Dieu*[9]*"*. »

Notes

1. Gide, *Journal 1926-1950*, *op. cit.*, 30 janvier 1931.
2. *Ibid.*, 31 janvier 1931.
3. *Ibid.*, 16 mars 1931.

4. Voir notamment : Pierre Assouline, *Gaston Gallimard*, *op. cit.* ; Jean Bothorel, *Bernard Grasset : vie et passion d'un éditeur*, Paris, Grasset, 1989 ; et Roger Chartier et Henri-Jean Martin, *Histoire de l'édition française*, tome IV, *Légitimité littéraire et Stratégies éditoriales* d'Anna Boschetti, Paris, Fayard-Cercle de la Librairie, 1991, p. 511-551.

5. Gide, *Journal 1926-1950*, *op. cit.*, 15 mars 1931.

6. *Les Cahiers de la Petite Dame, 1918-1929*, *op. cit.*, 1926, p. 279.

7. *Ibid.*, 22 juillet 1931, p. 150.

8. Gide, *Journal 1926-1950*, *op. cit.*, 13 mai 1931.

9. *Ibid.*, 5 novembre 1931.

64
Le sacrifice

1932

« Je ne sais l'effet que je peux faire aux autres ; mais, à moi-même : complètement stupide. Dans la conversation avec X. ou Y. ma seule préoccupation est d'avoir l'air de suivre. (Oh ! je parle d'une conversation en français !) Je me souviens de ces conversations que, encore enfant, je m'efforçais de comprendre ; de ces conversations de "grandes personnes". Rien n'a changé. Mais je n'ai plus l'excuse de la jeunesse. Et s'il faut tenir ma partie, je ne réussis que des couacs.

– Par pitié, ne m'écoutez donc pas ! Je n'ai rien à vous dire. Et ne croyez donc pas devoir, par politesse, feindre d'attacher de l'importance à mes propos. Tout ce que je vous dis et dirai est absurde. Continuez donc de causer entre vous, tout comme si je n'étais pas là. Je voudrais tant ne pas y être ! Pourquoi m'avez-vous invité ? J'ai sommeil[1]. »

L'entrée de Gide en communisme a quelque chose d'héroïque dont il n'est pas le dernier à sentir le ridicule. Et de se savoir ridicule fortifie l'héroïsme de sa démarche : il risque tout, y compris cette intelligence dont chacun reconnaît la supériorité.

On ne comprend rien à son adhésion aux idées communistes si l'on ne fait pas la balance de ce qu'il y gagne et de ce qu'il y perd. Lui-même ne cesse de mesurer sa ferveur à l'ampleur du risque qu'il prend, du *sacrifice* qu'il consent : « *Je sens, je sais, qu'à vouloir prendre parti j'ai tout à perdre ; et les autres mêmes, ceux que je voudrais servir, peu à gagner*[2]. » A n'avoir pas d'utilité pratique, le sacrifice acquiert un pathétique spirituel sans lequel l'engagement de Gide, à ses yeux, n'aurait aucune valeur. Il ne met pas sa gloire au service d'une cause : il la met en danger, au nom même de sa philosophie de la vie, ce qu'il a cru être jusqu'à présent, ce à quoi il a cru servir : son « *véritable usage* », comme il dit.

Il est vrai qu'autour de lui, dans le premier cercle de ses amitiés en tout cas, on observe avec stupeur ce nouveau bond de son esprit. La Petite Dame se contente d'enregistrer les secousses du sismographe avec une discrète réprobation, comme si son grand homme était le jouet – et le joueur – d'une lubie ou d'un caprice ; Schlumberger se fait discret et se contente d'entretenir chez son ami la flamme de la « vraie » littérature, jamais éteinte. Martin du Gard, homme de gauche par opinion, se tait quelques mois lui aussi, et puis éclate : « *Je crois qu'il est grand temps que certaines choses vous soient dites [...] et d'abord ceci : qu'il est pénible de voir s'achever sur un "acte de foi" une existence dont le meilleur a été consacré à lutter, avec les armes du sens critique, contre les dogmes du conformisme religieux et moral. [...] C'est si vrai, que votre position actuelle est insoutenable : et qu'il vous faut à chaque instant, pour conserver l'équilibre, faire de nouveaux pas vers de nouvelles ténèbres.* » Seule explication : Gide est manipulé. « *Ce n'est plus vous qui conduisez votre barque. Vous êtes embarqué. On souffle dans vos voiles, on truque votre gouvernail. Vous avez dû abandonner votre naturelle démarche, qui, quarante ans de suite, a été de zigzaguer entre les extrêmes. [...] A petits coups d'épaule on vous a poussé si loin déjà que la moindre défaillance de fanatisme vous donnerait figure fuyante de renégat. Ils nous l'ont saisi, "l'insaisissable" Gide*[3] *!...* »

Le réquisitoire de Martin du Gard – dont Gide le remercie : « *Une excellente lettre. Et jamais vous ne m'en avez écrit de meilleure* » – n'apporte aucun élément que Gide n'ait lui-même déjà tourné et retourné. La manipulation, son orgueil refuse à y croire. Il a le sentiment de s'être jeté dans cette aventure précisément parce qu'il ne savait pas jusqu'où elle pouvait l'entraîner. Ce que Martin du Gard ne peut pas comprendre – il l'assimile à de l'« *enfantillage* » –, c'est qu'en transformant sa sympathie pour la révolution russe en engagement, Gide ne soumet en rien sa pensée : il lui offre, à plus de soixante ans, un territoire qu'elle avait jusqu'à présent soigneusement évité. Pas celui de la politique, pour lequel Gide se déclare toujours « *parfaitement inapte* », mais celui d'une certaine *réalité* : « *Ne parlez pas ici de "conversion" ; je n'ai pas changé de direction ; j'ai toujours marché de l'avant ; je continue ; la différence c'est que, pendant longtemps, je ne voyais rien devant moi, que de l'espace et que la projection de ma propre ferveur ; à présent j'avance en m'orientant vers quelque chose ; je sais que quelque part mes vœux imprécis s'organisent et que mon rêve est en passe de devenir réalité*[4]. »

Dans le processus qui transforme son rêve en réalité, Gide ne peut se reconnaître que dans le rêve, dans le but, dans l'élaboration d'une utopie de l'homme libéré dont son œuvre entière porte la marque. Le reste n'est pas son affaire. Il est curieux de voir comment, face à ce « reste », Gide se sent à la fois trop jeune et trop vieux.

Face aux « politiques », à Malraux, à Groethuysen, à Aragon qui vient de se séparer des surréalistes pour adhérer au parti communiste et qu'il commence à fréquenter, Gide goûte le bonheur mitigé d'être un petit garçon. Il a tout à apprendre. La littérature l'a placé au centre de son monde ; on le consulte comme un oracle, on guette ses verdicts, on rapporte ses murmures, on commente ses dérobades. D'un coup, le voilà privé – ou débarrassé – de sa souveraineté, ramené à l'état d'élève ignorant, apprenant un catéchisme dont il peine à se souvenir des figures, même lorsqu'il en apprécie la beauté et l'émotion. Son incompétence est à la fois source de jouvence et cause de malaise. Elle le ramène, comme il l'écrit, à l'époque de son enfance, mais lui fait aussi jouer une pièce dont la mise en scène lui échappe.

Nul n'a mieux conscience de l'ambiguïté de sa position d'intellectuel. Plus qu'un autre, mieux qu'un autre, il a défendu, depuis quarante ans, le principe d'une autonomie absolue du champ littéraire. Contre Maurras et la tentation du politique ; contre Claudel et la prédominance du religieux. C'est à cet ensemble d'affirmations et de refus et à la forme qu'il leur a donnée qu'il doit d'être écouté. C'est eux qui confèrent un poids social à sa parole et à son attitude. Or il les engage dans un domaine – le monde contemporain, dans la perspective d'une révolution marxiste – dont il ne sait concrètement rien et dont les instruments lui échappent. Mais, en même temps, il prend conscience que son œuvre passée acquiert sous ce nouvel éclairage une signification – la révolution totale de l'homme – qui tardait à apparaître, même à ses propres yeux.

De ce malaise naissent deux tentations contraires en forme de conjuration. La première consiste à réunifier ses positions contradictoires en réécrivant le passé : « *De cœur, de tempérament, de pensée, j'ai toujours été communiste. Mais j'avais peur de ma pensée, et, dans mes écrits, m'efforçais plus de la cacher que de la dire* [5]. » La seconde est celle de l'extrême humilité qui confine au silence : je n'ai, sur ces sujets, rien à dire qui présente le moindre intérêt : « *J'ai sommeil ; laissez-moi dormir.* » C'est, semble-t-il, ainsi que cela se passe, assez souvent, lors des soirées du Vaneau. On invite Martin du Gard, Schlumberger, Robert Levesque, Jean Paulhan, les Groethuysen, Drieu La Rochelle, les Soupault. Arrivent Malraux et sa femme qu'on n'attendait pas. Malraux qui fait immédiatement « *tous les frais de la soirée* ». « *Il fut étourdissant et plus Malraux que jamais. Il n'y en a que pour lui ; cette expression qui a un air péjoratif cesse de l'avoir quand elle s'applique à Malraux : il se donne tellement, il a tant de choses à dire, il les dit si aisément sans chercher ; on pense qu'il écouterait tout aussi bien, s'il y avait un second Malraux, en supposant qu'il puisse y en avoir deux* [6] *!* »

Groethuysen donne la réplique, quelques autres commentent, Gide se tait : « *J'ai l'air d'être présent tout le temps, mais ce n'est pas vrai.* » Il constate que les temps nouveaux semblent favoriser davantage les orateurs que les écrivains ; cela ne le rassure pas sur son utilité.

Il est écrivain, pas autre chose ; c'est là sa seule existence. A quoi peut bien servir un écrivain qui rêve de révolution ? Trop jeune en politique, Gide n'est-il pas déjà trop vieux en littérature ? Les temps nouveaux qui s'annoncent ne réclament-ils pas des artistes nouveaux ? « *L'âge où purent fleurir les littératures et les arts est passé. Du moins j'entrevois une littérature et une poésie différentes, d'autres permissions, d'autres invites d'enthousiasme et de ferveur, des chemins nouveaux... Mais je doute si mon cœur est assez jeune encore pour y bondir* [7]. » Comme il connaissait autrefois la douleur d'avoir trop peu à offrir à Dieu, il éprouve aujourd'hui celle d'avoir trop peu à offrir à la révolution. Sa vie ? d'accord, mais quel usage pourrait-on en faire ?

« Et s'il fallait ma vie pour assurer le succès de l'URSS, je la donnerais aussitôt... comme ont fait, comme feront tant d'autres, et me confondant avec eux[8]. » Il sent si bien ce que cette déclaration a d'emphatique et de sonore qu'il ajoute aussitôt : « *J'écris ceci la tête froide et en toute sincérité, par grand besoin de laisser du moins ce témoignage, si la mort vient avant qu'il m'ait été possible de me mieux déclarer.* »

Le témoignage, c'est ce qui lui reste. A aucun moment Gide n'envisage d'y mêler son œuvre d'artiste ; à aucun moment il n'essaie d'élaborer une théorie de l'engagement littéraire, comme le fera Sartre. Il s'offre lui, pas ses livres. Sans doute est-il d'accord avec la description furibonde que fait de lui Martin du Gard : « *Il n'y a guère de nouveau dans ce que vous pensez : ce qui est nouveau, c'est que vous le pensiez ; et la surprise que ça vous cause vous illusionne souvent, je le crains, sur la valeur réelle de vos manifestations, leur apport, leur efficacité. Vos co-partisans ne sont sans doute pas les derniers à s'en apercevoir. Mais que leur importe ! Pour quelques-uns, votre apport, c'est de traduire dans la langue de Gide des pensées exprimées ailleurs, mais sans art ; pour la plupart, votre seul apport, c'est le scandale publicitaire qu'ils montent en épingle, la "conversion" d'André Gide, lamentable exhibition à laquelle vous ne vous êtes déjà que trop prêté, et qui donnent à ceux qui vous connaissent bien et vous aiment, l'impression dérisoire qu'on* nous *a chipé votre grand manteau et votre feutre, pour en affubler un épouvantail qu'on promène et brandit aux carrefours*[9]. » Martin du Gard ne se trompe que sur un point : Gide ne s'illusionne pas : il se *donne* au jeu, n'ayant rien d'autre à échanger. Il n'en attend pas autre chose que le droit de participer à l'avenir.

Il n'attend pas davantage de considération et d'amitié du côté des écrivains de gauche pour qui il ne doute pas de rester à jamais une « belle âme », un « *mandarin insoucieux des autres* ». Il n'apprécie pas autrement qu'il l'a toujours fait la littérature de Romain Rolland. Mais il signe sans hésiter l'appel du même Rolland pour la réunion d'un congrès mondial contre la guerre qui se déroulera le 29 août 1932 à Amsterdam et qu'on accusera vite d'avoir été inspiré par Moscou. C'est la première fois qu'il signe une pétition depuis l'affaire Dreyfus.

Mais s'il accepte de *compromettre* sa personne, Gide entend bien ne pas compromettre son écriture. C'est le sens du refus qu'il oppose à Barbusse et aux membres de l'Association des écrivains et des artistes révolutionnaires qui sollicitent son adhésion : « *Ceux qui me lisent aujourd'hui – et sur qui je peux exercer (fût-ce sans le vouloir) quelque influence et que je peux ainsi ramener vers vous – ne m'écouteront même plus, du jour où ils sauront que je pense et écrit par ordre* [10]. »

Il y a évidemment dans les raisons de Gide davantage que de la tactique : un principe. Guéhenno ne s'y trompe pas qui poursuit dans *Europe* ses attaques contre « Monsieur Gide » : « *Le renoncement au monde est dans son cas comme une dernière pose qui lui fait une nouvelle publicité. [...] Les pensées de M. Gide semblent trop souvent ne lui coûter rien. Cela revient à dire que M. Gide n'a pas assez souffert* [11]. »

Un bourgeois n'a jamais assez souffert ; son péché originel n'est susceptible d'aucune rédemption, sauf à se dissoudre dans le parti du prolétariat. Gide est prévenu qu'il n'a rien à attendre de ses alliés au moment où ses positions – des extraits de son *Journal* sont publiés par la *NRF* – gonflent la masse de ses ennemis. Pour aller jusqu'au bout de l'abnégation et du sacrifice, il commence à lire, le crayon à la main, *Le Capital* de Karl Marx.

Notes

1. Gide, *Journal 1926-1950*, *op. cit.*, 11 juin 1932.
2. *Ibid.*, 8 mars 1932.
3. Gide-Martin du Gard, *Correspondance*, *op. cit.*, 3 avril 1933, p. 555-556.
4. Gide, *Journal 1926-1950*, *op. cit.*, 13 juin 1932.
5. *Ibid.*, 27 février 1932.
6. *Les Cahiers de la Petite Dame*, *op. cit.*, 19 novembre 1931, p. 195.
7. Gide, *Journal 1926-1950*, *op. cit.*, 8 janvier 1932.
8. *Ibid.*, 23 avril 1932.
9. Gide-Martin du Gard, *Correspondance*, *op. cit.*, 3 avril 1933, p. 556-557.
10. Gide, « Lettre à l'AEAR », 13 décembre 1932. Repris dans Gide, *Littérature engagée*, Paris, Gallimard, 1950, p. 18-19.
11. Jean Guéhenno, « Monsieur Gide », *Europe*, 15 février 1933.

65
La faucille, le marteau et la croix

1933

« *D'humeur et de tempérament, je ne suis rien moins que révolutionnaire. Au surplus je n'ai, personnellement, qu'à me féliciter de l'état des choses. Mais, voyez-vous, ce qui me gêne, c'est précisément d'avoir à m'en féliciter ; c'est de me dire que, si vous n'étiez pas né du bon côté, vous ne penseriez peut-être pas de même ; de devoir penser, si vous êtes conservateur, que c'est vos avantages que vous souhaitez conserver et transmettre. [...] Lamentable hideur de cette foule petite-bourgeoise. Pas un être dont on souhaiterait prolonger l'existence. Ne parviens pas à me persuader que je souffre de rien de ce que l'on vient soigner ici*[1]. »

« *Si l'on prend parti,* écrit Gide, *aussitôt le parti vous prend.* » Il sait que son adhésion au communisme va l'entraîner bien au-delà de ce qu'il souhaite ; il y consent. On l'utilise, on se sert de lui comme agent publicitaire de la cause, on lui fait présider des réunions et des meetings ; il proteste que ce n'est pas son rôle, qu'il ne vaut rien dans ce genre d'affaire, et il va siéger à la tribune, entre Malraux et Guéhenno, entre Eugène Dabit et Paul Vaillant-Couturier. Ayant refusé d'adhérer à l'Association des écrivains et des artistes révolutionnaires, il n'en prononce pas moins le discours d'ouverture à la réunion qu'organise cette association le 21 mars 1933.

Hitler a pris le pouvoir en Allemagne le 30 janvier. Dans la nuit du 27 au 28 février, il a fait mettre le feu au Reichstag afin de faire arrêter des milliers de communistes, de socialistes et de Juifs. Toutes les libertés constitutionnelles sont suspendues. A la tribune de la salle du Grand-Orient, Gide commence son discours par un traditionnel *Mesdames et Messieurs* auquel il ajoute *Chers Camarades*. Sa brève allocution est dans ligne du Parti : « *Camarades, nous savons que la seule façon de faire "la guerre à la guerre", c'est de faire la guerre à l'impérialisme, chacun, chaque peuple, dans son propre pays ; car tout impérialisme enfante nécessairement la guerre* [2]. » Mais l'auditeur attentif, le stalinien convaincu ont pu y sentir des inflexions qui appartiennent à Gide. Ainsi sur la dictature qui règne en URSS et dont Gide ne se résout pas à nier l'existence : « *Pourquoi et comment j'en suis venu à approuver ici ce que là je réprouve, c'est que, dans le terrorisme allemand, je vois une reprise, un ressaisissement du plus déplorable, du plus détestable passé. Dans l'établissement de la société soviétique, une illimitée promesse d'avenir.* »

Il envoie une lettre émue à la jeunesse de l'URSS – « *Grâce à vous sera ce qu'on déclarait ne pas pouvoir être* » –, il lance un appel pour la commémoration de la révolution d'Octobre, il préside à la Mutualité – avec Rolland, Barbusse, Langevin, Jourdain – une séance du congrès mondial de la jeunesse contre la guerre et le fascisme. Du 12 juin au 30 juillet, *Les Caves du Vatican* paraissent en feuilleton dans *L'Humanité*, pour la plus grande irritation des amis de Gide : que vont-« ils » y comprendre ? « *Dans toute mon œuvre, je ne vois guère que cela à quoi malgré tout ils puissent prendre un certain amusement.* » Les barrières culturelles ne sont pas près de tomber.

On le promène, comme l'avait prévu Martin du Gard, et ce rôle de potiche glorieuse l'agace moins qu'elle ne l'amuse : il y expérimente les joies et les terreurs du contre-emploi. Lui qui a tant de mal à être lui-même dès qu'il paraît en public, lui qui bredouille davantage qu'il ne parle tant plusieurs pensées opposées le traversent à la fois, se contraint à présider un grand meeting des « Amis de l'URSS » où des délégués ouvriers français viennent rendre compte de leur voyage au pays des soviets. Il proteste – « *J'ai essayé de faire comprendre à Aragon que dans une même armée tous les hommes ne pouvaient pas combattre avec la même arme ; on veut me mettre dans l'artillerie lourde ! ça ne va pas* [3] » – mais il cède. Gide est un petit soldat soumis. Les meetings sont sa haire et sa discipline ; il paie son péché de bourgeoisie comme il payait avant-hier son péché de chair.

Mais si son corps se soumet, son esprit déjà regimbe. Lorsque les anticommunistes l'accablent d'insultes, il fait front – « *Depuis quarante ans tous m'ont reproché mon indécision et de ne pas savoir prendre parti*[4] » –, mais sa méditation privée déjà l'amène sur des chemins hétérodoxes. Sur la question du trotskisme, par exemple, contre lequel se déchaînent les dirigeants communistes français. En juillet 1932, il écrit avoir éprouvé un « *terrible désarroi après la lecture des manifestes trotskistes confiés par Pierre Naville* ». Mais la nécessaire unité du Parti l'a convaincu de mettre sous le boisseau ses craintes « *si bien fondées que puissent me paraître certaines critiques*[5] ». L'année suivante, en revanche, lorsque la *NRF*, sous la signature d'un protégé de Paulhan, Charles-Albert Cingria, liquide en quelques lignes méprisantes *Littérature et Révolution* de Trotski, Gide est assez furieux pour écrire à Paulhan : « *Vous savez que je ne suis pas trotskiste, et, ce que je reproche ici, ce n'est pas de mécontenter les trotskistes mais bien de leur donner de si bonnes raisons d'être furieux contre la* NRF. » « *Toutes les orthodoxies me sont suspectes* », écrit-il avant de recopier cette lettre dans son journal[6].

Il va déjà plus loin que la suspicion : « *Ce qui m'effraie, c'est que cette religion communiste comporte, elle aussi, un dogme, une orthodoxie, des textes auxquels on se réfère, une abdication de la critique... C'est trop. [...] Si je reste avec eux, c'est que mon cœur et ma raison même me le conseillent et non point parce que :* "il est écrit..." *Que le texte invoqué soit de Marx ou Lénine, je ne m'y soumettrai que mon cœur et ma raison ne l'approuvent, et si je m'échappe de l'autorité d'Aristote ou de l'apôtre Paul, ce n'est point pour retomber sous la leur*[7]. »

Dès ce moment, alors qu'il met son temps et sa renommée – mais peu sa plume – au service de la cause révolutionnaire russe, Gide élabore une vision du communisme et de l'avenir de l'humanité, bien éloignée du *credo* stalinien.

Gide tout d'abord, et nul n'en sera surpris, ne se résigne pas à une explication purement matérialiste du monde. Si le capitalisme lui est haïssable, c'est que l'exploitation des faibles y est inséparable de l'étouffement de leur esprit. Le capitalisme est la laideur du monde, la négation de la vie. Mais Gide voit bien comment le communisme peut devenir une sorte de capitalisme à l'envers où la juste répartition des biens se paierait d'un semblable asservissement des âmes. D'où l'espoir qu'il formule, sans oser tout à fait y croire, d'une spiritualisation du communisme, d'un communisme des différences où l'irréductible diversité des exécutants ferait la richesse et la beauté de la symphonie.

Le communisme gidien, tout imprégné d'héroïsme, réconcilie idéalement l'égalitarisme et l'individualisme – ou encore Évangile et Révolution : « *Parce que vous, communistes, n'admettez pas la divinité du Christ, c'est en homme que vous devez le juger, et, dès lors, vous devez bien constater et admettre qu'il a pleinement mérité d'être accusé et condamné par ceux-là mêmes qui sont vos pires ennemis, par les pouvoirs contre lesquels vous vous dressez [...] Et que par conséquent, Christ est des vôtres*[8]. »

On retrouve là une figure chère à Gide : celle de la défiguration du message évangélique par la religion, ses dogmes, ses institutions, son rejet de la vérité humaine. Plus que Marx qui l'ennuie et qu'il connaît mal, c'est le Christ – représentation quasi nietzschéenne et prométhéenne de l'Homme-Dieu – que Gide propose à l'avenir. Il n'est pas le seul. Dans le grand mouvement des idées et des passions qui agite la société européenne des années trente se produisent des rencontres inédites. Nicolas Berdiaeff dans un article publié par la revue catholique *Esprit*, intitulé « Vérité et mensonge du communisme », écrit, en octobre 1932 : « *Pour le chrétien, le communisme devrait avoir une signification particulière : il est témoignage du devoir non rempli, de la tâche irréalisée du christianisme.* »

Poussant un peu plus loin l'engagement, l'Union des communistes-spiritualistes publie une revue, *Terre nouvelle*, dont la couverture s'orne d'une grande croix sur laquelle se croisent la faucille et le marteau.

« *J'estime que l'URSS n'aura définitivement triomphé que le jour où elle pourra produire des œuvres complètement dégagées du souci de la lutte des classes. Je suis pour ma part convaincu qu'elle y parviendra et très prochainement*[9]. » Gide est pressé. Il partage avec beaucoup d'intellectuels l'idée que la démocratie libérale est en train de mourir et que l'avenir de l'humanité se joue, immédiatement, entre les deux forces de rassemblement qui s'affrontent : le fascisme-nazisme – la crispation nationaliste sur le passé – et le communisme.

L'affrontement est imminent et va, quelle qu'en soit l'issue, changer le cours des sociétés humaines. En attendant, Gide se retient d'écrire : le temps de l'engagement ne peut pas être celui de l'art.

Il a accepté qu'une troupe de Lausanne, les « Bellettriens », monte une adaptation théâtrale des *Caves du Vatican*, mais il est vite navré par la caricature sommaire, militante, grossièrement anticléricale que les comédiens donnent de son livre. Le malentendu est total entre les jeunes révoltés qui veulent faire des *Caves* un pamphlet, une farce de combat contre la bêtise bourgeoise, et l'écrivain « rouge » qui tient néanmoins à préserver la subtilité de sa pensée : « *Il me revient encore qu'Autan* [le metteur en scène] *disait : "Mais vous châtrez votre œuvre" et que Gide répondait indigné : "Dites plutôt que je refuse les couilles en carton que vous prétendez me donner*[10]. » La même mésaventure risquait de se reproduire au cinéma. Les Soviétiques, par l'intermédiaire d'Aragon, proposent à Gide de réaliser dans leurs studios une adaptation des *Caves*. Mais il faudrait que le scénario en fût écrit à Moscou, Gide se contentant d'indiquer « *la liberté politique d'interprétation que vous consentez* ». La réponse de Gide est sans équivoque : « *Plus j'y pense, plus la proposition me paraît inadmissible. [...] Ça devient du Léo Taxil. Mieux vaut reconnaître aussitôt que le livre ne convient pas. Il y a plus : une arme dont le manche serait ainsi faussé risque de blesser la main qui en fait usage*[11]. »

Les œuvres nouvelles qu'attend Gide de la révolution – et que peut-être il attend de lui-même – seront à mille lieues du réalisme socialiste.

Notes

1. Gide, *Journal 1926-1950*, *op. cit.*, juin 1933.
2. Gide, « Fascisme », repris dans *Littérature engagée*, *op. cit.*, p. 23.
3. *Les Cahiers de la Petite Dame, 1929-1937*, *op. cit.*, 30 mai 1933, p. 310-311.
4. Gide, Lettre à Ramon Fernandez, juin 1933, dans *Littérature engagée*, *op. cit.*, p. 36.

5. Gide, *Journal 1926-1950*, *op. cit.*, 29 juillet 1932.
6. *Ibid.*, juin 1933.
7. *Ibid.*, 29 août 1933.
8. *Ibid.*, 4 juillet 1933.
9. *Ibid.*, *Feuillets retrouvés*, 1933, p. 318.
10. *Les Cahiers de la Petite Dame*, *op. cit.*, 22 octobre 1933, p. 339.
11. André Gide à Aragon, 19 mai 1933.

66

Comment retrouver la joie ?

1934

« Il est bon d'avoir remis tout en doute et de ne prendre appui que sur un sol bien nettoyé. Mais c'est pour repartir à neuf. Le pourrai-je moi-même ? Ai-je encore assez de force aujourd'hui ? Les jeunes gens qui viennent à moi sentent bien que je voudrais leur déléguer tous mes pouvoirs. – Pour un long temps encore, il ne peut plus être question d'œuvres d'art. Il faudrait pour prêter l'oreille aux nouveaux indistincts accords, n'être pas assourdi par les plaintes[1]. »

Un pas de plus dans l'engagement. Cette fois, il ne s'agit plus seulement de prêter son nom, sa voix et sa silhouette aux estrades des meetings. Le 4 janvier, Gide et Malraux quittent Paris pour Berlin. Ils veulent rencontrer le vieil Hindenburg et Goebbels, le ministre de la Propagande de Hitler, afin d'obtenir d'eux la libération du dirigeant communiste bulgare Dimitrov et de deux de ses compagnons, Tanev et Popov. Dimitrov a été arrêté dans les grandes rafles qui ont suivi l'incendie du Reichstag. Bien qu'aucune charge n'ait pu être retenue contre lui lors du procès qui lui a été fait, Dimitrov, acquitté, est maintenu en prison. Malraux et Gide ont un moment, semble-t-il, projeté d'enlever Dimitrov avant de se convaincre qu'il était trop bien gardé. On navigue entre l'épopée et la farce, entre *La Condition humaine* et *Les Caves du Vatican*. N'empêche que Gide et son compère, tous deux présentés par la presse nazie comme des agents du communisme international prennent un risque d'autant plus insensé qu'il est inutile. Ils ne rencontreront pas Goebbels et devront se contenter de déposer une lettre. Pire : avant même qu'ils ne s'embarquent en avion pour l'Allemagne, Staline a déjà engagé des négociations en sous-main avec les hitlériens pour récupérer ses compagnons – qui seront d'ailleurs élargis le 27 février. L'agitation des intellectuels – des comités Dimitrov ont été créés un peu partout en Europe – est une diversion dans la stratégie stalinienne. Malraux et Gide sont les petits fantassins d'une manœuvre qu'ils ignorent.

L'eussent-ils connue que leur expédition à Berlin n'en aurait sans doute pas été affectée : plus encore que témoigner, ils veulent servir, dans ce territoire de la politique dont ils imaginent les fins et ignorent les moyens. Les historiens et les journalistes qui, depuis l'effondrement du communisme en Russie et en Europe centrale, fouillent les archives policières afin d'y découvrir les noms des « agents » contrôlés par Moscou dans les pays occidentaux, font souvent preuve de cette légèreté ou de cette naïveté qu'ils reprochent aux intellectuels « manipulés ». Ils se placent dans la logique des policiers et des espions dont ils lisent les notes plutôt que dans celle des écrivains et des artistes qu'ils accusent de s'être laissé avoir. Ils sont contaminés par le virus policier et bureaucratique qu'ils étudient.

Qu'il y ait eu, dans la nuée de bureaux et d'officines qui prolifèrent à Moscou sous Staline, des organismes spécifiquement chargés de la propagande dans les pays capitalistes et, à l'intérieur de ce secteur, des fonctionnaires chargés de la pénétration des milieux intellectuels – communistes, sympathisants, compagnons de route –, c'est une évidence. Ils ont fait des fiches, empli des dossiers, égrené des listes de noms comme des bulletins de victoire. Ils ont aussi, comme tous les membres de toutes les administrations du monde, gonflé leurs résultats afin de plaire à leurs chefs et accroître l'importance et le pouvoir de leur section. Ils ont feint d'organiser et de diriger ce qui souvent leur échappait ; c'est le privilège de l'ombre et sa folie. Mis à part, sans doute, quelques obscurs tâcherons des lettres, payés à gages ou récompensés par de dérisoires salaires symboliques – un séjour sur la mer Noire, l'édition d'une nouvelle dans l'organe de l'union des écrivains ou une notule enthousiaste dans *Europe* ou dans *L'Humanité* –, personne n'a été mis « sous influence » parce que personne n'avait besoin de cela pour agir dans le sens souhaité. Si Gide, Malraux, Barbusse ou Louis Guilloux travaillent pour Staline, c'est par un choix qui ne doit rien au complot des bureaucrates, ni à la subtilité des argousins.

C'est librement, en ayant pesé au préalable avec ses amis les termes de son discours, que Gide s'adresse en août au premier congrès des écrivains de l'URSS auquel assistent Jean-Richard Bloch, André Malraux, Paul Nizan et Vladimir Pozner. Et dans son message il sait faire entendre sa voix propre, bien éloignée de celle du réalisme socialiste que cherche à imposer Staline : « *Dans le domaine de l'esprit, la tâche de l'URSS est aujourd'hui d'instaurer, en littérature et en art, un individualisme communiste ; [...] Sans doute une période d'affirmation intempérée était nécessaire, mais l'URSS a dépassé ce stade. [...] Le communiste ne saura s'imposer qu'en tenant compte des particularités de chaque individu. Chaque artiste est nécessairement individualiste, si fortes que puissent être ses convictions communistes et son attachement au parti. Ce n'est qu'ainsi qu'il peut faire œuvre utile et servir la société*[2]. »

Point de vue d'un intellectuel occidental et bourgeois sur une révolution qu'il rêve ? Au cours du même congrès, Boukharine, membre du bureau politique du PC de l'URSS, ne dit guère autre chose : « *La simple paraphrase en vers des mots d'ordre ne satisfait plus personne... Il faut aller vers la synthèse, vers un art puissant, riche et multiforme.* » Et Ilya Ehrenbourg, dont la future carrière comme apparatchik de la littérature est connue, proclame alors : « *La création d'une œuvre artistique est chose individuelle, je dirai même : intime, et je suis convaincu que les brigades littéraires entreront dans l'histoire de nos lettres comme un détail pittoresque de nos années d'adolescence.* » Leur idée à tous est que la révolution étant faite, la littérature peut enfin commencer à vivre. Gide ne souhaite pas autre chose. Comme de nombreux communistes de cette époque, en Russie et ailleurs, il croit que l'avenir est encore ouvert et il ne s'engage que pour lui donner sa chance.

Son message aux écrivains soviétiques était bref. L'intervention d'ouverture qu'il prononce, devant 4 500 personnes, à la Mutualité, pour une réunion de l'AEAR le 23 octobre, développe sa pensée sur les relations de la littérature et de la révolution avec une particulière netteté. On y constate la permanence d'une vision de l'homme et de l'art, sous un simple changement d'accent.

Premier mouvement : l'homme change. Il n'est pas ce qu'il a toujours été ; il est ce qu'il devient, ce qu'il se découvre être quand il rejette les conventions, les masques, les déformations, imposées ou consenties. Deuxième mouvement : « *Cette incessante découverte, redécouverte de l'homme, chaque écrivain de valeur doit la tenter. C'est ainsi que, dans sa partie, il paraît immanquablement révolutionnaire aux yeux de tous ceux qui acceptent une image de l'homme conventionnelle.* » Il y a une convention bourgeoise, mais il peut aussi y avoir une convention communiste : « *J'estime que toute littérature est en grand péril dès que l'écrivain se voit tenu d'obéir à un mot d'ordre.* » D'où le troisième mouvement : « *La littérature n'a pas à se mettre au service de la Révolution. [...] l'art, en se préoccupant uniquement de vérité, sert nécessairement la Révolution. Il ne la suit pas ; il ne s'y soumet pas ; il ne la reflète pas. Il l'éclaire.* » Dernier mouvement, en apothéose spiritualiste : « *Je vous dirai maintenant mon espérance : c'est que le triomphe de l'URSS permette l'avènement d'une littérature joyeuse* [3]. » La joie, stade suprême de la libération de l'esprit, est interdite aux écrivains tant que dure le « *lamentable et honteux spectacle* » d'une humanité matériellement et spirituellement dans les chaînes. La cause du communisme n'est, pour Gide, que la forme présente de la cause de l'esprit, la seule qui lui importe et qui soit de son domaine. La littérature est sa seule politique.

Mais quelle littérature inventer qui *éclaire* cet homme nouveau dont Gide, depuis un demi-siècle, trace la silhouette ? La réponse spontanée de l'écrivain ne surprend pas : continuer comme avant, poursuivre la politique de la littérature qui a toujours été la sienne, celle de l'exploration de toutes les potentialités humaines dans la pure lumière de l'écriture. Il se remet à *Geneviève* qui, à la relecture, « *ne m'a point paru (comme je le craignais) si mauvais que je ne puisse et doive continuer* [4] ». Mais quelque chose le gêne dans cette reprise de la trame ancienne : elle ne tient pas compte de l'ébranlement qu'a été pour lui la découverte du réel, « *cette blessure qu'il ne faut pas laisser se cicatriser, mais qui doit demeurer toujours douloureuse et saignante, cette blessure au contact de l'affreuse réalité*[5] ». Comment retrouver le sens de la joie et l'exaltation intime de la ferveur lorsqu'on sait ce que, désormais, il ne lui est plus permis d'ignorer ? Comment introduire l'histoire dans une pensée qui a trouvé toute sa force à la négliger et à côtoyer l'absolu ? Bien qu'il se soit toujours refusé à engager son écriture, Gide doit affronter une crise de cette écriture liée à son engagement intellectuel. Pour sortir de cette impasse, il envisage de suspendre son activité d'écrivain : « *Je préfère me taire plutôt que de parler sous une dictée, si ceci doit fausser ma voix. La question sociale m'apparaît aujourd'hui la plus importante de toutes et je consens volontiers que l'art subisse, de ce fait, une éclipse prolongée*[6]. » Mais aussitôt a-t-il envisagé ce parti qu'il y soupçonne un effet de la paresse, une acceptation de l'amoindrissement de la vieillesse, un acquiescement à l'épuisement de ses facultés créatrices : tout ce qu'il se raconte et qu'il confie aux tribunes n'est-il pas une ruse que lui joue le diable pour le détourner de la vérité : il est vieux, il n'a plus rien de neuf à dire, le temps est venu de passer le témoin à une nouvelle génération d'écrivains ? « *Suis-je capable encore de mener à bien une œuvre nouvelle ? Cette question, je ne devrais même pas la poser. Mais, autour de moi et en moi, je sens si peu de permissions, je vois s'élever tant d'obstacles ! Ma confiance est si limitée ! La masse à soulever me paraît d'avance si lourde ! Mes forces si disproportionnées à ce que je voudrais entreprendre ! Et, devant moi, le temps si court*[7] *!* » L'irruption du réel n'a pas seulement bouleversé son paysage ; elle a fait de lui un coupable. Il croyait parler au nom de l'humanité entière ; il ne le fait plus qu'en celui d'une minorité de privilégiés de la naissance et de la fortune. Plus encore que le poids des ans, le poids des classes trouble sa parole : « *Je reste beaucoup plus moral que je ne voudrais.* »

Il cherche, avec impatience, une voie de compromis qui le sorte de l'hésitation et de l'impuissance. Sur le canevas initial de *Geneviève*, il tente de greffer du réalisme, du documentaire : l'histoire du foyer franco-belge où il a travaillé durant la guerre. Il lit des passages de son manuscrit à la Petite Dame qui ne lui cache rien de l'ennui qu'ils lui inspirent. Il l'approuve : « *Tout au fond est médiocre, sans forme. […] Au fond, je me sers très mal de la réalité, des documents, et je suis beaucoup meilleur quand j'invente. J'écris tout cela contre ma pente naturelle [...] A mon âge, on ne se refait pas une esthétique. J'ai passé ma vie à essayer de quitter la réalité pour recréer la vie. J'ai tort, tout à fait, de vouloir entrer dans des formes connues. Si je ne puis plus en trouver une à moi, mieux vaut ne plus écrire*[8]. »

Il publie pourtant. Le 30 avril, l'Opéra de Paris donne *Perséphone* dont il a écrit le livret sur une musique d'Igor Stravinski, dans une mise en scène d'Ida Rubinstein et de Jacques Copeau. Le résultat ne risque pas de réconcilier Gide avec le théâtre : la musique de Stravinski rend inaudibles les vers de Gide, la réalisation est hiératique et monotone : « *Ceci va me sacrer une fois de plus auteur ennuyeux, et voilà.* » Gide quitte l'Opéra avant la fin de la représentation.

Impasse encore ? Sans doute, mais qui oblige Gide à poursuivre, au fond, sa remise en question ; tout comme, dans un autre domaine, les procès de Moscou ouverts après l'assassinat de Kirov le 1er décembre 1934. Gide ne renie rien : les résistances, les obstacles l'obligent à se replacer, à retrouver la source existentielle de son activité d'écrivain. « *J'aurais horreur d'un monde où tous les êtres penseraient comme moi* », a-t-il déjà déclaré. Il fait un pas de plus vers lui-même et vers son œuvre : « *Au fond, ce qui m'intéresse vraiment, c'est d'obtenir l'oreille, le crédit de ceux qui ne pensent pas comme moi ; écrire simplement sur fond rouge quand on est rouge, cela ne m'intéresse pas*[9]. »

Notes

1. Gide, *Journal 1926-1950*, *op. cit.*, 25 juillet 1934.

2. Gide, « Message au premier congrès des écrivains soviétiques ». Repris dans *Littérature engagée*, *op. cit.*, p. 55.

3. Gide, « Littérature et révolution », discours prononcé le 23 octobre 1934. Repris dans *Littérature engagée*, *op. cit.*, p. 58-60.

4. Gide, *Journal 1926-1950*, *op. cit.*, 6 février 1934. Gide se trouve alors à Syracuse, où il réside à la villa Politi. Aucun écho dans le *Journal* des émeutes parisiennes contre la république avant le retour de Gide à Paris, au début mars, mais il s'inscrit immédiatement au Comité de vigilance des écrivains antifascistes : « *Incapable, des heures durant, de penser à rien d'autre ; mais nulle envie d'en parler dans ce carnet.* »

5. *Ibid.*, 15 août 1934.
6. *Ibid.*, *Feuillets retrouvés*, 1934, p. 352.
7. *Ibid.*, 18 août 1934, p. 345.
8. *Les Cahiers de la Petite Dame*, 1929-1937, *op. cit.*, 8 avril 1934, p. 371-372.
9. *Ibid.*, 3 décembre 1934, p. 422.

67

Écrire, mais pour qui ?

<u>1935</u>

« Je suis rien moins qu'un théoricien. […] Si je n'ai pas senti des contradictions entre la position communiste et la position individualiste, n'est-ce point parce que cette contradiction reste théorique et factice ? C'est ce dont je me suis persuadé. Certains catholiques m'ont, du reste, expliqué que j'étais en cela parfaitement d'accord avec Aristote et saint Thomas, me l'ont écrit et prouvé avec force textes à l'appui. Cela m'a forcé de penser : "Tiens, il se pourrait donc que j'aie raison !" Mais je ne tiens pas à avoir raison ; car tout cela n'est point pour moi une affaire de raisonnement ; du moins d'abord. Le raisonnement ne viendra qu'ensuite corroborer le sentiment. "Ce sont les sentiments qui mènent l'homme et non point les idées"[1]. »

Fin janvier 1935, à l'initiative de Ramon Fernandez, l'« Union pour la vérité », le cénacle intellectuel fondé par Paul Desjardins, « *laboratoire probe et désintéressé de pensée critique* » ainsi que le définit lui-même le créateur des décades de Pontigny, organise un débat intitulé « André Gide et notre temps ». Pendant deux heures et demie, l'auteur des *Nourritures terrestres* y subit l'assaut de ses plus rudes contradicteurs. Ainsi l'a voulu Gide qui a tenu à ce qu'on invite à la fête les intellectuels les plus hostiles à sa personne et à ses écrits. Il y a là Fernandez, Gabriel Marcel, Thierry Maulnier, Daniel Halévy et même Henri Massis que Gide n'a pas revu depuis 1912. Mauriac et Maritain sont là aussi ; seul Guéhenno représente la pensée de gauche, et il n'aime pas Gide, le bourgeois.

Par la volonté de Gide, voici donc réunis pour un dialogue, dans un pays qu'on dit au bord de la guerre civile, des intellectuels tentés par le fascisme – Massis, Maulnier, Marcel vont signer, en octobre, le « manifeste pour la défense de l'Occident » favorable à « l'œuvre civilisatrice » de Mussolini –, d'autres engagés du côté des communistes ; des catholiques enfin déchirés entre deux athéismes et cherchant en vain la direction d'une troisième voie. Malgré les tensions extrêmes du champ politique, le champ intellectuel conserve encore assez d'autonomie pour permettre un échange d'idées très éloigné des échanges d'invectives. La fermeté même des positions prises y exclut les manœuvres de la guerre.

C'est aussi pour Gide, confronté publiquement à toutes ses oppositions réunies, l'occasion de faire entendre l'originalité de sa voix avec une particulière netteté : « *La chose à laquelle je tiens le plus, c'est mon art. Que l'entente de l'art et de la doctrine communiste soit possible, je veux le croire. Mais il me faut avouer que le point d'accord et de fusion, je n'ai su jusqu'à présent l'obtenir – en raison aussi des longues habitudes prises [...] Montaigne vit toujours en moi ; mais le "mol et doux oreiller" de Montaigne, je ne consens plus à y "reposer une tête bien faite". Cet oreiller d'ignorance et de curiosité (des questions sociales), j'en avais besoin pour écrire. Depuis quatre ans que les questions sociales me préoccupent, je n'écris plus*[2]. »

Il a une autre raison d'être satisfait d'une telle rencontre : face à des hommes de doctrines, à des champions de la définition et à des virtuoses du dogme et de la théorie, il est apparu comme le seul véritable *artiste* : le seul qui place la vérité de la vie devant la vérité de la raison et devant celle de la révélation. Massis, Maritain et les autres philosophent ou théologisent. Ils manient et articulent des concepts, comme le fait Marx. Ils décollent les mots de la vie ; ils la mécanisent et la font ensuite entrer tant bien que mal et toute déformée dans leurs grilles d'interprétation. L'art, la littérature procèdent à l'inverse : « *La scansion de la phrase, la disposition des syllabes, la place des fortes et des faibles, tout cela m'importe autant que la pensée même et celle-ci me paraît boiteuse ou faussée si quelque pied lui manque ou la surcharge. C'est ainsi que la pensée ne vaut pour moi que lorsqu'elle participe à la vie, qu'elle respire, s'anime et que l'on sent, à travers les mots et dans leur gonflement, battre un cœur*[3]. » Gide sait que la clé de son influence est là : pas dans l'ampleur de sa construction métaphysique, pas dans la force de percussion de ses raisonnements, surtout pas dans l'exemplarité de ses positions : dans la relation intime qu'institue sa phrase entre sa recherche de l'humaine vérité et l'esprit de ses lecteurs.

Qu'est-ce qui peut fausser cette relation ? Qu'est-ce qui peut empêcher la musique exacte de la phrase gidienne de toucher chacun ? Quels obstacles s'opposent aux pouvoirs de la sincérité méthodique ? Au cours de sa carrière des lettres, Gide en a rencontré de nombreux qu'il a su, tour à tour ou ensemble, affronter et transformer : la famille, l'amour, la religion, la tradition. Il vient d'en découvrir un autre, d'une nature différente – la barrière des classes –, devant lequel il se sent démuni. Quoi qu'il fasse ou dise, il est, à jamais, bourgeois : « *Je sens aujourd'hui, gravement, péniblement, cette infériorité, – de n'avoir jamais eu à gagner mon pain, de n'avoir jamais travaillé dans la gêne. [...] Il y a là quelque chose à quoi la plus riche imagination ne peut suppléer, une certaine sorte d'instruction profonde que rien, par la suite, ne pourra jamais remplacer*[4]. » Ce statut le place dans un état d'étrangeté vis-à-vis de l'immense majorité de l'humanité. Comment prétendre parler de l'homme avec vérité lorsqu'on ne possède qu'une expérience si lacunaire de sa vie ? Et comment même parler des autres, des nantis ? « *Il entre dans les relations entre "bourgeois" un peu de connivence (j'allais dire : de complicité), un peu de ce sentiment abject de ceux qui "ont gardé les cochons ensemble" ; on a les mêmes habitudes et l'on chausse les mêmes souliers*[5]. »

Il ne sait plus pour qui écrire. Jusqu'à présent, il lui suffisait de se regarder, sous tous ses angles, pour croire reconnaître l'humanité imparfaite. Il n'avait qu'à écrire et à se relire – assisté de quelques amis qui lui ressemblaient – pour savoir si ses mots, ses phrases, ses livres atteignaient la cible qu'il s'était fixée. Désormais, ce jeu de miroirs lui apparaît trompeur, incomplet. Il ne s'en remettra jamais complètement.

Gide a toujours entretenu avec l'« autre monde », celui des pauvres, un rapport trouble fait de compassion, de désir, de dégoût, de protection, d'émotivité larmoyante, de maladresse et d'envie métaphysique. Il cherche à se désengluer de ce sirop. Intellectuellement, la chose est assez facile, et si Marx l'y aide, plus encore sans doute l'exemple de l'oncle Charles. Charles Gide est mort, à quatre-vingt-cinq ans, en avril 1932. Gide n'aimait guère ce penseur protestant rigide, moraliste intransigeant, persuadé que la gloire de son neveu devait tout aux dévoiements du snobisme. Dans *Si le grain ne meurt*, il avait tracé de l'oncle Charles un portrait si sévère qu'il n'eut de cesse, par la suite, d'y apporter des retouches : Charles Gide était aussi un homme d'une « *extraordinaire valeur* ». Le neveu lit l'œuvre du grand économiste sur la « question sociale ». Il est frappé par sa lucidité, par la force de ses analyses sur le mouvement coopératif dans lequel il voit « *la conquête de l'industrie par les classes populaires* », par l'audace de ses conceptions qui visent à transformer une société dominée par les producteurs – industriels, propriétaires agricoles, détenteurs de capitaux – en une autre que façonneraient les consommateurs : le peuple. Il est séduit par cette construction d'une société sans classes, son intelligence y adhérerait volontiers, mais il a besoin de plus : d'une adhésion affective, concrète, particulière. A l'oncle Charles, « *grande et belle figure* », il reproche son intellectualisme : « *Il ne pouvait comprendre autrui que par la pensée, et comprendre d'autrui que des pensées. Au demeurant fort capable d'émotion, et des plus sublimes et des plus vives, mais d'ordre général ; il restait on ne peut moins soucieux du particulier et de ce qui différencie. […] Il vivait parmi les entités. Même l'amour et l'amitié devaient se dépersonnaliser pour trouver accès dans son cœur, qui ne battait jamais si fort que pour le collectif*[6]. » Le portrait de l'oncle Charles contient en creux un autoportrait du neveu : Gide ne se saisit de l'idée générale que dans un rapport affectif avec le particulier ; il n'entrevoit ce qui rassemble qu'au travers de ce qui différencie. Son désir de franchir enfin la barrière des classes doit avoir un visage, une voix, une aventure unique. Il se nomme Jef Last.

Gide a connu Last lors de la réunion des écrivains révolutionnaires d'octobre 1934. C'est un marin hollandais, communiste, écrivain à ses heures, « *emballant, savoureux, ironique, à travers un français impossible*[7] ». Last a été en URSS à plusieurs reprises.

Il y a constaté qu'après une période « *d'entière liberté des mœurs, dans tous les genres* » une certaine *sévérité de pudeur* commençait à peser sur la vie privée.

Last devient un familier du Vaneau, Gide l'emmène au printemps dans un périple au Maroc. Dans son *Journal*, il note avec scrupule les critiques que formule son ami contre certains aspects des *Nourritures terrestres* : « *Jef estime que le récit de Ménalque fait tache et trou dans mes* Nourritures. *Il a raison* [8]. » Communiste bourlingueur, doté comme Groethuysen d'une épouse plus farouchement militante que lui, autodidacte qui a fait ses classes au contact des luttes ouvrières et de la répression, Last, entre deux périples, apporte aux intellectuels du Vaneau ses informations, son expérience, la finesse de ses observations, la simplicité de son comportement : une certaine évidence révolutionnaire. Il écrit aussi, et Gide fait traduire du néerlandais son premier livre, *Zuyderzee*, qui paraîtra à la *NRF* en 1938 et dont il fera la préface.

L'étoile montante de Jef Last semble ternir celle de Malraux. Les fulgurantes improvisations de l'auteur de *La Condition humaine* impressionnent toujours Gide, mais l'intérêt se nuance : « *Je ne doute pas qu'il ait l'étoffe d'un grand homme ; à mes yeux son prestige est très grand, très réel, mais je ne pense pas qu'il devienne un grand écrivain. Il n'a pas une bonne langue, il ne connaît pas d'instinct son métier et il aboutit malgré tout à une pseudo-écriture d'artiste* [9]. »

La présence de Last encourage Gide à écrire « *une pièce de théâtre réellement révolutionnaire* ». Elle est également sensible dans le discours que prononce Gide au premier congrès international des écrivains pour la défense de la culture qu'il préside en juin 1935 à la Mutualité.

Le congrès réunit 230 délégués venus de 38 pays – y compris d'Allemagne où certains d'entre eux poursuivent clandestinement leurs activités. A la fin de ses travaux, il élira un présidium de douze membres dont il est intéressant de noter la composition : trois Français – Henri Barbusse, Romain Rolland, André Gide –, deux Allemands – Heinrich et Thomas Mann –, un Russe – Maxime Gorki –, deux Anglais – Edward Forster et Aldous Huxley –, un Irlandais – Bernard Shaw –, un Américain – Sinclair Lewis –, une Suédoise – Selma Lagerlöf – et un Espagnol,

Ramón del Valle Inclán. Il s'agit de la première formation d'une Internationale des écrivains, dotée d'une structure permanente et dont le but est de défendre la culture partout où elle est menacée. L'intervention de Gide propose un regard panoramique sur la littérature française : « *Ce qui me paraît la caractériser le plus, dans son ensemble, c'est une extraordinaire propension à s'abstraire et à se parfaire en s'écartant des contingences, des accidents et des difficultés matérielles de la vie. […] Les admirables tragédies de Racine, par exemple, sont des fleurs qui ne peuvent s'épanouir que sous châssis.* » Cet art de privilégiés amené à la perfection, explique Gide, était condamné à devenir, au bout de sa sophistication, à la pointe de sa beauté, artifice. Au point de confondre civilisation et facticité, littérature et mensonge. La culture sous vitrine, admirable, historiquement indispensable – comme le capitalisme – est désormais exsangue. Elle ne peut plus espérer donner des fruits nouveaux et savoureux qu'en aidant *sincèrement* à créer l'homme nouveau : « *Communier avec sa classe est, pour l'écrivain bourgeois, impossible. Communier avec le peuple… eh bien je dis que c'est impossible également, tant que le peuple n'est encore que ce qu'il est aujourd'hui, tant que le peuple n'est pas ce qu'il peut être, ce qu'il doit être, ce qu'il sera, si nous l'aidons*[10]. » L'œuvre d'art ne peut s'adresser qu'à des lecteurs futurs qu'il convient aujourd'hui de faire advenir.

En avril 1932, à Léningrad, un intellectuel soviétique écrit cette phrase que Gide pourrait signer : « *La littérature prolétarienne n'ajoutera un élément capital à la vie spirituelle de la classe ouvrière que si, écartant toutes les entraves qu'on lui proposera, elle n'impose à l'écrivain qu'une règle de sincérité absolue envers ses camarades et lui-même.* » L'écrivain est un communiste, partisan de Trotski. On l'a privé de son travail, arrêté, déporté sans jugement. Il se nomme Victor Serge. Au congrès pour la défense de la culture, grâce à l'intervention de Gide et malgré l'obstruction des représentants soviétiques présents, deux écrivains, Charles Plisnier et Magdelaine Paz, ont posé publiquement « le cas Victor Serge ». Dès le 29 mars, Gide écrit à l'ambassadeur d'URSS en France pour évoquer, à propos de Serge, sous les formes les plus diplomatiques et fraternelles… l'affaire Dreyfus. Il va dès lors intervenir, discrètement et par plusieurs canaux, pour obtenir la libération de l'écrivain oppositionnel qui sera, en mai 1936, autorisé à quitter l'Union soviétique.

Les autorités russes cherchent alors à satisfaire Gide. Depuis quelques semaines déjà, elles sont entrées en négociation avec lui, par l'intermédiaire de Pierre Herbart. Elles ont l'idée d'une belle opération de propagande : inviter Gide pour un long séjour au pays des soviets.

Notes

1. Gide, intervention au débat « André Gide et notre temps » organisé par l'« Union pour la vérité », 26 janvier 1935. Repris dans *Littérature engagée*, *op. cit.*, p. 72-73.
2. *Ibid.*, p. 64 et 70.
3. Gide, *Journal 1925-1950*, *op. cit.*, 24 mars 1935.
4. *Ibid.*, 8 mars 1935.
5. *Ibid.*, 6 octobre 1935.
6. *Ibid.*, 16 janvier 1932.
7. *Les Cahiers de la Petite Dame, 1929-1937*, *op. cit.*, 23 octobre 1934, p. 411.
8. Gide, *Journal 1926-1950*, *op. cit.*, 24 mars 1935.
9. *Les Cahiers de la Petite Dame*, *op. cit.*, mai 1935, p. 446 et 448.
10. Gide, « Défense de la culture », 22 juin 1935. Repris dans *Littérature engagée*, *op. cit.*, p. 83-96.

68
Le courage de voir

1936

« *Un immense, un effroyable désarroi. Dîné avec Schiffrin, qui essaie de se raccrocher à moi et de trouver dans ma conversation quelques secours. Il parle de sa “déception” en URSS et de celle de Guilloux ; me rapportent la longue conversation qu'ils eurent ensemble sur le chemin du retour. J'ergote : le mot “déception” me paraît inexact ; mais je ne sais trop que proposer à la place*[1]. »

Gide a longuement hésité avant d'accepter la proposition des autorités soviétiques. Pierre Herbart qui va diriger à Moscou la section française de *La Revue internationale*, la revue de politique étrangère du PCUS, l'a convaincu, dès août 1935, d'effectuer le voyage. Mais en octobre déjà, Gide renâcle : « *Je serai obligé de prendre souvent la parole et, je me connais, je me laisserai entraîner à dépasser ma pensée, mes paroles traduites en russe et retraduites en français me feront sûrement dire des choses que je ne pense pas, je ne pourrai pas rectifier et tout l'effort que je fais pour maintenir dans le communisme mon point de vue personnel sera perdu.* » A ces raisons, Gide en ajoute, en murmure, une autre : « *Ce qui se passe là-bas commence à m'effrayer un peu, j'ai terriblement peur d'un embourgeoisement*[2]. » Il aimerait attendre, mais il craint qu'il ne soit déjà trop tard.

Comme pour mieux s'éloigner de la tentation russe, il entreprend un autre long voyage : de février à avril, il est à Dakar et en Afrique-Occidentale française avec Coppet et son épouse. A peine rentré, il s'installe sur la côte d'Azur et s'initie, sans peine, auprès de Catherine à l'art d'être père d'une adolescente. Ses vertus pédagogiques font merveille. Mais Moscou insiste, Ehrenbourg le rassure : il pourra dire ce qu'il voudra ; il peut emmener avec lui qui il veut, même Schiffrin qui est russe d'origine et qui n'est pas communiste.

La victoire du Front populaire décide Gide. Son ami Léon Blum dirige le pays, un vent d'optimisme souffle sur la France de gauche qui chasse les nuages venus de Moscou. Quand la révolution se prépare à Paris, Gide peut-il encore ignorer le pays où s'invente l'homme nouveau ? Car, ainsi que le remarque justement Éric Marty [3], le voyage de Gide en URSS ne vise pas à la découverte d'un pays, mais à la découverte de l'Homme – « *l'homme, les hommes, et ce qu'on peut en faire et ce qu'on en a fait* [4] ». Les statistiques sur la production industrielle et agricole dont on va l'abreuver, les usines, les parcs de loisirs, les écoles ne l'intéressent pas plus que la beauté des paysages ou la richesse des musées. Il n'est pas venu faire du tourisme, pas davantage de la sociologie politique : « *Les questions psychologiques seules sont de mon ressort ; c'est d'elles surtout et presque uniquement, que je veux ici m'occuper. Si j'aborde de biais les questions sociales, c'est encore du point de vue psychologique que je me placerai* [5]. » La psychologie, c'est-à-dire la vie de l'esprit; le seul domaine où il reconnaît sa compétence, où prend sens son engagement d'écrivain.

Le voyage dure un peu plus de deux mois, du 17 juin au 22 août. Gide est accompagné durant ce périple à travers les républiques de l'Union soviétique par Schiffrin, Guilloux, Dabit – qui va mourir dans un hôpital de Sébastopol. Pierre Herbart et son Élisabeth, qui habitent désormais Moscou, et Jef Last seront aussi de la tournée. A Moscou, il retrouve Aragon et Elsa qui lui sert d'interprète. L'écrivain est reçu comme un chef d'État : la pompe, les délégations, les discours, les remises de fleurs à chaque étape, les acclamations, les sourires, les hôtels de luxe. Visites de conglomérats, cinémas, promenades en bateau, universités, banquets, musées – « *le musée antireligieux dans la cathédrale ; beaucoup moins attentatoire que je ne craignais* [6] » –, visites à Pasternak, à Eisenstein, à un camp de pionniers. De Léningrad à la Crimée, de Moscou au Caucase, Gide regarde, écoute, interroge. Le carnet sur lequel il note au jour le jour ses impressions laisse peu paraître des sentiments qui l'animent : il enregistre, comme se défiant des accents que pourrait provoquer sa subjectivité.

Gide avait hâté son départ pour l'URSS afin de pouvoir rendre visite à Maxime Gorki qu'il savait très malade. Il n'aura pas le temps de le voir : Gorki meurt le 20 juin. Gide prononce son oraison funèbre, juché sur une immense estrade. A son côté, sur la place Rouge, les dirigeants du régime : Staline, Molotov, Mikoyan. Le discours de Gide est d'une parfaite orthodoxie : « *Aujourd'hui, en URSS, pour la première fois [...] en étant révolutionnaire l'écrivain n'est plus un opposant. Tout au contraire, il répond au vœu du grand nombre, du peuple entier et, ce qui est le plus admirable : de ses dirigeants*[7]. » La suite de son voyage va peu à peu dissoudre cette certitude.

C'est comme si, progressivement, l'URSS se retirait de Gide, comme si la réalité elle-même se désengageait. Il n'y a pas, au cours du voyage, un moment privilégié au cours duquel le communiste Gide, frappé par une révélation, se serait converti à une autre façon de comprendre les choses, mais bien, malgré les résistances qu'il y oppose – « *ils sont admirables* », répète-t-il –, un déchirement lent de la joie, un effondrement silencieux de l'idéal face à la leçon des sens : la lumière s'éteint. L'URSS n'est plus un pays mythique, une frontière nouvelle de l'humanité, c'est un pays qu'on peut *voir* et non plus seulement penser ; et dès qu'on le voit, devient évident ce qu'il est : « *Oui : dictature, évidemment ; mais celle d'un homme, non plus celle des prolétaires unis, des Soviets. Il importe de point se leurrer, et force est de reconnaître tout net : ce n'est point là ce qu'on voulait. Un pas de plus et nous dirons même : c'est exactement ceci que l'on ne voulait pas*[8]. » Gide n'a plus pour la Russie de Staline le regard idéal du croyant. Il peut regarder Moscou aussi librement qu'il a regardé le Congo et le Cameroun, comme un lieu où l'on ment sur l'homme, un lieu ordinaire : « *Bientôt, de cet héroïque et admirable peuple qui méritait si bien notre amour, il ne restera plus que des bourreaux, des profiteurs et des victimes*[9]. » Il suffit de voir, en effet.

Mais qui n'est pas capable de voir ? A son retour à Paris, bouleversé par la mort de Dabit, aux prises avec son désenchantement, Gide s'est d'abord tu quelques jours. Les nouvelles de la guerre d'Espagne ont un moment repoussé les images de l'URSS. Et puis : a-t-il bien vu ? A-t-il compris ce qu'il voyait ? Il confronte ses impressions et ses notes à celles de Schiffrin, de Guilloux, de Last. Tout concorde : ne peuvent pas voir que ceux qui ne veulent pas voir ou qu'on trompe – « *Je reproche aux communistes de chez nous d'avoir menti aux ouvriers, inconsciemment ou sciemment*[10] ». Reste à savoir maintenant s'il faut dire ce qu'on a vu. Jef Last, désespéré, déchiré, ne trouve la paix qu'en s'engageant dans la guerre d'Espagne. Guilloux, Schiffrin, Herbart essaient d'imaginer les réactions, « *la rage des uns, le triomphe des autres, le blâme général, amis et ennemis* ». Ils tentent d'évaluer les conséquences, politiques, personnelles, de la publicité donnée à leur témoignage. Gide ne se situe déjà plus sur ce plan, mais sur celui du sens de son œuvre : la sincérité contre l'hypocrisie. Il décide de publier son récit et de n'engager que lui-même.

Il écrit vite, en prévenant toutefois quelques amis communistes de la teneur de son livre : Nizan, Romain Rolland, Groethuysen. Herbart et Last lui demandent d'en différer la parution jusqu'à la fin de la guerre d'Espagne. Les trotskistes que rencontre Gide – Naville, Victor Serge – sont évidemment d'un avis contraire. Gide reprend alors son livre phrase à phrase, pesant chaque mot. Aragon dans les coulisses s'agite pour empêcher la parution du texte dont l'avant-propos, mesuré, est publié par *Vendredi*, l'hebdomadaire culturel de gauche. Rien n'y fait. Pas même un article de la *Pravda* qui prend les devants et esquisse les premières mesures d'un chantage : un jeune garçon aurait été envoyé en Sibérie pour s'être commis avec Gide lors de son séjour. Gide sait désormais les risques encourus. Il semble ne pas s'en soucier.

Il est déjà ailleurs, mobilisé par l'Espagne. Il multiplie les réunions, les appels. Il tente de créer un front commun pour la république espagnole avec des communistes, des socialistes et des catholiques. Il songe à partir lui-même à Madrid et n'y renoncera qu'en raison de l'hostilité des dirigeants communistes espagnols, alertés par Aragon. Il intervient auprès de Blum et obtient avions et visas pour une délégation chargée d'obtenir une trêve à Madrid et d'y arrêter les massacres prévus. Il s'étourdit dans l'action, sans grande espérance cette fois : il ne croit plus à la victoire des républicains et à Paris le Front populaire se fissure. La guerre d'Espagne est pour lui l'occasion de montrer – de se montrer ? – que l'abandon de l'illusion soviétique n'est en rien un reniement. C'est Staline qui trahit la révolution, pas Gide.

« *Il lui en coûte peu de se dégager de n'importe quoi avec la plus grande désinvolture* », écrit alors, pour se rassurer, la Petite Dame – que le militantisme de Gide effraie et qui préférerait voir son grand homme ne pas risquer sa liberté d'esprit dans les aventures de l'histoire. Le paradoxe est là, en effet : Gide vient de rompre avec le communisme. Pas à la suite de raisonnements et d'analyses, mais en vertu de son propre témoignage, sans long débat intérieur, comme une parenthèse qu'on referme ; et cette rupture ne le déchire pas. Désinvolture ? Il est vrai qu'il ne voit dans la position qu'il prend, dans la dénonciation qu'il ose formuler, aucun courage particulier. Sans doute lui en faudrait-il davantage pour feindre, pour mentir, pour dissimuler. Il lui en faudrait surtout pour se mentir. Il préfère constater : l'homme nouveau n'est pas, comme il l'avait cru, né à Moscou ; ce qui se crée là-bas n'est qu'une nouvelle figure de l'oppression et du malheur. Il faut chercher ailleurs : la politique n'a rien donné de ce qu'il attendait ; elle semble incapable, aujourd'hui, de changer la vie et de libérer l'humanité.

D'autres, après une telle révélation, se sont enfermés, s'enfermeront dans la mauvaise conscience, dans la haine, dans le ressentiment de s'être trompés. Ils ne reviendront pas de leur erreur qu'ils traîneront leur vie durant comme une maladie de l'esprit sur laquelle ils s'acharneront. Pour avoir cru au paradis socialiste, ils feront du socialisme un enfer. Gide, au contraire, opère un *retour* : il se retrouve sans rien avoir perdu qu'une illusion, qu'un mensonge, autrement dit rien qui vaille qu'on le pleure. La révolution demeure nécessaire, elle reste à accomplir. Staline entraîne l'URSS dans la contre-révolution. C'est à peu près ce que disent, à la même époque, les opposants de gauche au stalinisme, les trotskistes. Il y a convergence, à la fin de 1936, entre Gide et ces révolutionnaires chassés de la révolution ; elle s'accentuera encore, en 1937, lorsque les attaques des communistes orthodoxes pousseront Gide dans ses retranchements et à la publication de ses *Retouches au Retour d'URSS*. Gide intervient d'ailleurs auprès de Blum, à plusieurs reprises, pour que le gouvernement français facilite le passage de Trotski de la Norvège vers le Mexique, ce qui sera fait. Mais il se soucie désormais de ne pas se voir coller une étiquette politique. Il a été communiste, il ne sera pas trotskiste. Le communisme était une eschatologie, le trotskisme n'est qu'une politique. Gide ne fait pas le deuil de l'une pour tomber dans l'autre.

Notes

1. Gide, *Journal 1926-1950*, *op. cit.*, 3 septembre 1936.
2. *Les Cahiers de la Petite Dame, 1929-1937*, *op. cit.*, 2 octobre 1935, p. 475-476.
3. Éric Marty, « Politiques de l'écrivain », *NRF*, février 1997, p. 41-57.
4. Gide, *Retour de l'URSS*, Paris, Gallimard, 1936. Repris dans Gide, *Voyages*, Paris, Gallimard, 1993, p. 418.
5. *Ibid.*, p. 414.
6. Gide, *Journal 1926-1950*, *op. cit.*, 30 juin 1936.
7. Gide, « Discours pour les funérailles de Maxime Gorki », 20 juin 1936. Repris dans *Littérature engagée*, *op. cit.*, p. 134.
8. Gide, *Retour de l'URSS*, *op. cit.*, p. 440.
9. *Ibid.*, p. 484.
10. *Ibid.*, p. 481.

69
« L'allié des Chemises Noires »

1937

« Et des déportés, par milliers... ceux qui n'ont pas su, voulu courber le front comme et autant qu'il eût fallu. [...] Ces victimes, je les vois, je les entends, je les sens tout autour de moi. Ce sont leurs cris bâillonnés qui m'ont réveillé cette nuit ; c'est leur silence qui me dicte aujourd'hui ces lignes. C'est en songeant à ces martyrs que j'écrivais ces mots contre lesquels vous protestiez, et parce que la tacite reconnaissance de ceux-là, si mon livre peut les atteindre, m'importe plus que les louanges ou les imprécations de la Pravda[1]. »

Dans un premier temps, le mot d'ordre des communistes staliniens français face à la publication de *Retour de l'URSS* est le silence. Pas un mot dans *L'Humanité*, ni même, après la publication de la préface, dans *Vendredi*, l'hebdomadaire créé par Jean Guéhenno, André Chamson et Andrée Viollis. Il s'agit de créer le vide autour de l'ouvrage de Gide et autour de Gide lui-même, dans une période politiquement délicate. A Moscou se sont ouverts les grands procès de liquidation de la vieille garde bolchevique. Zinoviev, Kamenev et quatorze autres anciens compagnons de Lénine sont fusillés ; des centaines d'arrestations suivies de procès truqués sont opérées. En France, sous le gouvernement du Front populaire, la rivalité entre socialistes et communistes s'accentue, au profit de ces derniers. Le gouvernement Blum va démissionner en juin 1937. La guerre d'Espagne et la ligne de non-intervention défendue par Blum creusent encore les divergences, cependant que sur le terrain les staliniens procèdent à la liquidation des unités trotskistes et anarchistes.

On essaie de faire oublier *Retour de l'URSS* ou de faire passer le livre pour un simple instrument de division manié conjointement par les socialistes et par les trotskistes dans le dessein d'affaiblir la classe ouvrière. La chanson est déjà rodée. C'est Gide qui reprend l'offensive et décide de briser le complot du silence. Lors de la parution de *Retour de l'URSS*, nombre de ses amis, au premier rang desquels Martin du Gard, lui ont reproché de n'avoir pas fait le livre de réflexion sur l'expérience soviétique qu'on attendait de lui. La déception de Martin du Gard s'exprime avec une rude franchise : « *Il a travaillé sur un résidu hâtif d'impressions, de lectures, de parlotes surtout, et ça n'a pas beaucoup plus de poids qu'une interview prise dans une gare. [...] J'aurais aimé qu'il sorte de son embardée communiste, avec plus d'éclat et de pertinence*[2]. » L'auteur des *Thibault* qui va recevoir en novembre de cette année le prix Nobel de littérature ne se fait décidément pas à la conception gidienne du témoignage, à sa conception de la *banalité*. Il rêve que son ami brillant, éclatant, impose son témoignage par les preuves évidentes de son génie. Gide n'entre pas dans ses vues, sinon pour se convaincre que *Retour de l'URSS* n'a pas exprimé la totalité de ce qu'il voulait dire. Le désir d'entraîner derrière lui ses amis communistes a entravé l'exercice de sa sincérité. Les procès de Moscou et la réaction des dirigeants communistes français et de leurs alliés lui font comprendre que sa réserve est inutile. Dans *Vendredi*, Guéhenno a écrit au sujet de Zinoviev et de ses coaccusés : « *Il semble impossible de mettre en doute la culpabilité des accusés, des condamnés... ces hommes sont coupables.* » C'est plus que Gide ne peut en supporter : « *On ne construit rien de solide sur le mensonge. Il importe de voir les choses comme elles sont : Le peuple est aujourd'hui plus malheureux en URSS qu'il n'a jamais été, plus malheureux et moins libre que dans n'importe quel autre pays*[3]. » Il n'a plus personne à ménager. Ni Romain Rolland – « *Combien sont rares ceux qui atteignent la fin de leur vie avant d'avoir montré l'extrémité de leur grandeur* » – ni Paul Nizan – « *si intelligent pourtant d'ordinaire* »[4]. « *Quand je vous ai dit : cette pomme est véreuse, vous m'avez accusé de ne pas y voir clair – ou de ne pas aimer les pommes.* » Gide *retouche* : la pomme n'est pas véreuse, en effet, elle est déjà pourrie. *Retour de l'URSS* était un reportage subjectif – « *je m'étais fait une règle de ne me servir de rien que je n'eusse vu moi-même, ou entendu* » –, un témoignage d'intellectuel, intéressé avant toute chose par les progrès de l'esprit ; *Retouches à mon Retour de l'URSS* est un réquisitoire documenté contre le mensonge de la propagande appliqué à tous les domaines : les sciences, l'économie, l'industrie, la justice, la culture, la condition féminine, la morale publique, la pauvreté. Le communisme russe est le lieu du mensonge généralisé, même les yeux peuvent y être trompés : « *Si tout ce que nous voyons en URSS paraît joyeux, c'est aussi que tout ce qui n'est pas joyeux devient suspect ; c'est qu'il est extrêmement dangereux d'être triste, ou du moins de laisser paraître sa tristesse. La Russie n'est pas un lieu pour la plainte ; mais la Sibérie*[5]. » *Retour* s'achevait sur une note d'espoir, sur le vœu d'un redressement – « *L'URSS n'a pas fini de nous instruire et de nous étonner* » –, moins d'un an plus tard, *Retouches* en finit avec l'espérance : « *L'URSS [...] a trahi tous nos espoirs. Si nous n'acceptons pas que ceux-ci retombent, il faut les reporter ailleurs.* »

Ailleurs ? Gide en finit également avec l'illusion de convaincre les communistes français, leurs dirigeants au moins, prisonniers qu'ils sont du mensonge russe : « *Que le peuple des travailleurs comprenne qu'il est dupé par les communistes, comme ceux-ci le sont aujourd'hui par Moscou*[6]. » Ce n'est pas seulement Octobre qui est à refaire, c'est le communisme lui-même, dans sa version réelle, le stalinisme, qui cesse d'être la vérité de l'avenir. Cette fois, les partis communistes, dans toute l'Europe, se déchaînent contre Gide. En France, les organisations de jeunes communistes – parmi lesquels ceux de la « cellule André Gide » – lui adressent des lettres d'insultes. La presse communiste de langue allemande, publiée en Suisse, le qualifie d'« *agent de la Gestapo* ». Ilya Ehrenbourg, le grand ami russe d'hier, parle dans les *Izvestia* « *du nouvel allié des Marocains et des Chemises Noires, du méchant vieillard, du pleureur de Moscou – d'André Gide*[7] ». Les quelques rares membres du PCF qui essaient de prendre la défense de Gide sont exclus ; Aragon fait pression sur Guilloux pour qu'il désavoue Gide et n'obtenant pas ce reniement chasse Guilloux de *Commune*, la revue qu'il dirige. Guéhenno refuse de publier dans *Vendredi* la réponse de Gide aux insultes d'Ehrenbourg. Il fait paraître une longue lettre ouverte pour justifier ce refus dans laquelle transparaît toute sa haine pour un écrivain et pour un homme dont il avait dû, pendant quatre ans, supporter le compagnonnage. Tout y passe, comme dans une caricature de procès stalinien où le procureur se donnerait les gants de n'être pas communiste : les origines sociales de Gide, son incompétence politique, son égocentrisme, son orgueil de grand écrivain, son dilettantisme d'esthète, son *infidélité* – « *J'ai appris de Nietzsche que les vraies pensées coûtent toujours. Ce qui gêne parfois dans les vôtres, c'est qu'elles semblent ne vous coûter rien* ». Le plus drôle, le plus sinistre de cette diatribe est qu'elle se couvre du manteau de « *notre profession d'intellectuels* ».

Mis dans l'impossibilité de se défendre dans *Vendredi*, Gide ne peut répondre aux insultes d'Ehrenbourg que dans *La Flèche*, le journal du député radical Gaston Bergery. Il a beau entourer cette publication dans un journal « bourgeois » de toutes les précautions – « *J'ai pu critiquer l'URSS sans être pour cela un trotskiste. Je pense que je n'ai pas besoin d'être bergeryste pour être à l'aise avec vous* » –, il n'en est pas moins tombé dans le piège qui lui était tendu : sa collaboration – qualifiée de *ralliement* – à *La Flèche* prouve évidemment qu'il a rejoint le camp de l'ennemi de classe.

On le pousse autant qu'on peut vers la droite ; on le rêve au *Figaro* où son discours serait enfin rendu inaudible aux militants de gauche. Gide reste ferme. Il ressent certes un profond écœurement, une envie de se retirer d'un espace où la passion politique a totalement étouffé l'esprit de vérité ; mais la tragédie espagnole lui interdit l'abandon. Sous les insultes des communistes, il continue à défendre la république espagnole. Dans son « Billet à Angèle » de la *NRF*, il met fin aux espoirs des écrivains de droite qui cherchaient à le récupérer : « *Vous serez donc toujours la même. Parce que les communistes me repoussent et que je me félicite toujours plus d'être désavoué par eux à mesure que le parti s'écarte davantage de ce qui m'approchait de lui, vous croyez tout de suite que j'ai "reconnu mes erreurs" et que "nous allons pouvoir nous entendre". Hélas ! je ne vous entends que trop bien ; mais ce n'est pas pour vous approuver*[8]. » Quelques méchants coups de patte à Guéhenno qui parle du cœur comme d'autres parlent du nez n'y changeront rien : Gide se maintient dans l'extrême inconfort de sa position. Mais savoir que désormais chacun guette la moindre ligne signée de lui pour s'en servir ou lui en faire procès est insupportable à la liberté de sa pensée. Il va se taire sur ces sujets, non parce qu'il n'a plus rien à dire, mais parce que sa parole est désormais privée de son essentielle irresponsabilité : « *Quand un artiste a cru longtemps qu'il n'avait pas d'importance sociale et qu'il découvre brusquement qu'il en a une, cela peut être très douloureux*[9]. » Gide va s'efforcer désormais de désengager son esprit, sans plus vraiment y parvenir. Il fait semblant avec insistance. Il se plonge dans la littérature éternelle, discute de grammaire, admire Michaux, salue *Le Mur*, une nouvelle d'un jeune philosophe, Jean-Paul Sartre, qui paraît dans la *NRF* et que Gide tient « *pour un chef-d'œuvre* ». Il fréquente Queneau, traduit Shakespeare, envie Stendhal, mais quelque chose est brisé : « *Je me demande ce que la vie pourrait bien encore m'apporter, qui m'importe [...] Hélas! pour la première fois, je ne m'associe pas au printemps*[10]. » « *J'ai désappris de vivre... Je savais si bien!* », écrit encore Gide. Il savait si bien écrire aussi ; le peut-il encore ? Avant le voyage en URSS, Gide a entrepris la rédaction d'une pièce « engagée », *Robert ou l'Intérêt général*. Cette pièce en cinq actes, immédiatement traduite en russe par Elsa Triolet, devait être représentée à Moscou. « *La publication de mon* Retour de l'URSS *y mit bon ordre et m'épargna sans doute un succès, car en ce temps où Moscou me trouvait du génie, ma pièce s'apprêtait à passer pour un chef-d'œuvre*[11]. » Mais Gide, reconnaissant que cette pièce ne valait pas grand-chose, ne s'est jamais résigné à l'abandonner. Pendant six ans, il s'est accroché à *Robert* dans l'espoir, toujours déçu, de pouvoir tirer une œuvre d'art du seul témoin littéraire de son aventure communiste. Et en 1946 encore, alors que tous ses amis le lui déconseillaient, il s'est obstiné à faire jouer cette pièce, représentée au théâtre municipal de Tunis, sans illusion sur sa valeur. C'est qu'il fallait encore montrer que tout n'avait pas été perdu.

Notes

1. Gide, *Retouches à mon Retour de l'URSS*, Paris, Gallimard, 1937. Repris dans Gide, *Voyages*, *op. cit.*, p. 503.
2. Roger Martin du Gard, lettre à Mme Théo Van Rysselberghe, 9 octobre 1936, dans Gide-Martin du Gard, *Correspondance*, *op. cit.*, p. 518-519.
3. Gide, *Littérature engagée*, *op. cit.*, p. 161.
4. Gide, *Retouches à mon Retour de l'URSS*, *op. cit.*, p. 467.
5. *Ibid.*, p. 502.
6. *Ibid.*, p. 497.
7. *Izvestia*, 3 novembre 1937. Cité dans *Littérature engagée*, *op. cit.*, p. 197.
8. Gide, « Billet à Angèle », *NRF*, 20 décembre 1937, dans *Littérature engagée*, *op. cit.*, p. 213.
9. *Les Cahiers de la Petite Dame, 1937-1945*, *Cahiers André Gide* n° 6, Paris, Gallimard, 1975, p. 35.
10. Gide, *Journal 1926-1950*, *op. cit.*, 13 mai 1937.
11. Gide, préface à *Robert*, dans *Littérature engagée*, *op. cit.*, p. 220.

70

La retraite

1938

« *Ce deuil, je l'attendais, le prévoyais de longue date et pourtant je n'imaginais que souriante, en dépit du chagrin, ma vieillesse. Si je ne parviens pas à rejoindre la sérénité, ma philosophie fait faillite. [...] Le dernier acte de la comédie n'est pas moins beau si je dois le jouer en solitaire. Il ne faut pas m'y dérober*[1]. »

Madeleine Gide meurt brusquement à Cuverville le 17 avril, jour de Pâques. « *En dépit de tout, c'est en fonction d'elle que je vivais, vous l'aviez compris – et que je vis encore. Que sera ma vie, désormais sans axe*[2] *?* » L'envie nous prend de sourire face à ce qui nous semble être le comble de la mauvaise foi : leur couple n'en était pas un, d'aucun point de vue sauf celui de l'état civil. Et pourtant tous les amis de Gide, tous ses proches partagent son sentiment. Martin du Gard : « *Vous étiez constamment séparés dans l'espace, et cependant la présence de votre femme ne vous quittait presque pas*[3]. » Maria Van Rysselberghe : « *La figure principale du jeu de sa vie n'est plus. Il a perdu son contrepoids, la mesure fixe avec quoi il confrontait ses actes, sa vraie tendresse, sa plus grande fidélité ; de son dialogue intérieur, l'autre voix s'est tue. [...] Dans tous les cas, rien ne lui enlèvera cette première place, cette place unique qu'elle aura gardée jusqu'au bout*[4]. » Et encore Schlumberger, Ghéon, Claudel lui-même qui pensa un moment se servir de Madeleine pour sauver l'âme de Gide « *dont Dieu a mis la clef entre vos mains* ».

Il semble qu'après une période de guerre et de révolte contre son mariage et contre Gide à qui elle a rendu, à sa manière, coup pour coup, Madeleine s'est elle-même laissé convaincre de son importance. Son rôle n'était pas certes celui de ses rêves de jeune fille. Elle admirait le génie de son mari, tout en refusant de lire ses livres – « *L'approbation d'un seul simple honnête homme, c'est cela qui m'importe, et que ton livre n'obtiendra pas* ». Et pourtant, après la grande crise des années vingt, et alors que Gide mettait en pièces ses convictions morales et religieuses, Madeleine accepte cet amour qui ne doit rien au désir, rien au compromis moral ou à l'indulgence et tout au libre dialogue de l'esprit. En 1928, le jour anniversaire de son mariage, elle écrit à Schlumberger : « *Je pense que plus tard, quand nous connaîtrons toutes choses, nous saurons que le 8 octobre* [le jour de son mariage avec André] *n'était pas une erreur, comme je l'ai pensé il y a dix ans, dans la douleur et l'amertume des jours*[5]. » De fait, à partir de 1929, même si Gide, rituellement, se reproche d'avoir perdu l'amour de sa femme, c'est pour mieux rappeler sa présence. Cuverville est redevenu le port où l'éternel errant pose ses bagages, où il écrit, où il recouvre ses forces et s'abreuve à ses sources. Madeleine et lui reprennent leurs visites des musées et leurs lectures à haute voix. Ensemble, sans qu'aucun n'abandonne ses propres exigences, ils vont jusqu'au bout de leur part d'amour et de leur tragédie. C'est pour cela qu'*Et nunc manet in te* – « Et maintenant elle survit en toi » –, le livre sur Madeleine dont Gide entreprend l'écriture dès l'automne, est le plus douloureux qu'il ait jamais créé, son dernier grand texte. Sa confession n'est pas destinée à la publication immédiate. Gide en fera tirer treize exemplaires en 1947, pour ses proches amis ; mais il désire aussi qu'après sa mort une édition en soit faite, à l'intention du public : il convient que le message soit lu jusqu'au bout, que l'épreuve de la sincérité soit menée à son terme. Gide a, comme on dirait aujourd'hui, le souci de son image : il veut qu'elle soit vraie. Gide a beaucoup écrit sur le mariage et sur le « *régime cellulaire* » de la famille bourgeoise. Il en a dénoncé l'institution fondée sur la cohabitation forcée et la contrainte des devoirs aboutissant presque mécaniquement à la sujétion réciproque et à la déformation du sentiment amoureux : le mal n'est jamais dans l'amour mais dans la morale du péché qui l'emprisonne et le pervertit. *Et nunc manet in te* opère un renversement qui pourrait être ironique s'il ne se détachait pas sur un fond de souffrance : l'histoire d'un amour qui survit au mariage ; mais quel amour ! et quel mariage ! « *De quoi donc est fait notre amour ? me demandais-je, s'il persiste en dépit de l'effritement de tous les éléments qui le composent. Que se cache-t-il, derrière la traîtresse apparence, que je retrouve et reconnais le même à travers les dégradations ? Je ne sais quoi d'immatériel, d'harmonieux, de radieux, qu'il faut bien nommer l'âme, et qu'importe le mot ? Elle croyait à l'immortalité ; et c'est à moi qu'il ferait bon d'y croire, puisque c'est elle qui m'a laissé*[6]... »

La mort de Madeleine, après la mort de l'espérance révolutionnaire, place Gide devant le défi de la sérénité. En avril, il a abandonné son journal qu'il a barré d'un épais trait noir. Il ne veut pas que seuls s'y reflètent *désarroi, détresse et désespoir*. L'image qui lui revient lorsqu'il reprend sa rédaction à la fin du mois d'août est celle du baron de Münchhausen, lequel s'arrachait au marécage en se tirant lui-même par les cheveux. « *L'admirable c'est qu'il y parvient* », note-t-il. A quels cheveux s'accrocher ? A l'écriture, à ce pâle reflet de lui-même qui le persuade qu'il existe encore. Il existe, sans doute, puisqu'il reconnaît dans son écriture – pour s'en moquer – « *une certaine unité de ton et comme une convenance artistique* », un goût des mots et de la musique des phrases, une certaine langueur dans la plainte que désavoue son goût de lecteur : « *Il faut que je réapprenne à écrire*[7]. » Cela revient à réapprendre à vivre : si son deuil l'en empêchait, c'est tout ce qu'il écrit depuis toujours sur l'homme et sur sa conquête de la joie qui se trouverait frappé d'inanité. L'expérience doit se poursuivre jusqu'à son but.

Il va mieux, de devoir surmonter l'obstacle. Il se rend à Pontigny pour y trouver le calme que Cuverville ne peut plus lui assurer. Cette maison n'est plus la sienne, n'étant plus celle de Madeleine. Il n'y retournera plus. Il est résolu à chasser les fantômes et les ombres qui s'interposent entre le bonheur et lui : « *mon deuil, les massacres d'Espagne, l'angoisse qui pèse sur l'Europe...* ». Il n'y parvient pas pourtant, sauf à se restreindre, à s'enfermer en lui-même, à écarter une réalité dans laquelle il ne trouve plus de raison d'espérer. Il a cru, un moment, comme beaucoup, comme Martin du Gard, que les accords de Munich représentaient une victoire de la raison sur la force, de la lâcheté sur la guerre. Jef Last a ébranlé son optimisme : « *Il ne consent à voir dans les entretiens de Munich qu'une défaite honteuse, d'où ne peut résulter qu'un nouveau redressement de Hitler*[8]. » Dans sa volonté de ne plus aborder la politique que du point de vue de l'esprit, il se remet à rêver, comme en 1914, d'une France qui n'opposerait à l'Allemagne qu'une « *résistance spirituelle* », laquelle serait évidemment « *invincible* » : la victoire par la défaite et par l'envahissement, c'est la tactique intime du général Gide. « *Mais décidément je n'y entends rien et ne veux rien y entendre*[9]. » Gide tente de dresser un mur, pour la première fois. Il tente de revenir à la situation antérieure à la période de l'engagement, de jeter un pont entre ce qu'il était et ce qu'il est, mais il doit désormais faire comme si la réalité n'existait pas, comme si l'histoire n'était qu'un accident de surface de l'expérience humaine, en sachant que ça n'est pas, en payant de cet abandon le prix de sa sérénité : « *Le domaine où mon esprit retrouve sa valeur reste inenvahissable ; et je n'ai même pas à chercher à le mettre à l'abri. Je n'ai pas à m'y réfugier ; c'est tout naturellement que j'y vis, que j'y respire*[10]. » Sa dénégation n'a pas même la vertu de le consoler, mais « *il ne sert à rien de gémir. Passons outre* ». Il y a toujours eu de l'héroïsme dans sa quête de la joie ; il s'y ajoute désormais une part, soigneusement oblitérée, de désespoir. Il s'efforçait au bonheur, il se force.

L'Europe sombre. Le triomphe de l'esprit est remis à une date ultérieure. Dans un article que la *NRF* a cru devoir publier, Suarès affirme que « *Gabriele d'Annunzio est le plus grand écrivain de l'Italie, au moins depuis trois cents ans* ». Pour Gide qui se souvient sans doute d'avoir rompu avec Montfort après le premier numéro de la *NRF*, trente ans auparavant, à cause d'un éloge du même D'Annunzio, un tel jugement, publié dans « sa » revue, vaut toutes les preuves de la dégradation intellectuelle. En 1910, il applaudissait à la fin d'un monde sur les ruines duquel ne pouvait surgir qu'un avenir plein de promesses. En 1938, la mort n'annonce plus les chances d'une résurrection : « *Je ne vois partout que promesse de mort pour tout ce qui m'est encore cher et pour quoi nous vivions. La menace me paraît si pressante qu'il ne faille être aveugle pour ne point la voir et continuer d'espérer*[11]. »

« Catherine ayant fait une question sur Bossuet, Gide lui lit un long passage de l'oraison funèbre du Prince de Condé. Je remarque pour la première fois que sa voix s'abîme, son registre qui était si étendu l'est beaucoup moins, surtout dans le haut[12]. »

Notes

1. Gide, *Journal 1925-1950*, *op. cit.*, 26 août 1938.
2. Gide-Martin du Gard, *Correspondance 1935-1951*, *op. cit.*, 23 avril 1938, p. 135.
3. *Ibid.*, 20 avril 1938, p. 134.
4. *Les Cahiers de la Petite Dame, 1937-1945*, *op. cit.*, 19 avril 1938, p. 78.
5. Jean Schlumberger, *Madeleine et André Gide*, *op. cit.*, p. 190.
6. Gide, *Et nunc manet in te*, *op. cit.*, p. 1141-1142.
7. Gide, *Journal 1925-1950*, *op. cit.*, 26 août 1938.
8. *Ibid.*, 7 octobre 1938.
9. Gide-Martin du Gard, *Correspondance 1935-1951*, *op. cit.*, 9 octobre 1938, p. 155.
10. Gide, *Journal 1926-1950*, *op. cit.*, 8 octobre 1938.
11. *Ibid.*, 21 novembre 1938.
12. *Les Cahiers de la Petite Dame*, *op. cit.*, 13 novembre 1938, p. 113.

71
Adieux

1939

« *Songes-tu à faire valoir (mais as-tu seulement remarqué) les faibles battements répétés de la tierce, au sommet de l'accompagnement du* Nocturne *en* ré *bémol (op. 27) ? As-tu remarqué qu'ils tombent exactement aux mêmes contretemps que les doubles battements de la dominante dans la partie ralentie (en majeur), si extraordinairement* nocturne *elle aussi, et si extatiquement belle, du* Scherzo *en* si *mineur ? Fais qu'elle soit pareille à cette goutte de cristal que la rainette (ou le crapaud peut-être) laisse tomber au cœur des plus pures nuits de l'été. [...] Cette note cristalline à la fois détachée de tout le reste, et s'y fondant, tout le paysage s'y suspendait*[1]. »

Gide entreprend une tournée d'adieux. Ainsi font les artistes qui ont décidé de disparaître en beauté. Gide n'attend pas la mort, il façonne la fin de sa vie de manière qu'elle ne démente pas le reste. L'ardeur n'y étant plus pour pousser la machine, il convient que celle-ci s'allège afin d'éviter la laide grimace de l'effort. Que ces abandons soient, pour certains, provisoires, Gide ne peut ni ne veut le savoir : la vieillesse peut encore surprendre, mais il convient qu'elle ne vous piège pas.

Adieu donc à la musique. Depuis soixante ans elle a partout accompagné Gide, y compris dans ses retraites les plus reculées. Son piano a soutenu la composition de ses livres, adouci ses heures de doute et d'angoisse, chassé les miasmes de l'ennui et les brûlures du désir. Bach, Mozart, Haydn, Chopin surtout sur lequel Gide a publié un petit livre qui est un manifeste d'interprétation moderne, une protestation contre la réduction de Chopin au pathos romantique. Une leçon de littérature aussi : ce que disent les *Notes sur Chopin* de l'interprétation virtuose qui sacrifie l'explication à l'effet, l'émotion au sens, s'applique bien sûr à la littérature où la beauté, l'émotion, la musicalité ne valent que dans leur asservissement à la compréhension la plus haute.

Gide a joué seul, souvent plusieurs heures par jour. Il a parfois accepté, gêné, timide, certain d'apparaître au-dessous de lui-même, de jouer devant quelques amis, ou pour Catherine. Il décide d'arrêter : ses muscles n'obéissent plus suffisamment, ses doigts ont perdu leur souplesse, son attention se fatigue. Son corps s'éloigne de la musique « *et il ne me paraît pas que la mort puisse m'enlever rien, à présent, à quoi j'ai tenu davantage* ». Il se dépouille de l'essentiel afin d'avoir moins à quitter.

Il dit adieu à l'Espagne, son dernier lien avec l'espérance politique. « *Héroïsme bafoué, foi trahie et tricherie triomphante, le spectacle de l'Espagne agonisante emplit le cœur de dégoût, d'indignation, de rancœur et de désespoir. Mieux vaut n'en point parler que de n'en point parler suffisamment ; mais honni soit qui se méprend sur mon silence* [2]. » Apprenant par Last le sort des soldats républicains enfermés dans un camp de concentration près de Perpignan, il assiège le ministère de l'Intérieur, puis se rend lui-même avec Herbart sur les lieux pour apprendre que le camp a été transféré à Bayonne. Il choisit le silence du deuil. La guerre ne l'en fera pas sortir, malgré les sollicitations officielles dont il est l'objet : « *Les journaux déjà contiennent assez d'aboiements patriotiques [...] Je ne veux pas avoir à rougir demain de ce que j'écrirais aujourd'hui* [3]. » Ses carnets devront demeurer les seuls témoins de ses assentiments, de ses refus et de ses incertitudes : les voix isolées ne peuvent plus se faire entendre quand la guerre demande un front commun. La période qui s'ouvre n'a que faire des intellectuels, sauf des propagandistes. Gide est inutile : « *Dès que je ne diffère pas, je me tais.* » En tant que tel, un intellectuel ne vaut rien dès qu'il adhère à l'opinion commune.

Il dit adieu au voyage. Bien sûr, il n'en a pas fini avec les pérégrinations et les errances, mais avec les voyages, si. La longue expédition solitaire qu'il entreprend en Égypte – son ami Robert Levesque ne le rejoindra qu'en Grèce, au retour – marque un certain épuisement de sa faim pour des paysages et des peuples nouveaux. Il le sait, dès le lever du rideau, avant même le départ : « *Je n'ai plus cette intrépide curiosité qui me lançait dans l'aventure, ni ce désir-besoin d'escalader ou de doubler monts et caps pour voir ce qui se cache de l'autre côté. J'ai vu l'envers sinistre de trop de choses*[4]. » Il s'embarque sans joie. Il note ironiquement que tout le monde à bord s'empresse autour de lui, qu'on l'appelle « maître », que dix-neuf de ses livres sont exposés dans la vitrine de la bibliothèque, qu'il n'échappe pas sur un bateau à ces séances de dédicace qu'il refuse à Paris.

Il s'amuse encore ; il cesse de le faire dès qu'il arrive au Caire. « *Pour rompre mon ennui, il suffirait d'un beau visage. Je rentre avec tous mes bakchiches en poche, et des sourires non distribués dans le cœur*[5]. » Les compagnons de voyage de Gide ont toujours été séduits et éreintés par son infatigable curiosité, par son aptitude à saisir la beauté la plus fugace pour en faire partager la joie, par sa facilité à se lier avec les inconnus de la rue pour susciter leurs confidences, encourager leur affection et participer à leurs jeux : « *De tout ce qui se passe, Gide tire une joie qu'il communique autour de lui. S'adaptant à chaque terre, il y règne ; il y étend les droits du cœur. Il sait de tout faire un sujet d'émerveillement*[6]. » Les lecteurs des *Carnets d'Égypte* n'en sont que plus désarçonnés. Rien d'autre ici que le récit d'un désenchantement : Le Caire est laid puisque les Cairotes le sont – « *Entre ce peuple et moi, pas de relation possible, de lien, de trait d'union. [...] Même parmi les noirs du Congo, une sorte de contact animal, charnel, chaleureux, était possible. Ici rien. De là sans doute mon ennui...* ». A Louxor où Gide termine la rédaction de son livre sur Madeleine – « *Très indiscrète, mais il la fallait ainsi* » –, le journal de voyage s'embourbe dans le récit des pauvres aventures du grand écrivain avec les petits jardiniers de l'hôtel. On est loin de la joie algérienne, loin de l'éblouissement de l'Orient : des enfants « *aussi importuns que des mouches* », un charmeur de serpent truqueur, un vieux touriste – Gide – qui récrimine contre les prix trop élevés, la poussière des routes, la vénalité des sourires, l'exhibition de la misère. Pour se désennuyer, Gide lit, se « *sursature* » de La Fontaine, écrit des préfaces, reprend une fois de plus *L'Intérêt général*, met en route *Thésée*, relit des épreuves de son *Journal* qui va paraître, seul parmi les classiques, dans la « Bibliothèque de la Pléiade » que Gallimard a rachetée à Schiffrin. Tout se passe comme si, plutôt que de découvrir l'Égypte, Gide avait eu comme but premier de fuir l'Europe et ses drames, sans jamais pouvoir réellement s'en détacher. « *Je ne veux plus reprendre la vie à Paris* », écrit-il de Louxor à Martin du Gard, mais voyager ne lui apporte plus qu'« *une grande joie au travail* [7] ». Il ne déambule plus pour s'augmenter mais pour fuir.

Il dit adieu à l'urgence du désir. On ne s'étonnera pas qu'il le fasse en utilisant la provocation et en peuplant comme jamais son journal d'aventures pédérastiques : la pléthore sexuelle, sa banalisation, la multiplicité des sollicitations qui l'assaillent en Égypte suscitent chez lui plus de mélancolie que d'ardeur – « *Non, je n'ai plus grand désir de forniquer, du moins ce n'est plus un besoin comme du beau temps de ma jeunesse. Mais j'ai besoin de savoir que, si je voulais, je pourrais* [8] ». Il est gêné par la quantité des offres ; il décide de se montrer prudent, lui qui l'a toujours été si peu ; il regrette d'avoir cédé à l'« *ignoble garçon d'ascenseur* » : « *sans surprise, sans joie, sans poésie, et puis sans appétit aucun, sans besoin ; très bref, et suivi d'un très durable dégoût* [9] ». Pour un peu, il avouerait qu'il ne cultive plus son désir que par obligation envers lui-même et envers sa conception de la vie : « *La dépouille que je vais bientôt devoir au tombeau, je voudrais qu'elle ne fût pas trop refroidie. Je ne puis tenir pour sagesse l'effort d'éteindre les derniers tisons du désir ; mais de les raviver au contraire. Laissons à faire à la mort ; à quoi bon aider son jeu* [10] *?* » Les *Carnets d'Égypte* offrent l'image volontairement ridicule, autoaccusatrice, d'un vieillard riche et célèbre poursuivi par une horde de gamins crasseux et misérables qu'il caresse par distraction en les trouvant insupportables. Il n'est plus temps de chercher le goût de la jeunesse ; il se trouve désormais dans la chaleur de l'œuvre, dans l'audace des livres.

Plus encore que le corps de Gide, son espérance semble usée. Si loin qu'il veuille tenir son esprit de l'horreur qui s'annonce, il ne peut plus voir qu'elle. « *Dans cette atroce partie qui s'engage, tout ce pour quoi nous vivons est mis en jeu, et le sacrifice de ceux qui nous sont les plus chers risque de ne pouvoir sauver ces valeurs* [11]. » Plus qu'à la fin d'une civilisation – qui n'a fait, depuis

1918, que survivre à un écroulement annoncé, désiré – Gide songe à ces valeurs nouvelles qu'il a propagées lorsqu'il ne les a pas inventées, à cet homme nouveau dont il a, livre après livre, dessiné les contours et les lignes de force, à ce visage de la vie et de l'esprit que ses phrases ont illustré à travers toute l'Europe. Que va-t-il demeurer dans la guerre de cette fierté d'être homme qu'il n'a, au milieu des doutes, jamais voulu perdre ? Il prévoit le désastre, il ne se résout pas à le considérer comme définitif. Au-delà des ténèbres qu'il imagine terribles, il a besoin de croire à l'aurore.

Certains déjà pactisent avec l'horreur. Dans la *NRF*, avant même la déclaration de guerre, Chardonne écrit : « *L'effort de régénération prendra chez l'Allemand la forme d'une révolte contre le juif. Cette victoire sur soi-même, opposée à l'esprit juif, est incarnée par Hitler*[12]. » Giono est arrêté pour propos défaitistes – il a distribué des tracts contre la mobilisation. La signature du pacte germano-soviétique ne suscite que des protestations individuelles, comme celle de Nizan, chez les communistes français. Tout sombre ? Peut-être pas, répond encore Gide. Nos valeurs « *vont devenir semblables aux objets de musées, qui survivront peut-être au naufrage et qu'on retrouvera plus tard avec étonnement*[13] ».

Notes

1. Gide, *Journal 1926-1950*, *op. cit.*, 7 janvier 1939.
2. *Ibid.*, 26 janvier 1939.
3. *Ibid.*, 30 octobre 1939.
4. *Ibid.*, 26 janvier 1939.
5. Gide, *Carnets d'Égypte*, dans *Voyages*, *op. cit.*, 31 janvier 1939, p. 543.
6. Robert Levesque, « Le compagnon de voyage », 1939, dans « Hommage à André Gide », *NRF*, novembre 1951, p. 256.
7. Gide-Martin du Gard, *Correspondance 1935-1951*, *op. cit.*, 24 février 1939, p. 163.
8. Gide, *Journal 1926-1950*, *op. cit.*, 3 février 1939.
9. *Ibid.*, 9 mars 1939.
10. *Ibid.*, 16 février 1939.
11. *Ibid.*, 19 septembre 1939.
12. Chardonne, « Politique », *NRF*, février 1939, p. 193.
13. Gide, *Journal 1926-1950*, *op. cit.*, 19 septembre 1939.

72
Le mauvais maître

1940

« *L'allocution de Pétain est tout simplement admirable. [...] On ne peut mieux dire, et ces paroles nous consolent de tous les* flatus vocis *de la radio*[1]. »

« *Hier soir nous avons entendu avec stupeur à la radio la nouvelle allocution de Pétain. Se peut-il ? Pétain lui-même l'a-t-il prononcée ? Librement ? On soupçonne quelque ruse infâme. [...] Comment accorder ces paroles avec celles, si nobles, qu'il prononçait il y a trois jours ? Comment n'approuver point Churchill ? Ne pas donner de tout cœur son adhésion à la déclaration du général de Gaulle*[2] *?* »

Il a fallu à Gide trois jours pour comprendre. Il a entendu l'allocution de Pétain du 17 juin à Cabris, près de Grasse où il s'est installé chez son amie Mme Mayrisch, à quelques kilomètres de la maison de Pierre et d'Élisabeth Herbart. Elle allait dans le sens de son abattement et de son consentement à la défaite : « *Dès à présent, et dès avant-hier déjà, la lutte est vaine ; c'est en vain que se font tuer nos soldats* », écrivait-il le 14 juin alors que les Allemands entraient dans Paris. L'armistice lui paraît indispensable, le diagnostic de Pétain sur « l'esprit de jouissance » qui a prévalu en France sur « l'esprit de sacrifice » et a entraîné l'effondrement du pays répond aux sentiments de son fond calviniste. Hitler va étrangler la France, et pas seulement matériellement. Il ne voit d'autre issue que le malheur.

Mais, le 18 juin, de Gaulle a parlé à la radio de Londres. Un rebelle, un dissident dont les propos utopiques incitaient à continuer la lutte et à surmonter la défaite. Comment Gide n'aurait-il pas été séduit par une insolence si gidienne ? Du coup, les propos de Pétain du 24 juin, dans le droit fil de ceux du 21, lui apparaissent scandaleux et déshonorants. Il a perçu un reflet de lumière, il s'y accroche : « *Les hostilités ont pris fin cette nuit. On ose à peine s'en réjouir, songeant à ce qui nous attend.* »

Bien sûr, la politique de soumission de Pétain est « *raisonnable* », admet encore Gide le 26 juin, et la révolte ne peut réussir qu'à diviser entre eux les Français ; mais le raisonnable n'a jamais été pour lui qu'une étape vers une vérité inaccessible à la seule raison. Il n'hésite pas, il cherche la plus solide de ses convictions : « *Le temps n'est pas encore venu où il faudra "se prononcer". Les vraies questions ne sont pas encore posées. Pour l'instant je ne sens en moi que de l'attente ; et de l'espoir... mais je ne sais pas encore de quoi*[3]. » Il relit Goethe, le *Second Faust*, pour se fortifier et se rappeler que la sagesse n'est qu'une plate modération sans le « *cône d'ombre* », le mouvement de folie, de poésie et d'élan démoniaque qui est la meilleure part de l'homme. Il a toujours préconisé Goethe comme remède contre l'esprit prussien. Il s'en sert pour combattre le sentiment de « *triste admiration* » que lui inspire le « *génie* » de Hitler « *dont l'habileté sournoise et cachée dépasse celle des grands capitaines. [...] L'on peut bien le haïr, mais c'est décidément quelqu'un de très fort*[4] ». On ne gagne pas de bataille en se cramponnant au passé. Cela vaut pour l'incurie des hommes politiques de la IIIe République, mais aussi pour le régime de Vichy qui s'installe.

Si le mouvement spontané de Gide le porte à protéger la littérature des querelles politiques, afin de « *sauver l'esprit* », la situation ne permet guère de garder cette distance : le champ littéraire est « surpolitisé »[5]. Ses tensions internes, esthétiques, morales, personnelles, institutionnelles, sont surplombées par les considérations politiques.

Dès leur entrée dans Paris, les Allemands ont mis en place deux organismes pour contrôler la production littéraire. Les rivalités entre ces organismes, l'un dépendant du ministère de la Propagande du Reich, l'autre des services de l'ambassade d'Allemagne à Paris et la multiplication des instances de censure vont créer un certain flou que les éditeurs et les auteurs exploiteront avec plus ou moins d'habileté, de bassesse et de complaisance. Elles n'empêcheront pas néanmoins les nazis d'accomplir leur dessein, avec la participation ou la complicité d'éditeurs français : l'épuration de la production littéraire. Les livres de Gide ne figurent ni dans la liste Bernhard ni dans la liste Otto des ouvrages « *retirés de la vente par les éditeurs ou interdits par les autorités allemandes* » publiées en septembre 1940. *Retour de l'URSS* et les *Retouches* le seront dans la liste publiée par le syndicat des éditeurs en juillet 1942. Il n'est donc que tardivement et très partiellement atteint par une mesure qui, selon les termes des éditeurs français qui la publient, touche des « *livres qui, par leur esprit mensonger et tendancieux ont systématiquement empoisonné l'opinion publique française ; sont visées en particulier des publications de réfugiés politiques ou d'écrivains juifs qui, trahissant l'hospitalité que la France leur avait accordée, ont sans scrupule poussé à une guerre, dont ils espéraient tirer profit pour leurs buts égoïstes* [6]. » Sont ainsi interdits Heine, Blum, Zweig, Kessel, Benda, Freud, Jef Last, Malraux, Maurois, le livre d'Yvon sur l'URSS préfacé par Gide, et même deux plaquettes de Claudel.

Les autorités d'occupation n'ont d'ailleurs pas à déployer un zèle excessif pour mettre en place censure et propagande : le milieu littéraire français s'en charge. Pour un certain nombre d'écrivains, d'éditeurs, de publicistes et d'institutions, 1940 est l'heure de la revanche. Depuis un quart de siècle, Gide et la *NRF* ont exercé sur la littérature française et sur son rayonnement à l'étranger une emprise grandissante. En France et dans le monde entier, la réputation littéraire légitime s'est, à quelques rares exceptions, confondue avec l'appartenance à « *l'esprit NRF* ». Aux yeux de ceux qui étaient écartés de la célèbre collection blanche à liserés rouge et noir, Gide et Gallimard ont fait figure de dictateurs des lettres, décidant dans le secret d'une organisation quasi maçonnique de la gloire ou de l'obscurité des écrivains. La réaction n'attend guère pour se manifester.

Dès juillet, l'offensive est lancée. C'est Guy de Pourtalès, dans le *Journal de Genève*, qui invente ce qu'André Rousseaux intitulera « *la querelle des mauvais maîtres* ». Il s'agit, suivant la politique de culpabilité en honneur à Vichy, de déterminer la responsabilité des écrivains dans la défaite. Gide est le premier visé. Si la France a perdu la guerre, c'est à cause de son « *influence redoutable* » sur la jeunesse ; et il convient de punir – l'auteur n'indique pas encore comment – les criminels « *pessimistes, défaitistes, immoralistes et corydons* ». Le propos de Pourtalès est d'autant plus marquant que cet auteur suisse publie à la *NRF* depuis vingt ans. Il pourrait témoigner de la largeur d'esprit d'une revue et d'une maison d'édition où se côtoient l'extrême droite et l'extrême gauche, les classiques et les surréalistes, Drieu et Aragon, Jouhandeau et Sartre. Aussi bien concentre-t-il son tir sur Gide.

Le Figaro reprend la balle au bond et alimente régulièrement la querelle, même si sous l'impulsion d'un ancien de l'Action française, André Rousseaux, le journal de Pierre Brisson prend soin de donner largement la parole à la défense, et à Gide lui-même qui ne peut que protester de son souci de séparer littérature et engagement : « *A tant engager la littérature, ceux qui accusent la nôtre aujourd'hui prêteraient à croire nécessairement supérieure celle de toute nation victorieuse* [7]. » *Le Figaro* se donne les gants d'instruire un dossier. D'autres ne prennent même plus cette précaution de style. *Le Temps* accuse Gide d'avoir formé « *une génération orgueilleuse et déliquescente* ». *Gringoire*, *La Gerbe* de Chateaubriant et *Au Pilori* élargissent, si l'on peut dire, le champ de l'accusation. Paul Riche – qui sera fusillé en 1949 pour ses activités dans l'espionnage nazi – passe de l'analyse intellectuelle moralisatrice à la dénonciation partisane : « *Une équipe de malfaiteurs a fonctionné dans la littérature française de 1909 à 1939 sous les ordres d'un chef bandit : Gallimard. L'agression contre l'esprit français est avérée. Sciemment, patiemment, on a plongé dans un bain d'acide nihiliste tout ce qui subsistait de notre patrimoine intellectuel. On l'a disséqué sadiquement. N'est-ce pas, Gide ? On a tout piétiné sous des semelles révolutionnaires, surréalistes, trotskistes, voire encyclopédistes, avec des airs de ne pas y toucher, une distinction d'assassin ganté* [8]. »

L'offensive menée par la presse se conjugue avec une manœuvre interne à l'édition. Bernard Grasset, le vieux rival littéraire de Gaston Gallimard, fait immédiatement ses offres de service à l'occupant. Il espère une fermeture de la *NRF* qui lui laisserait le champ libre. L'article qu'il publie dans le numéro de novembre-décembre des *Cahiers franco-allemands* est sans ambiguïté : « *La république des camarades avait étendu ses méfaits jusque dans notre vie intellectuelle. [...] Nous étions pratiquement étouffés par le snobisme – en grande partie d'origine juive. Il est hors de doute que les Allemands sont des juges sévères, mais je crois qu'ils sont tout de même attirés par le vrai talent français. L'occupation ne pourrait-elle pas de cette manière être pour nous une occasion favorable de retrouver l'être vraiment français*[9] ? »

L'Académie française a, elle aussi, des comptes à régler avec Gide, Gallimard et leurs amis. Depuis 1919, la *NRF* n'a cessé de représenter la véritable consécration littéraire, rejetant du même coup l'Académie française du côté des institutions périmées, au même titre que l'antique *Revue des Deux-Mondes*. Cette sclérose littéraire s'est doublée, à partir des années trente et de la montée parlementaire de la gauche, d'une dérive vers la droite la plus conservatrice, culminant avec l'élection de Charles Maurras en 1938. Vichy et la Collaboration ouvrent à l'institution académique la possibilité de participer à l'exercice du pouvoir littéraire. Sous l'impulsion d'Abel Bonnard et d'Henry Bordeaux, et malgré Mauriac, Valéry et Duhamel, l'Académie va même rompre avec son traditionnel apolitisme pour proclamer son admiration pour la politique de Pétain.

Mais les intérêts de l'occupant allemand ne recouvrent pas entièrement ceux des multiples ennemis de la *NRF*. Après avoir un moment hésité, après des négociations avec Gallimard – et moyennant l'aryanisation de la maison – la fermeture des éditions Gallimard est annulée, et Gaston rentre à Paris pour y poursuivre ses activités. Parallèlement, les occupants chargent Drieu La Rochelle de préparer la reparution de la *NRF*. Plutôt que de supprimer la prestigieuse revue, Friedhelm Kaiser, puis Gerhard Heller, les responsables du secteur littérature de la Propaganda-Staffel de Paris, ont décidé d'en faire l'emblème le plus éclatant de la coexistence entre l'élite littéraire française et le nouveau pouvoir.

Le piège est bien monté. Dirigée par Drieu qui la prémunirait contre les dérapages politiques, la revue serait pourvue d'un comité de direction composé d'Eluard, de Giono, de Céline... et de Gide. C'est Giono qui se charge des préliminaires de négociation auprès de Gide ; puis arrive Gallimard qui plaide pour la reparution de sa revue : s'il ne le fait pas, les Allemands s'empareront de tout l'appareil et publieront quand même la *NRF* ; Drieu va faire pression sur ses amis pour que le *Journal* de Gide ne soit pas versé sur la liste des ouvrages interdits ; Malraux et Saint-Exupéry seraient prêts à tenter l'aventure, etc.

Gide ne cède pas aux sirènes de Gaston. Mais pour montrer son attachement à la revue qu'il a fondée, il accepte de donner dans le premier numéro de reprise, celui de décembre, quelques feuillets de son *Journal* ; « *avec la précaution d'un "à suivre" qui sera sans effet si la revue prend une allure qui lui déplaît*[10] ». Il n'y aura pas de suite, en effet.

L'ambassadeur d'Allemagne à Paris aurait affirmé en 1940 : « *Il y a trois forces en France : le communisme, la haute banque et la NRF.* » Le communisme était provisoirement paralysé par le pacte germano-soviétique, la haute banque était soit ralliée, soit prise en main par l'administration nazie. Le refus de Gide de cautionner la nouvelle *NRF* en laissant paraître son nom parmi ceux des responsables marque l'échec du plan Heller. A plusieurs reprises, Drieu va lui écrire, comme il va écrire à Mauriac, pour tenter de l'attacher régulièrement, lui faire valoir – argument classique – que son abstention laisse toute la place à ses ennemis. Mais Gide ne se laisse plus surprendre.

Déjà il regrette les quelques *feuillets* arrachés par Gallimard : « *Je ne suis plus dans la disposition d'esprit qui me les fit écrire ; d'un esprit mal ressuyé de la défaite.* » Il espère, de nouveau : « *Mes réflexions sur les défaillances et intermittences du sentiment patriotique ne me paraissent plus très justes. Rien de tel que l'oppression pour redonner à ce sentiment de la vigueur. Je le sens de toutes parts qui se réveille en France, et surtout dans la France occupée. Il s'assure et s'affirme dans la résistance, comme tout amour combattu*[11]. »

Résistance, le mot est lâché. Il fait bondir Martin du Gard pour qui cette attitude est avant tout dictée par le petit groupe de privilégiés qui entoure Gide – la Petite Dame, Mme Mayrisch, les Bussy, les Harbart – et pour qui Martin pourrait inventer le terme de résistance-caviar : « *Pour comble de malchance, vous vivez au centre d'une petite chapelle, et où on est à l'abri de tout, où l'on en éprouve un vague remords, et, où, pour se dédommager, l'on se donne le luxe de faire de l'héroïsme en chambre et de l'idéologie platonique* [12]. »

Il entre, dit Gide, dans toutes les actions humaines, plus de hasard que de décision. La « *petite chapelle* » de Cabris a certes joué son rôle dans le refus de Gide de composer ; elle ne serait pourtant parvenue à rien si Gide, dans le flottement politique qui est le sien, n'avait pas senti, comme d'instinct, où se trouvait l'avenir.

Notes

1. *Journal 1926-1950*, *op. cit.*, 21 juin 1940.
2. *Ibid.*, 24 juin 1940.
3. *Ibid.*, 26 juin 1940.
4. *Ibid.*, 7 juillet 1940.
5. Sur l'histoire littéraire de ces années noires, voir notamment : Pascal Fouché, *L'Édition française sous l'Occupation*, 2 vol., Paris, Bibliothèque de littérature française contemporaine de l'Université Paris VII, 1987 ; Gisèle Sapiro : « La raison littéraire. Le champ littéraire français sous l'Occupation (1940-1944) », dans « Littérature et politique », *Actes de la recherche en sciences sociales*, n°s 111-112, mars 1996.
6. Cité par Pascal Fouché, *L'Édition française sous l'Occupation*, *op. cit.*, p. 292.
7. Gide, réponse à l'enquête du *Figaro*, « Que sera la littérature de demain ? », 12 octobre 1940.
8. Paul Riche, « Gallimard et sa "belle équipe" », *Au Pilori*, 18 octobre 1940.
9. Bernard Grasset, « Die französischen Verläger und die Zusammenarbeit (Les éditeurs français et la Collaboration) », *Cahiers franco-allemands*, novembre-décembre 1940, p. 356.
10. *Les Cahiers de la Petite Dame, 1937-1945*, *op. cit.*, 21 octobre 1940, p. 200.
11. Gide, *Journal 1926-1950*, *op. cit.*, 25 novembre 1940.
12. Gide-Martin du Gard, *Correspondance 1935-1951*, *op. cit.*, 20 janvier 1941, p. 228.

73

Résistance sur la côte d'Azur

1941

« *Je suis cependant reconnaissant à Chardonne d'avoir écrit ce livre, qui laisse des doutes sur tout, excepté sur lui-même et la position qu'il a prise, de concert (ou de conserve) avec A. de Chateaubriant et Drieu La Rochelle. Il agit sur moi, ce livre, par réaction ; car je sens nettement, en le lisant, que cette position est à l'opposé de celle que je dois et veux prendre. [...] Un instinct m'avertit : je ne puis accepter d'être avec eux du "bon côté" ; je suis de l'autre*[1]. »

Robert Levesque, l'« élève » préféré de Gide, le compagnon du périple en Grèce, écrit qu'il ne faut jamais chercher Gide à l'endroit où il devrait être[2]. Cela vaut pour les voyages, mais aussi pour les positions que pourrait occuper Gide : dans la littérature, la vie sociale, la vie politique. Il se déplace sans cesse, si rapidement et de manière si inattendue que les cartographes en sont toujours pour leurs frais.

Il est installé, depuis vingt ans, au centre de la littérature française « légitime » : celle dont le renom ne doit rien à l'importance des tirages ou aux consécrations institutionnelles (académies, prix littéraires) et tout à la qualité et à la créativité. Il est, qu'on le révère ou qu'on l'exècre, l'écrivain des écrivains, la référence obligée. De ce point de vue, il occupe dans le champ littéraire une position semblable à celle de Voltaire au XVIIIe siècle, ou de Hugo au siècle suivant. Il fait le lien entre les effervescences, les inventions de l'avant-garde et une tradition classique dont il assure le renouvellement. Il fait entrer la modernité dans le grand tableau de l'histoire littéraire de la France.

Mais cette position centrale, royale, ne s'acquiert et ne se maintient que par une somme non calculée d'écarts, de sauts, de ruptures, de glissements vers les marges, de rebellions et de dissidences. Gide est au centre à force de n'être jamais centriste. Son pouvoir tient à sa faculté d'être toujours minoritaire ; sa force d'attraction, d'exprimer ce qui diffère. Quand il flotte, qu'il tergiverse, c'est sans doute, comme il l'affirme, pour comprendre *l'autre*, et pour tester, en lui-même, la valeur des arguments les plus contraires à son point de vue. Mais il suffit qu'il sente, à adopter les positions de cet *autre*, un avantage, un profit qui le replaceraient dans la norme, dans le courant majoritaire, dans le jeu institutionnel, pour qu'il cesse de balancer et qu'il s'écarte de cette complaisance. La facilité a toujours tort.

On le voit bien dans le long dialogue qu'est son *Journal* des premiers mois de 1941. Les discours de Pétain sur l'esprit de sacrifice, les diatribes de Vichy contre les faux dieux de la finance et du confort, et même la logorrhée nazie sur la construction de l'homme nouveau trouvent en lui des échos : « *la voie de l'enfer* ». Réactivant ses chères métaphores botaniques, il se murmure que « *le seul moyen de préserver, protéger, sauvegarder l'exquis, le meilleur, c'était de supprimer le moins bon. Tu sais bien que cela ne va pas sans apparence de cruauté, mais que cette cruauté, c'est prudence*[3]... ». Il se repent aussitôt : « *Le travail entrepris par celui qui se veut le grand jardinier de l'Europe, ce travail n'est pas tant surhumain qu'inhumain.* » Mais il ne tranche pas encore.

Il sait que chacun attend la décision qu'il doit prendre quant à la poursuite de sa collaboration avec la *NRF* de Drieu. Martin du Gard et Gallimard l'y poussent. Ils l'incitent même à rentrer à Paris pour se faire une image exacte de la situation, loin des « privilégiés » de la côte d'Azur. Gide mesure toute l'importance symbolique que revêtirait sa participation : « *Elle paraît acquiescer à un ordre des choses que de tout mon cœur je réprouve.* » Il rêve : « *Le bruit court que ce numéro de la* NRF *a été saisi. C'est ce que l'on peut souhaiter de plus heureux ; cela la prouve récalcitrante.* » Participer et se faire interdire, voilà qui lui conviendrait.

C'est l'absence de censure contre la *NRF* qui le décide à s'en retirer. Si ce qu'il écrit peut paraître avec l'accord des autorités allemandes, cela « *enlève à tout ce que je pourrais penser actuellement et dire, qui semblerait d'accord avec eux, toute valeur. Tout profit que l'on peut en tirer entache de complaisance la pensée* [4] ». Gide ne peut pas devenir un écrivain officiellement admis sans que sa pensée perde tout crédit, à ses propres yeux.

Dès lors, les choses en sont plus simples. Il rejette Vichy, tout entier tourné vers la restauration du passé. Il rompt avec Drieu et la *NRF* en prétextant la parution dans les deux derniers numéros de la revue d'extraits des *Chroniques privées* de Chardonne dont la lecture lui a ouvert les yeux sur les positions réelles des dirigeants de la revue. Il fait annoncer publiquement dans *Le Figaro*, au scandale de Gallimard et de Martin du Gard, qu'il retire son nom de la couverture de la *NRF*. Le nouveau régime était prêt à le récupérer et à lui faire fête : le voilà donc de « l'autre côté ».

On ne va pas tarder à lui faire savoir ce qu'il en coûte. Les années de communisme, celle de la « drôle de guerre », celle de la guerre et de l'Occupation enfin n'ont pas affaibli chez Gide la curiosité du découvreur de talents. Il s'est lié d'amitié avec Queneau, avec Claude Mauriac, le fils de François ; plus récemment avec Henri Thomas à qui il a confié les clés de la rue Vaneau, avec Claude Roy, revenu de l'Action française. Sa plus grande révélation littéraire a été, dès 1935, Henri Michaux dont il a lu par hasard chez Gallimard les épreuves de *La nuit remue*. Il a souhaité le rencontrer. Il l'a reçu au Vaneau, l'a revu en octobre 1940 chez Mme Mayrisch. « *Il lui trouve des dons de langue extraordinaire et une sorte de sincérité dans le saugrenu qui le ravit, une exactitude aussi* [5]. » Ils se revoient en juin et vont entendre dans une boîte de nuit « *les deux frères Salvador, deux demi-nègres qui font des numéros charmants. [...] Leur joie est si naturelle, si irrésistible que l'idée de guerre en devient hallucinante* [6] ». Gide est si « *emballé* » par Michaux qu'il décide d'écrire une conférence sur ce jeune homme qui affirme n'être pas écrivain puisqu'il ne peut pas écrire bien sur n'importe quel sujet. Les amis de Gide protestent contre cette conférence qu'ils ne trouvent « *ni à l'échelle de Gide, ni à celle des circonstances* » ; de grandes affiches « Découvrons Michaux » n'en ornent pas moins les murs de Nice où doit avoir lieu, à l'hôtel Ruhl, le 21 mai, la manifestation. Quelques heures avant la conférence organisée par Roger Stéphane, Gide reçoit un télégramme d'un certain Tissot, responsable niçois de la Légion des anciens combattants, lui annonçant qu'il est interdit de parole. Après avoir pris conseil de Martin du Gard et de Malraux, Gide, devant une salle comble, lit la lettre menaçante des « légionnaires » et se retire. Cent quatre-vingts légionnaires démissionnent et renvoient leur insigne : Gide estime avoir gagné la partie ; la presse sous censure affirme qu'il a tourné piteusement casaque « *reconnaissant ses torts et se rendant à leurs raisons* ». Dans la plaquette *Découvrons Henri Michaux* qui paraît immédiatement chez Gallimard, Gide se gardera de relater l'incident : il est difficile de faire passer une reculade pour une victoire. Les réactions un peu frustes des légionnaires niçois ne sont pas du goût des élites parisiennes.

Celles-ci n'ont pas encore complètement renoncé à faire basculer Gide de leur côté, comme en témoigne la carte de correspondance que Paulhan adresse à Henri Thomas : « *P. V. fait dire à l'oncle G. que s'il veut venir à Paris, l'Académie n'attend que cela pour l'élire.* » Ce nouvel appel du pied des académiciens, par l'intermédiaire de Valéry, intervient à un moment où la majorité maurrassienne du quai Conti verse, sous l'impulsion des deux Abel, Bonnard et Hermant, dans la collaboration plus ou moins enthousiaste avec l'occupant. Bonnard, futur épurateur de l'Université française à partir de 1942, fera d'ailleurs en octobre 1941 le fameux pèlerinage en Allemagne hitlérienne, en compagnie de Drieu, Brasillach, Fraigneau, Jouhandeau, Fernandez et Chardonne. Que ces vieux ennemis de Gide, les Massis, Maurras, Bainville, Gaxotte le pressent de venir les rejoindre sous la coupole montre tout le poids qui est accordé au ralliement de l'écrivain à l'ordre nouveau. L'élection de Gide apporterait à l'Académie cette légitimité littéraire dont elle a besoin – tout comme la *NRF* de Drieu – pour continuer à donner l'illusion de son autonomie. Gide coupe court, mais il est toujours travaillé par le désir de rentrer à Paris. Non que la capitale lui manque : il avait, dès 1938, l'envie de s'en éloigner pour travailler mieux ; mais la vie de privilégié qu'il mène sur la côte d'Azur, malgré les restrictions, lui semble le séparer de la « vraie vie », celle des Parisiens sous la botte allemande dont il voudrait saisir la réalité quotidienne autrement que par des récits.

Sous les palmiers de La Croix-Valmer, dans les hôtels de Nice ou les villas de Cabris ou de Grasse, la petite famille de Gide mène en effet une existence qui pourrait lui faire oublier – qui lui fait oublier, parfois – l'horreur du conflit qui s'étend à la terre entière. Gide se consacre, dans les parcs ou sur les plages, à l'éducation de Catherine et à des discussions avec Élisabeth sur la prosodie anglaise. Ils se promènent à bicyclette, jouent aux échecs ou à la crapette – la grande passion ludique de Gide –, rendent des visites aux amis et aux écrivains – Malraux notamment – logés à la même paisible enseigne. Ils s'inquiètent, un peu, pour Maria Van Rysselberghe qui, étant étrangère, est sous surveillance ; ils s'émeuvent, davantage, pour une jeune actrice anglaise, amie et mentor de Catherine Gide, Claude Francis, que sa nationalité « ennemie » menace d'expulsion. Gide envisagera sérieusement de l'épouser pour régulariser sa situation. On bavarde, on s'émeut, on s'arrache les journaux. Sartre vient en visite : « *Il se dit, en souriant, commis voyageur en idées, et ce sont les plus subversives, voire les plus dangereuses*[7]. » Une vie de rêve, où l'on cherche des motifs d'être insatisfait : « *A quel point me manque un piano*, mon *piano !... Certains jours ce besoin, ce regret de musique devient une sorte de douleur presque physique. [...] Pouvoir me remettre au piano... Je goûterais des instants de parfait bonheur. Qui m'en empêche ? Les conditions matérielles où je me trouve ; mais surtout l'obsédante crainte de gêner les voisins*[8]. » Gide ne gêne personne. Il fait son travail d'homme de lettres. Il écrit des « interviews imaginaires » pour *Le Figaro* qui s'est replié en zone libre ; Gallimard lui verse régulièrement ses droits d'auteur et s'apprête à publier son *Théâtre*. Il prépare pour la Pléiade une préface au théâtre de Goethe qui ne devrait pas émouvoir la censure. Même les restrictions lui profitent : il fume moins, il mange moins gras : « *Je ne me suis jamais mieux porté*[9]. »

En le coupant de la vie, la guerre et l'Occupation le rendent à sa seule existence sociale. Devenu abstrait, il coïncide, un temps, avec sa profession et avec sa classe. Il dit n'être pas d'accord avec ce que lui écrit Valéry – « *Rien ne m'embête davantage comme les "événements". La croyance aux événements entretenue et exaspérée par la stupide étude de l'Histoire, a fait beau-*

coup pour le malheur des humains[10] » –, mais il y conforme son existence.

Il écrit à Martin du Gard : « *Il est indispensable, vital, que nous parvenions l'un et l'autre cet hiver à protéger notre isolement.* »

Mais il ajoute aussitôt, comme s'il faisait spontanément le lien : « *Le difficile pour moi, c'est d'attacher majeure importance à ce que j'écrirai désormais*[11]. » Goûtant enfin au confort de l'immobilité et aux plaisirs de l'isolement, enfermé dans sa tour d'ivoire ensoleillée, il redécouvre en même temps le plaisir d'écrire et la perte de sa *foi* d'écrivain : « *Il me semble que [...] mon œuvre est derrière moi, que je dois prendre mon parti qu'elle ne soit pas meilleure et plus importante*[12]. »

Notes

1. Gide, *Journal 1926-1950*, *op. cit.*, 30 mars 1941.
2. Sur Robert Levesque, voir sa correspondance (1926-1950) avec Gide, présentée par Pierre Masson (Lyon, Presses universitaires de Lyon, 1995). Voir aussi les extraits du *Journal* de Levesque publiés par le *Bulletin des amis d'André Gide* et sa *Lettre à Gide* éditée par Claude Martin en 1982.
3. Gide, *Journal 1926-1950*, *op. cit.*, 12 janvier 1941.
4. *Ibid.*, 12 janvier 1941.
5. *Les Cahiers de la Petite Dame, 1937-1945*, *op. cit.*, 29 janvier 1941, p. 216.
6. *Ibid.*, 12 juin 1941, p. 252.
7. *Ibid.*, 17 octobre 1941, p. 272.
8. Gide, *Journal 1926-1950*, *op. cit.*, 11 septembre 1941.
9. *Ibid.*, 25 septembre 1941.
10. Gide-Valéry, *Correspondance 1935-1951*, *op. cit.*, 14 septembre 1941.
11. *Ibid.*, 18 septembre 1941, p. 236.
12. *Ibid.*, 22 septembre 1941, p. 238.

74

Règlements de compte

1942

« *J'ai effroyablement vieilli ces derniers temps. C'est comme si je m'éloignais de moi-même. Oh ! sans tristesse. Il me semble que je me quitterai sans regrets. [...] J'ai repris goût au travail et goûte un semblant de bonheur devant ma table à écrire. Ma pensée se formule aisément à condition de n'être pas profonde ; or dans mes chroniques, je ne remue que des dessus de pensée. Je demeure sans opinion devant les événements, doutant parfois si je pourrai prendre place et trouver raison d'être dans l'univers nouveau qui se prépare confusément. Ce que je crois, c'est qu'il ne peut avoir aucun rapport avec cette singerie de "révolution nationale", que je ne parviens pas à prendre au sérieux*[1]. »

Les « interviews imaginaires » que Gide accorde au *Figaro* sont de remarquables portraits littéraires où l'écrivain donne la mesure d'un immense talent critique[2]. En les livrant à un journal, Gide entend rendre plus visible sa rupture avec la *NRF* où ces brillantes chroniques auraient dû trouver place. A Paris, on se dispute pour savoir de quel prix il faut lui faire payer sa bruyante abstention.

L'heure n'est plus aux tentatives de séduction et de récupération. La machine de propagande nazie mise en route en 1940 marche désormais à plein régime ; elle peut s'appuyer solidement, sans subtilité superflue, sur les rivalités du milieu littéraire parisien. Celles-ci sont parfois d'ordre idéologique et politique, mais il arrive souvent que les jalousies, les inimitiés, les ambitions, l'appât d'un marché de lecteurs à conquérir se cachent, à peine, derrière le drapeau des idées. Grâce au soutien actif de la Propaganda-Staffel et des services « littéraires » de Vichy, une poignée d'auteurs, quelques bataillons de gratteurs de papier sont promus écrivains nationaux. Dans la pénurie de papier qui sévit, il leur est réservé les gros tirages, les brochures illustrées de leurs photographies, les conférences dans les cercles mixtes de la bonne société et des officiers de la Wehrmacht. C'est peu dire qu'ils collaborent : ayant d'un coup gagné une renommée que leur talent ne laissait pas espérer, ils sont bien décidés à profiter de cette sinécure pour s'installer durablement et écarter du soleil les rivaux éventuels. En temps de paix, cette conquête du pouvoir symbolique, accompagnée ou non de sa rétribution matérielle, anime ce qu'il est convenu d'appeler « la vie littéraire », avec ses clivages, ses clans, ses manœuvres, ses batailles autour des élections académiques ou des prix littéraires, ses revues, ses journaux, ses affrontements publics, ses conflits souterrains. En temps de guerre et d'occupation par une puissance totalitaire étrangère, ces jeux de rivalité peuvent devenir mortels : ce qui ressortissait hier à la polémique intellectuelle tourne à l'accusation, à la dénonciation, au procès, à la condamnation.

Déjà, nombre d'écrivains juifs ont dû fuir en zone non occupée, avant d'être contraints à l'exil, abandonnés souvent, aidés plus rarement par leurs éditeurs parisiens. Interdits d'édition, privés des ressources de leur travail et de leur talent, certains trouvent refuge et subsistance auprès d'autres écrivains ou d'admirateurs fortunés. La place qu'ils laissent n'est pas suffisante encore pour satisfaire la pléthore des appétits. Encore théorique en 1940, la Querelle des mauvais maîtres prend en 1942 un tour autrement agressif. Il ne s'agit plus pour les ligues de droite et pour les journaux qu'elles inspirent de se répandre en reproches sur les responsables intellectuels de la défaite mais bien d'instruire des procès médiatiques qu'on souhaite voir se transformer en procès véritables. Au moment où l'on juge à Riom Léon Blum et quelques dirigeants politiques de la IIIe République, des écrivains réclament, dans *La Gerbe, Je suis partout, Gringoire* ou *Occident*, qu'un semblable « *assainissement* » soit mené dans les milieux littéraires. Il ne suffit plus de dénoncer les mauvais maîtres, il faut les *punir*.

La punition peut encore être interne au monde des lettres. Ainsi du boycottage de Mauriac et de son dernier roman, *La Pharisienne*, organisé par Brasillach et Rebatet, avec la collaboration d'Epting, le directeur de l'Institut allemand : « *Nous étions des censeurs plus farouches que ses compatriotes. Nous lui réclamions véhémentement de faire interdire l'affreux cou tordu François Mauriac, qui pouvait publier de nouveaux livres à notre grand scandale* [3]. » Sans être officiellement censuré, le livre de Mauriac sera étouffé... et son auteur jeté dans le camp de la Résistance. D'autres opérations du même genre sont menées – contre Malraux, contre Aragon, contre Gide, bien sûr. Elles n'aboutissent qu'à des résultats mitigés, en raison notamment des désaccords qui divisent les dénonciateurs. Entre la nouvelle extrême droite fasciste et européenne et la vieille droite réactionnaire de Vichy sévit une âpre concurrence que les autorités d'occupation veillent à conserver.

Ces châtiments internes ne suffisent pas aux plus acharnés, tel ce Mauclair qui rêve de voir Gide arrêté et jeté en prison comme « *empoisonneur de la jeunesse.* » Un complot est monté contre Gide. On fait raconter dans les journaux qu'un jeune garçon, brillant et plein d'avenir comme il se doit, s'est suicidé après avoir lu les livres de Gide (première version) – après avoir rencontré Gide et suivi ses conseils (seconde version). C'est une figure classique de la dénonciation littéraire – il sera également imputé à Sartre dans les années cinquante une vague de jeunes suicidés –, évidemment absurde si l'on songe à la religion de la vie que professe Gide, mais qui, dans les troubles de l'époque, pouvait s'avérer dangereuse. D'autant que la censure interdit à Gide tout moyen de défense. Le climat devient pesant à Nice ; il le serait davantage à Paris où la chasse à Gide est devenue un sport à la mode dans les journaux et les revues. Il s'embarque pour Tunis le 5 mai. Comme d'habitude, ce départ, dans l'agitation, les hésitations, les reports, les impatiences, prend au dépourvu les proches. Pourquoi Gide part-il ? Pour combien de temps ? Lui-même, sans doute, serait incapable de donner une réponse. Une occasion s'est présentée, il la saisit. Il est pourtant difficile de ne pas voir dans le choix que fait Gide le désir d'aborder les problèmes de l'« autre côté ». Depuis près de deux ans, depuis la débâcle, il ne s'est dérobé à aucune question ; il a poussé jusqu'aux limites le dialogue avec lui-même dont il prendra soin, avec courage, lorsqu'il publiera son *Journal*, de ne laisser ignorer aucune faiblesse. Mais il s'est également révélé incapable de dessiner une résolution et de s'y tenir. Entre la soumission désespérée au présent et la prescience d'un salut « *qui se prépare dans l'ombre et ne pourra se manifester au jour que demain* », il n'a pas, dans sa vie artificielle de faux exilé sur la côte d'Azur, trouvé l'angle pour comprendre une histoire qu'il ne vit pas, sinon par les restrictions alimentaires et les difficultés de chauffage. C'est peut-être aussi pour échapper à la possibilité de la défaillance, pour mettre une mer entre lui et Drieu, pour se prémunir contre sa dangereuse curiosité et contre sa tentation de l'imprudence que Gide va retrouver la guerre en Afrique du Nord.

Les premiers mois sont relativement paisibles. Gide lit Schiller, traduit Shakespeare pour Jean-Louis Barrault, écrit encore des chroniques pour *Le Figaro* dont la plupart des passages un peu audacieux sont censurés, travaille à son *Anthologie de la littérature française* malgré l'absence de sa bibliothèque, joue aux échecs avec Amrouche et avec Jules Roy. Mais le 30 novembre, les troupes allemandes et italiennes occupent Tunis d'où les Américains entreprennent de les déloger. Les bombardements de la ville commencent au début du mois de décembre. Au milieu de la bataille, Gide se décrit en spectateur : « *On ne pourrait imaginer de plus splendide feu d'artifice. Par crainte d'en rien manquer, je m'étais couché tout habillé et ne m'abandonnais que d'un œil au sommeil ; à chaque reprise, je bondissais de mon lit à la fenêtre du salon, le cœur battant, non de peur (et c'est ici que je reconnais que je ne tiens plus beaucoup à la vie), mais d'une sorte de stupeur et d'horreur panique, d'attente faite à la fois d'appréhension et d'espoir*[4]. »

La bataille s'amplifie, les marchés sont vides, le pain manque, l'éclairage est coupé, des quartiers entiers disparaissent sous les bombes ; pendant ces jours terribles, Gide semble se préoccuper essentiellement de deux choses : les ravages de l'antisémitisme et les limites de la pédagogie – l'homme, au-delà des événements.

L'antisémitisme a toujours été jusqu'à présent pour Gide une idée. Voilà qu'il en découvre avec stupeur la réalité : les persécutions dont sont victimes les Juifs de Tunis pendant l'occupation italo-allemande. L'effroi qu'il en éprouve paraît effacer les dernières traces d'antisémitisme héritées de son éducation chrétienne.

Sa rencontre avec François Reymond (« Victor » dans son journal) est aussi l'occasion d'une remise en cause. « *Victor* » est le fils de Théo Reymond de Gentile qui accueille libéralement Gide dans sa villa de Sidi Bou-Saïd. Jusqu'à présent, le passionné de pédagogie qu'est Gide avait toujours professé que la famille était la grande responsable de la mauvaise éducation des enfants, des déformations, des hypocrisies et des mensonges qui polluaient, irrémédiablement, leur nature. Tout l'effort de vérité de Gide peut ainsi être lu comme une protestation contre sa propre enfance.

Or voilà qu'il rencontre en *Victor* un garçon qui lui semble être inéducable : « *Celui qui, comme cet enfant, n'aime personne et se soucie peu d'être aimé, n'est vulnérable que par ce qui le blesse directement. C'est une grande force (mais que je n'envie guère) de ne sentir aucun besoin de l'affection ni de l'estime des autres. [...] Je ne pense pas que même l'amour parvienne plus tard à entamer sa suffisance. C'est une île qui vit d'importations et n'exporte rien*[5]. » Du coup, Gide relit Rousseau et l'*Émile* pour découvrir que « *nombre des arguments de Rousseau sont d'une déconcertante ineptie* ».

Nous ne sommes pas si loin de la guerre qu'il n'y paraît. C'est la confiance de Gide dans la nature humaine, son optimisme qui sont touchés : « *Je ne lis plus aucun livre sans me demander : "Si l'auteur revenait aujourd'hui sur terre, que penserait-il de ses propres écrits ?"* » La question vaut pour son œuvre. Certes, il n'a jamais pensé que l'homme était naturellement bon, mais au contraire qu'il ne devait jamais cesser d'être amélioré ; mais doit-il l'être selon les seules lois de sa nature ? « *La plupart des axiomes tirés de son cœur, sur lesquels il construit sa religion, sa philosophie, et repose sa confiance en l'excellence de la* Nature *sont devenus impensables*[6]. » L'esprit peut-il triompher de la « raison du plus fort » ? C'est la question qu'oblige à se poser Victor, celle qu'obligent à se poser les nazis. Gide voudrait tout repenser, une fois encore ; mais il n'en a plus ni le temps ni la force.

Notes

1. Gide, *Journal 1926-1950*, *op. cit.*, 1er janvier 1942.

2. Les *Interviews imaginaires* seront publiés par Gallimard en 1942 puis repris dans *Attendu que*… qu'éditent Edmond Charlot à Alger en 1943, ainsi que les Éditions du Haut-Pays en Suisse et Pantheon Books, la maison d'édition qu'a ouverte Jacques Schiffrin à New York au cours de son exil américain.

3. Lucien Rebatet, *Les Mémoires d'un fasciste II, 1941-1947*, Paris, Pauvert, 1976, p. 39.

4. Gide, *Journal 1926-1950*, *op. cit.*, 17 décembre 1942.

5. *Ibid.*, 22 décembre 1942.

6. *Ibid.*, 27 décembre 1942.

75

L'Écrivain et le Général

1943

« *L'accueil de De Gaulle avait été très cordial et très simple ; déférent presque à mon égard, comme si l'honneur et le plaisir de la rencontre eussent été pour lui. On m'avait parlé de son "charme" ; on n'avait rien exagéré. [...] Le Général restait très digne et même un peu sur la réserve, me semblait-il, comme distant. Sa grande simplicité, le ton de sa voix, son regard attentif mais non inquisiteur et chargé d'une sorte d'aménité, firent en sorte de me mettre à l'aise. Et je l'eusse été tout à fait si je ne sentais toujours, auprès d'un homme d'action, combien le monde que j'habite reste écarté du monde où il opère*[1]. »

Depuis le début de la bataille de Tunis, l'isolement de Gide est presque total. Hormis quelques cartes de correspondance qu'il convient de décoder, il ne reçoit plus de France le moindre courrier et n'en expédie pas davantage. La petite colonie européenne de Tunis, malgré sa gentillesse et sa bonne volonté (*Victor* excepté), n'est pas un excitant à la pensée. La mauvaise vue de Gide et le couvre-feu le privent de ses lectures du soir. Il s'ennuie, il s'irrite, le cynisme de *Victor* le met en rage. Il dort, quand les bombardements ne l'en empêchent pas : il végète ; il tourne et retourne indéfiniment les mêmes arguments contraires dans l'espoir toujours vain d'y trouver une ouverture, une pensée neuve, un éclat de vérité qui transpercerait le mensonge des propagandes.

Lui qui disposait à Paris d'un réseau d'informateurs international se retrouve accroché à la radio qui débite des communiqués officiels. Il a besoin d'une oreille pour écouter sa voix ; il a surtout besoin des paroles et des idées des autres pour y frotter les siennes. Il est seul, pour la première fois : « *Ah ! que cette séparation de ceux que j'aime me paraît dure certains jours ! Que cette attente est longue ! [...] Quels soins je prends pour me conserver à eux jusqu'à ce jour ! C'est ce qui, presque autant que la curiosité, me rattache encore à la vie*[2]. »

Il est encore curieux, mais moins de ce qui est que de ce qui va venir. Le vieil écrivain vit au futur, au « *chapitre suivant* » dont il ignore s'il sera horrible ou prometteur. Il prévoit seulement que la guerre aura pour effet d'arracher l'art au réalisme, comme il l'a toujours souhaité : « *Le reportage, qu'on exigera le plus documentaire possible, délivrera la littérature, de même que la photographie a pu délivrer la peinture, par une sorte de "catharsis"*. » Mais même cette idée, il ne la développe pas : il lui faudrait une relance, la protestation de Martin du Gard, l'encouragement de la Petite Dame, la question d'Herbart, les injures de Massis même. « *Ce dernier carnet devenait pour moi la bouée où le naufragé se raccroche. L'on y sent cet effort quotidien pour me maintenir à flot*[3]. »

De fait, alors que les carnets s'emplissent comme jamais, la matière intellectuelle et littéraire n'y a jamais été aussi pauvre, comme si la réalité était trop écrasante pour que l'intelligence trouve sa place. Quelques éclairs, de temps à autre, ainsi cette formule quc lui inspire la lecture de Rebatet : « *Avec lui je ne me sens jamais moins à l'aise que lorsque je suis de son avis.* »

Les Alliés entrent dans Tunis le 8 mai. Du même coup, Gide se sent délivré de la nécessité d'y demeurer, par solidarité avec ceux qui l'ont accueilli. Il prépare son départ pour Alger, avec Amrouche et Soupault. Il y débarque chez Anne et Jacques Heurgon, la fille et le gendre de Paul Desjardins, le 28 mai. Il retrouve Saint-Exupéry, mais surtout « *l'ivresse d'une bibliothèque nouvelle* ». De toutes les privations de la guerre, le manque de livres est sans doute celui dont il a le plus souffert.

A la fin du mois de juin, de Gaulle qui vient de s'installer à Alger invite Gide à dîner. Étrange rencontre, si l'on y songe. Le Général est alors en pleine lutte politique contre Giraud qui a la préférence de Roosevelt et de Churchill et avec lequel il vient d'être obligé de passer un compromis. On peut douter, d'autre part, que l'ancien élève des maristes, le maurrassien proche de l'Action française, le fervent adorateur de la France et de l'Histoire, le militaire catholique, soit très sensible à la pensée de Gide. Mais de Gaulle est un homme d'action qui ne néglige aucun symbole. Si mince soit-elle dans l'énormité des événements qui bouleversent le monde, sa rencontre avec le plus illustre des écrivains français est une étape dans la conquête de la légitimité. Le pouvoir temporel ne s'impose pleinement qu'avec l'onction du pouvoir spirituel laïque. L'important n'est pas ce que Gide et de Gaulle se disent, c'est que la jonction se fasse.

Quant au récit même de la rencontre, il est amusant de comparer la narration qu'en fait Gide dans son *Journal* avec les multiples évocations des dialogues avec le Général dues à Malraux. Le second se hisse immédiatement avec son interlocuteur sur les sommets de l'Histoire ou au paradis des héros. C'est l'Action confrontée à la Pensée dans un crépuscule tragique où la grandeur de l'un témoigne du génie de l'autre, et réciproquement. Même la familiarité quand elle survient ressemble à une détente que s'octroient les dieux de l'Olympe. Avec Gide, on demeure chez les mortels. L'écrivain ne cache rien, ni de la gêne, ni des silences, ni du léger ennui qui marquent ce dîner. Les deux hommes se cherchent plus qu'ils ne se trouvent et l'Esprit n'est guère au rendez-vous.

Gide est accompagné de Jean Hytier, un professeur de la faculté d'Alger qui lui a consacré un petit livre publié en 1938 chez Charlot. Autour de la table du repas, cinq autres personnes, dont trois militaires. Si l'on comprend bien, la conversation languit. Gide la lance sur un sujet qui lui tient à cœur, le devoir de désobéissance, surtout s'agissant d'un officier. De Gaulle répond « *fort bien* », mais « *on aurait pu pousser beaucoup plus loin que nous ne fîmes. Les propos retombaient vite et je ne me sentais pas de force ou d'humeur à faire rebondir beaucoup l'entretien* ». De Gaulle attire Gide sur la terrasse pour une conversation particulière. Le débat va-t-il s'élever ? Pas davantage. Gide y prend la défense d'André Maurois qui, bien que Juif, a fait allégeance à Pétain. De toute évidence, la dialectique gidienne – Maurois croit de son devoir de rester fidèle au Maréchal, et le croit d'autant plus que ce devoir lui coûte et que, ce faisant, il se met à dos tous ses amis d'hier – n'a guère de prise sur la rancune du chef de la France libre : « *Les traits du Général s'étaient un peu contractés et je ne suis pas sûr que mon plaidoyer véhément ne l'ait pas irrité*[4]. » Au moins tombe-t-on d'accord sur « *l'opportunité de créer une nouvelle revue qui groupât les forces intellectuelles et morales de la France libre ou combattant pour l'être* ». Une contre-*NRF* en quelque sorte qui contraindrait enfin les écrivains à choisir leur camp et dont le siège pourrait s'installer à Alger. « *Mais ceci non plus ne fut pas poussé très loin.* »

Un échec ? « *Je songeais tristement à ce qu'aurait pu être cette entrevue, si Valéry eût été à ma place, avec sa compétence, sa clairvoyance et son extraordinaire* présence d'esprit. » Gide, à son habitude, accuse son incapacité à parler – manifeste, dès que les sujets abordés ne l'intéressent pas. De Gaulle, pour complaire à l'homme de lettres qu'il reçoit, cherche à installer la conversation sur le terrain des idées générales ; Gide, par un chemin inverse, recherche chez l'homme d'action qu'il rencontre des réalités concrètes, des histoires vivantes, une vision de l'avenir. Les deux discours se croisent et se manquent à cause de la (bonne) volonté des acteurs de ne pas se conformer au rôle qui est dévolu, dans le cercle des mondanités, à un écrivain et à un général.

Il n'y aura donc pas de coup de foudre, mais une manière d'alliance de raison, faite d'estime et de prudence. De Gaulle, écrit Gide, « *est certainement appelé à jouer un grand rôle et semble "à hauteur". Nulle emphase chez lui, nulle infatuation ; mais une sorte de conviction profonde qui impose la confiance. Je ne ferai pas de difficulté pour raccrocher à lui mes espoirs*[5] ». Quant à de Gaulle et ses services, ils vont s'efforcer discrètement, par petites touches, d'utiliser au mieux la présence de Gide à leurs côtés, sans effaroucher un partenaire qui se refuse aux mensonges, aux excès de la propagande et aux combats de la guerre psychologique. L'expérience du communisme est trop proche et trop amère pour que Gide puisse encore être enclin à « servir ». Mais il sait aussi, désormais, qu'il lui est impossible de se maintenir hors de l'histoire et de ses effets de surface. Il s'y sent prisonnier, impuissant : « *L'empêchement vient surtout de l'encombrement vain de la cervelle, du souci de ne pas être en retard, en reste, et de ne faillir à aucune obligation... C'est seulement dégagé de toute préoccupation étrangère que l'on peut faire œuvre qui vaille. Je me sens tenu, requis, hypothéqué, de part en part*[6]. » Il s'accroche à la littérature.

Il retravaille *L'Intérêt général*, cette comédie satirique commencée au temps de son engagement, afin de la transformer en comédie de caractère. Pour mieux la neutraliser, il rêve même d'une représentation future au Théâtre-Français, sur la plus institutionnelle des scènes dramatiques, afin de gommer les aspects subversifs que pourrait encore conserver sa pièce. Devenir un classique pour échapper à l'histoire, c'est la grande tentation. Mais une autre tentation demeure, tout aussi puissante : celle de ne pas s'évader dans le ciel des idées pures et de « *l'évanouissement des contours* ». Il désire rester dans le jeu, dans la vie, dans l'inquiétude. La méditation sur l'Être éternel n'est pas sa préoccupation, mais la périlleuse aventure de l'homme en train de se faire et de se transformer : « *Je veux "en être" et dût-il m'en coûter*[7]. »

Notes

1. Gide, *Journal 1926-1950*, *op. cit.*, 26 juin 1943.
2. *Ibid.*, 30 janvier 1943.
3. *Ibid.*, 22 février 1943.
4. *Ibid.*, 26 juin 1943.
5. *Ibid.*
6. *Ibid.*, 25 juillet 1943.
7. *Ibid.*, novembre 1943.

76

L'exilé de la Libération

1944

« Pourront-ils citer un seul de mes amis, de ceux, jeunes ou vieux, à qui je me sois lié de manière plus ou moins intime, qui ne se soit très bien tenu durant ces années tragiques et comporté, les jeunes surtout, de manière souvent admirable ? Oui, ce m'est un grand réconfort de pouvoir penser qu'il n'est pas un de ceux que j'avais choisis, ou qui m'avaient choisi, qui n'ait, au temps de l'épreuve, tenu bon et marqué sa valeur. C'est, en revanche, de l'autre côté qu'il faut chercher ceux qui s'étaient déclarés contre moi. (Je ne parle pas, bien entendu, des querelles récentes au sujet de mes livres sur l'URSS.) [1] »

Gide s'est retiré à Fès, chez l'éditeur Jean Denoël. En février, un ordre de mission lui enjoint de regagner Alger. Un avion militaire vient le prendre à Meknès. Il doit obtempérer. A quelle affaire d'État est-il ainsi mêlé ? Au fonctionnement de *L'Arche*, la revue qui a été créée à Alger après son entrevue avec de Gaulle et dont il a pris la direction nominale, tandis qu'Amrouche et un jeune écrivain, Albert Camus, qui vient de publier un roman remarqué chez Gallimard, en assuraient la direction effective. Un conflit vient de surgir entre Amrouche et un des collaborateurs de *L'Arche*, Robert Aron. Alors que la défaite des forces de l'Axe apparaît désormais probable, la lutte que se livrent Amrouche et Aron préfigure les oppositions littéraires de l'après-guerre entre la gauche et la droite de la Résistance. Gide obtient un accord provisoire entre les deux parties. Puis il file au Congo pour échapper aux bagarres politiciennes qui secouent Alger et dans lesquelles il craint d'être pris en otage. Il doit néanmoins rentrer en Algérie fin avril et, pour s'échapper malgré tout, se livre à une orgie de latin. Quatre heures par jour, il se plonge dans la grammaire et dans Virgile avec la fraîcheur d'un débutant. *L'Énéide* ne le quittera plus. Elle sera la retraite lumineuse de ses dernières années.

Le 6 juin, il note, sans autre commentaire dans son *Journal*, en grandes capitales : « *DÉBARQUEMENT DES ALLIÉS EN NORMANDIE* ». Le redressement moral de la France, grâce à la jeunesse résistante, lui « *gonfle le cœur de confiance et d'espoir* », mais il affirme, déjà, que son rôle consiste à ne pas souffler dans le sens du vent. La Résistance n'a pas encore triomphé qu'il la met en garde contre les facilités de la victoire : « *Il faudra, pour l'établissement de la paix, des qualités et des vertus très différentes ; celles mêmes qui sont aujourd'hui dépréciées* [2]. » Manque-t-il de force et de courage pour mener cette bataille à contre-courant ? On l'attend à Paris, après la libération de la capitale ; il reste à Alger.

La Petite Dame est rentrée au Vaneau en octobre. Elle y retrouve Herbart, devenu le « général Le Vigan » après avoir dirigé la Résistance en Bretagne et délivré Rennes à la tête de ses troupes. Camus occupe une chambre ; Catherine Gide débarque à son tour : elle attend un enfant et va se marier avec Jean Lambert, un ami d'Henri Thomas, rencontré à Cabris en 1941. Gide ne bouge pas. Il prétexte la fatigue, son âge, les conditions de vie difficiles dans une ville rationnée. L'alimentation de Paris le tourmente pourtant moins que le climat intellectuel qui y règne.

Personnellement, il n'a rien à craindre. Il ne s'est compromis d'aucune manière avec l'occupant. Comme il le souligne justement, ses amis et ceux qui se sont considérés comme ses disciples se sont retrouvés du bon côté alors que ses adversaires de toujours, ceux qui l'accusaient d'empoisonner la France, ont collaboré avec ses ennemis. Il ne craint rien de l'épuration, sauf l'épuration elle-même. L'homme des marges et des exceptions craint les effets pervers d'une unanimité si rapidement acquise : « *Je ne puis partager cette illusion que l'on ait reconquis tout aussitôt la liberté. Cette liberté tant fêtée se trouve plus compromise aujourd'hui (pour un temps) que même sous la domination allemande, où du moins il y avait une presse clandestine… Cette presse clandestine est inimaginable aujourd'hui : tous doivent penser de même et toute discordance à l'accord sera tenue pour crime envers l'État. J'applaudis à cette union, mais ne point reconnaître là une nouvelle forme de "totalitarisme"... vous m'en demandez trop* [3]. » Il comprend les sentiments de la horde, mais il lui est impossible de hurler avec elle, au nom de la liberté.

Il se tient donc à l'écart. Et ses amis qui le pressaient de rentrer lui conseillent bientôt de rester loin de Paris : cette ville n'est plus conseillée aux esprits libres : « *Paris n'a pas encore retrouvé un climat pour nous... On épure, on épure... Il s'en faut de peu que la "République des Écrivains de gauche" (dont nous sommes, il va sans dire) ne devienne un État totalitaire et policier, où l'on se débarrasse des adversaires, voire des concurrents, par la prison ou la mort. C'était sans doute nécessaire ; mais il ne faudrait pas que cela devienne une institution* [4]. » Par un mouvement de politisation inverse de celui de 1940, le milieu littéraire se réorganise en éliminant les vaincus de l'histoire : ceux qui se sont réellement engagés avec les nazis ou avec le pouvoir de Vichy, mais aussi ceux qu'on soupçonne de ne point appartenir au camp du progrès, d'être des « mauvais Français ». On espérait en 1940 prendre sa revanche sur l'aristocratie littéraire de la *NRF*, on estime en 1944 que la bourgeoisie a trahi et qu'il convient d'éliminer la littérature bourgeoise pour mettre en place un art progressiste. Gide l'apprend à ses dépens. Il a confié aux *Lettres françaises*, le journal du Comité national des écrivains que dirige Claude Morgan et à la direction duquel figurent certains de ses amis – Martin-Chauffier, Mauriac, Paulhan –, des extraits de son journal de Tunisie. Il ne s'agit pas en effet de littérature édifiante, et Gide y livre sans fard les hésitations de sa pensée, la vérité de ses impressions. Ce n'est pas un texte neutre, mais un texte libre. Dans le même numéro, Aragon, sous le titre « Le Retour d'André Gide », se livre à une attaque remarquablement perfide et fielleuse faisant de Gide, à défaut d'un collaborateur, un écrivain « planqué », silencieux contre l'ennemi et qui attendait son heure pour porter des coups au moral de la France victorieuse. Dans le numéro suivant des *Lettres françaises*, un lecteur anonyme, sous prétexte de prendre la défense de Gide, enfonce encore plus loin le clou.

Tout cela sent le procès qu'on prépare. L'épuration patriotique est ressentie comme une nécessité civique – et littéraire – par la plupart des écrivains qu'a écœurés l'asservissement empressé aux désirs de l'occupant. Mais il apparaît qu'elle n'est, pour certains d'entre eux, qu'une manière de forger une nouvelle servitude à un nouveau pouvoir. Ce qu'exprimera magnifiquement Paulhan dans sa *Lettre aux directeurs de la Résistance*. Entamer le procès de Gide, en 1944, c'est essayer de poser les bases d'un nouveau terrorisme.

En position de force, Aragon espère que Gide va répondre et s'enferrer. Il a en main les pièces du dossier, c'est-à-dire, pour l'essentiel, la dénonciation de l'URSS stalinienne par Gide : la preuve de l'hostilité farouche du vieil écrivain bourgeois à la patrie du socialisme, au peuple martyr de l'Union soviétique et au vainqueur de Hitler. On ne peut pas attaquer encore Mauriac qui a derrière lui les « bons Français » catholiques ; pas davantage Malraux auréolé par ses galons de résistant et protégé par son gaullisme flamboyant. Gide n'a pas de parti, pas de puissant protecteur, pas de base sociologique. Il n'a plus la *NRF* qui a été supprimée : c'est un symbole sans pouvoir.

Il ne livrera donc pas cette bataille qu'on lui propose sur un terrain étranger. Il suit les conseils de son entourage et s'abstient d'engager le fer. Il garde sa défense pour ses carnets. On s'y rend compte qu'il aurait fait le parfait accusé d'un procès stalinien, tout prêt à reconnaître tous les crimes qu'on lui impute, fussent-ils imaginaires. « *Je reconnais que j'ai eu grand tort (ou tout au moins fus bien imprudent) de livrer si vite au public des réflexions* (*mes* pages du journal). *[...] L'on ne sauvera pas la France, il est vrai, sans enthousiasme ; et tout enthousiasme comporte un peu d'aveuglement. Honnie soit toute réflexion qui risque d'affaiblir*[5] *!* » Ni la nuance ni l'ironie ne font taire les procureurs.

Gide, fort heureusement, se tait. Il laisse ses amis protester contre les manœuvres d'Aragon. Paulhan qui assure aussi la défense de Gallimard s'y emploie. Et aussi Herbart, et Mauriac, et Henriot dans *Le Monde* qui, sans la moindre allusion polémique, souligne l'impertinence « résistante » des *Interviews imaginaires* de 1942... Gide est tenté par une sorte de dissidence géographique : abandonner Paris à Aragon et à ses alliés et reformer autour de lui un groupe à Alger. Mais Alger n'est déjà plus qu'une petite ville de province où Gide se débat dans les formalités administratives pour tenter de régler la succession de Saint-

Exupéry. Les intellectuels sont de retour à Paris ; Camus est à *Combat* où il publie un article de Gide sur Benda, tout à la louange de ce dernier.

C'est encore la façon qu'a Gide de faire la guerre. Dans *Les Lettres françaises*, Benda s'est joint, à sa manière sans tendresse, à la campagne anti-Gide. Jusqu'à écrire sans innocence : « *Gide, dont la pensée a tant d'affinités avec celle d'outre-Rhin*[6]... » L'accusé lui répond par un témoignage d'admiration intellectuelle. Chez Gide, le pardon des offenses est mieux qu'une vertu : une insolence.

Notes

1. Gide, *Journal 1926-1950*, *op. cit.*, 28 novembre 1944.
2. *Ibid.*, 5 juillet 1944.
3. *Ibid.*, 2 octobre 1944.
4. Martin du Gard à Gide, *Correspondance 1935-1951*, *op. cit.*, 16 novembre 1944, p. 287.
5. Gide, *Journal 1926-1950*, *op. cit.*, 30 novembre 1944.
6. Julien Benda, « Le sophiste », dans *Les Lettres françaises*, 23 décembre 1944.

77

L'écrivain des *Temps modernes*

1945

« *Je consens à être existentialiste, à la condition de ne pas le savoir*[1]. »

Après un pèlerinage aux sources, à Biskra, en compagnie de la Petite Dame, Gide rentre à Paris, rue Vaneau, le 6 mai 1945, après six ans d'absence.

Martin du Gard qui le retrouve, « *comme si nous nous étions quittés de la veille* », note les changements qui ont affecté son ami. Certes, il n'a pas vieilli. A soixante-seize ans, il reste étonnamment « *souple, alerte, remuant, curieux de tout ; et suroccupé...* » ; mais la gloire, jointe à l'isolement, l'a un peu changé : « *L'adulation dont il a été l'objet, tant à Tunis qu'à Alger, a laissé quelques traces. Il est plus que jamais centré sur lui-même. Écouté avec déférence, pendant trois ans, par des amis à sa dévotion et plus jeunes que lui, il a perdu l'habitude du dialogue ; il s'est accoutumé à suivre sa pensée sans qu'on l'interrompe, et à l'exprimer dans un silence approbateur. D'où une certaine assurance, une certaine solennité, qui sont tout à fait nouvelles entre lui et moi*[2]. » Toujours équitable, Martin du Gard ajoute toutefois que ces travers sont heureusement superficiels et « *n'atteignent en rien le fond de modestie foncière qui subsiste en lui* ».

Modeste, et pratiquant assidûment l'orgueil de la modestie, Gide l'est toujours ; mais il lui faut un peu de temps pour comprendre ce milieu parisien où il reprend pied et dont il n'a pas vécu la profonde et rapide restructuration. A quelques notables exceptions, les piliers littéraires de la société française d'avant guerre ont été abattus, quand ils n'ont pas été emportés par la débâcle de la Collaboration. L'Académie française n'a survécu qu'en s'amputant de certains de ses membres et en se lançant dans une chasse au recrutement de ses ennemis d'hier. Sans grand succès, même si, un moment, les anciens de la *NRF*, Schlumberger et Gide en tête, hésitent à investir l'institution. Les grandes figures de *L'Action française* se taisent ou se terrent ; les plus fervents partisans des principes intellectuels et moraux de Vichy se rallient à la légende gaulliste. Malgré la pénurie de papier ou grâce à elle, les vitrines des libraires sont envahies par des livres dont les auteurs possèdent des titres de résistance en guise de titres littéraires – sans qu'on observe pour autant une baisse de la qualité. Cette surpolitisation du champ littéraire affecte les formes mêmes de la littérature. Elle se traduit par la prolifération des récits et des témoignages, par un retour du roman à la tradition réaliste et par la vogue de la poésie dont la forme brève, adaptée aux années de clandestinité, retrouve à la Libération l'écoute d'un public populaire.

L'épuration entreprise par les écrivains du CNE vise à éliminer les « brebis galeuses » d'une « république des lettres » dont on proclame ainsi la pureté patriotique générale. Elle tente aussi de créer une uniformisation du champ littéraire sous la couverture d'une idéologie démocratique qui affecte de nier les hiérarchies esthétiques pour prendre en compte prioritairement les relations des écrivains avec le peuple et avec l'histoire. On comprend que Gide ne s'y retrouve pas et que sa curiosité se change en stupeur.

Il est bien accueilli pourtant. Aragon et les communistes des *Lettres françaises*, après avoir tenté de mettre en cause « *l'ennemi de l'URSS* », ont presque entièrement cessé leurs attaques. L'heure est à l'unité nationale et des ministres du PCF participent au gouvernement de Gaulle. La France nouvelle se cherche, dans tous les domaines, des grands hommes susceptibles de faire oublier les années de honte et d'humiliation. De toutes les figures littéraires acceptables selon les nouvelles normes, Gide est celui dont la renommée internationale est la plus grande. On lui fait fête, on lui ouvre les colonnes des journaux et les micros des radios. Mais il ne répond pas à l'attente. Lui-même attend. En termes de stratégie intellectuelle, on dira qu'il manque sa rencontre avec le public. Dans le grand examen de conscience qu'il souhaite et qu'on lui dérobe, celui-ci attend de ses écrivains qu'ils posent les questions essentielles : celles de la débâcle morale, de la faillite des élites, de la trahison des clercs. On ne lui propose guère, pour clore le débat, que des réponses et des coupables. Et Gide qui n'a pas de réponse, mais qui invente sans cesse des questions et des critiques à ses questions, se tait. Il pense que l'heure n'est pas venue et que personne ne l'entendrait utilement. Il se réserve. Il se confie, avec parcimonie, à ses carnets : « *Mais si je dois être fusillé demain, ce sera pour dire et répéter : sous quelque forme et quelque couleur qu'il se présente, ou noire, ou brune, ou rouge, ou blanche, naziste, fasciste, communiste ou catholique, le "totalitarisme", c'est l'ennemi*[3]. »

Parle-t-il enfin, il le fait avec tant de hauteur et tant de subtilité que le message, pourtant essentiel, semble se perdre dans les nuages. Le 25 février 1945, il publie dans *Le Figaro* un article intitulé « Justice ou charité ». Il s'agit d'une réflexion aiguë sur le dilemme des catholiques face à l'épuration. Gide y montre qu'à vouloir concilier dans cette affaire l'idéal « *tout humain et approximatif de la justice* » et « *celui si évidemment supérieur, mais ruineux, de la charité* », on mélange tout, sans profit pour la justice et sans bénéfice pour le christianisme, « *cette extraordinaire école d'individualisme* »[4]. Au-delà des catholiques, la question s'adresse à tous ; mais Mauriac mis à part qu'on appelait *saint François des Assises*, personne, ou presque, ne se sent visé.

Paris redécouvre la presse avec ivresse. Des dizaines de quotidiens apparaissent, issus des groupes et des partis de la Résistance. Les écrivains, Sartre et Camus en tête, se font éditorialistes et reporters. Des revues naissent en grand nombre ou sortent de la clandestinité. Gide se tient au courant de tout, reçoit les uns et les autres, intercède, soutient. Il aide Pierre Herbart – qui vient de se séparer de *Combat* et de Camus – à mettre en route un nouvel hebdomadaire, *Terre des hommes*, dans la lignée de *Vendredi* et de *Marianne*. Mais lui-même intervient peu. La presse n'est pas son domaine. Peut-être se souvient-il qu'il a fondé la *NRF* « *contre le journalisme et l'américanisme* ». Même aux périodes les plus militantes de sa foi communiste, il a maintenu l'activité littéraire à l'écart de son engagement jusqu'à suspendre son œuvre d'écrivain. Depuis plus d'un demi-siècle, il a fondé son intervention d'intellectuel sur l'autonomie de la littérature, expression intégrale de l'individualisme et seule capable de s'élever au-dessus des jeux étroits de l'opinion et du conformisme social. Il n'est pas prêt à renoncer à cet exercice aristocratique du métier d'écrivain pour satisfaire une demande sociale « de masse ». Autant que Gide, Sartre, l'étoile nouvelle de la vie intellectuelle de l'après-guerre, se proclame écrivain : « *Je rappelle, en effet, que dans la "littérature engagée", l'*engagement *ne doit, en aucun cas, faire oublier la* littérature *et que notre préoccupation doit être de servir la littérature en lui infusant un sang nouveau, tout autant que de servir la collectivité en essayant de lui donner la littérature qui lui convient*[5]. » Autant que Gide encore, le directeur-fondateur des *Temps modernes* vise à une libération de l'homme dans sa totalité : « *Il faut qu'il se délivre totalement, c'est-à-dire qu'il se fasse autre, en agissant sur sa constitution biologique aussi bien que sur son conditionnement économique, sur ses complexes sexuels aussi bien que sur les données politiques de sa situation* » – à peu de chose près, Gide aurait pu cosigner ce programme.

Il ne peut pas être question ici de tracer les plans d'une dissertation académique du type : Gide et Sartre, convergences et divergences, mais simplement de souligner les continuités et les lignes de fracture qui affectent le rôle de l'intellectuel en ces années où l'empire de Gide le cède à l'empire de Sartre. La plus visible des ruptures est celle qui a trait à la fonction enseignante. Gide est un écrivain qui enseigne, Sartre est un enseignant qui écrit. Trop réductrice, cette formule ne met pas davantage en cause le génie littéraire de Sartre qu'elle ne sous-estime le génie pédagogique de Gide. Elle met seulement en évidence le cheminement de deux parcours individuels qui ont coïncidé avec les traits spécifiques de deux époques, de deux générations.

La littérature s'est imposée au début du siècle en réaction contre l'emprise du positivisme universitaire. Elle a triomphé, après la Première Guerre mondiale, sur les décombres d'une Université saignée par les combats et tout entière concentrée sur sa propre reconstruction institutionnelle et intellectuelle. A quelques rares exceptions – Bergson, Alain –, son rôle public est demeuré extrêmement réduit jusqu'à la fin des années trente. La suprématie intellectuelle de la *NRF*, l'influence de *L'Action française* sur la jeunesse cultivée, celle de Gide ou celle des surréalistes consacrent le recul du pouvoir universitaire face aux purs littérateurs, aux partis et aux Églises. Comme au XVIIIe siècle face à une Sorbonne sclérosée, la fonction enseignante sociale est exercée par des hommes de lettres dont la politique de la langue est la seule science.

Ce qui marque l'immédiate après-guerre, c'est le retour en force de l'Université, notamment de cette génération de normaliens couvée rue d'Ulm pendant les années trente. Il suffit de comparer les sommaires de la *NRF* de 1939 et ceux des *Temps modernes* de 1945-1946, pour observer une spectaculaire mutation. Jean Paulhan et Michel Leiris mis à part, les auteurs qui subsistent d'un sommaire à l'autre et à six ans d'écart sont issus de l'Université : Sartre, Wahl, Grenier, Étiemble, Bélaval. Entrent en force les rejetons de Normale Sup : Aron, Merleau-Ponty, Beauvoir, Alquié, Laude. Et avec eux, derrière eux, des spécialistes des sciences humaines que la NRF n'ignorait certes pas mais qu'elle abordait de préférence sous l'angle de la curiosité littéraire, de l'« expérience humaine ».

Ni Sartre ni ses amis n'abandonnent bien sûr le champ de la littérature. C'est même la grande force de Sartre que de savoir jouer à la perfection sur les deux tableaux de la littérature et de la philosophie universitaire, l'une apportant à l'autre sa séduction verbale ; l'autre assurant à l'une sa légitimité intellectuelle. *Les Temps modernes* ouvrent leurs pages à de purs écrivains – Sarraute, Genet – qui ne sont pas plus sartriens que les écrivains de la NRF des années dix n'étaient gidiens ; mais pas moins. Une fois les sciences écartées, qui demeurent aussi étrangères aux universitaires littéraires qu'elles l'étaient aux écrivains cultivés de l'entre-deux-guerres, se dessine le projet d'un « intellectuel total », dominant toutes les disciplines du savoir universitaire et leur proposant sa leçon : le Philosophe. Sartre écrit, certes, et de belle manière ; mais il ne cherche pas à rivaliser avec Gide sur ce terrain. Dans ses *Carnets de guerre de 1939* qui sont aussi une méditation active du *Journal* de Gide, Sartre, avec la puissance d'autodénigrement qui est l'une de ses plus prenantes séductions, écrit : « *La lecture du journal de Gide me fait constamment sentir que je ne sais pas ce que c'est de bien écrire. [...] Il y a dans mon écriture je ne sais quoi d'épais et de germanique. Dans mes phrases une adiposité discrète qui les empâte légèrement. […] Pour moi, mon style a une odeur organique, comme le souffle chargé d'un malade. J'aimais bien* Le Mur *parce que cette odeur ne s'y retrouvait pas. Mais déjà* La Chambre… *Et mon roman pue à plein nez. Les bonnes phrases de Gide n'ont pas d'odeur* [6]. » C'est un jugement que Gide entérine. Il a aimé *Le Mur*, trouvé *La Nausée* admirable. Il juge *L'Age de raison* et *Le Sursis*, les deux premiers volumes des *Chemins de la liberté* qui viennent de paraître, « *proprement illisibles* » et surtout « *ennuyeux, ennuyeux à hurler* [7] ».

C'est moins le talent de Sartre qui est en cause qu'une conception didactique de la littérature, réduite au rôle de traductrice d'idées. C'est une divergence sur le pouvoir des mots que la publication, en 1947, de *Qu'est-ce que la littérature ?* ne fera qu'accentuer. Martin du Gard dit du manifeste de « Présentation des *Temps modernes* » qu'il est « *le glas de tout ce que nous aimons, de tout ce qui fait notre raison d'être* [8] ». Gide ne va jamais jusque-là, même si l'idée d'une littérature « engagée » lui semble être une concession à l'air politisé du temps, et qui passera avec lui. Sa préoccupation face à l'irrésistible montée de Sartre est d'un autre ordre, spirituel : dans la connaissance de l'homme, n'est-ce pas l'intelligence qui triomphe, au détriment du cœur ?

Notes

1. Gide, rapporté dans *Les Cahiers de la Petite Dame, 1937-1945*, *op. cit.*, novembre 1945, p. 373.
2. Roger Martin du Gard, *Notes sur André Gide 1913-1951*, *op. cit.*, août 1945, p. 140-141.
3. Gide, *Journal 1926-1950*, *op. cit.*, 15 janvier 1945.
4. Gide, « Justice ou charité », *Le Figaro*, 25-26 février 1945.
5. Jean-Paul Sartre, « Présentation des *Temps modernes* », novembre 1945. Repris dans *Situations II*, Paris, Gallimard, 1948, p. 30.
6. Sartre, *Les Carnets de la drôle de guerre*, Paris, Gallimard, 1995, p. 65.
7. *Les Cahiers de la Petite Dame*, *op. cit.*, novembre 1945, p. 372.
8. *Les Cahiers de la Petite Dame, 1945-1951*, *Cahiers André Gide* n° 7, 14 novembre 1945, Paris, Gallimard, 1977, p. 17.

78

Thésée

1946

« Pourquoi chercher de "nouveaux maîtres" ? Catholicisme ou communisme exige, ou du moins préconise, une soumission de l'esprit. Fatigués par la lutte d'hier, les jeunes gens (et nombre de leurs aînés) cherchent et pensent trouver, dans cette soumission même, repos, assurance et confort intellectuels. [...] Le monde ne sera sauvé, s'il peut l'être, que par des insoumis. Sans eux, c'en serait fait de notre civilisation, de notre culture, de ce que nous aimons et qui donnait à notre présence sur terre une justification secrète. Ils sont, ces insoumis, le "sel de la terre" et les responsables de Dieu. Car je me persuade que Dieu n'est pas encore et que nous devons l'obtenir. Se peut-il rôle plus noble, plus admirable et plus digne de nos efforts[1] *?* »

Symboles géographiques : dans les premiers mois de 1946, alors que Sartre, pour le compte de *Combat*, découvre en journaliste l'Amérique, Gide voyage avec Robert Levesque en Italie, en Égypte et au Liban. Le nouveau monde et l'ancien. C'est au Caire que Gide reçoit d'un jeune inconnu, Bernard Enginger, une lettre qu'il tient à consigner dans son journal : « *Je me suis battu cinq ans contre vous. Votre Ménalque sait dire : "Quitte-moi." C'est trop facile. J'ai lutté contre la tyrannie spirituelle que vous exerciez sur moi. Je vous aimais, et certains passages de vos livres m'ont aidé à vivre dans les camps de concentration. J'ai puisé chez vous la force de m'arracher à un confort bourgeois et matériel. J'ai cherché avec vous "non point tant la possession que l'amour". [...] Je me suis libéré. Cela ne suffit pas. "Libre pour quoi ?" C'est la terrible question. Je me suis enfin détaché de vous, mais je n'ai point trouvé de nouveaux maîtres, et je reste pantelant. L'effrayante absurdité des Sartre et des Camus n'a rien résolu et n'ouvre que des horizons de suicide. [...] Oh! Maître... Si vous saviez le désarroi de toute notre jeunesse*[2]... »

Des lettres de jeunes gens lui demandant « *une lueur* » qui « *pourrait indiquer le chemin qu'il faut prendre* », Gide en a reçu, en reçoit encore, des centaines. Elles témoignent à la fois de la force durable de son enseignement – l'éducation de la soif – et de l'effort surhumain qu'il implique. En cela Gide et Sartre se ressemblent : le premier demande à ceux qui le suivent d'inventer Dieu, le second d'inventer la liberté. Il n'est pas certain que derrière la différence des concepts ne se trouve pas une similitude des contenus et des projets. Du coup, l'un comme l'autre pratiquent vis-à-vis de leurs disciples potentiels une pédagogie de l'incitation et de la déception ; « *Quitte-moi* », répète Gide, « *la personne n'est rien d'autre que sa liberté* » reprend Sartre : les maîtres indiquent les impasses, mais c'est à chacun d'inventer, s'il le peut, une issue – la sienne. Gide, dans sa réponse à Enginger, pousse jusqu'au bout cette logique de l'insoumission : « *Même à soi-même, il importe de ne point s'attarder.* » L'engagement lui-même n'est concevable que s'il n'est pas enrôlement : il est une donnée de la condition humaine, pas une raison de vivre.

C'est aussi pourquoi Gide, dans la sourde – et peut-être inconsciente – rivalité qui l'oppose à Sartre pour l'exercice de la royauté intellectuelle, part battu : il accepte sa notoriété ; il refuse sa situation. Sartre donne de sa personne ; il est présent sur tous les fronts et de toutes les manières. Dans les journaux, sur les radios, sur les tribunes politiques, dans les salles de conférences, à sa revue, dans des débats publics, dans l'édition, au théâtre. Gide se tient au loin, refusant la plupart des contraintes de sa position. C'est à Beyrouth, en avril, qu'il prononce sa conférence-programme, « Souvenirs littéraires et problèmes actuels » ; c'est à New York, chez Schiffrin, que paraît d'abord *Thésée*, avant que Gallimard ne le reprenne trois mois plus tard. Et lorsque la radio nationale, à l'initiative d'Amrouche, organise un hommage pour les soixante-dix-sept ans de Gide, l'impétrant s'y laisse traîner plus qu'il n'y participe. Il n'accepte la gloire qu'à condition de n'en pas payer le prix ; il n'aime les couronnes qu'écartée de lui la possibilité de contempler sa tête couronnée. Sartre utilise à des fins intellectuelles le culte qu'on lui porte, Gide en est incapable tant il lui est difficile de se détacher de la figure redoutable et ridicule de l'homme de lettres, du Maître. En dehors de ce qu'il écrit, il n'a rien à dire. Rien d'utile surtout.

Ce qu'il a encore à dire se trouve dans *Thésée*. Ce récit est son testament intellectuel et littéraire où se retrouvent dans une harmonie simple, familière, presque paisible, tous les grands thèmes de l'esthétique et de la morale gidiennes. Thésée n'est pas un héros dont on raconterait la vie exemplaire, c'est un homme qui affronte, avec ses tares et ses faiblesses, son destin afin d'en faire sa vie, d'assumer la libre royauté de son existence : « *Si je compare à celui d'Œdipe mon destin, je suis content : je l'ai rempli. Derrière moi je laisse la cité d'Athènes. Plus encore que ma femme et que mon fils, je l'ai chérie. J'ai fait ma ville. Après moi saura l'habiter immortellement ma pensée. C'est consentant que j'approche de la mort solitaire. J'ai goûté les biens de la terre. Il m'est doux de penser qu'après moi, grâce à moi, les hommes se reconnaîtront plus heureux, meilleurs et plus libres. Pour le bien de l'humanité future, j'ai fait mon œuvre. J'ai vécu*[3]. » Il semble parfois que Gide parle de lui-même ; plus certainement, sur ce ton souriant qui exclut toute déclamation, toute rhétorique héroïque, parle-t-il de l'homme tel qu'il a voulu le manifester, à travers son œuvre, à travers les avatars et les imperfections de sa propre vie ? L'interrogation inquiète des *Nourritures terrestres*, leur fièvre se closent sur le sentiment heureux d'une vie bien accomplie et dans le sens qui convenait : l'insoumission. Plus encore que Prométhée, Thésée est l'homme de Gide : un enfant de cette terre qui fait jeu de toutes les cartes, bonnes et mauvaises, qu'il possède, sans honte, sans remords et sans aveuglement.

Son temps fait, son destin accompli, Gide se retire doucement. Le 26 septembre a lieu la première du film *La Symphonie pastorale*, d'après son roman. « *Un déploiement inouï de gardes municipaux, de lumières, de tapis, de palmiers, de toilettes. J'imaginais ainsi une réception à l'Élysée*[4]. » Les amis de Gide sont tous là, prêts à transformer ce film – auquel Gide a renoncé à participer – en triomphe personnel pour l'auteur du livre. Mais celui-ci se montre à peine et laisse à Michèle Morgan la vedette de la soirée. On veut l'interroger, il s'esquive, part en Suisse, puis à Bruxelles, puis encore à Genève. Toujours en compagnie de Virgile. Il note simplement : « *Prodigieuse aptitude au bonheur.* »

Notes

1. Gide, *Journal 1926-1950*, *op. cit.*, 24 février 1946.
2. *Ibid.*
3. Gide, *Thésée*, Paris, Gallimard, 1946. Repris dans *Romans*, *op. cit.*, p. 1453.
4. *Les Cahiers de la Petite Dame*, *op. cit.*, 26 septembre 1946, p. 38.

79
Les honneurs

1947

« *Cette sérénité dont tu te targues, en en parlant ainsi tu l'exposes ; en l'exposant, tu la compromets. C'est sur tes traits et dans tes actes qu'on doit la lire ; non dans des phrases que tu ne sais pourquoi ni pour qui tu écris*[1]... »

Gide fait, doucement, ses adieux à la vie. Son écriture devient rare. Son *Journal* de 1947 se réduit à quelques notes éparses : « *Je tiens* La Putain respectueuse *de Sartre pour une manière de chef-d'œuvre. [...] Depuis les excellents récits du* Mur, *il n'avait rien écrit de plus fort ni de plus parfait*[2]. »

Il le fait suivre de quelques feuillets qui sont une méditation sur sa disparition prochaine. L'important n'est plus d'écrire mais de vivre pleinement cette mort qui approche. Gide n'écrit plus pour témoigner, comme il a toujours voulu le faire, mais pour essayer, une dernière fois, d'y voir clair. L'écriture, jusqu'à présent, a été inséparable de sa vie ; elle s'est confondue avec elle ; elles n'ont fait qu'un ; chaque mot tracé a voulu contenir de la vie, chaque instant de vie a été savouré comme une phrase, signifié par une phrase. Au point que l'œuvre de Gide a toujours couru le risque de disparaître en partie avec lui, avec ses traits, avec ses actes. Il n'a jamais écrit pour être immortel, mais au contraire...

L'écriture était sa vie, elle ne lui est plus qu'un métier qu'on lui demande encore d'exercer : « *Par pitié, laissez-moi tranquille. J'ai besoin d'un peu de silence autour de moi pour obtenir la paix en moi-même. Que vous êtes gênants !... J'ai besoin de me recueillir.* » Recueillement, les treize exemplaires d'*Et nunc manet in te* qu'il fait réaliser à Neuchâtel aux éditions

Ides et Calendes par son ami Richard Heyd et qui ne devront être distribués qu'après sa mort. Recueillement, ces *Feuillets d'automne*, écrits en Suisse chez Heyd, au moment même où le prix Nobel de littérature lui est attribué – et qui n'en parlent pas. Ils parlent de Dieu, de la vertu qu'il faut exiger de soi pour atteindre à l'état d'athéisme complet, de la vertu qui est « *ce que l'individu peut obtenir de soi de meilleur* ». Ils parlent de l'âme dont l'immortalité lui paraît inadmissible et impensable et de Dieu qui est à venir et qui dépend de nous, de la manière dont nous jouons les cartes que nous avons. Ils parlent de la mort : « *Sans cesse et partout, dans la nature, la solution ne se sépare pas du problème. Ou mieux : il n'y a pas de problème ; il n'y a que des solutions. L'esprit de l'homme invente ensuite le problème. Il voit des problèmes partout. C'est marrant.* » Ici, il ajoute une note : « *C'est la première fois que j'emploie ce mot affreux ; ne sais même pas comment l'écrire... Mais c'est le seul qui convient.* » L'écrivain n'est plus là que pour se moquer de l'homme de lettres.

Celui-ci rechigne de plus en plus à satisfaire à ses obligations. En juin, Gide est reçu docteur *honoris causa* de l'université d'Oxford. Il prépare un discours qu'il fait lire, comme à l'accoutumée, à Martin du Gard. « *Texte d'une forme raffinée*, note celui-ci, *mais, hélas, d'une banalité de pensée manifeste... Je le lui fais observer non sans quelques ménagements. Il le reconnaît de bonne grâce. Mais, cette fois, je regrette ma franchise : – "Parbleu", s'écrie-t-il, "vous n'avez que trop raison, cher ! Je suis absurde de m'obstiner à ce pensum. Dès demain je vais télégraphier qu'on ne compte pas sur moi... Je renonce au titre*[3] *!"*. » Il n'en fera rien et préférera remanier son discours. Comme l'avait prévu son ami, il ne résistera pas à la tentation du voyage, à la curiosité de la cérémonie, « *à l'amusement de s'affubler d'une toge et d'un bonnet carré* ».

Il ne résiste surtout pas à la satisfaction de se voir honorer par les plus officielles des institutions. La vanité n'y est pas pour grand-chose. Depuis cinquante ans, avec hardiesse, avec entêtement, Gide expose et répand des idées qui horrifient les tenants de la tradition. Il a été un écrivain scandaleux que son talent littéraire rendait encore plus dangereux pour les tabous auxquels il s'attaquait. Il a toujours refusé d'entrer dans le jeu institutionnel par crainte d'en être chassé. De fait, il a été exclu, en raison de son adhésion au communisme, du seul poste honorifique auquel il ait été élu, la Royal Society of Literature de Londres où il avait succédé à Anatole France en 1925. Maintenant il est trop tard dans sa vie pour qu'on puisse l'expulser de ce qu'on lui accorde. Oxford, la vénérable, la conservatrice l'accueille. On lui décerne le Nobel. De Gaulle qui voulait rénover l'Académie française lui a fait demander de se présenter. « *Après vous !* » a plaisanté Gide, qui aurait sans doute consenti si les autres pressentis – Aragon, Eluard, Malraux, Martin du Gard, Paulhan – avaient accepté de sauter le pas avec lui.

La plupart de ses adversaires se sont discrédités, les autres se rongent d'amertume en attendant des temps meilleurs. Les idées de Gide n'ont pas vraiment triomphé, mais les barrières qui s'y opposaient ont été renversées ou se sont évanouies. Les raisons officielles données par l'académie suédoise pour l'attribution du Nobel sont éclairantes : « *On a souvent reproché à Gide de dépraver et de désorienter la jeunesse ; la grande influence qu'on est bien forcé de lui reconnaître est considérée par beaucoup comme néfaste. C'est l'ancienne accusation que l'on porte contre tous les émancipateurs de l'esprit. Il n'y a pas lieu de protester : il suffit de considérer la valeur de ses vrais disciples. C'est sans doute par là, autant et plus encore que par son œuvre littéraire, qu'il a bien mérité l'insigne honneur que vient de lui accorder la Suède*[4]. »

Chaque fois qu'une distinction lui est proposée ou accordée, c'est à *Corydon* qu'il pense, ce livre raté qui n'en reste pas moins pour lui le plus important : celui où il s'est risqué avec le plus d'imprudence et de courage, au point de manquer, pour une fois, du recul et de l'ironie qui permettent l'œuvre d'art ; le seul livre *plat* qu'il ait jamais écrit parce qu'il s'y engageait sans balancer.

Au moment du Nobel, il tient à réaffirmer publiquement, solennellement qu'il ne désavoue rien de ce qu'il a écrit : « *J'aurais certainement tiré ma révérence au prix Nobel si, pour l'obtenir, il m'avait fallu rien renier*[5]. » Le jury Nobel a au contraire salué son « *intrépide amour de la vérité* ». Cela n'empêche pas Gide d'insister : « *Si vraiment j'ai représenté quelque chose, je crois que c'est l'esprit de libre examen, d'indépendance et même d'insubordination, de protestation contre ce que le cœur et la raison se refusent à approuver* », écrit-il… dans *Le Figaro*. Et dans la lettre qu'il envoie en Suède pour s'excuser de ne pouvoir venir recevoir son prix à cause de sa mauvaise santé (bien réelle), il précise encore, avant un coup de chapeau à Valéry qui vient de mourir : « *Longtemps j'ai cru parler dans le désert ; puis pour un très petit nombre ; mais vous me prouvez aujourd'hui que j'avais raison de croire à la vertu du petit nombre, et qu'il finit toujours, tôt ou tard, par l'emporter*[6]. »

« *La sève s'est retirée. Mais, nom de Dieu, quelles belles couleurs* », écrit-il de l'hiver de sa vie. Ses amis disparaissent, son corps le lâche, son cœur, affirment les médecins suisses, menace à tout instant de s'arrêter, les festivités l'ennuient ; même la première, au théâtre Marigny, de son adaptation du *Procès* de Kafka que monte la compagnie Renaud-Barrault. Mais chacun est frappé par la paix qui semble s'être enfin emparée de lui. La Petite Dame, habituée à noter ses caprices et ses sautes d'humeur, en est étonnée : « *Je lui ai rarement vu une mine plus épanouie. […] Il a quelque chose de moins aigu dans la physionomie, de plus calme, de plus souriant aussi, beaucoup moins de nervosité, mais son allure générale n'est ni alourdie ni ralentie. Ce qui m'a le plus frappée dans son comportement général, c'est une grandissante indulgence. […] Il vieillit en douceur, sans amertume*[7]. » On se souvient de ce qu'il a écrit : « *C'est un art de contempler ce que les ans nous apportent plutôt que ce dont ils nous privent.* » Mais il est difficile de ne pas voir dans cet art-là une part d'artifice, une manière de forcer le trait pour faire image et exemple. Comment croire tout à fait au contempteur de la famille bourgeoise transformé en patriarche coiffé d'un bonnet de coton, veillé par une couvée d'enfants, de petits-enfants, de gendres vrais et faux, de secrétaires trop dévouées, et de disciples enthousiastes ?

Nuançons donc le tableau d'une ombre : ce vieil homme est indifférent au décor qui l'entoure, indifférent à la beauté des apparences. Il navigue à l'intérieur de lui-même et rien ne lui appartient plus : « *Nulle part chez lui, ne se lit son empreinte, ses habitudes – mais en a-t-il ? Ses objets n'ont pas l'air familier, ils ont une apparence perdue, sans place déterminée, ni par leur emploi ni par leur esthétique, – ils sont là parce qu'une fois cela s'est trouvé comme ça. Nulle part une disposition heureuse, stable ; la dégradation, l'encombrement, les manques ne paraissent pas le gêner, comme si, dans une pièce, il n'attachait d'importance qu'à la sensation*[8]. » Il n'est pas installé. S'il cherche sans fébrilité désormais, il cherche encore : le meilleur. Acceptant sans regret ce qui est inévitable, accueillant avec joie ce qu'on peut encore modifier. Le temps n'est pas encore tout à fait venu où il écrira *Ainsi soit-il ou Les jeux sont faits.*

Notes

1. Gide, *Journal 1926-1950*, *op. cit.*, *Feuillets d'automne*, 1947, p. 758.
2. *Ibid.*, 15 mars 1947.
3. Roger Martin du Gard, *Notes sur André Gide 1913-1951*, *op. cit.*, mai 1947, p. 143.
4. *Les Prix Nobel en 1947*, publication de l'Académie royale de Suède, citée par Martin du Gard, *Notes sur André Gide 1913-1951*, *op. cit.*, p. 145-146.
5. Gide, *Journal 1926-1950*, *op. cit.*, novembre 1947.
6. Gide-Martin du Gard, annexes à *Correspondance 1935-1951*, *op. cit.*, *Le Figaro*, p. 554-555.
7. *Les Cahiers de la Petite Dame*, *op. cit.*, octobre 1947, p. 72.
8. *Ibid.*, novembre 1947, p. 77.

80

La politique, c'est la langue

1948

« *Valéry, Proust, Suarès, Claudel et moi-même, si différents que nous fussions l'un de l'autre, si je cherche par quoi l'on nous reconnaîtra pourtant du même âge, et j'allais dire : de la même équipe, je crois que c'est le grand mépris où nous tenions l'actualité. Et c'est en quoi se marquait en nous l'influence plus ou moins secrète de Mallarmé. [...] J'écrivais : "J'appelle journalisme tout ce qui intéressera moins demain qu'aujourd'hui." Aussi rien ne me paraît plus absurde à la fois et plus justifié que ce reproche que l'on me fait aujourd'hui de n'avoir jamais su* m'engager[1]. »

Gide s'est engagé, souvent, audacieusement. Qu'il s'agisse des questions sexuelles, du colonialisme, de la justice, du communisme, du stalinisme ou de l'antifascisme, il l'a fait à contre-courant de l'opinion, celle tout au moins de son milieu et de sa classe. En 1948, alors que les communistes et leurs compagnons de route plus ou moins dociles étendent leur influence dans tous les domaines de la culture et de la réflexion, il est encore de ceux qui résistent, au nom de l'insoumission, à la pensée unique. A un moment où la guerre froide menace de se transformer en guerre ouverte et où l'on est sommé de choisir son camp, ce refus de s'aligner sur une position apparaît comme une dérobade que chacun interprète à sa manière : effet du vieillissement, confort de la gloire, renfoncement dans l'égoïsme, rivalité avec Sartre, retour dans les ornières bourgeoises de l'art pour l'art, indécision congénitale de la pensée... On a le choix.

Avec le temps, il est vrai, le nomadisme de Gide tourne parfois à la manie. Il était le ressort de son appréhension dynamique du monde, il devient une incapacité maladive à se décider. Tout se passe comme si les signes de détérioration physique qui se multiplient – faiblesse cardiaque, troubles de digestion, états nauséeux, pertes de motricité – accroissaient en même temps l'impatience de faire des projets et la fatigue de les mener à terme.

La maison Gide vit sur les dents. La Petite Dame, Herbart, Élisabeth, Catherine, Lambert entourent du mieux qu'ils peuvent ce grand vieillard, « *assis dans un fauteuil, enroulé dans sa grande cape, coiffé de son casque à mèche noir, par commodité*[2] ». Ils résistent à ses sautes d'humeur, contournent ses maladresses, tempèrent ses velléités et « *cette manière imprévisible qu'est la sienne de sauter d'un projet à un autre, ne se sentant jamais engagé par ses paroles* ». Il veut tout : tourner avec Marc Allégret un film adapté d'*Isabelle*, prendre Cocteau comme metteur en scène, partir en voyage sur le lac de Garde, enregistrer des entretiens radiophoniques avec Jean Amrouche, mettre la dernière main à son *Anthologie de la poésie française*, trouver une grande maison hors de Paris pour se soustraire à cette fébrilité qu'il suscite. Certains de ces projets se réalisent grâce au dévouement et aux qualités diplomatiques de l'entourage. Mais, en même temps, Gide aimerait ne voir personne, se consacrer plus complètement à la méditation et à la lecture, s'enfermer avec Virgile, faire le point sur sa vie, écrire encore, peut-être.

Il ne s'est pas coupé d'avec son temps. Il lit assidûment les journaux. Lui qui avoue n'avoir de sa vie jamais voté suit avec attention les débuts tumultueux de la IVe République, la féroce répression du soulèvement de Madagascar – il envoie là-bas 100 000 francs… pour la construction d'une église –, l'affaire d'Indochine. Mais il n'intervient pas publiquement. Malraux qui milite désormais auprès de De Gaulle lui est incompréhensible : « *Il est plus éberluant que jamais. Si j'habitais sa cervelle, je ne songerais qu'à fuir.* » Question de génération ? Gide le pense souvent ; mais c'est pour associer à sa génération – celle de Proust, de Valéry et de Claudel – une conception du rôle de l'intellectuel qu'il persiste à ne pas croire datée. Contrairement à la vulgate réductrice qui affirme qu'un intellectuel est un artiste ou un savant qui s'engage sur le terrain politique et qui donc « *s'occupe de ce qui ne le regarde pas en tant qu'artiste* », Gide revendique sa fonction d'intellectuel hors de la sphère de l'action publique. Il a toutes les raisons pour le faire : l'immense influence qu'il a exercée, notamment sur la jeunesse, pendant trente ans, n'a pas grand-chose à voir avec ses témoignages sur le Congo ou sur l'Union soviétique. Elle est née d'une politique de la littérature et non d'une littérature politique. Les livres de Gide n'ont eu un tel impact sur l'intelligence et la sensibilité de ceux qui les ont lus qu'en raison même de la distance, affirmée jusqu'à la provocation, qu'ils prenaient avec l'actualité immédiate et avec les opinions diverses qu'elle suscite.

« *Il n'existe presque rien sur quoi je n'ai pas changé d'opinion* », affirme Gide, avec une pointe de délectation. L'intimité de son *Journal* est là pour recueillir la sismographie de ses jugements, de ses impressions, de ses élans, de ses rejets, de ses rectifications et de ses hésitations. L'opinion est du domaine de la croyance ; l'œuvre, prise dans son ensemble, est du domaine de la vérité la plus haute. Il arrive que les deux choses, un instant, s'articulent ; il est de mauvaise politique et de mauvaise littérature de les confondre : « *Les* Souvenirs de la Cour d'assises, *non plus que la campagne contre les* Grandes compagnies concessionnaires *du Congo, ou que le* Retour de l'URSS *n'ont presque aucun rapport avec la littérature*[3]. » Seule la vérité de l'art garantit la durée d'un message qui aspire à paraître aussi émouvant et aussi actuel demain qu'aujourd'hui.

Avec ce refus de mélanger les genres se croise la traditionnelle méfiance de l'écrivain d'élite envers la plèbe du journalisme. Gide qui a pu se consacrer entièrement à son travail d'écrivain, sans même attendre le succès et sa récompense financière, a toujours considéré le journalisme comme une contrainte à laquelle devaient se soumettre ses confrères moins fortunés : un gagne-pain. Écrire dans un journal, c'est vendre sa plume, et cette vénalité induit un avilissement du talent. Les meilleurs écrivains ne peuvent pas échapper à cette fatalité, inscrite dans la logique économique, et qui frappe ceux-là mêmes – Gide, par exemple – à qui il arrive d'écrire dans les journaux. Quoique rédigé dans des intentions désintéressées, l'article de journal ne peut pas se défaire de son essence impure de sous-produit. Destiné à la consommation immédiate et rapide, il est tout entier absorbé par sa destination que renforcent encore la fragilité et la grossièreté de son support. Un journal est fait pour être jeté, et avec lui les opinions qui y sont exprimées.

Un écrivain qui publie dans la presse consent à un asservissement, à une utilisation de son art, fût-ce « *aux plus nobles causes* ».

Or Gide constate qu'en ces années d'après guerre le journalisme s'est emparé de la littérature : les œuvres des meilleurs écrivains semblent naître de l'actualité et vouloir servir immédiatement à son explication. Cette hâte, cette impatience, s'il les comprend, lui semblent annoncer une défaite de l'esprit, une absolue soumission à l'histoire. S'il ne dispose évidemment pas des données qui permettront, plus tard, d'analyser les effets destructeurs de la « médiatisation » sur la création et sur le travail intellectuel, il en pressent pourtant l'importance – avec ses catégories qui sont celles d'un homme d'ancienne culture. Lui qui s'est toujours fait le héraut de la modernité morale et artistique, de la rupture avec l'ordre traditionnel, s'inquiète d'une vision journalistique de la culture dans laquelle tout doit céder à la nouveauté, à la surprise, à l'originalité : « *C'est un travers de notre époque de surcoter l'originalité. Il n'est pas un des grands auteurs du* XVIIe *siècle qui n'ait été (et ne se soit donné pour) un imitateur. Mais de nos jours, ce que l'on estime avant tout, ce sont, en musique, peinture ou littérature, des points de départ, dussent-ils ne mener à rien ; sans presque plus aucun souci de cette transmission, de cette continuité dont est faite la vraie culture* [4]. »

Le plus sûr garant de la continuité dans la création, c'est la langue ; c'est autour de sa défense et de son invention que se marque la capacité d'une civilisation à se transmettre et à se développer. Depuis longtemps, Gide s'est attaché à la défense et à l'illustration de la langue française. Dans les dernières années de sa vie, en réaction aux facilités et aux dérives de l'écriture journalistique sans doute et à leurs répercussions sur les œuvres littéraires, ce combat pour la langue a pris un caractère insistant, vétilleux : « *Malraux, lui aussi, emboîte le pas : tout comme ferait Mauriac, il écrit* (Psychologie de l'art) : « Aussi *différentes que soient leurs recherches...* », *où, à mon avis, le* « Si *différentes* » *ou le* « Pour *différentes* » *serait bien préférable. Gre-*

visse, dans son excellent Bon Usage, *signale la faute et en parle fort bien*[5]. »

Remarque de grammairien obsédé par le respect de la norme linguistique ? On pourrait le croire si Gide n'avait montré par ailleurs tant d'audace dans l'utilisation du lexique et des formes grammaticales, s'il n'avait pas lui-même été si souvent étrillé par les gardiens de la tradition et les chercheurs de « fautes ». En réalité, Gide, comme tous les grands artistes, a inventé sa langue ; et, comme tous les grands artistes, il l'a soumise à des contraintes formelles, parmi lesquelles figure, chez lui, l'acceptation des règles édictées par « le génie français » : pondération, mesure, raison, harmonie – « *le grand artiste est celui qu'exalte la gêne, à qui l'obstacle sert de tremplin* ».

Pour ces raisons, on s'est hâté de faire de lui un classique : un écrivain qui disait des choses nouvelles dans une langue marquée par le respect de la tradition. Gide lui-même a favorisé cette interprétation en avouant sa préférence pour les écrivains du Grand Siècle contre le courant romantique, mais aussi contre le dynamitage opéré par Lautréamont, Rimbaud ou les surréalistes. Mais s'il n'a jamais voulu coiffer la grammaire française d'un bonnet rouge, s'il a voulu dominer la passion par la forme, s'il a pratiqué comme une ascèse la litote et la suggestion au point que son goût de la précision, parfois, n'évite pas la préciosité, Gide n'a jamais cessé de se vouloir moderne. Le néo-classicisme de Maurras ou des parnassiens, le néo-voltairianisme d'Anatole France lui apparaissent comme des esthétiques réactionnaires, tournées vers un passé de la langue et du style, alors que l'avenir seul le mobilise.

Le combat pour la langue, le combat pour la morale et l'invention de l'homme sont une seule et même chose. Il ne s'agit pas pour Gide de figer le langage et ses normes dans un état de perfection qui appartiendrait au passé, de s'arc-bouter sur la défense aveugle d'un code ; mais il ne saurait être davantage question de laisser langue, morale et humanité glisser sur la pente d'un totalitarisme de la liberté, plus dangereux que tous les autres parce qu'il tue jusqu'à l'esprit de résistance. Il cherche la langue « naturelle », comme il cherche l'homme et la morale « naturels », dans une invention qui est aussi ordre, vertu et culture.

Il s'agit bien là d'une *politique* de Gide. Elle implique une vision de l'humanité dans laquelle chaque peuple apporte à l'invention de l'homme nouveau ses caractères, ses différences, ses vertus, ses défauts, son « génie ». Dans l'anthropologie gidienne, il n'y a pas de norme, ni de hiérarchies, mais un souci de mettre en valeur ce qui diffère, d'instituer un ordre et une richesse de la différence qui l'oppose à l'universalisme humaniste. La parution des *Réflexions sur la question juive* de Sartre l'amène ainsi, au début de 1948, à revenir, plus longuement qu'il ne l'a jamais fait, sur « le problème juif ».

Gide s'est toujours rangé dans le camp des adversaires de l'antisémitisme, sans la moindre ambiguïté. Il a toujours également proclamé qu'il y avait une « question juive », un caractère juif, des qualités et des défauts juifs, différents des qualités et des défauts français. Il continue à le soutenir en 1948 lorsqu'il fait l'apologie de ses amis Schiffrin et Blum en qui « *je ne reconnaissais que très peu de ce que l'on peut considérer comme des* défauts *juifs, mais seulement leurs qualités* ». A propos de Blum encore : « *J'ai rarement rencontré chez un chrétien pareil désintéressement et pareille* noblesse. *Je lui sais grand gré de ne me tenir pas grief des passages assez durs de mon* Journal *au sujet des Juifs et de lui-même (que, du reste, je ne puis renier car je continue à les croire parfaitement exacts*[6]*).* »

Blum, écrit-il, « *reste à mes yeux un admirable représentant tout à la fois du sémitisme et de l'humanité* ». Il n'est pas question pour Gide de gommer la spécificité sémite ou n'importe quelle autre, ou de la réduire, comme le fait Sartre, aux inventions de l'antisémitisme : « *L'antisémitisme n'est pas (ou pas uniquement) une invention créée de toutes pièces par la haine et le besoin de motiver et d'alimenter celle-ci. Psychologiquement et historiquement, il a sa raison d'être.* » Sa raison d'être ? Oui, selon Gide, si l'on continue à considérer comme une raison le refus passionné et farouche des dissemblances et de la multiplicité des formes que peut prendre l'humanité. Tant qu'il en sera ainsi, tant qu'on considérera l'homme comme un acquis, il y aura toujours une question juive, « *angoissante, obsédante, et qui n'est pas près d'être résolue* ».

Notes

1. Gide, *Journal 1926-1950*, *op. cit.*, 19 janvier 1948.
2. *Les Cahiers de la Petite Dame, 1945-1951*, *op. cit.*, 14 novembre 1948, p. 113.
3. Gide, *Journal 1926-1950*, *op. cit.*, 19 janvier 1948.
4. *Ibid.*, 25 janvier 1948.
5. *Ibid.*, 11 avril 1948.
6. *Ibid.*, 9 janvier 1948.

81
Le passage du témoin

1949

« *En dehors des notes sur Madeleine*, je n'ai jamais rien supprimé *de mon* Journal[1]. »

Dans les premiers mois de l'année, l'état de santé de Gide se détériore. En février, il est victime d'une attaque. Il peut à peine articuler ou tenir son stylo. Quelques heures plus tard, après l'intervention de ses médecins, Jean Delay et le docteur Thiroloix, il n'y paraît plus. Et Gide, souvent somnolant pourtant, reprend le fil de ses projets : un film qu'on tirerait des *Caves du Vatican*, une société de cinéma que monterait Jean-Louis Barrault, ses enregistrements radiophoniques avec Amrouche, des préfaces et des hommages, les répétitions de *Candaule*, le redémarrage de la *NRF*, la propriété qu'il vient d'acheter en Seine-et-Oise, à Levis-Saint-Nom, avec l'argent du Nobel et qu'il nomme *La Mivoie*, en souvenir de celle que ses grands-parents paternels possédaient à Amfreville-la-Mivoie, près de Rouen, le classement et la préparation de sa correspondance en vue de sa publication.

Il va assez bien pour échapper à l'emprise admirative de sa secrétaire, Yvonne Davet, et s'enfuir à Nice en avril chez Dorothy Bussy où il retrouve Martin du Gard qu'il n'a pas vu depuis deux ans. Mais à peine a-t-il débarqué qu'il rechute gravement. Il doit être longuement hospitalisé dans une clinique niçoise. Du coup, toute la tribu du Vaneau se déplace sur la côte d'Azur. Gide se plaint d'être « *sans appétit devant la vie* ». Chose tout à fait nouvelle : il peut rester sans rien faire, sans lire, sans jouer, sans inventer de ces occupations saugrenues qui faisaient l'étonnement de ses proches. Faut-il vraiment le croire pourtant lorsqu'il affirme trouver tout sans intérêt ? Une rumeur lui apprend que l'ensemble de son œuvre vient d'être mis à l'Index par le Vatican. C'est une fausse nouvelle : la sanction du Saint-Office contre les *Opera omnia Andreae Gide* ne sera décidée qu'après sa mort, en mai 1952 – on espère encore une conversion de dernière heure. Mais elle suffit à réveiller l'homme de lettres : la censure romaine ne va-t-elle pas gêner la diffusion de ses livres dans certains pays catholiques ? Ne risque-t-elle pas de détourner de leur projet les éventuels producteurs cinématographiques d'*Isabelle* ou des *Caves* ? Est-ce dans cette perspective que Gide se décide de hâter la parution de sa *Correspondance avec Claudel* qui sort chez Gallimard en septembre ?

Il veut mener l'expérience de la vie jusqu'au bout, mais sa faiblesse lui en ôte le goût. Il vit moins pour lui que pour les autres ; plus exactement : pour l'image que les autres lui renvoient de lui-même, pour se savoir aimé et mériter de l'être. Il a besoin plus que jamais de sentir l'affection qu'il suscite, pour ce qu'il est et non pour ce qu'il paraît. Cette exigence peut-elle être sans tricherie ? Les hésitations de Gide quant à la publication intégrale de ses écrits disent assez les obstacles que rencontre son désir de sincérité et de transparence. Comme l'écrit justement la Petite Dame : « *Pour Gide, les choses sont, mais ne sont pas tout à fait, ni exactement, et puis il y a les portes de sortie qu'il faut laisser ouvertes, et les rentrées qu'il faut se ménager* » – la vérité ne se dévoile qu'à l'ultime seconde, quand *tout* est dit. D'une part, Gide voudrait publier de son vivant l'intégralité de ses écrits afin de pouvoir en supporter l'entière responsabilité. Déjà, il n'a pas hésité à rendre public son *Journal* où se rencontrent les jugements les plus cruels, les indiscrétions les plus intimes sur ses amis les plus proches, sur sa famille, sur lui-même. Il voudrait aller plus loin encore afin de ne laisser derrière lui aucun écrit posthume qui pourrait le faire accuser de dissimulation ou de reniement. Il veut tout *assumer* et ne pas laisser à d'autres le soin de retoucher le portrait.

Mais, par ailleurs, cette parfaite coïncidence de la vie et des écrits, cette publicité totale donnée à l'une et aux autres ne sont-elles pas abusives dès lors qu'elles mettent en cause des tiers qui n'ont pas demandé cet étalage ? Gide s'est souvent sorti de cette impasse en publiant, mais à quelques exemplaires, clandestinement. Par cette procédure quelque peu jésuitique, se trouvaient satisfaites les exigences de l'intégralité et celles de la discrétion.

Cependant, dans la publication de son *Journal* – le premier volume paru dans la Pléiade et les multiples extraits postérieurs qu'il a pris l'habitude de donner aux revues et aux éditeurs –, Gide, contrairement à ce qu'il affirme, a supprimé des paragraphes, changé des noms, décidé de ne pas rendre publics des événements qu'il rapportait. Non seulement il a choisi de ne pas tout dire – « *rien ne me poussait à rapporter un certain ordre de choses* –, mais il n'a pas publié tout ce qu'il a écrit. Dans les quatre-vingt-six cahiers déposés à la bibliothèque Jacques-Doucet et qui, avec des carnets et des feuillets appartenant à des collectionneurs privés, forment la matière du *Journal*, Gide a, selon Éric Marty qui en a édité le premier volume intégral (1887-1925), pratiqué une quantité de suppressions « *impressionnante* ».

Elles ne concernent pas uniquement ses relations avec Madeleine qui font l'objet d'une publication à part, *Et nunc manet in te*. Elles portent aussi sur les confidences de certains de ses amis, sur les problèmes de la famille Gide-Rondeaux – et notamment des enfants Drouin –, sur des épisodes de drague et d'errance, sur les années d'adolescence de Gide qui ne fait démarrer son *Journal* qu'en 1889 alors qu'il a commencé à l'écrire deux ans auparavant, ou encore sur son trouble et ses hésitations en 1941. Rien d'essentiel dans ces coupes, rien qui modifie vraiment l'autoportrait de l'écrivain, rien qui en diminue l'audace, pas de censure à proprement parler, mais, comme le suggère justement Marty, « *la réalisation partielle de ce que Gide souhaite mais ne fait pas : arracher de sa vie cette page* ». Le désir de ne rien perdre, même du pire, même du monotone et du répétitif, se montre, en fin de compte, le plus fort : Gide ne publie pas de son vivant l'intégralité de son *Journal*, mais il conserve précieusement ses carnets pour une publication future. Il parie sur sa survie, et pour la vérité : « *La lutte contre le mensonge, à bien la prendre, nous donne déjà suffisamment à faire. Il importe de s'y employer tout entier. Il y faut autant de prudence que de courage ; être à la fois (c'est le conseil de Salomon) lion et serpent*[2]. »

Mais le lion a-t-il encore des dents ? Les entretiens avec Amrouche que diffuse la radio donnent souvent une impression pénible. Jean Tardieu, le directeur des émissions dramatiques de la Radio-Télévision française, désirait assurer une *présence* de Gide, donner l'idée du charme bondissant de sa conversation, rendre compte des mouvements incessants de son intelligence et de sa sensibilité. Au lieu de cela, c'est un homme lointain et comme absent qui apparaît, ponctuant la glose envahissante de son interlocuteur. Martin du Gard n'y va pas par quatre chemins : « *Amrouche ne cherchait pas à vous faire parler ; il faisait les questions et, le plus souvent, les réponses. Il se donnait l'air par un ton assuré et* subtil, *d'avoir découvert Gide et de l'expliquer ; de l'expliquer à Gide lui-même ; lequel atteint par l'âge, effondré dans un fauteuil de paralytique, se contentait d'assister, de manifester, de temps en temps, par un grognement, sa surprise et son approbation*[3]. »

L'épuisant enregistrement de cet entretien-fleuve se solde par un demi-échec. La rencontre filmée de Gide et de Sartre pour le film de Nicole Védrés, *La vie commence demain*, est en revanche très émouvante. Il est difficile de ne pas voir dans la confrontation amicale et déférente des deux écrivains la scène symbolique d'un passage de témoin, d'une cérémonie de succession. Sartre ne reçoit pas seulement de Gide le sceptre de l'intellectuel majeur, du *contemporain exemplaire* destiné à orienter, à cristalliser les aspirations et les révoltes des nouvelles générations, il prend aussi en charge la haine qui s'attache à cette fonction et à ce pouvoir et dont Gide s'allège.

Une génération chasse l'autre et la périme ? C'est ce qu'ont vu, en général, les contemporains de cette passation de pouvoir. Ainsi Mounier, le philosophe personnaliste : « *Une époque s'achevait : l'époque éblouissante de l'efflorescence littéraire de l'après-guerre : Gide, Montherlant, Proust, Cocteau, le surréalisme, ce feu d'artifice retombait sur lui-même. Il avait exprimé son époque avec un merveilleux jaillissement. Il n'avait pas apporté à l'homme la lumière d'un destin nouveau. La déception que laissaient ces guides sans étoile, orchestrée par de lointains craquements à Wall Street, amenait leurs successeurs à réfléchir sur les destins d'une civilisation qui semblait capable d'éclat mais au prix d'une sorte de dépérissement profond. La génération des années trente allait être une génération sérieuse, grave, occupée de problèmes, inquiète d'avenir. La littérature dans ce qu'elle a de plus gratuit avait dominé la première. La seconde devait se donner plus intimement aux recherches spirituelles, philosophiques et politiques* [4]. » Victoire de la philosophie « utile » après l'échec de la littérature « gratuite » ? C'est un peu moins simple. Comme on l'a dit, la nouvelle élite intellectuelle qui occupe le devant de la scène à la fin des années quarante est marquée par une forte présence des normaliens philosophes. Mais sans doute faut-il être soi-même agrégé de philosophie, comme l'est Mounier, pour conférer à cette formation davantage de sérieux, de gravité et de préoccupations spirituelles qu'à l'exercice de la littérature. Les jeunes gens de la *NRF* de 1920 et les surréalistes n'étaient pas moins « *occupés de problèmes* » et « *inquiets d'avenir* » que les lecteurs des *Temps modernes* ou d'*Esprit* de 1949. Ils prenaient la littérature au sérieux. Ce n'est que par un jeu de mots sur la « gratuité » de l'art qu'on peut le faire passer pour un merveilleux divertissement, une évasion.

Il y a plus : Sartre n'occupe la position qui est désormais la sienne qu'en affirmant sa prédominance sur le terrain même de la littérature, comme le font également Beauvoir, Camus, Malraux ou Mauriac. Ce n'est pas à l'auteur de *La Transcendance de l'ego* ou de *L'Être et le Néant* que Gide cède la place mais à celui de *La Nausée*, de *Huis clos* et des *Chemins de la liberté* ; à un écrivain de la NRF, à un homme de lettres construit par la passion des mots. Il n'y a pas même de rupture, au-delà de l'engagement, quant à la gratuité de l'exercice littéraire. Alors qu'à Paris on a organisé de grandes fêtes pour célébrer son quatre-vingtième anniversaire, Gide a fui à La Mivoie. Il y écrit à Martin du Gard : « *Ma pensée va vers vous tout particulièrement, sur le seuil de cette 81e année de mon "emploi" sur cette terre, qui, grâce à vous et quelques rares amis, me paraît moins désolante et désolée.* » En marge de cette lettre, Martin du Gard note : « *L'expression* "emploi" sur cette terre *n'est pas venue par hasard sous la plume de Gide : elle exprime ce sentiment qui lui a fait publier* Corydon *et* Si le grain *et la correspondance avec Claudel, – à savoir qu'il a un rôle, une mission à remplir ; et que son talent, l'autorité qu'il s'est acquise, doivent, avant tout, servir à lutter contre les préju-*

gés de la morale conformiste, pour soustraire les homosexuels à l'inique condamnation qui pèse sur eux[5]. » Sans doute la « mission » est-elle plus vaste que ne le voit Martin du Gard. La « gratuité » de la littérature est ce qui permet de la remplir sans prêcher.

Notes

1. *Les Cahiers de la Petite Dame, 1945-1951*, *op. cit.*, avril 1949, p. 133.

2. Gide, *Journal 1926-1950*, *op. cit.*, 14 juin 1949.

3. Gide-Martin du Gard, *Correspondance 1935-1951*, *op. cit.*, 10 novembre 1949, p. 465. Les entretiens d'André Gide avec Amrouche ont été publiés par Éric Marty dans *André Gide*, Lyon, La Manufacture, 1987. Malgré les justes critiques de Martin du Gard, ils comportent quelques passages remarquables.

4. Emmanuel Mounier, « Réflexions sur le personnalisme », *Synthèses*, 1947, cité par Anne Boschetti, *Sartre et les Temps modernes*, Paris, Minuit, 1985, p. 201-202.

5. Gide-Martin du Gard, *Correspondance 1935-1951*, *op. cit.*, 21 novembre 1949, p. 468-469.

82

A la manière de Voltaire

1950

« *Ces lignes insignifiantes datent du 12 juin 1949. Tout m'invite à croire qu'elles seront les dernières de ce* Journal[1]. »

Le second volume du *Journal* de Gide sort chez Gallimard en février 1950. Il rassemble les cahiers rédigés entre 1942 et 1949. Il s'achève par les lignes citées ci-dessus, datées du 25 janvier 1950. En fait, Gide a continué, très irrégulièrement, sa rédaction après l'annonce du point final. Pas longtemps, pas beaucoup. Si le *Journal* de 1949 comporte encore des notes de lecture, des remarques grammaticales, des récits de rêves sous l'empire de la spasmalgine et un bel éloge de Pierre Herbart – « *J'ai tant aimé les défauts de Pierre H. Il n'y a pas longtemps que je préfère encore ses qualités*[2] » –, celui de 1950 ne comporte plus que trois dates – 10 mars, 4 août, 21 novembre – et s'achève là sans prévenir : « *J'apprends (par Mme Martin-Chauffier) la mort du cher Schiffrin. Répétition tout le jour. Je ne tiendrai pas le coup jusqu'à la première ; mais où me réfugier*[3] *?* »

La répétition est celle des *Caves du Vatican*, farce en trois actes et dix-neuf tableaux que met en scène Jean Meyer à la Comédie-Française. Gide, malgré sa fatigue et ses infirmités – il n'y voit « *quasi plus rien* », il respire difficilement, sa jambe droite est à demi paralysée –, s'y rend presque chaque jour. Il ne croit plus à sa réussite théâtrale. Il sait ce que ses thèmes, ses motifs, ses figures, élaborés dans une connivence silencieuse et critique avec le lecteur perdent à être déclamés sur une scène, devant un auditeur collectif. Mais la tentation demeure toujours très forte, l'attente d'un événement : un metteur en scène qui retrouverait son expérience d'écriture, des comédiens qui parviendraient à incarner, par miracle, les créations de son esprit, l'action du théâtre qui réussirait à coïncider avec le second degré de l'ironie. Rêve impossible, forcément déçu, nécessairement voué à l'échec, mais qui ne s'avoue jamais battu. Tout comme Diderot, cet autre écrivain du dialogue, de la théâtralité de l'existence, du dédoublement, et pour des raisons assez semblables, Gide échoue à objectiver ses conflits dans le moule figé de la représentation scénique ; trop comédien lui-même, sans doute, pour accepter de voir le mouvement de la vie mis en code par des exécutants professionnels [4]. Il passe davantage d'émotion et d'intelligence à la lecture de ses pièces qu'à leur exécution publique.

Cette adaptation gidienne des *Caves* n'est pas une pièce comme une autre. Chacun sait que Gide n'a plus longtemps à vivre : Paris se donne en représentation le sacre de son grand écrivain ; comme il l'a fait pour Voltaire, ou pour les funérailles de Hugo ; comme il le fera plus tard pour celles de Sartre. C'est un étrange spectacle que celui qui se déroule à la Comédie-Française le 13 décembre. On a sorti les ors et déroulé les tapis ; toute la bonne société de la France républicaine est réunie, à commencer par Vincent Auriol, le président de la République. Le corps diplomatique est au complet ; Gide a passé un habit blanc et son visage, note la Petite Dame, « *si marqué d'ordinaire, est comme atténué par sa tenue* [5] ».

Comme il convient, le spectacle est dans la salle plutôt que sur la scène. Gide, incapable de rester en place, passe le premier acte à l'avant-scène où l'on se relaie pour le saluer ; le deuxième acte dans la loge présidentielle, le troisième dans la loge de Pierre-Aimé Touchard, l'administrateur général de la maison de Molière, où l'on a installé une chaise longue afin que Gide puisse se reposer. Malgré les ovations – cinq rappels –, l'impression prévaut que le triomphe a été fait à Gide et non à sa pièce.

Qu'importe, sinon à Gide lui-même. A peine de retour rue Vaneau, il se livre à une critique en règle de son œuvre : « *Oui, décidément, c'est trop long, il y aurait des tas de choses à supprimer ; ça a un côté adipeux qui m'agace.* » Dans la nuit, avec l'aide d'Herbart, il coupe, remanie, réécrit une scène entière qu'il fait accepter à Jean Meyer pour la « générale » du lendemain qui a lieu après la première de gala. « *Une fois de plus*, écrit Marie

Van Rysselberghe, *j'admire cette façon simple, fraternelle, dont Gide admet toutes les critiques ; vraiment pour lui rien ne prévaut que l'excellence.* »

Cette fois, malgré les réticences de la critique, l'accueil est chaleureux. Le public rit, on réclame l'auteur, qui s'exécute. La Petite Dame qui ne se paie pas de mots trouve cela « *sympa* ». Elle s'inquiète aussi pour Gide à qui ce succès donne un nouvel élan. Il est prêt à reprendre les séances de tournage pour le film que Marc Allégret prépare sur lui ; il songe à partir pour Marrakech en passant par l'Espagne ; il engage une nouvelle secrétaire, Béatrix Beck – « *parfaite* » –, pour répondre à son courrier et contrecarrer la tyrannique Yvonne Davet. C'est à peine si deux choses le préoccupent. L'une intéresse sa jalousie. Depuis deux mois, Pierre Herbart est avec Martin du Gard à Cabris. Tous deux travaillent à un scénario tiré du *Pénitencier* et du *Cahier gris* de l'auteur des *Thibault*. Si profonde que soit son amitié pour Martin, Gide n'arrive pas à ne pas souffrir de la « trahison » d'Herbart. Par une manière de représailles, il se laisse envahir et dominer par Dominique Drouin, *Domi*, son neveu qui devient le chef de cabinet de la rue Vaneau, plus soucieux de bienséance, d'organisation et de respectabilité que ne l'était son prédécesseur.

Le second souci a trait à l'argent. Que Voisin, le conseiller fiscal de Gallimard en soit responsable ou plutôt Gide, il apparaît qu'entre 1945 et 1949 les droits d'auteur de Gide à la *NRF* n'ont pas été déclarés. Il écope d'une amende de 60 000 francs et ses avoirs sont bloqués. Il craint que la presse ne s'empare de l'affaire pour en faire un scandale, ou pire : pour se moquer de lui et réactiver la légende de son avarice. Gide n'est pas avare, il est pingre. C'est un défaut dont il s'accuse souvent et dont il affirme souffrir. Il le présente comme une maladie héréditaire, transmise avec son ascendance bourgeoise et puritaine, ce dont attestent les interminables notes de frais qu'il devait adresser à sa mère pendant ses voyages, toujours assuré d'être accusé de dépenses superflues et de penchants coupables pour le luxe.

Il ne s'est pas guéri de cette vertu d'économie. Elle porte sur les choses les plus minuscules de la vie quotidienne : une bouteille que l'on remporte chez soi lorsque les amis à qui on l'a apportée ne l'ont pas vidée ; un pourboire que l'on ne parvient pas à sortir de sa poche, de vieux vêtements qu'on offre aux mites, des repas qu'on fait dans des gargotes pour gagner 20 francs. Gide s'est fait une réputation de ladrerie dont témoignent tous ses amis et qui est sans doute à mettre en relation avec sa quête d'un certain inconfort, son mépris du luxe. Il n'aime pas l'argent et ce qu'il achète, au point de répugner à le dépenser.

Mais il ne l'accumule pas pour autant. Cet homme si regardant pour les petites choses peut se montrer d'une grande générosité dès qu'il s'agit d'aider des personnes en difficulté – même des inconnus – ou de favoriser des entreprises ou des vocations. Celui qui chipote sur un paquet de thé ou de cigarettes peut épuiser ses droits d'auteur dans le financement d'une revue, des dons aux réfugiés espagnols, des mensualités versées à Jef Last ou pour l'éducation des frères Allégret. Mais cet écrivain riche ignore le luxe de ne pas compter ; comme si la manière d'annuler un privilège était de ne pas en jouir.

Notes

1. Gide, *Journal 1926-1950*, *op. cit.*, 25 janvier 1950.
2. *Ibid.*, 28 ou 29 mai 1949.
3. *Ibid.*, 21 novembre 1950.
4. Voir à ce sujet l'excellent essai de Jean Claude, *André Gide et le Théâtre*, 2 vol., Paris, Gallimard, 1992.
5. *Les Cahiers de la Petite Dame, 1945-1951*, *op. cit.*, 13 décembre 1950, p. 218.

83

Le repos dans la terre

1951

« *Dans un instant, la partie sera jouée sans retour possible. C'en sera fait, et pour l'éternité ! Eh ! c'en est fait depuis longtemps déjà suis-je tenté de répondre, et de désavouer par avance toute palinodie que pourrait obtenir de moi le désarroi de l'agonie. Mais je voudrais aussi bien protester contre une limitation excessive que l'on serait tenté de voir dans cette profession de matérialisme ; je ne me cantonne pas dans la seule jouissance charnelle : celle-ci m'invite à me fondre et à me confondre dans la nature environnante*[1]. »

En juillet 1950, Gide entreprend d'écrire un nouveau livre : des Mémoires encore, à sa manière, mais qu'il s'efforcerait d'écrire « *au hasard* », en laissant courir sa pensée et en obligeant sa plume à la suivre. Une expérience littéraire donc qui le tente depuis longtemps (son admiration pour Stendhal) et que son souci de « bien » écrire, de polir et de repolir musicalement sa phrase, a jusqu'alors empêchée. « *Je viens de biffer quatre mots : c'est tricher. Tâcherai de ne pas recommencer...* » Il s'agit, au-delà de la logique et de la cohérence, au-delà de la raison cartésienne dont Gide admet la nécessité sans se convaincre de s'y tenir, de découvrir les ressorts d'une « *sorte de psychologie cachée* » qui se livrerait dans l'abandon. Le contraire de l'art, en quelque sorte. Il entre dans cette ultime entreprise une curiosité d'expérimentateur, un plaisir de joueur, mais aussi de la lassitude : une aspiration à la facilité du n'importe comment : « *Et peut-être que, à mon âge, il est permis de se laisser aller un peu*[2]. »

Ce livre, dédié « *A ma fille Catherine Jean Lambert* », Gide va en poursuivre la rédaction jusqu'au 13 février, jusqu'à l'agonie. Il écrit : « *Non ! Je ne puis affirmer qu'avec la fin de ce cahier, tout sera clos ; que c'en sera fait. Peut-être aurai-je le désir de rajouter encore quelque chose. De rajouter je ne sais quoi. De rajouter. Peut-être. Au dernier instant, de rajouter encore quelque chose... J'ai sommeil, il est vrai. Mais je n'ai pas envie de dormir. Il me semble que je pourrais être encore plus fatigué. Il est je ne sais quelle heure de la nuit, ou du matin... Ai-je encore quelque chose à dire ? Encore à dire je ne sais quoi.* » Tout s'achève, semble-t-il, par une image qui appartient déjà à la mort : « *Ma propre position dans le ciel, par rapport au soleil, ne doit pas me faire trouver l'aurore moins belle.* » Mais ce n'est pas encore tout à fait fini, Gide ajoute en marge : « *Le dosage insuffisant du gris-bleu du manteau de Catherine a été miraculeusement racheté, par la suite, par l'apport inattendu de la toque. Tout cela d'un goût exquis, évidemment*[3]. » Les derniers mots écrits le sont pour la différence et l'harmonie.

Malgré les efforts qu'il déploie pour n'en fournir aucun, malgré sa vivacité à saisir les souvenirs, les images et les pensées comme ils viennent, Gide ne tient pas son pari du n'importe quoi n'importe comment. L'écriture le rattrape : « *Je sens aussitôt que je ne suis pas libre. Tout me tient et me retient [...] : je suis mené ; c'en est fait du hasard. Et je m'efforce de me convaincre qu'une chose complètement immotivée est (serait) une chose parfaitement insignifiante.* » Seule lui importe la signification – quelquefois, il dit : *l'esprit*. Non que le réel l'indiffère, qu'il soit insensible aux événements et aux êtres, mais – il y revient – il ne parvient pas vraiment à y croire, si persuadé soit-il qu'il s'agit là d'une déficience : « *Quoi que ce soit qu'il m'advienne, ou qu'il advienne à autrui, je le mets aussitôt au passé. De quoi fausser gravement le jugement sur les événements appelés à devenir historiques. J'enterre les gens et les choses, et moi-même avec une facilité déconcertante : je n'en conserve (oh ! malgré moi) que la signification.* »

« *Je crois même que, à l'article de la mort, je me dirai : tiens ! il meurt*[4]. » Il peut sembler en effet que les dernières semaines de Gide sont consacrées non à affronter la réalité de la mort mais à donner une signification à la disparition même de l'esprit : « *Que restera-t-il de tout cela ? [...] Que va-t-il rester de notre culture, de la France elle-même, de ce pour quoi nous aurons vécu ? Persuadons-nous que tout est appelé à disparaître.* »

« *Il ne laisse plus passer la moindre petite irrégularité de langage*, note la Petite Dame, *comme si toute son attention se réfugiait là, et cela ne facilite pas beaucoup les échanges*[5]. » La vie au Vaneau devient pesante. Bientôt Gide n'accepte plus auprès de lui qu'Élisabeth, dans la chambre où il ne quitte guère son petit lit de fer. Elle lui fait la lecture des dernières pages qu'il vient d'écrire et de donner à dactylographier. Le 10 février, ses médecins, Laubry, Martin, Delay, appelés ensemble en consultation, le libèrent de son régime, certains qu'il n'y a plus rien à faire. Gide s'enfonce doucement dans la nuit. « *Il y a des heures de gâtisme intégral, de divagations – il y en a de saine lucidité. [...] Il ne souffre pas et sent qu'il s'éteint. Il voudrait, quand il est lucide, en finir, et comment ne pas le souhaiter aussi pour lui. [...] L'ambiance Vaneau n'est pas toujours facile, et je plains les médecins qui n'auraient pas tort de se croire dans une maison de fous*[6]. »

C'est aussi qu'on cherche à ne pas ébruiter la nouvelle de sa fin prochaine. Le petit cercle des intimes se referme sur lui-même, sur sa tristesse, sur ses rivalités et ses susceptibilités qu'aggrave encore le despotisme du malade. « *Ce qui reste invariablement bon, c'est son moral, je veux dire son attitude devant la mort : cela ne le préoccupe pas, là il reste semblable à lui-même*[7]. » Personne ne dort plus. Martin du Gard et Schlumberger veillent aussi. Le 17, Maria Van Rysselberghe lui avoue qu'elle s'est faite, depuis quarante-trois ans, sa mémorialiste : « *Visage impassible, petit geste pour m'arrêter, puis : "Au revoir"*. » Herbart viendra ensuite annoncer que Gide lui a dit : « *J'ai très bien compris à demi-mot ce que m'a dit la Petite Dame, excellent, excellent.* » Le 19, la maison se remplit. Au petit groupe familial – Martin du Gard, Schlumberger, les Lambert, les Herbart, Dominique Drouin, Marc Allégret – s'ajoutent des visiteurs : Jean Denoël, rentré le matin du Maroc, Gaston Gallimard et son fils Claude, Mme Delay, Mme de L'Estrange, des nièces.

A 22 h 20, c'est fini. « *Le silence est atroce et semble devoir être infini. Brusquement Élisabeth le rompt, elle lui baise la main et sort.* » Roger Martin du Gard note : « *Tristesse recueillie plutôt que douleur. Le calme de cette fin est bienfaisant ; ce renoncement, ce consentement exemplaire aux lois naturelles, sont contagieux. Il faut lui savoir gré infini d'avoir su mourir aussi* bien [8]. »

« *On ne saurait imaginer une mort plus douce, moins pathétique*, écrit encore Martin du Gard, *on voudrait traîner les Mauriac, les Massis devant ce lit de* repos *où il n'y a pas signe d'angoisse* [9]. » L'agonie et la mort de Gide sont aussi un enjeu, moral et religieux. Pour la garde rapprochée des amis de Gide, il importait qu'il ne flanche pas. Dans la guerre d'images qu'est aussi le combat intellectuel, le récit des derniers moments, le recueil des dernières paroles, prend une valeur particulière. Qu'on se souvienne des polémiques sur les derniers jours de Voltaire, des confessions et des communions arrachées *in extremis* ou des remparts dressés par les proches pour repousser l'assaut des prêtres.

L'enterrement fait aussi partie de la bataille. C'est la dernière manifestation publique du mort illustre. Gide n'a pas jugé utile de mettre en scène ses funérailles. Tout juste a-t-il indiqué qu'il préférait la mise en terre à l'incinération. Il n'a pas été difficile aux membres du cercle de se mettre d'accord : Gide serait enterré dans l'intimité, à Cuverville, près de Madeleine. Le corps est resté exposé une journée rue Vaneau où le Tout-Paris a défilé. Un dessinateur, Berthold Mahn, est venu faire un portrait du gisant. Des photos sont prises qui demeureront privées.

Le 22, les voitures partent pour Cuverville où Catherine est accueillie dans « le château de Madeleine ». Là, les choses se gâtent. Une pure et simple mise au tombeau était prévue. Mais Dominique Drouin, le châtelain de Cuverville, bon protestant et maire du village, soucieux de sa réputation locale, obtient de Catherine qu'on lira quelques pages de Gide. En fait, c'est un pasteur qui va les lire et il ajoutera à un extrait de *Numquid et tu ?* des textes de la Bible ; tandis que Drouin fera un petit discours paternaliste aux habitants sur le thème : « M. Gide vous aimait bien. »

Chez les amis de Gide, ce détournement provoque la stupeur, puis la colère. Au moment du défilé des amis devant la famille, Martin du Gard refuse de serrer la main de Dominique Drouin « *et, dominé par une sourde et violente colère, déclare qu'il est outré, révolté, qu'il considère que cette intervention du pasteur est une odieuse trahison* [10] ». La dispute se poursuit qui met aux prises la famille légale de Gide et sa famille spirituelle, Martin, Schlumberger, Herbart. Elle dure plus d'une heure, aux portes du petit cimetière de campagne.

Rentrés à Paris, les amis décident de faire paraître dès le lendemain dans *Combat*, sous la signature d'Herbart, un court article intitulé « Familles, je vous hais ! » : « *J'écris ces lignes dans la pièce où défilait hier une foule émue devant le petit lit de fer d'André Gide. Seul, ici, son masque mortuaire rappelle maintenant son éternelle absence. Notre ami dort son premier sommeil dans la terre. Sa fille, ses plus anciens amis l'ont conduit jusqu'à cette ultime demeure. Ils croyaient le confier simplement à "cette terre qu'il a tant aimée", comme le dit Albert Camus dans son adieu à Gide. Certains ont pensé ne pas trahir la mémoire du grand disparu, en faisant appel soudain à un pasteur. Il n'importe.* »

On avait rouvert sa maison de Cuverville pour sa dernière halte ; on rouvre « *son autre maison* », la *NRF*, depuis si longtemps désaffectée, pour lui rendre hommage. En novembre 1951, la revue qui demeure interdite depuis la fin de la guerre publie un numéro exceptionnel consacré à son fondateur. A ceux qui pourraient soupçonner la défunte *NRF* de profiter de l'occasion pour oser une résurrection, Schlumberger oppose un démenti en forme de « jamais plus ». Gide, écrit-il, « *n'avait foi dans aucune restauration du passé. Il était trop botaniste pour ne pas savoir que toute plante a sa saison, trop respectueux du cours naturel de la vie pour croire qu'on puisse jamais faire revivre pleinement ce qui a vécu avec plénitude* [11] ».

Cela vaut pour Gide lui-même. Sa ligne définitive est à jamais tracée. Il a « *fermé ses comptes avec les hommes et avec Dieu* ». Il est désormais une œuvre dont il est illusoire d'attendre qu'elle vive encore par elle-même. Il se trouvera des lecteurs qu'on doit souhaiter nombreux pour s'y découvrir des sources, des enchantements, des tremplins où leur propre pensée pourra prendre élan. Mais il est vain, et contraire au projet vital de Gide, de lui chercher une actualité qui ne pourrait être qu'un artificiel et caricatural « remake ». C'est la faiblesse, choisie, délibérée, de son œuvre, et c'est sa force. Gide n'est lui-même qu'au présent : « *Il ne se rési-*

gnait pas, tant qu'il lui resterait un souffle, à n'être qu'une suite de beaux livres dans des bibliothèques. Moins divers et moins généreux, il aurait pu s'assurer une place plus incontestée ; mais aujourd'hui tant d'amis connus et inconnus n'auraient pas le sentiment d'avoir perdu quelque chose de fraternel et d'irremplaçable, à qui, si proche qu'elle leur puisse être, l'œuvre ne supplée pas[12]. »

Jean Paulhan écrivait presque la même chose : « *La mort de Gide n'a pas été mal accueillie : elle a été accueillie par une bordée d'injures : tout au moins de sévérité. Que dirait Gide pourtant, s'il voyait réunis contre lui – sans compter quelques personnes du centre – ces esprits de l'extrême (extrême gauche, extrême droite) qui, à l'entendre, le touchaient ? Je crois qu'il dirait quelque chose comme : "Tout de même" ou : "Ce n'est pas trop tôt"* [13]. »

Paulhan conclut son article : « *Gide, ou le sel et poivre de la terre.* »

Notes

1. Gide, *Ainsi soit-il ou Les jeux sont faits*, Paris, Gallimard, 1952. Repris dans *Journal 1939-1949*, *Souvenirs*, *op. cit*, p. 1223.
2. *Ibid.*, p. 1163.
3. *Ibid.*, p. 1243.
4. *Ibid.*, p. 1227.
5. *Les Cahiers de la Petite Dame, 1945-1951*, *op. cit.*, 3 février 1951, p. 233.
6. Lettre d'Élisabeth Herbart à Roger Martin du Gard, dans Gide-Martin du Gard, *Correspondance 1935-1951*, *op. cit.*, 12 février 1951, p. 568.
7. *Les Cahiers de la Petite Dame*, *op. cit.*, 13 février 1951, p. 238.
8. Roger Martin du Gard, *Notes sur André Gide 1913-1951*, *op. cit.*, 19 février 1951, p. 152.
9. Lettre de Roger Martin du Gard à Janie Bussy (la fille de Dorothy Bussy), 17 février 1951.
10. *Les Cahiers de la Petite Dame*, *op. cit.*, 22 février 1951, p. 248.
11. Jean Schlumberger, « Tout comme on avait rouvert… », *NRF*, octobre 1951, p. 5.
12. *Ibid.*, p. 9.
13. Jean Paulhan, « La mort de Gide n'a pas été si mal accueillie », *NRF*, novembre 1951, *op. cit.*, p. 155.

84

Épilogue

Février 1997

Cuverville, 16 heures. Le village est endormi, les rues et les chemins vides. Les communes où sont nées, où ont vécu, où sont enterrées nos gloires nationales ont coutume de l'afficher et de s'en enorgueillir. Ici rien de tel : pas d'hôtel ou de café ou de fleuriste à l'enseigne de « Chez Gide ». Pas même une salle des fêtes, une école, ou une bibliothèque. A une entrée du village pourtant, un panneau touristique : « Cuverville 0,3, Tombe d'André Gide 500 m. » C'est la seule indication.

Sur le portail du château, une petite plaque annonce, pour l'été, des heures de visite ; mais sans qu'on sache quel pourrait être l'objet d'une telle curiosité. Au reste, pourquoi irait-on visiter le beau manoir Louis XIII, fraîchement débarrassé de son crépi blanc ? Plus rien à l'intérieur que Gide ait connu, ni les meubles ni le piano. Seule, dans « le bas jardin », la « *petite porte secrète* » par où Jérôme et Alissa...

Dans le petit cimetière qui entoure l'église de silex et de brique, tout au fond, comme cachée, l'allée de la famille Rondeaux. Dominique Drouin y repose depuis peu. Les pierres tombales de Madeleine et d'André Gide ont été placées côte à côte. Sur celle de « Madeleine André Gide née Rondeaux, – 7 février 1867. Rappelée à Dieu le jour de Pâques 1938 » a été gravée une croix. Quelqu'un récemment y a déposé un petit bouquet de bruyère dans un pot de céramique vert.

La tombe de Gide est nue. La pierre s'est cassée dans un angle. Elle est jaunâtre, usée, mangée par les moisissures. On devine que l'inscription – André Gide 1869-1951 –, à peine lisible déjà, est promise à l'effacement. Pas une fleur, pas un arbuste. Comme si chacun avait oublié ou plutôt : comme si on s'efforçait d'oublier, de laisser le temps effacer la mémoire. De quelle honte ? de quelle querelle ? de quel opprobre ? Y aurait-il encore à craindre de se souvenir ? Mais de quelle virulence, de quelle curiosité, de quel paradoxe, de quelle impatience, de quelle liberté ?

A moins qu'il ne s'agisse, délibéré ou non, d'un hommage à la vie.

Bibliographie

La bibliographie de Gide est évidemment considérable. Des ouvrages spécialisés lui sont consacrés que réactualisent le Centre d'études gidiennes de Lyon et celui de l'université de Nantes qui publie chaque trimestre le *Bulletin des amis d'André Gide*. Parue en 1974, la *Bibliographie chronologique des œuvres d'André Gide* publiée à Boston par Jacques Cotnam (G. K. Hall, 1974) est la plus complète quant aux livres et articles consacrés à Gide. Pour la correspondance, Claude Martin a établi un *Répertoire chronologique* qui recense et localise quelque 25 000 lettres écrites ou reçues par Gide (Lyon, Centre d'études gidiennes, 1991). On se contentera ici d'indiquer les ouvrages qui ont été utilisés pour la rédaction de cet essai.

ŒUVRES D'ANDRÉ GIDE

Il n'existe aucune édition des œuvres complètes d'André Gide ; aucune édition de sa correspondance complète.

Commencée en 1932, l'édition des *Œuvres complètes* entreprise chez Gallimard, avec la collaboration de l'auteur, a été interrompue par la guerre. Quinze volumes ont été publiés qui s'arrêtent à 1929 et qui ne figurent plus dans le catalogue de Gallimard. Certains des textes de Gide qu'elle présente n'ont jamais été repris ailleurs.

Le *Théâtre complet* a été édité en huit volumes (Neuchâtel, Ides et Calendes, 1947-1949). Il comprend, outre les pièces de Gide, ses adaptations de Tagore, de Shakespeare et de Kafka.

La « Bibliothèque de la Pléiade » a publié en 1996 et 1997 une nouvelle édition du *Journal* en deux volumes (1887-1925 et 1926-1950). A la suite de la précédente édition du second tome du *Journal* (1939-1949) étaient ajoutés sous le titre de « *Souvenirs* », un certain nombre de textes – *Si le grain ne meurt*, *Souvenirs de la Cour d'assises*, *Voyage au Congo*, *Le Retour du Tchad*, *Carnets d'Égypte*, *Feuillets d'automne*, *Et nunc manet in te*, *Ainsi soit-il ou Les jeux sont faits* – dont certains ont été intégrés au *Journal* nouvelle version.

Dans la Pléiade toujours, un volume rassemble les œuvres romanesques de Gide sous le titre *Romans-Récits et Soties-Œuvres lyriques*. Deux autres volumes sont en préparation dans cette collection qui rassembleront les essais et les œuvres critiques. La même collection a également publié l'*Anthologie de la poésie française* établie par Gide avec l'aide de Jean Lambert.

Dans la collection « Biblio » de Gallimard a également paru un volume qui réunit les récits de voyages de Gide, au Congo, au Tchad, en URSS et en Égypte (1993).

La plupart des livres de Gide ont été publiés par la NRF et chez Gallimard ; ils sont généralement disponibles en édition « de poche ». Gide a également donné des livres au Mercure de France : *Prétextes* et *Nouveaux Prétextes*, *L'Immoraliste*, *La Porte étroite*, *Oscar Wilde*, *Feuillets d'automne*.

CORRESPONDANCE D'ANDRÉ GIDE

Avec François-Paul Alibert (1907-1950), Lyon, Presses universitaires de Lyon, 1982.

Avec Christian Beck (1896-1913), Genève, Droz, 1994.

Avec Arnold Bennett (1911-1931), Genève, Droz et Minard, 1964.

Avec Jacques-Émile Blanche (1891-1939), *Cahiers André Gide* n° 8, Paris, Gallimard, 1979.

Avec Dorothy Bussy (1918-1951), *Cahiers André Gide* n°s 9, 10 et 11, Paris, Gallimard, 1979, 3 vol.

Avec Paul Claudel (1899-1926), Paris, Gallimard, 1949.

Avec Jean Cocteau (1912-1951), Paris, La Table ronde, 1970.

Avec Joseph Conrad (1911-1924), Paris, Studia Romanica, 1967-1971.

Avec Jacques Copeau (1902-1949), *Cahiers André Gide* n°s 12 et 13, Paris, Gallimard, 1987-1988, 2 vol.

Avec Charles Du Bos (1911-1950), Paris, Corrêa, 1950.

Avec Henri Ghéon (1897-1944), Paris, Gallimard, 1976, 2 vol.

Avec sa mère, Juliette Gide (1880-1895), Paris, Gallimard, 1988.

Avec Jean Giono (1929-1940), Lyon, Centre d'études gidiennes.

Avec Francis Jammes (1893-1938), Paris, Gallimard, 1948.

Avec Marcel Jouhandeau (1922-1946), Paris, Marcel Sautier, 1958.

Avec Valery Larbaud (1905-1938), *Cahiers André Gide* n° 14, Paris, Gallimard, 1989.

Avec Jef Last (1934-1950), Lyon, Presses universitaires de Lyon, 1985.

Avec Robert Levesque (1926-1950), Lyon, Presses universitaires de Lyon, 1995.

Avec Klaus Mann (1926-1949), Paris, Revue d'Allemagne, 1982.

Avec Roger Martin du Gard (1913-1951), Paris, Gallimard, 1968, 2 vol.

Avec Claude Mauriac (1938-1950), Paris, Albin Michel, 1990.

Avec François Mauriac (1912-1950), *Cahiers André Gide* n° 2, Paris, Gallimard, 1971.

Avec Albert Mockel (1891-1938), Genève, Droz, 1975.

Avec Charles Péguy (1905-1912), Paris, L'Amitié Charles Péguy, 1958.

Avec Charles-Louis Philippe et sa famille (1898-1936), *Bulletin des amis d'André Gide*, 1995.

Avec Marcel Proust (1914-1922), Neuchâtel, Ides et Calendes, 1949. Repris par Complexe en 1988.

Avec Henri de Régnier (1891-1911), Genève, Droz, 1972.

Avec Rainer Maria Rilke (1909-1926), Paris, Corrêa, 1952.

Avec André Rouveyre (1907-1951), Paris, Mercure de France, 1967.

Avec André Ruyters (1895-1950), Lyon, Presses universitaires de Lyon, 2 vol., 1990.

Avec Jean Schlumberger (1901-1950), Paris, Gallimard, 1993.

Avec Georges Simenon (1938-1950), dans Gilbert Sigaux, *Simenon*, Paris, Plon, 1973.

Avec André Suarès (1908-1920), Paris, Gallimard, 1963.

Avec Paul Valéry (1890-1942), Paris, Gallimard, 1955.

Avec Émile Verhaeren (1895-1916), Paris, Messein, 1955.

Avec Francis Vielé-Griffin (1891-1921), Lyon, Presses universitaires de Lyon, 1986.

BIOGRAPHIES

Curieusement, alors qu'abondent les témoignages, les essais et les études critiques, il n'existe encore aucune biographie complète de Gide. De celle qu'a entreprise en 1970 Pierre de Boisdeffre chez Hachette, seul le premier volume a paru (1869-1909). Il existe néanmoins trois remarquables biographies critiques « partielles » :

La Jeunesse d'André Gide (1869-1895) de Jean Delay, Paris, Gallimard, 1956-1957, 2 vol.

La Maturité d'André Gide (1895-1902), de Claude Martin, Paris, Klincksieck, 1977.

André Gide et le Premier Groupe de la NRF (1908-1914), d'Auguste Anglès, Paris, Gallimard, 1978-1986, 3 vol.

Claude Martin achève la préparation d'une biographie d'ensemble, à paraître chez Fayard : *André Gide ou la Vocation du bonheur*.

MÉMOIRES, SOUVENIRS, TÉMOIGNAGES

Les Cahiers de la Petite Dame (1918-1951), *Cahiers André Gide* n°s 4 à 7, Paris, Gallimard, 1972-1977, 4 vol.

Paul Claudel, *Journal* (1904-1932), Paris, Gallimard, « Bibliothèque de la Pléiade », 1968.

Jean Cocteau-Julien Green, *Gide vivant*, Paris, Amiot-Dumont, 1952.

Lucien Combelle, *Je dois à André Gide*, Paris, Chambriand, 1951.

Jacques Copeau, *Journal 1901-1948*, Paris, Seghers, 1991.

–, *Correspondance avec Roger Martin du Gard (1913-1949)*, Paris, Gallimard, 1972.

Eugène Dabit, *Journal intime*, Paris, Gallimard, 1989.

Yvonne Davet, *Autour des Nourritures terrestres*, Paris, Gallimard, 1948.

Lucie Delarue-Mardrus, *Mes Mémoires*, Paris, Gallimard, 1938.

Maurice Denis, *Journal*, Paris, La Colombe, 1957-1959, 3 vol.

Charles Du Bos, *Le Dialogue avec André Gide*, Paris, Au Sans Pareil, 1929.

Julien Green, *Journal 1926-1955*, dans *Œuvres complètes IV*, Paris, Gallimard, « Bibliothèque de la Pléiade », 1975.

Pierre Herbart, *A la recherche d'André Gide*, Paris, Gallimard, 1952.

Jean Lambert, *Gide familier*, Paris, Julliard, 1958.

Pierre de Lanux, « Mes années auprès d'André Gide et les débuts de la NRF », *Bulletin des amis d'André Gide*, octobre 1995.

Paul Léautaud, *Journal littéraire 1893-1956*, Paris, Mercure de France, 1986, 3 vol.

Robert Levesque, *Journal*, *Bulletin des Amis d'André Gide*, 1983-1996.

Roger Martin du Gard, *Notes sur André Gide 1913-1951*, Paris, Gallimard, 1951.

–, *Journal (1892-1958)*, Paris, Gallimard, 1992-1993.

Claude Mauriac, *Conversations avec André Gide*, Paris, Albin Michel, 1951.

Jacques Rivière-Paul Claudel, *Correspondance (1907-1924)*, *Cahiers Paul Claudel* n° 12, Paris, Gallimard, 1984.

André Rouveyre, *Le Reclus et le Retors*, Paris, Crès, 1927.

Jean Schlumberger, *Madeleine et André Gide*, Paris, Gallimard, 1956.

–, *Éveils*, Paris, Gallimard, 1950.

–, *Notes sur André Gide*, dans *Œuvres complètes VII*, Paris, Gallimard, 1962.

Maurice Sachs, *André Gide*, Paris, Denoël, 1936.

GIDE ET SON TEMPS

Les Intellectuels

Actes de la recherche en sciences sociales, « Littérature et politique », mars 1996, nos 111-112.

Julien Benda, *La Trahison des clercs*, Paris, Grasset, 1937.

Pierre Bourdieu, *Les Règles de l'art, genèse et structure du champ littéraire*, Paris, Seuil, 1992.

André Burguière et Jacques Revel (dir.), *Histoire de la France : les Formes de la culture*, Paris, Seuil, 1993.

Christophe Charle, *Naissance des intellectuels 1880-1900*, Paris, Minuit, 1990.

–, *Les Élites de la République : 1880-1900*, Paris, Fayard, 1987.

Antoine Compagnon, *La Troisième République des lettres de Flaubert à Proust*, Paris, Seuil, 1983.

Jean David, *Le Procès de l'intelligence dans les lettres françaises au seuil de l'entre-deux-guerres 1919-1927*, Paris, Nizet, 1966.

Régis Debray, *Le Pouvoir intellectuel en France*, Paris, Ramsay, 1979.

Bernard Groethuysen, *Origines de l'esprit bourgeois en France*, Paris, Gallimard, 1954.

Anne Heurgon Desjardins, *Paul Desjardins et les Décades de Pontigny*, Paris, Presses universitaires de France, 1964.

Maurice Nadeau, *Histoire du surréalisme*, Paris, Seuil, 1962.

Paul Nizan, *Les Chiens de garde*, Paris, Maspero, 1974.

Pascal Ory et Jean-François Sirinelli, *Les Intellectuels en France de l'affaire Dreyfus à nos jours*, Paris, Armand Colin, 1886.

Jean-François Sirinelli, *Intellectuels et Passions françaises*, Paris, Fayard, 1990.

– (dir.), *Histoire des droites en France*, tome II, *Cultures*, Paris, Gallimard, 1992.

Zeev Sternhell, *Ni droite ni gauche : l'Idéologie fasciste en France*, Paris, Complexe, 1987.

Albert Thibaudet, *La République des professeurs*, Paris, Grasset, 1927.

Théodore Zeldin, *Histoire des passions françaises, 1848-1955*, Paris, Seuil, 1980.

Les critiques du vivant de Gide

René-Marill Albérès, *L'Odyssée d'André Gide*, Paris, La Nouvelle Édition, 1951.

François-Paul Alibert, *En marge d'André Gide*, Paris, Les Œuvres représentatives, 1930.

Paul Archambault, *Humanité d'André Gide. Essai de biographie et de critique psychologique*, Paris, Bloud et Gay, 1946.

Georges Jean Aubry, *André Gide et la Musique*, Paris, La Revue musicale, 1945.

Henri Béraud, *La Croisade des longues figures*, Paris, Le Siècle, 1924.

Ramon Fernandez, *André Gide*, Paris, Corrêa, 1931.

Georges Gabory, *André Gide, son œuvre*, Paris, Nouvelle Revue critique, 1924.

Fernand Grenier, *Réponse à André Gide*, Paris, Les Amis de l'Union soviétique, 1937.

Jean Hytier, *André Gide*, Alger, Charlot, 1938.

Paul Iseler, *Les Débuts d'André Gide vus par Pierre Louÿs*, Paris, Sagittaire, 1937.

Francis Jammes, *L'Antigyde ou Élie de Nacre*, roman, Paris, Mercure de France, 1932.

René Lalou, *André Gide*, Strasbourg, Joseph Heissler, 1928.

Renée Lang, *André Gide et la Pensée allemande*, Paris, Egloff, 1949.

Henri Massis, *André Gide*, Lyon, Lardanchet, 1948.

Charles Maurras, *Réponse à André Gide*, Paris, La Seule France, 1948.

Henri Mondor, *Les Premiers Temps d'une amitié : André Gide et Paul Valéry*, Paris, Le Rocher, 1947.

Eugène Montfort, *Vingt-Cinq Ans de littérature française*, Paris, Librairie de France, 1925, 2 vol.

Claude Naville, *André Gide et le Communisme*, Paris, Librairie du travail, 1936.

François Nazier, *L'Anti-Corydon. Essai sur l'inversion sexuelle*, Paris, Le Siècle, 1924.

R.-G. Nobécourt, *Les Nourritures normandes d'André Gide*, Paris, Médicis, 1949.

François Porché, *L'amour qui n'ose pas dire son nom*, Paris, Grasset, 1927.

Léon-Pierre Quint, *André Gide. Sa vie, son œuvre*, Paris, Stock, 1932.

Michel Raimond, *Les Critiques de notre temps et André Gide*, Paris, Garnier, 1971.

René Schwob, *Le Vrai Drame d'André Gide*, Paris, Grasset, 1932.

Paul Souday, *André Gide*, Paris, Kra, 1927.

La critique contemporaine

Roland Barthes, *Notes sur André Gide et son journal*, Paris, Existences, 1942. Repris dans *Œuvres complètes I*, Paris, Seuil, 1995.

Roger Bastide, *Anatomie d'André Gide*, Paris, Presses universitaires de France, 1972.

Georges Brachfeld, *André Gide et la Tentation communiste*, Genève, Droz, 1959.

Germaine Brée, *Gide l'insaisissable Protée*, Paris, Les Belles-Lettres, 1953.

Jean Claude, *André Gide et le Théâtre*, Paris, Gallimard, 1992, 2 vol.

Pierre Lafille, *André Gide romancier*, Paris, Hachette, 1954.

Roman et Wald Lasowki, *André Gide*, Paris, Lattès, 1992.

Philippe Lejeune, *Exercices d'ambiguïté : lectures de* Si le grain ne meurt, Paris, Lettres modernes, 1974.

Robert Mallet, *Une mort ambiguë*, Paris, Gallimard, 1955.

Claude Martin, *André Gide par lui-même*, Paris, Seuil, 1963.

Éric Marty, *André Gide*, Lyon, La Manufacture, 1987. Ce texte est suivi de l'intégralité des entretiens radiophoniques de Gide avec Amrouche.

–, *L'Écriture du jour : le* Journal *d'André Gide*, Paris, Seuil, 1986.

Pierre Masson, *André Gide, voyage et écriture*, Lyon, Presses universitaires de Lyon, 1983.

Rudolf Maurer, *Gide et l'URSS*, Paris, Tillier, 1983.

Daniel Moutote, *André Gide : l'Engagement*, Paris, SEDES, 1991.

–, *André Gide : Esthétique de la création littéraire*, Paris, Champion, 1993.

–, *Le Journal de Gide et les Problèmes du moi (1889-1925)*, Paris, Presses universitaires de France, 1968.

George Painter, *André Gide*, Paris, Mercure de France, 1968.

Jean-Paul Sartre, « Gide vivant », *Les Temps modernes*, mars 1951. Repris dans *Situations IV*, Paris, Gallimard, 1964.

Catharine Savage, *André Gide. L'évolution de sa pensée religieuse*, Paris, Nizet, 1962.

JOURNAUX, REVUES, ÉDITION

La Nouvelle Revue française, 1908-1940. Des extraits en sont présentés par Pierre Hebey dans *L'Esprit NRF*, Paris, Gallimard, 1990. Pierre Hebey présente également *« La Nouvelle Revue française » des années sombres, 1940-1941*, Paris, Gallimard, 1992. Et un numéro spécial de la *NRF* en « Hommage à André Gide » est publié en novembre 1951. Réimprimé par Gallimard en 1990.

Antée (1905-1908), Genève, Slatkine reprints, 1971, 3 vol.

Le Centaure (2 numéros en mai et septembre 1896), Genève, Slatkine reprints, 1971.

L'Ermitage (1890-1906), Genève, Slatkine reprints, 1968, 35 vol.

Le Mercure de France (1890-1940), anthologie, Paris, Mercure de France, 1997.

La Revue blanche (1889-1903), Genève, Slatkine reprints, 1972, 30 vol.

Écrits pour l'art (1887-1906), Genève, Slatkine reprints, 1971, 3 vol.

Les Cahiers de la quinzaine (1897-1902), Genève, Slatkine reprints, 49 vol.

Pierre Albert, « La presse française de 1871 à 1940 », dans *Histoire générale de la presse française*, tome III, Paris, Presses universitaires de France, 1972.

Eugène Weber, *L'Action française*, Paris, Fayard, 1985.

Gabriel de Broglie, *Histoire politique de la Revue des Deux-Mondes*, Paris, Perrin, 1979.

Pierre Andreu, *Révoltes de l'esprit. Les revues des années trente*, Paris, Kimé, 1991.

Roger Chartier et Henri Jean Martin (dir.), *Histoire de l'édition française IV, 1900-1950*, Paris, Fayard-Promodis-Cercle de la librairie, 1991.

Pierre Assouline, *Gaston Gallimard*, Paris, Balland, 1984.

Pascal Fouché, *L'Édition française sous l'Occupation*, Paris, Bibliothèque de littérature française contemporaine, 1987.

Jean Bothorel, *Bernard Grasset. Vie et passion d'un éditeur*, Paris, Grasset, 1989.

Gérard Loiseaux, *La Littérature de la défaite et de la collaboration*, Paris, Fayard, 1996.

Index

Table

RÉALISATION : PAO ÉDITIONS DU SEUIL
IMPRESSION : S.N. FIRMIN-DIDOT AU MESNIL-SUR-L'ESTRÉE
DÉPÔT LÉGAL : OCTOBRE 1997. N° 25247 (39871).